월간역학 Since1990

돈 권력 수명
이 책 안에 다 있다!!

관상학의 성전 **마의상법정해**

전용원

진산

마의상법정해

저 자 | 전용원
편 집 | 전승수
펴 낸 곳 | 진산
서울 중구 퇴계로 88길 20 대신빌딩 104호
전 화 | 02)2264-0258
홈페이지 | www.kbs.cc
출판등록 | 2004. 2. 13. 제2-3924호

2020년 9월 1일 초판 발행
2024년 11월 1일 재판 발행

저자와 출판사의 허락없이 이 책의 일부 또는 전부를
복제·전재·발췌할 수 없습니다.
유통 중 파손된 책은 구입처에서 교환 또는 환불받으실 수 있습니다.

값 38,000원

ISBN 978-89-93392-12-8

Printed in Korea 2024

평생 연령 부위도

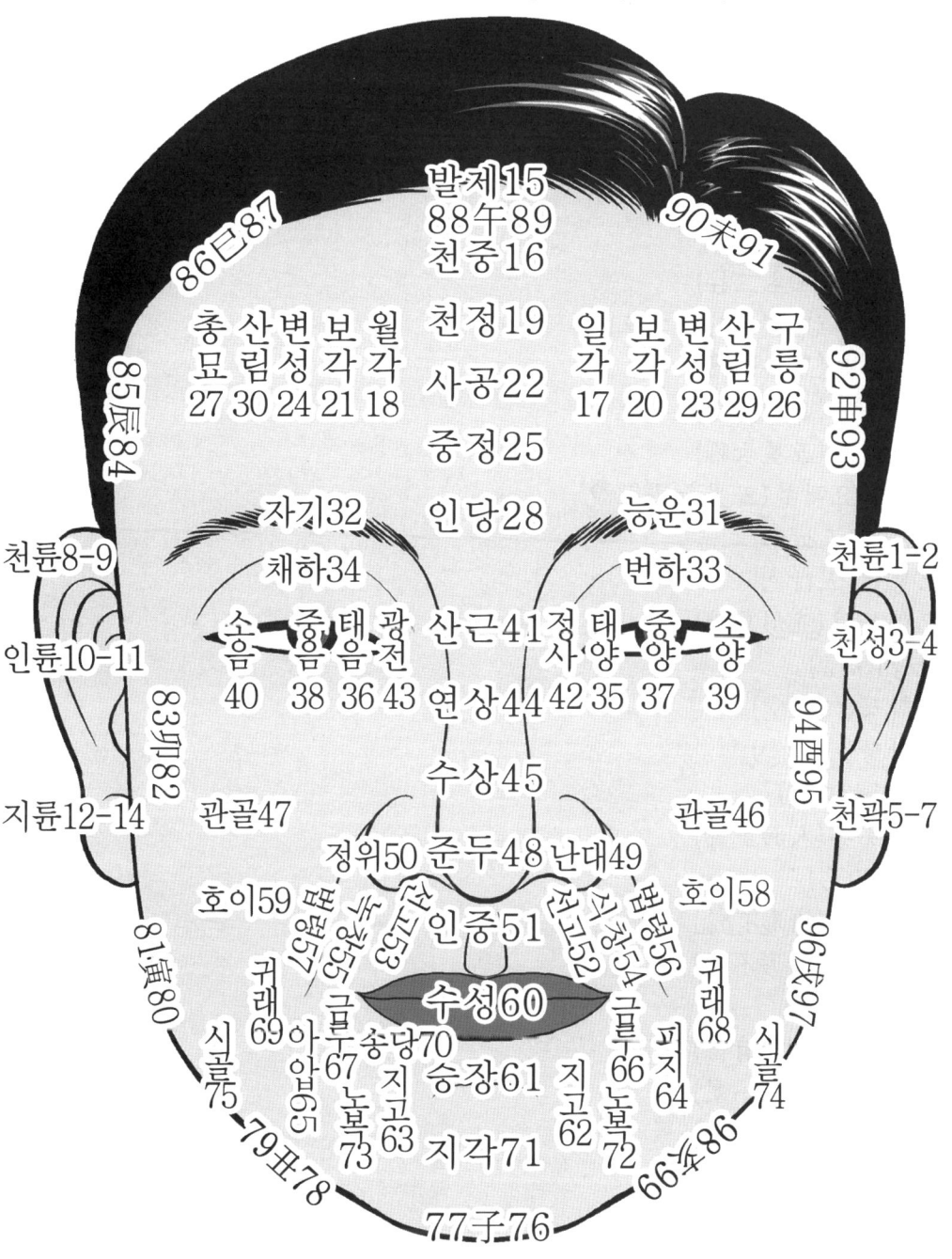

목 차

연령부위도	3
목차	4
서문	6
[논문] 상학의 기원과 전래 고찰	8

마의상법정해   53

삼주삼주(三主三柱)	53
육부삼재삼정(六府三才三停)	53
오악사독(五岳四瀆)	55
오관총론(五官總論)	59
오성육요(五星六曜)	62
오성육요해설(五星六曜解說)	67
오행형(五行形)	71
오행색(五行色)	71
오형상설(五形象說)	72
학당(學堂)	75
사학당(四學堂)	75
팔학당(八學堂)	77
12궁(十二宮)	78
인면총론(人面總論)	90
논형(論形)	92
논형유여(論形有餘)	93
논형부족(論形不足)	94
논신(論神)	95
논신유여(論神有餘)	99
논신부족(論神不足)	101
논성(論聲)	102
논기(論氣)	106
상골(相骨)	110

상육(相肉)	114
상두(相頭)	116
상액(相額)	119
논면(論面)	120
논미(論眉)	123
미형(眉形)	127
상목(相目)	135
안형(眼形)	140
상비(相鼻)	152
비형(鼻形)	156
상인중(相人中)	165
상구(相口)	168
구형(口形)	172
상순(相脣)	180
상설(相舌)	182
논치(論齒)	185
상이(相耳)	188
논사지(論四肢)	191
논수(論手)	193
석실신이부(石室神異賦)	**199**
오행형(五行形)	289
여상(女相: 여자의 상)	296
논승도(論僧道: 종교인의 상)	304
금쇄부(金鎖賦)	**313**
은시가(銀匙歌)	**317**
상형기색부(相形氣色賦)	328
논상정길기(論上停吉氣)	331
논중정길기(論中停吉氣)	343
논하정길기(論下停吉氣)	354
논상정흉기(論上停凶氣)	356
논중하이정흉기(論中下二停凶氣)	366

5

서문

《마의상법》은 《마의신상(麻衣神相)》 등의 이름으로 전해지는 책으로 송나라 초기 중국 섬서성 화산(華山) 석실에 살던 마의선사가 제자 진단(陳摶)에게 전한 상술의 비전을 진단이 정리하여 책으로 낸 것이다. 마의선사는 불교 승려였으나 도가와 주역, 도가를 통해 전승된 도서역(圖書易)에도 정통했던 인물이었다. 도서역이란 주역의 원리를 그림으로 그려 설명한 것으로 선천팔괘·후천팔괘·하도·낙서·태극도 등이 이에 포함된다.

이러한 도서역은 서한시기 공자의 10세손인 공안국으로부터 유흠을 거쳐 북위시기 관우의 현손인 관자명에게 전해지고 후일 당나라의 국일선사·마의선사·진단을 거쳐 북송의 주돈이·소옹·장재·정이, 그리고 남송의 주자에게 이어져 성리학이 완성되는 기틀이 되었다. 우리가 국기(國旗)로 사용하고 있는 태극기의 태극 또한 도서역에서 전래한 것이다. 마의선사는 우리에게 밀접한 학문을 전했음에도 이 사실을 아는 이는 드물다.

필자는 《마의상법》을 《월간역학》에 2회에 걸쳐 연재하고 강의도 여러 차례 하고 있다. 그러나 원전이 1천여 년 전에 쓰이고 후인들이 가필했으므로 내용 가운데 중언이 많고 차례(次例)도 복잡하여 독자가 이해하기 쉽지 않았다.

여러 해 망설인 끝에 우리에게 맞지 않는 내용과 중복되는 내용을 과감히 정리하고 차례를 새롭게 하였으며 원문과 독음, 해석과 주석을 함께 달아 《마의상법정해(麻衣相法整解)》라고 이름 붙여 내게 되었다.

이 책은 상학을 처음 접하는 초보자부터 상학을 강의하는 강사들에 이르기까지 누구나 쉽게 배우고, 쉽게 가르칠 수 있게 꾸며져 있다.

　부디 이 책이 착한 마음을 가진 이들에게 활용되어 혼미한 세상의 희망이 되기를 빈다.

2020년 9월 전 용 원 지(識)

[논문] 상학의 기원과
　　　　　전래에 대한 고찰

　우리는 상학을 '관상'이라고 부르며 그저 역술인이 사람의 얼굴을 살펴 생계의 수단으로 이용하는 잡술(雜術) 정도로 오해하고 있는 사람이 많다. 그러나 상학에는 하늘의 별을 살피는 성상학(星相學)과 땅을 살피는 지상학(地相學), 그리고 사람을 살피는 인상학(人相學)이 모두 포함된다.

　상학은 상술(相術)로 불리며 고대로부터 도읍을 정하거나 전쟁·제사 등 국가의 중대사를 결정할 때 점복(占卜)과 함께 절대적 위치를 점유해온 제왕학이며 군사학의 한 분야였다. 그 가운데 상술이 언제 누구로부터 비롯되었는지 그 기원을 분명히 밝힐 수는 없지만 상술은 고대로부터 인물 평가의 유일한 척도로서 인재 등용을 위한 인사(人事)의 기본 자료로 활용되어 왔다.

　그러한 예는 중국뿐만 아니라 인도의 경우에서도 볼 수 있는데, 석가모니가 탄생하자 히말라야 부근에서 아시타라는 선인(仙人)이 찾아와 "이 아이가 왕위를 계승하면 세계를 제패하는 전륜성왕(轉輪聖王)이 될 것이며, 출가하면 부처가 될 것"이라고 예언했다고 전해지며, 석가모니 부처의 모습을 형용한 〈삼십이상팔십종호(三十二相八十種好)〉가 현재까지도 전해지는 것으로 보아 고대 인도에서도 상술이 이용되고 있었음을 알 수 있다. 중국을 비롯한 동북아의 경우 상술의 역사는 고대 중국 하(夏)나라 요순(堯舜) 시기로 거슬러 올라가며 이후의 모든 왕조, 모든 시기에 이를 계승하고 연구 발전시킨 인물들이 있다.

　또한 인도로부터 승려들이 건너와 중국의 상술에 인도의 상술을 접목하여 발전시키기도 하였으며, 백가(百家) 가운데 주로 음양가나 도가·불가 등에서 크게 연구되었고 궁중에서는 상술에 뛰어난 인재를 채용하여 인물을 평가하는 역할을 맡기기도 했다.

따라서 본 고에서는 중국의 경우에 국한하여 상술의 역사와 상술이 국내에 유입된 시기와 학자들에 관해 간단히 살펴보고자 한다.

춘추전국시기

《대대예기·소한편》에 '옛날 요임금은 용모로써 사람을 택했고, 순임금은 기색으로 사람을 택했으며, 우왕은 그 말씨로써 사람을 택했고, 탕왕은 음성으로 사람을 택했고, 주(周)나라의 문왕은 국량으로 사람을 택했다(昔堯取人以狀, 舜取人以色, 禹取人以言, 湯取人以聲, 文王取人以度.).'라는 구절이 있는데 이것이 요·순 시대의 기록이 아니라 후인의 기록이라 할지라도 상술은 중국 고대사와 더불어 발전했으며 중국의 성왕들이 인재의 등용에 상술을 활용했다는 것에 대한 반증(半證)이 될 수 있겠다.

역사적 기록으로 분명히 남아있는 것으로는 《춘추좌전·문공원년》조를 들 수 있다. 그에 따르면 주나라의 천자가 내사(內史)인 숙복(叔服)을 노나라에 사자로 파견하여 희공(僖公)의 장례에 참석케 했는데, 노나라 대부 공손오(公孫敖)가 숙복이 상술에 능하다는 말을 듣고 자신의 두 아들을 숙복에게 보였다는 다음과 같은 기록이 있다.

즉위한 첫해 봄, 천왕이 내사 숙복을 보내어 장례에 참석케 했다. 공손오가 숙복이 상술에 능하다는 말을 듣고 그의 두 아들을 그에게 보였다. 숙복이 말하길 "곡(공손오의 아들)은 당신의 제사를 받들게 될 것이며

난(공손오의 아들)은 당신을 편안케 장사지낼 수 있을 것입니다. 곡은 아래턱이 풍륭하니 반드시 노나라에서 후손이 번성할 것입니다." 라고 했다.

이것은 숙복이 상술에 관해 구체적으로 논한 것으로 당시 상술이 매우 발달되어 있었음을 나타낸다. '穀也豊下'에서의 '豊下'란 '곡'이란 사람의 아래턱이 풍부한 것을 말하고 있는데, 이것은 '턱이 풍부하면 말년과 자손 운이 좋다'는 현재의 이론과 일치하는 것이다. 또한 같은 책 같은 편에 초(楚)나라 임금이 상신(商臣)을 태자로 삼으려 재상 자상(子上)에게 의논하자 자상이 반대하여 말하기를,

"임금께서는 아직 나이가 많지 않으시며 총애하는 사람도 많습니다. 그를 태자로 세웠다가 쫓아내게라도 된다면 이것은 혼란을 일으키게 될 것입니다. 초나라에서는 언제나 나이 어린 사람을 세워왔습니다. 또한 그 사람은 벌의 눈에 승냥이 목소리를 지녔으므로 잔인한 사람입니다. 태자로 세워서는 안됩니다." 라고 하였으나 임금이 듣지 않았다.

라고 했는데, 이는 당시(BC 626)에 이미 골상(骨相)뿐만 아니라 음성을 살피는 성상(聲相)까지도 확실한 학술적 체계를 갖추고 있었음을 입증하는 것이다. 더구나 임금이 태자를 세우려 하는데 반대의 명분으로 상술을 인용하였다는 것은, 당시의 상술 이론이 비록 특수한 계층일지라도 이미 상당히 보급되어 있었으므로 이 내용을 왕이 인정하지 않을 수 없었다는 것으로 이미 지금으로부터 2600여 년 전인 춘추시기의 일이다.

그보다 조금 늦은 시기에 정(鄭)나라 사람 고포자경(姑布子卿)이 상술에 밝았다는 기록이 있다. 《사기·월세가》편에 의하면 고포자경이 진(晋)나라 조간자(趙簡子)를 만나서 간자의 천비(賤婢)가 낳은 아들 무구(毋邱)를

장군감으로 칭찬하면서 "하늘로부터 부여받은바, 그 사람은 비록 천하게 태어났지만 반드시 귀하게 될 것입니다(天所授, 雖賤必貴)."라고 했다는 기록이 있고, 고포자경이 공자(孔子)의 상을 본 후 공자의 제자 자공(子貢)에게 "공자의 상을 본 결과 요·순·우·고도 등 국가를 개국한 중국의 사성왕(四聖王)에는 미치지 못한다(此惟不及四聖者也)."라고 한 구절이 《한시외전》 권9에도 보인다.

전국시기에 이르러 초(楚)나라의 구방인(九方)과 양(梁)나라의 당거(唐擧)가 상술에 뛰어났다. 구방인은 사람의 상뿐만 아니라 말의 상을 살피는 마상가(馬相家)로도 유명했다. 당시 사마(司馬)인 귀족 자기(子綦)가 구방인을 불러들여 여덟 명의 아들을 늘어세우고 구방인에게 상을 보아달라고 부탁한 내용이 《장자·서무귀편》에 다음과 같이 보인다.

자기에게 여덟 명의 아들이 있었는데, 늘어세워 놓고 구방인을 초청하여 물었다. "나를 위해 내 아들들을 살펴보아 주십시오. 누가 복이 많습니까?" 구방인이 "곤(아들이름)이 복이 많습니다."라고 했다.

위의 기록으로 보아 당시의 상가들 가운데는 사람의 상을 살필 뿐만 아니라 마상을 겸하는 사람들이 적지 않았으며 그만큼 상술이 다변화되었다는 것을 알 수 있다. 당거에 관한 기록은 여러 가지 사서에 보이는데 그 가운데 《순자·비상편》을 살펴보면,

옛날에는 고포자경이 있었고 지금은 양나라에 당거가 있어, 사람의 형상과 안색을 살펴 그 사람의 길흉화복을 알므로 세상 사람들이 그렇게 부른다.

라고 했는데, 순자가 당거와 같은 양나라 사람이 아니라 조(趙)나라 사람

이었음을 감안할 때 당시 당거의 명성이 중국 천하에 떨치고 있었음을 알수 있다.

한나라시기

상술은 한(漢)대로 내려오면서, 고대의 일부 계층에서 전수되던 비술에서 탈피하여 일반인들에게도 보급되기 시작했다. 《사기·고조본기》에,

고조가 술을 마시고 있었다. 이윽고 여공이 "제가 사람의 상을 조금 볼 줄 알아서 여러 사람을 보았지만, 그대만 한 사람을 본 적 없으니 부디 그대는 자애하기 바랍니다. 저에게 딸이 있는데 그대가 키질이나 비질하는 첩으로 삼기 바랍니다."

라고 했는데, 여기 등장하는 '고조'란 후일 한나라를 건국하게 되는 유방(劉邦)이며, 여공(呂公)은 후일 유방의 처로 황후가 되는 여후(呂后)의 부친이다. 이로 보아 한대에는 상술이 전업(專業)뿐만 아니라 이미 지식층 가운데에도 적지 않게 보급되었음을 알 수 있다.

이에 비해 상술을 전업으로 삼는 사람들이 나타나기 시작했는데 그 가운데 한사람이 허부(許負)이다. 허부에 관한 기록은 《사기》나 《한서》 등의 사서류에 적지 않게 보이는데 그 가운데 《사기·유협열전》에 '곽해는 지땅 사람이다. 자가 옹백으로 상술에 뛰어난 허부의 외손자이다(郭解, 軹人也, 字翁伯, 善相人者許負外孫也.).'라고 하고, 《한서·외척전》에는 '허부가 박희를 본 후 천자를 낳게 될 것이다(許負相薄姬, 當生天子.).'라고 했는데, 후일 박희는 한고조 유방의 빈비(嬪妃)가 되어 아들 유항(劉恒)을 낳았는데, 그가 한나라 5대 황제인 한문제(漢文帝, BC203-BC157)가 되었다.

《사기·강후주발세가》에,

아부가 아직 후작이 되기 전인 하남 태수 시절 허부가 그의 상을 본 후 말했다. "그대는 삼 년 후에 후작이 되고, 후작이 된 지 팔 년 만에 장상이 되며…그 구 년 후에는 굶어 죽게 될 것입니다." 아부가 웃으며 말하기를 "그대의 말처럼 이미 귀해졌는데, 또한 굶어 죽는다는 것은 무슨 말인가? 가르쳐달라." 허부가 그의 입을 가리키며 말했다. "위에서 내려온 주름이 입으로 들어갔는데 이렇게 되면 굶어 죽는 법입니다."…닷새 동안 먹지 않음으로 인해 피를 토하고 굶어 죽었다.

라고 했는데, 위 예문에서 말하는 아부(亞夫)는 한나라 문제(文帝) 때 흉노를 막아내고 경제(景帝) 때에는 오(吳)나라와 월(越)나라를 파하여 승상이 된 명장 주아부(周亞夫)를 말한다. 그는 후일 조후(條侯)의 칭호를 받았으나 아들이 그를 위해 황가의 순장용 갑옷과 방패 등을 구입했으므로 황제의 노여움을 사 정위의 감옥에 들어갔다. 그는 체포될 당시 자살하려 했으나 부인의 만류로 뜻을 이루지 못하고 감옥에서 닷새를 굶은 후에 죽었다. 위에서 허부가 말한 "有縱理入口, 此餓死法也.(위로부터 내려온 주름이 입으로 들어가면 굶어죽게 되는 법)"은 현존하는 《마의상법》이나 《유장상법》 등 모든 상서에 공통적으로 포함된 내용으로 당시의 상술이 현재와 비교할 때 결코 뒤지지 않았음을 알 수 있다. 허부는 직업적 상술가로서 한신(韓信)의 상을 봐주고 권세를 휘둘러 재산을 모았다고 전해지는 인물이다. 오늘날 상서에 전해지는 耳目口鼻 등은 모두 허부의 저술인 《인론식감》에서 유래한 지식을 기본적 바탕으로 하고 있다고 한다. 그러나 허부의 저술이 현존하는 것은 없다.

한대에 이르러서는 기색을 살펴 해당 인물뿐만 아니라 그 가족의 길흉화복을 가늠하기도 했는데 그러한 예를 살펴보자. 한무제 때 장수 이릉(李陵)

은 5천 명의 유격대를 인솔하고 흉노족 토벌에 나섰다가 크게 패했다. 이 소식을 들은 무제는 이릉이 끝까지 용감하게 싸우다 전사했기 바랐다. 그러나 이릉이 혹시 살아있을지 모른다는 의심 끝에 상술에 밝은 사람을 보내 이릉의 모친과 처의 얼굴에 상색(喪色)이 나타났는지를 살피게 했다. 《한서·이광전》에,

 임금은 이릉이 죽을 때까지 싸우다가 전사했기를 바랐으므로 이릉의 어미와 처를 부른 후 상보는 자로 하여금 그들을 살피게 했더니 사상(死喪)에 관한 기색이 없었다. 후일 이릉이 항복했다는 소식을 듣고 임금께서 심히 노했다.

 라고 했다. 위 내용으로 보아 당시 일반인뿐만 아니라 황제까지도 상술을 신뢰하고 있었으며 기색법(氣色法)이 크게 발달해 있었음을 알 수 있다. 그러나 상술이 반드시 어떤 특수한 계층에만 전파된 것이 아니라 다양한 계층에 전파되어 있었음을 보여주는 예도 있다. 《논형·골상편》에 '골상의 법칙에 의하고 피부의 이치를 살핌으로써 사람의 성명을 판단한다면 응험하지 않음이 없다(案骨之法, 察皮膚之理, 以審人之性命, 無不應者.).'라고 했는데, '하로동선(夏爐冬扇)'이란 구절로도 유명한 이 책은 왕충(王充, 30?-100?)이 유가(儒家)의 여러 설과 전국시대 제자(諸子)설·당시의 정치와 습속·속설 등 여러 방면의 문제에 대해 실증적이고 합리적인 비판을 가한 책이다. 이로 보아 사상가인 왕충 자신이 상술에 깊은 지식을 가지고 있었을 만큼 상술은 각계각층 사람들이 믿고 활용해왔음을 알 수 있다.

삼국시기

《삼국지》의 시대적 배경이 되는 중국의 삼국시기에 이르면 더욱 저명한 상가들이 출현하게 되는데 촉(蜀)의 장유(張裕), 위(魏)의 관로(管輅)와 주건평(朱建平) 등이 그들이다. 장유에 관한 기록은 《삼국지·촉서·등지전》에 다음과 같이 보인다.

당시 익주 종사 장유가 상에 뛰어났다. 등지가 가서 그의 앞으로 나아가니 장유가 등지에게 "그대의 수명은 칠십을 지날 것이며 지위는 대장군에 이르고 후작에 봉해질 것입니다."라고 했다.

그 후 장유의 예언대로 등지의 지위는 대장군에 이르렀다. 《삼국지》에는 관로와 주건평에 관한 내용도 보인다. 관로에 관해서는 〈위서·관로전〉에,

관로가 말하기를 "나는 이마에 솟은 뼈가 없고 눈에는 정기가 없으며 코에는 비량이 없고 종아리에 천근이라고 불리는 근육이 없다. 등에 두터운 살 집이 없고 배는 垂자와 같이 생기지 않았다. 이것은 모두 장수하지 못하는 징표들이다. 또한 본래 내 명은 정월까지이지만 한 달을 더 보태 살게 될 것이다. 하늘에는 불변의 숫자가 있어 기피 할 수 없지만 다만 사람들이 알지 못할 뿐이다. 내가 이전부터 죽는 사람을 본 것이 백여 명을 넘지만 틀린 적이 없다."라고 하였는데, 그해 팔월 소부승이 되었으나 다음 해 이월 죽었다. 향년 사십 팔 세였다.

라고 했는데, 관로의 상술 수준이 타인을 살피는 것을 넘어 자신의 수명까지를 꿰뚫는 경지에 이르렀음을 잘 보여주고 있다. 주건평에 관해서는 〈위서·주건평전〉에 다음과 같이 기록되어 있다.

　주건평은 패국 사람이다. 상술에 능했으며 성문 앞 골목에 살았는데 영험한 일이 한둘이 아니었다. 태조가 위공이던 시절 그의 말을 듣고 벼슬을 내렸다. 문제가 오관장이던 시절 좌상에 손님 삼십 여인이 모였는데, 문제가 자신의 수명에 관해 묻고 여러 손님들의 상을 보게 했다. 건평이 말하길 "장군의 수명은 팔십에 달하지만 사십 세에 이르러 작은 액운이 있을테니 근신하고 잘 지키시기 바랍니다." 라고 했다.

　위에서 말하는 문제(文帝)는 조조의 아들로 후일 황제의 자리에 오르게 된 조비(曹丕,187-226)이다. 조비가 40세에 이르러 중병을 앓게 되었을 때 "주건평이 말한 팔십이란 밤과 낮을 나누어 말한 것인데 내게는 그것이 나뉜 것이구나(朱建平所言八十, 謂晝夜也, 吾其決也.)."라고 한 후 사망했다.

위진남북조시기

　중국의 위진(魏晉)시기에 이르러 유가의 현실주의가 느슨해지고 인식을 초월해 우주생성의 근원을 논하는 노장현학(老莊玄學)과 형이상학적 담론(談論)·청담(淸談)이 유행하게 되었다. 남북조시기에는 현학뿐만 아니라 불교의 반야학(般若學)·제자(諸子) 등 다양한 사상과 학문이 성행하게 되는데 이러한 사상들의 전파와 함께 상술도 큰 발전을 이룩하게 된다. 남조(南朝) 송(宋)나라 유의경(劉義慶, 403-444)이 편집한 《세설신어》는 후한 말부터 동진(東晉)까지 명사들의 일화집으로 당시 지식인과 귀족들의 생활·사상·풍조를 기록하고 있는 책으로 상가(相家)들에 관한 내용이 적지 않게 수록되어있다. 이 책 〈용지편〉에는 상술에 밝은 유윤(劉尹)이 환온(桓溫)의 상을 살핀 후 장차 그가 손권(孫權)이나 사마의(司馬懿)처럼 뛰어난 인물이 될 것을 예언한 기록이 있고 〈식감편〉에 직업적 상가는 아니지만 상술에 뛰어났던 반양중(潘陽仲)에 관한 기록이 다음과 같이 보인다.

 반양중이 어린 시절의 왕돈을 보고 말했다. "너는 눈이 벌의 눈과 같고 눈동자가 밖으로 드러났으며 음성이 승냥이 같지만 울림이 없다. 반드시 사람을 잡아먹게 될 것이지만 또한 사람으로부터 잡아먹힘을 당할 것이다."

 왕돈은 진(晋)나라 원제(元帝)) 때 무창(武昌)에서 반란을 일으켜 많은 사람을 죽였으나 반란에 성공하지 못하고 병사했다. 이후 명제(明帝) 때에 이르러 왕돈은 무덤이 파헤쳐져 의관이 불에 타고 무릎 꿇린 채 참형에 처해지는 부관참시를 당했다. 반양중이 직업적 상술가가 아니었던 것과 달리 직업적 상술가에 관한 기록도 보인다. 《진서·진훈전》에 의하면 진(晋)나라 진훈(陳訓)이 승상 왕도(王導)의 상을 살핀 내용이 다음과 같이 수록되어있다.

 승상 왕도가 병이 많아 늘 근심하였으므로 진훈에게 물었다. 진훈이 말했다. "공의 귀는 어깨까지 드리워졌으므로 반드시 장수할 뿐만 아니라 또한 대귀하며 자손이 번성하여 강동에 가득할 것입니다."

그러나 이 시기에 이르면 상술은 이미 무당에게까지 전파되어 있었다. 《남사·소엽전》에 의하면 한 무당이 제(齊)나라 고조(高祖)의 다섯 번째 아들 소엽(蕭曄)의 상을 본 내용이 다음과 같이 수록되어있다.

 무당이 "엽은 범상치 않은 상을 지녔다."라고 말하고 엽도 이것을 자부하고 있었다.

 진훈은 상술 이외에도 천문·역법·음양술·점복과 풍각(風角: 팔방의 바람을 궁상각치우(宮商角徵羽) 오음(五音)으로 판별하여 길흉을 점치는 방법) 등에도 능한 인물이었다는 기록이 보이는 것과는 달리 이 무당은 누구인지 분명치 않다. 다만 당시의 흔한 무당 가운데 한사람이었을 것으로 당시의 상술은 이미 오늘날의 술사(術士)와 같은 전문 직업인이나 무당들에까지 운용될 만큼 대중화되어있었음을 알 수 있다. 《양서·무제기》에 따르면 남제(南齊)의 경릉팔우(竟陵八友)의 한사람으로 분류되던 왕융(王融)이 상술에 밝아 소연(蕭衍)의 상을 보고 천하를 다스릴 사람이라고 했다는 기록이 보이는데 소연은 후일 양(梁)나라를 세우고 무제(武帝)가 되었다. 북제(北齊) 시기에 이르면 성상(聲相)에 밝았던 맹인 오사(吳士)가 있었으며, 황보옥(皇甫玉)·해법선(解法選) 등이 상술에 밝았다. 《북제서·황보옥전》에 의하면 동위(東魏) 시대에 맹인 오사(吳士)는 고양(高洋)의 음성을 듣고 "백성의 주인입니다(當爲人主)."라고 하였고 황보옥(皇甫玉) 또한 이를 예견했는데 고양은 후일 북제(北齊)를 개국하고 문선제(文宣帝)가 되었다. 해법선은 무성제(武成帝) 시의 간신 화사개(和士開)의 부참군(府參軍)이 되어 화사개의 인사(人事)를 위해 다른 사람의 상을 살펴주던 인물이다. 이 가운데 황보옥에 관한 기록을 살펴보자.

 현조가 즉위한 후 황보옥의 상술을 시험해보기 위하여 비단 수건으로 그의 눈을 가리고 여러 사람을 차례로 더듬게 하였다. 현조에 이르자 "이분이 가장 높은 관직에 달한 분입니다."라고 하고 임성왕에 이르자 "재상에 이른 분입니다."라고 했다…황보옥이 고귀언을 만져본 후 "지위가 지극히 높은 신하입니다. 그러나 모반을 꾀할 것입니다."라고 했다. 고귀언이 "내가 모반할 리가 있겠는가?"라고 묻자 황보옥이 "그렇지 않습니다. 공에게는 반골이 있습니다."라고 했다.

여기서 말하는 현조는 전술한 인물 고양이다. 이후 무성제(武成帝)가 즉위한 후 고귀언의 뜻이 지나치게 크고 방약무인한 것을 꺼려 익주(冀州) 자사(刺史)로 임명하여 외직으로 보냈다. 고귀언은 이에 불만을 품고 익주에서 모반했다가 사형에 처해졌다. 황보옥의 상술이 신묘했음을 잘 보여주는 내용이다. 《북사·구찬전》에는 당문(唐文)의 상술이 뛰어났다고도 전한다.

수(隋)·당(唐)시기

양견은 후한의 학자이며 정치인이었던 양진(楊震)의 자손으로 서위(西魏) 12대 장군의 한 사람인 수국공(隋國公) 양충(楊忠)의 아들이었다. 중국 섬서성 위남현인 홍농화음(弘農華陰) 사람이라고 자칭했지만 실은 한족이 아닌 선비족(鮮卑族)이거나, 선비족과의 혼혈 가문에서 출생한 것으로 추측되며 서위를 계승한 북주(北周)에서 부친이 세운 공을 이어받아 높은 지위에 올랐던 인물이다. 그는 북주의 권력자나 황실과 인척관계를 맺어 세력을 확대하였다. 당시 북주 명제(明帝)의 황후는 주국(柱國:승상)인 독고신(獨孤信)의 딸이었는데 양견은 독고신의 다른 딸을 아내로 맞음으로서 황제와 동서간이 되고 명제의 손자인 폭군 선제(宣帝)에게 자신의 딸을 시집보내어 황제의 경계심을 늦추었다. 자신의 전권에 맞서는 위지형(尉遲迥) 등 반대 세력을 물리치고 상국(相國)과 수왕(隨王)이 된 후 외손자인 정제(靜帝)로부터 선양(禪讓) 받는 형식을 취해 나라를 빼앗아 수(隋)왕조를 개창했다. 국호를 수(隋)라고 한 것은, 원래 양견이 수왕(隨王)으로 봉해졌던 데서 기인한 것으로 '隨'자에 (辶: 뛸 착) 받침이 있으면 왕조가 흔들리고 안정되지 않는다고 하여 '隋'자로 바꾸었다고 한다. 수나라는 문제·양제(煬帝: 楊廣)·공제(恭帝: 楊侑)에 이르는 3대 38년간 지속된 단명 왕조였으나 (秦)·한(漢)에 이어 여러 나라로 나뉘어 있던 중국대륙을 통일국가로 재현하는 위

업을 달성했다. 양견은 풍익(馮翊) 지방의 반야사(般若寺)라는 절에서 출생하였는데 용모가 여느 아이들과 달랐다. 이에 관해 《수서·고조본기》에는 다음과 같이 기록되어 있다.

사람됨이, 용안으로 이마에 다섯 개의 세로로 솟은 뼈가 정수리까지 이어지고 눈빛이 밖으로 쏘는 듯하였으며 손바닥에 王자 문양이 있었다. 상체가 길고 하체가 짧았으며 용모가 매우 엄중하였다. 처음 태학에 들어갔는데 비록 친한 사이라도 감히 가볍게 볼 수 없었다.

양견은 이러한 용모와 인품으로 인해 언제나 황실의 경계를 받으며 살았다. 북주의 명제는 당시 상술에 밝은 조소(趙昭)로 하여금 양견의 상을 살펴 그가 혹시 제왕의 상을 지녔는지를 알고자 했다. 이에 조소가 양견의 상을 살핀 결과 그가 천하의 주인이 될 인물임을 알았지만 양견을 보호할 목적으로 황제에게는 허위 보고를 하고 양견에게 이 사실을 가르쳐 주었다. 이후 폭군 선제 때에 이르면 이러한 현상이 더욱 심화된다. 《수서·고조본기》에,

황제는 매번 노할 때마다 황후에게 "반드시 너의 집안을 멸족시키겠다."라고 말하였다. 그러므로 고조를 부른 후 좌우에 명하기를 "안색이 변하였거든 즉시 그를 죽여라!"고 하였다. 고조가 도착하였으나 얼굴색이 태연자약하였으므로 그치게 되었다.

라고 했는데, 이미 상술한 바와 같이 양견은 자신의 딸을 선제에게 출가시켜 황후가 되게 했음에도 선제 또한 역대 황제들과 마찬가지로 언제나 양견을 경계했다. 《당서·위정전》에 의하면 당시 남조(南朝)인 진(陳)나라 관리로서 북주를 방문했던 위정(韋鼎)이 양견을 만나 그의 상을 살핀 후 그

가 천하를 통일하게 될 것을 알고 양견에게 자애(自愛)를 당부했다는 기록이 보이며 다른 상술가인 내화(來和)도 양견에게 "공께서는 사해를 다스리는 왕이 되실 것."이라고 했다는 기록도 보인다. 《수서·양제본기》에 따르면 양견이 황제에 오른 후 자신의 아들 가운데 누가 왕재(王才)인가를 살피도록 내화에게 밀명을 내렸다. 내화는 그 아들 가운데 양광(楊廣)을 가리켜 "진왕(양광)은 눈썹 위에 두개의 뼈가 융기했으므로 귀하기가 말할 수 없습니다(晋王眉上雙骨隆起, 貴不可言.)."라고 했다는 기록이 보이며, 《구당서·을불홍례전》에는 상술가 을불홍례(乙弗弘禮)가 양광에게 "왕께서는 뼈의 모양이 범상치 않으므로 반드시 만승의 왕이 되실 것(夫王骨法非常, 必爲萬乘之王.)."이라고 했다는 기록도 보인다. 양광은 원래 간계하여 형인 용(勇)을 실각시키고 스스로 황태자가 되어 권신 양소(楊素)와 결탁해 부친 문제(文帝)를 살해하고 604년 제위에 오르는데 이가 우리에게도 잘 알려진 수양제(隨煬帝)이다. 양제는 제위에 오른 후 부친의 비(妃)를 범했다고 전해질 만큼 흉폭한 인물로 그의 시호 양제에서 '양(煬)'은 '악랄한 황제'라는 의미를 지닌다고 한다. 그는 612년에는 113만 대군을 이끌고 고구려를 침입했다가 살수 전투에서 을지문덕(乙支文德)에게 대패하는 등 3차례 고구려 원정에서 모두 실패해 국력이 급속히 쇠하게 되었다. 이후 끊임없이 이어지는 반란에도 불구하고 경치가 아름다운 장두(江都: 揚州)에서 사치를 즐기다가 618년 신하 우문화급(宇文化及)에게 살해되었다. 당시 이연(李淵)은 진양(晉陽: 太原)에서 반란 진압을 하던 중 둘째 아들 세민(世民)과 함께 거병하여 장안(長安)을 점령한 후, 양제의 손자 공제(恭帝) 양유(楊侑)를 협박하여 618년 선위(禪位) 받아 즉위하고 국호를 당(唐)이라 함으로서 38년간 3대에 불과했던 수나라는 멸망했다.

당나라는 918년 고조(高祖) 이연(李淵)에 의해 건국된 이래 907년 애제(哀帝) 때까지 20대 290년간 유지된 나라이다. 중국의 통일제국으로는 한

(漢)나라에 이어 제 2의 전성기를 구가했으며 발전된 문물·제도가 한국 등 아시아 여러 나라로 전파되었다. 당나라 시기에 이르면 발전하는 문화의 영향으로 상술도 함께 발전했을 뿐만 아니라 다수의 뛰어난 상술가도 그만큼 많이 출현하게 된다. 《구당서·태종본기》에 의하면, 이연이 기주(岐州)를 관장하고 있을 때 상술에 능한 서생을 만나게 되었다. 이때 그 아들 이세민(李世民)은 4살에 불과했는데 서생이 이연에게 말하기를 "공은 귀인이시며 아들 또한 귀합니다."라고 하고, 태종(이세민)을 본 후 말하기를 "봉황의 자태에 하늘의 태양과 같은 표상을 지녔으니 이십 세가 되면 반드시 세상을 구제하고 백성을 편안케 할 것입니다."라고 했다고 한다.

이세민의 이름 '世民'은 이때 서생이 말한 '濟世安民'에서 따온 것이다. 이세민은 이후 수양제의 폭정으로 내란이 발생하여 혼란스러운 틈을 타 태원(太原) 지역의 군을 장악하고 있던 부친 이연을 설득해 장안을 점령하고 당나라를 세웠다. 그 후 황태자인 형 건성(建成)과 동생 원길(元吉)을 물리치고 서기 626년 부친으로부터 양위 받아 즉위하였으니 그가 태종(太宗)이다. 태종은 즉위한 후 정치에 힘쓰고 학문을 사랑하여 《오경정의(五經正義)》와 이전 왕조의 왕조사를 편찬했으며 그 자신도 유려한 필적을 자랑했다. 그러나 만년에 이르러 수양제가 원정에 실패한 것처럼 고구려 정복을 위해 친정에 나섰다가 실패했는데, 고려 후기의 학자인 이색(李穡)의 〈정관음(貞觀吟)〉이라는 시와 이곡(李穀)의 《가정집(稼亭集)》에 의하면 이때 안시성(安市城) 전투에서 안시성 성주 양만춘(梁萬春)이 쏜 화살에 눈을 맞아 부상하여 회군했다고 한다. 수나라 말부터 당나라 초기에 이르는 시기의 상술가로는 장경장(張憬藏)·원천강(袁天綱)·장사막(張思邈)이 대표적인 인물에 속하는데 이들의 일부 행적은 《구당서》에 수록되어있다. 먼저 〈장경장전〉을 살펴보자.

장경장은 허주 장사 사람으로 어려서부터 상술을 직업으로 삼았는데 원천강과 함께 이름을 날렸다. 태자첨사 장엄이 젊은 시절 장경장을 만나서 자신의 관록에 관한 운을 물었다. 장경장이 말하기를 "공께서는 앞으로 2년 후에 동궁의 군사를 장악하는 관리가 되지만 그해 녹봉을 받기 전에 면직되며, 면직된 후 3척 땅 아래의 액을 당하게 되어 다시 6년이 지나게 되는데 이는 죽음의 징후에 합치되기 때문이며, 그 후 부귀를 누리게 되어 명성과 지위가 모두 높이 이르게 되는 것은 또한 중간에 요절하는 것과는 합치되지 않기 때문입니다. 61세에 포주자사가 되고 그해 10월 30일 오시에 관록이 끈길 것입니다."라고 했다. 이후 장엄의 모든 일이 그와 같았다. 그는 사절로 제수되어 고려에 갔다가 고려의 막리지에게 죄인으로 잡혀 지하 움집에 갇혀 6년이 지난 후에야 돌아올 수 있었다. 61세에 포주자사가 되었는데 때가 이르자 수하의 관리와 처자를 불러놓고 그들과 고별하며 스스로 죽을 때가 되었다고 말하는데 갑자기 칙령이 내려와 벼슬을 사임하는 것을 허락한다고 했다.

고려(高麗)란 고구려(高句麗)이며, 막리지(莫離支)란 연개소문(淵蓋蘇文) 집권 후 정치와 군사를 모두 장악한 고구려의 실권자를 말한다. 장경장이 말한 대로 장엄은 사신으로 봉해져 고구려에 갔다가 막리지에 의해 지하에 움집으로 만들어진 감옥에 6년간 갇혀 있다가 석방되어 돌아와 포주자사가 되었는데 그해 61세였다. 그해 10월 30일 오시(午時)가 가까워지자 부하와 가족을 불러놓고 죽음이 임박했음을 알리고 고별을 나누는 중에 '사임하는 것을 윤허한다.'는 황제의 칙령이 도달하여 관록이 끊기게 된다. 이러한 일들이 장경장이 말한 것과 한 치의 오차도 없었음을 위 사서는 기록하고 있다. 장경장의 정확한 생몰연대는 미상이지만 장경장의 생존 시기가 수나라 말에서 당나라 초기였으며 당시는 수양제에 이어 당태종이 고구려를 침입한 시기로 상대국의 사절을 본국으로 돌려보내지 않고 옥에 가둘 만큼 양국

관계가 악화된 시기였다. 또한 장경장의 예언대로 장엄이 고려의 지하 감옥에 갇히게 되는 것은 장경장이 말한 죽음의 징후와 합치되는 까닭이며, 죽임을 당하지 않고 돌아와 61세에 포주 자사가 될 수 있었던 것 또한 중간에 요절하는 것과 합치되지 않는 까닭 때문이다. 〈원천강전〉에 의하면 측천무후(則天武后)가 어린아이였던 시기에 남아의 옷을 입혀 길렀는데 원천강이 보고 크게 놀라 말하기를 "틀림없이 여아이다. 실로 그 크기를 잴 수 없으니 후일 반드시 천하의 주인이 될 것이다(必若是女, 實不可窺測, 後當爲天下之主矣.)."라고 했다는 기록이 보인다. 측천무후는 당나라 창업에 공헌한 무확(武朕)의 딸로 본명이 조(曌)이다. 빼어난 미모로 14세 때 태종의 후궁이 되었으나 태종이 죽은 후 출가하여 비구니가 되었다. 태종의 9번째 아들로 제위를 계승한 고종(高宗) 이치(李治)가 태종을 위해 불사(佛事)를 거행하던 중 고종의 눈에 띄어 총애를 받고 후궁이 되었다. 간계를 써 황후 왕씨(王氏)를 쫓아내고 655년 황후가 되었다. 몇 년 후 고종의 건강이 약해진 틈을 타 권력을 잡고 신흥관리들을 등용하여 세력을 구축하여 독재 권력을 휘둘렀다. 683년 고종이 죽은 후 자신의 아들인 중종(中宗)과 예종(睿宗)을 차례로 즉위시켜 각각 1년씩 제위에 머물게 하고 어사(御史)와 밀사를 이용하여 대규모 탄압을 자행하고 불경(佛經)과 부서(符瑞)를 날조하여 무씨(武氏) 천하를 합리화했다. 690년 국호를 주(周)로 개칭하고 황제에 등극했다. 말기에는 요승(妖僧) 회의(懷義), 장역지(張易之) 형제 등과 염문이 나돌고 총신들이 정사를 그르쳤다. 장간지(張柬之)가 정변을 일으켜 중종을 복위시키고 국호를 다시 당으로 부흥한 705년 12월 측천무후는 병사했다. 그러나 그는 655년 황후가 된 후 705년 사망할 때까지 50년간 실질적으로 중국대륙을 통치했으며 이 가운데 약 15년간은 중국 역사상 유일한 여제(女帝)였다. 장사막에 관해 〈장사막전〉을 살펴보자.

동대시랑 손처약이 정·경·준·우·전 등 자신의 다섯 아들로 하여금

사막을 뵙게 했다. 사막이 "준은 일찍부터 귀하게 되며, 우는 늦게 현달하게 된다. 전은 가장 크게 이름을 떨치게 되지만 화는 병권을 잡는데 있다."고 했는데 후일 모두 그의 말처럼 되었다. 태자첨사 노제경이 어린 아이였을 때 일생의 일에 관해 말해주기를 청했다. 사막이 "너는 앞으로 50년 후에 지방의 방백이 될 텐데 나의 손자가 너의 부하 관리가 되어 보필하게 될 것이다."라고 했다. 후에 노제경이 서주 자사가 되었을 때 사막의 손자 손박과가 서주 소현의 승이 되었다. 사막이 처음 제경에게 이 말을 할 때 그 손자 박은 아직 출생하기 이전이었는데도 미리 그 일을 예측해 알았다. 무릇 여러 가지 기이한 행적이 이처럼 많았다.

장사막은 당시 약왕(藥王)이라고 불릴 만큼 의술에 정통했을 뿐만 아니라 상술에도 뛰어났던 인물이었다. 그가 약왕으로 불리게 된 이면에는 상술을 이용하여 망진(望診)만으로도 환자의 병명과 증세 등을 정확히 알아냈기 때문이다.

현종(玄宗) 때에는 황제가 강제로 일행선사(一行禪師)를 경도(京都)로 불러들여 살게 했는데 그 또한 상술에 밝았다. 그 외 《구당서·금양봉전》에 따르면 금양봉(金梁鳳)이 상술과 천문에 능했다고도 한다.

송(宋)나라 태종(太宗)의 칙명으로 당시의 저명한 학자 이방(李昉) 등이 977년 편집한 《태평광기》 권 224에는 중국 중당(中唐) 때의 시인 유우석(劉禹錫, 772-842)과 상술에 밝은 한 승려에 관한 일화가 다음과 같이 수록되어있다.

유우석이 둔전외랑을 하고 있을 때 시대적으로 변동이 많아 아침저녁으로 변화가 많았다. 한 중이 상술에 지극히 정통하다는 것을 듣고 자신의 관저로 초청하여 자신을 살펴보도록 했다. 자신의 명에 관해 막 물으

려는 데 밖으로부터 위수재가 문 앞에 와 있다고 알려왔다. 공(유우석)은 부득이 나중에 보기로 하고 중을 주렴 아래 앉아있게 했다. 위수재가 유우석에게 책을 바치는데 대략 살펴보니 의기가 빼어난 것을 알 수 있었다. 위수재가 그것을 깨달았다. 위수재가 물러간 후 다시 중과 대화를 나누려 하는데 중은 말없이 길게 탄식하며 말하기를 "어떤 말을 하려고 하는데, 원외께서는 틀림없이 불쾌해하실 것입니다. 어떻게 할까요?" 하였다. 공이 말하기를 "그냥 말씀하십시오."라고 했다. 중이 말하기를 "원외께서는 이후에 본행정랑이 되실 것입니다. 그러나 반드시 위수재의 하급 외직관리가 되실 것입니다."라고 했다. 공이 대노하여 읍하고 그를 내보냈는데 열흘이 지나지 않아 벼슬을 잃었다. 위수재의 상이 매우 중후했다. 20여 년 후 위수재가 중서랑이 되었을 때 유우석은 그의 하급 관리인 둔전외랑을 하게 되었다.

《유몽득문집》이라는 시문집으로 유명한 유우석은 795년 박학굉사과(博學宏詞科)에 급제하여 회남절도사 두우(杜佑)의 막료가 되었다가 중앙의 감찰어사로 영전되었다. 이후 왕숙문(王叔文)·유종원(柳宗元) 등과 함께 정치 개혁을 기도하였으나 실패하여 왕숙문은 실각되고 그 자신은 낭주사마(朗州司馬)로 좌천되었다. 10년 후 다시 중앙으로 소환되었으나 그때 지은 시가 비판의 대상이 되어 다시 연주자사(連州刺使)로 전직되고 그 후 주로 지방 관직을 전전하다가 태자빈객(太子賓客)으로 생애를 마쳤다. 위의 내용은 당나라 시기의 상술 수준을 가늠할 수 있는 좋은 예가 될 것이다.

오대십국(五代十國)과 송(宋)나라시기

960년 개국한 송(宋)나라가 중국을 통일하게 되는 979년까지 70년에 걸쳐 화북(華北)의 중심지대를 지배한 정통왕조(正統王朝)의 계열인 양(梁)·당(唐)·진(晉)·한(漢)·주(周) 등 다섯 왕조와, 화남(華南)과 그 주변 지역에서 흥망했던 지방 국가들인 오(吳)·남당(南唐)·오월(吳越)·민(閩)·형남(荊南)·초(楚)·남한(南漢)·전촉(前蜀)·후촉(後蜀)·북한(北漢) 등 10국이 흥망했는데 그 시기를 오대십국시기라고 한다. 이 시기의 상술가로는 후주의 왕박(王朴)을 들 수 있다. 그는 경방(京房, BC77-BC37)의 상수주역(象數周易)을 공부하여 천문·역법·음양술·상술에 밝아 후주(後周) 세종(世宗) 때 추밀사(樞密使)에까지 올랐다는 기록이 있다. 또한 후주의 한 노승이 후일 송(宋)나라를 개국하게 되는 조광윤(趙匡胤)의 상을 보았다는 기록이 《송사·태조본기》에 다음과 수록되어있다.

양양의 절에 머물렀는데 상술에 밝은 노승이 있었다. 태조를 응시하며 하는 말이 "내가 네게 노자를 후하게 줄테니 북방으로 가면 때를 만날 것이다."라고 했다.

위에서 말하는 노승에 관하여는 더 구체적인 내용이 없지만 조광윤은 그의 말대로 북방으로 떠나서 등용되고 후주(後周) 세종(世宗)의 부장(部將)을 지내던 중 북한(北漢)의 침입으로 나라가 위기에 처한 상황에서 금군(禁軍)의 옹립으로 제위에 올라 960년 송나라를 개국했다.

송나라 시기는 음양오행론과 도가사상이 창궐했으므로 이에 편승하여 상술은 정치·사회적 바탕 위에 더욱 발전을 이룩했다. 지금도 우리에게 전해지고 있는 《미의상법》은 바로 이 시기에 출현한 상서이다. 《마의상법》은 당시 마의도인이 진단(陳搏, 906?-989)에게 전수한 것이지만 마의도인에 관해서는 자세한 기록이 없다. 송나라 때 석문영(釋文瑩)이 기록한 《상산야록》에 마의도인에 관한 일화가 있으므로 살펴보자.

　문희공 전약수가 젊을 때 진단을 뵙고 상법을 배우고자 했다. 진단이 타일러 말하기를 "반달이 지나거든 그대는 다시오라."고 했다. 전약수가 그 기일에 가서 함께 산으로 들어갔는데 땅에 있는 화로 가에 늙은 노승이 단정하게 앉아있었다. 해진 옷을 입고 눈을 감고 있는데 화로가에서 불을 쬐고 있었다. 전약수가 읍하여 예를 올리자 그 노승이 눈을 뜨고 조금 응대할 뿐 만남의 예를 갖추지 않았으므로 전약수는 마음이 흔쾌하지 않았다. 세 사람이 말없이 한동안 앉아있다가 진단이 "어떻습니까?"라고 입을 열자 노승이 머리를 흔들며 "그러한 뼈가 없다."고 함으로 전공이 먼저 일어섰다. 진단이 타일러 말하기를 "그대는 2~3일 후에 다시 오라."고 했다. 전공이 "예!"라고 대답하고 그 기일에 다시 뵈러 갔더니 진단이 말하기를 "내가 처음 그대를 보았을 때 정신이 맑고 깨끗하기에 신선의 학술을 배워 상당한 경지에 오를 것이라고 생각했다. 그러나 더 정확히 알 수 없기에 허락지 못하고 특별히 그 노승에게 결정해주실 것을 부탁한 것이다. 그러나 그분의 말씀이 그대에게는 선골(仙骨)이 없지만 귀하여 경의 벼슬에는 오를만 하다."라고 하셨다. 전공이 "그 노승은 누구입니까?"라고 묻자 "마의도인이다."라고 했다.

　전약수가 소년시기에 진단에게 상술을 배우려고 찾아갔지만 진단이 전약수에게 상술을 전수할 것인지를 고심하다가 결정을 자신의 스승 마의도인에게 요청했으며, 마의도인은 전약수의 선골(仙骨)이 높지 않은 것을 보고 그의 제자 진단에게 상술을 전수치 말 것을 당부한 것을 알 수 있다. 상법에 따르면 선골이 낮으면 신뢰심이 적어 도학(道學)이 불가할 뿐만 아니라 반항심이 많은 반골(叛骨)에 속한다. 또한 이 부분은 수명과 관계있는 수골(壽骨)로, 수골이 지나치게 낮으면 장수하기 어렵다. 전약수는 대신의 지위에 올랐음에도 44세로 사망했다. 마의도인이 전약수에게 상술을 전수치 않도록 한 것은 전약수의 이러한 점을 예리하게 간파했기 때문이었을 것이다.

진단은 역사적으로 도가(道家)의 계통에 속하는 인물로서 자(字)가 도남(圖南)이며 호주(毫州) 진원(眞源)사람으로 당나라 말 이전에 출생하여 송나라 태종(太宗) 단공(端拱) 2년인 989년 80세 이상의 나이로 사망하였다. 어려서부터 총명하여 경서와 사서, 백가서(百家書)를 읽었으며 후당(後唐) 명종(明宗) 장흥(長興, 930-934)시기에 진사에 천거되었으나 벼슬을 사양하고 산수를 즐겨 무당산(武當山) 구실암(九室巖)에 은거하여 곡식을 끊고 기(氣)를 마시며 20여 년을 보냈다. 그러나 매일 술은 여러 잔씩 마셨다. 후에 화산(華山: 중국 섬서성(陝西省) 동쪽 진령(秦嶺)산맥 동단 위수(渭水) 연변에 있는 산으로 오악(五岳)의 하나인 서악(西岳))으로 옮겨갔는데 한번 잠자리에 누우면 1백여 일 동안 일어나지 않았다. 주나라 세종이 불러 간의대부(諫議大夫)를 하사하였으나 사양했다. 이후 송나라 태종이 그를 불러 중용하고 희이선생(希夷先生)이라는 호를 하사했다. 그는 평소 주역을 즐겨 읽었으며 스스로 부요자(扶搖子)라는 호를 지어 불렀으며 자신이 예언한 기일에 사망했는데 시(詩)를 잘했으므로 당시(唐詩)를 즐겨쓰고 《안절좌공법》·《하락진결》 등을 후세에 전했다. 송나라 위태(魏泰)가 기록한 《동헌필록》에도,

　태종때, 명을 받들고 진단이 왕궁으로 들어와 여러 왕들의 상을 살피게 되었다. 진단이 회답하여 아뢰기를 "수왕은 진실로 천하의 주인이 되실 날이 있을 것입니다. 신이 수왕의 저택에 도착했을 때 문 앞에 앉아있는 두 사람을 보았는데, 그 성을 묻자 장민, 양승훈이라고 대답했습니다. 이들은 모두 왕의 좌우 사령입니다. 그러므로 신이 이 두 사람을 살펴본 즉 후일 모두 장상에 오를 사람들이므로 그 주인을 알 수 있기 때문입니다."라고 했다. 태종이 몹시 기뻐했다.

　라고 했는데 송나라 태종 조경(趙炅)이 진단으로 하여금 자신의 여러 아

들 가운데 누구의 상이 뛰어난가를 살피게 했으며, 진단이 그들 가운데 셋째 아들인 수왕의 신하들만을 보고도 그 주인의 인물됨을 알아 후일 황제가 될 것을 예견한 내용이다. 태종의 셋째 아들인 수왕은 997년 제 3대 황제에 올라 진종(眞宗, 997-1022)이 되었다. 당시 수왕은 태종의 셋째 아들이었으므로 제위에 오를 수 있는 확률이 극히 적었으나 형들을 물리치고 제위를 이어받았다. 또한 《송사·태종본기》에 '겨울철인 10월 갑신일에 화산에 은거해있는 은사 진단에게 희이선생이라는 시호를 하사했다(冬十月甲申, 賜華山隱士陳號希夷先生.).'라고 했는데 이것은 옹희(雍熙) 원년(984)의 기록이다. 이상의 내용으로 진단은 상술에 밝은 실존 인물로 상술을 활용하여 일세를 풍미했음을 알 수 있다.

《마의상법》은 진단이 마의도인으로부터 전수받은 내용을 저술한 것으로 당시의 상술은 황제가 신봉하여 제위를 결정하는 데에까지 영향을 미쳤을 뿐만 아니라 대신이나 군사(軍師)의 임명에도 절대적으로 작용했다. 《송사·조창언전》을 보면 그와 같은 내용이 보인다.

> 태종이 기뻐하며 창언을 서천과 협로 오십이주의 초안마보군도부서로 임명했다. … 이미 출병했지만, 창언에게는 후사가 없으며 코의 산근이 끊겨 반골의 상을 지녔으므로 병권을 장악케 하여 촉지방으로 들어가게 하는 것은 마땅치 않다는 상주가 있었다.

조창언에게 병권을 주어 출발시켰으나 '조창언에게 후사가 없고 산근이 끊긴 것은 반골의 상'이라는 상주가 올라왔다는 내용으로 이 사건을 같은 책 〈태종본기〉 순화(淳化) 5년(994) 8월조에는,

> 계묘일에 참지정사 조창언을 서천·협로의 초안마보군도부서를 삼았는데 다시 조칙을 내려 창언을 봉상현에 머무르게 하고, 내시 위소흠에게

수결을 주고 파견하여 대신 진격하고 군사를 지휘하게 했다.

고 했다. 이 사건은 태종 당시 왕소파(王小波)· 이순(李順) 등이 서천·협로에서 농민을 이끌고 반란을 일으킨 사건이다. 이에 대해 대신들은 위무(慰撫)할 것을 주장한 반면 조창언은 정벌할 것을 주장했으므로 태종이 조창언의 정벌론을 듣고 기뻐하며 조창언을 정벌군의 수장(首將)으로 임명하여 파견했다. 그러나 '조창언은 후사가 없고 코의 산근이 끊겨 반골의 상.'이라는 상주를 듣고 심경의 변화를 일으켜 내시 위소흠에게 수결을 주고 급히 뒤따라가 조창언은 봉상이라는 지역에 머물게 하고 위소흠이 병권을 장악하여 지휘토록 했다는 기록으로 인물의 발탁과 이동·군사 분야에서 상술이 넓고도 절대적인 비중으로 활용되었음을 보여주는 사례이다. 이밖에도 상술에 능한 노승이 송나라 때의 정치가이며 대문학가인 구양수(歐陽修, 1007-1072)의 상을 보았다는 내용이 《명도잡지》에 실려있다. 당시 소주라는 대신이 상술에 뛰어났는데 그에 관해 《송사·소주전》에 다음과 같이 실려 있다.

소주가 상술에 능했는데 협서에서 돌아오자 황제께서 "한강을 안무사로 임명하면 어떻겠소?"라고 물었다. 소주가 대답하기를 "국가의 대사는 깊고 아득한 것이니 신이 엿볼 수 없습니다. 그러나 한강이 장상의 자리에 알맞은 사람이라는 것은 알겠습니다."라고 했다. 황제가 기뻐하며 "만약 경의 말대로라면 한강은 틀림없이 공을 이루겠소."라고 하고 왕안석에 관해 물었다. 한강이 "왕안석은 소 눈에 호랑이의 시선을 지녔는데 사물을 보는 것이 쏘는 듯합니다. 그 뜻을 행하는 것이 앞을 향해 곧바르므로 천하 대사를 감당할만 합니다. 그러나 한강의 화기가 많음까지는 미치지 못합니다. 기가 온화한 것은 만물을 함양할 수 있는 것으로 사료됩니다."라고 했다. 왕소를 거창참군을 삼는 것에 관해 소주가 말하

기를 "그의 모습이 손면과 같은데 이는 장수하기 어려운 상입니다."라고 했는데 후일 모두 그의 말처럼 되었다.

　인종(仁宗, 1023-1064) 당시의 대신 소주가 한강(1012-1088)과 왕안석(1021-1086)·왕소(?-?)의 상을 보고 인물을 판단한 내용이다. 왕안석은 인종과 영종(英宗, 1064-1067)의 뒤를 이어 즉위한 신종(神宗, 1068-1085)에게 발탁되어 역사적으로 유명한 파격적인 개혁정책을 실시하여 큰 업적을 남겼으나 반대파인 한기(韓琦)·사마광(司馬光) 등 구법당(舊法黨) 인물들의 반대에 부딪혀 중도에 실각한 인물이다. 위의 인용문에서 소주가 말한 "기가 온화해야 만물을 함양할 수 있다(惟氣和能養萬物爾.)."는 말에는 기가 온화해야 장구(長久)할 수 있다는 의미가 포함된 것임을 알 수 있다. 이 밖에도 《적벽부》로 유명한 동파 소식(蘇軾, 1036-1101)이 자신의 눈이 한편으로는 길고 잘 생겼지만 다른 한편으로는 좋지 않은 까닭에 대학사(大學士)가 된 후 유배 생활을 하게 되리라고 천명을 알았다는 기록이 《서규당가록》에 보인다. 또한 《항주부지》에,

　송나라 승려 묘응은 강남 사람인데 거짓으로 미친척했지만 사람을 아는 데에는 어그러짐이 없었다. 채경이 전당으로 폄관되어 있을 때 그의 용모가 호랑이와 같은 것을 살피고 벽에 글을 썼는데, "보아하니 명년에 재상이 되어 발톱을 세우고 이빨을 드러내어 중생을 먹으리라."는 구절과 "중생이 고통받는 것이 27가 지나야 끝나리라."고 썼는데 모두 그의 말처럼 되었다.

　라고 했다. 채경(蔡京, 1047-1126)은 자가 원장(元長)으로 북송(北宋)의 제8대 황제인 휘종(徽宗, 1110-1125)때의 재상이며 서예가였다. 환관 동관(童貫)과 결탁하여 52세에 재상의 자리에 오르고 황제에게 사치를 부릴 것

을 권하여 재정이 궁핍해지자 세금을 혹독하게 거두어 백성들을 고통으로 몰아넣었던 인물이다. 지나치게 반대파를 탄압하다가 금군(金軍)의 침입을 받기도 했으며 1125년 수도 개봉(開封)이 금(金)나라 군사의 공격을 받기 직전 휘종(徽宗)이 맏아들 조환(趙桓)에게 양위하여 흠종(欽宗, 1100-1161)으로 즉위한 후 국난을 초래한 육적(六賊)의 우두머리로 몰려 유배 가던 중 담주(潭州)에서 병사했다. '양기(兩紀)'의 '기(紀)'는, 서구의 연기(年紀) 개념에 의하면 1기를 1백 년으로 계산하는 것과 달리 고대 동양에서는 1기가 십이지(十二支)와 같은 12년이었으므로 24년에 해당하는 기간, 즉 20여 년을 말하는 것이다. 채경은 실제로 16년간 재상의 자리에 있었다.

여진족으로 구성된 금(金)나라가 요(遼)나라를 멸망시킨 여세를 몰아 1126년 송나라 수도 개봉(開封)을 점령하고 1127년 휘종(徽宗)과 흠종(欽宗)을 포로로 잡음으로서 송나라 왕실의 혈통은 중단되었다. 이때 흠종의 동생 고종(高宗, 1127-1162)이 난을 피해 남쪽으로 도망하여 남부의 임안(臨安)에 도읍한 것이 남송(南宋)이다. 남송은 금(金)과 화의를 맺고 중국 남부지역을 영유하였으나 1234년 몽골에게 금나라가 멸망 당한 후부터 몽골의 압박이 점점 심해졌다. 1276년 몽골군에 의해 임안이 함락되고 1279년 애산(厓山)전투에서 패배하여 남송은 9대 152년 만에 멸망했다. 남송 시기에 이르면 위와 같은 국제정세로 인해 사회가 극도로 불안해지고 따라서 불안한 사람들은 점복이나 상술에 더욱 심취하게 되어 상술은 더한층 발전하였다. 남송 이종(理宗, 1225-1264) 때 상술에 지극히 밝은 포포도인(布袍道人)이 남송의 간신 가사도(賈似道, 1213-1275)의 상을 본 기록이 《절강통지》에 다음과 같이 실려 있다.

포포도인은 어느 고장 사람인지 알지 못한다. 가사도가 일찍이 말을 타고 호산에 유람을 나갔다가 처하령 아래에서 잠시 쉬고 있는데 포포도인

이 눈을 들어 바라보고 말하길 "나리께서는 부디 자중자애하십시오. 장래에 공명이 한위공의 아래에 있지 않을 것입니다."라고 했다. 가사도가 그에게 욕하고 그곳을 떠났는데, 얼마 후 기생집에서 술에 취해 도박하다가 얼굴에 상처를 입게 되었다. 어느 날 포포도인을 다시 만나게 되었는데 도인이 놀라 탄식하여 말하기를 "애석하구나! 애석해! 천당이 깨어졌으니 필시 선종하지 못하겠구나!"라고 했는데 그 후 모두 그와 같이 응험했다.

가사도는 이종(理宗)의 후궁으로 들어간 누이 덕분에 부재상(副宰相), 추밀원지사(樞密院知事)가 되고 양회선무대사(兩淮宣撫大使)가 되었다. 1259년 몽골군을 격퇴한 공으로 우승상이 되었다. 그러나 칭기즈칸의 손자로 몽골제국 제 5대 칸(汗)이며, 후일 중국 원(元)나라를 개국하여 세조(世祖)가 되는 쿠빌라이(121-1294)의 진중으로 사자를 보내어 토지를 할애하고 세폐(歲幣)를 바치겠다는 밀약 아래 강화를 맺었다. 그는 황제의 신임을 받아 공전법(公田法)과 주택 이외의 저택과 전원(田園)·가축·식수(植樹) 및 현금 등 재산의 총액으로 등급을 매기고 그 등급에 따라 재산세를 부과하는 방법인 추배법(推排法)을 시행하여 백성들의 원성을 크게 샀다. 그 후 몽골군에 패한 문책을 받고 유배지로 가던 중 호송자인 정호신(鄭虎臣)에 의해 죽임을 당해 선종하지 못했다.

원(元)·명(明) 나라 시기

1259년 몽케칸이 남송(南宋)과 전쟁 중 사천(四川)에서 병사하자 이듬해인 1260년 쿠빌라이칸(세조)이 개봉(開平)에서 자신이 대칸(大汗)의 자리에 오르고 연경(燕京)으로 수도를 옮겨 대도(大都)로 부르고 1271년 《주역·건괘(乾卦)》에서 '대재건원(大哉乾元)'을 취해 국호를 '대원(大元)'이라고 했다. 그 후 남송과 잦은 전투를 벌여 1279년 남송을 멸망시키고 이민족으로서 최초의 중국 통일 국가를 이룩했다. 원나라시기에 이르면 황제나 왕후장상, 일반 백성에 이르기까지 상술에 관심을 가진 사람들이 더욱 늘어났다. 이때 태보(太保) 유병충(劉秉忠)이 상술에 밝았는데 《원사·홍복원전》에 따르면,

군상의 아명은 쌍숙으로 복원의 다섯 번째 아들이었다. 열네 살에 형인 차구를 따라 세조를 알현키 위해 상경했다. 황제가 기뻐하며 유병충에게 그의 상을 보도록 명했다. 병충이 "이 아이는 눈의 시선이 평범치가 않으므로 후일 반드시 공명으로 현달할 것입니다. 그러므로 학문에 힘써야 합니다."라고 했다. 이에 훌륭한 스승을 선택하여 가르치도록 했다.

라고 했는데 후일 홍군상은 군공(軍功)을 세워 원나라의 중신이 되었다. 유병충은 자신이 상술에 뛰어났을 뿐만 아니라 뛰어난 상술가인 전충량(田忠良)을 세조에게 천거하기도 했다. 《원사·전충량전》에는,

병충이 세조에게 천거했다.…갑자기 서쪽에 서 있는 두 번째 인물을 가리키며 충량에게 "저 사람 손안에 쥐고 있는 것이 무슨 물건이냐?"라고 물었다. 충량이 "계란입니다."라고 아뢰었는데 결과가 그러했다. 황제께서 기뻐하며 다시 "짐에게 마음을 괴롭히는 일이 있는데 네가 그것을 맞혀보아라!"라고 했다. 충량이 "신이 술수로써 추정해보니 그것은 어떤 중의 병입니다."라고 아뢰자 황제께서 "그렇다. 국사이니라."라고 했다.

고 했는데 세조는 전충량을 신뢰하여 즉시 그를 관리로 임명한 후 사천태

(司天台)로 보내어 국가의 역법(曆法) 등을 정리하게 했다. 전충량에 대한 세조의 신뢰는 매우 각별하여 국사에 관한 일을 그에게 묻곤 한 내용이 같은 책에 보인다. 또한 《원사·왕순전(王珣傳)》에 의하면 '원나라 대장군 왕순이 30여 세에 한 도인을 만났는데 그 도인이 말하기를 "훗날 청마로 인해 귀하게 되리라(他日因一靑馬而貴)."라고 했으므로 청색 말을 구해 전장에 타고 나가 공을 세워 대장군이 되었다.'는 기록이 보인다.

명나라를 건국한 주원장(朱元璋, 1328-1398)은 지금 안휘성(安徽省) 봉양현(鳳陽縣)인 호주(濠州)의 빈농 출신으로 17세에 고아가 되어 출가하여 탁발승으로 지내다가 홍건적(紅巾賊)의 부장 곽자흥(郭子興)의 부하가 되었다. 홍건적은 몽골 정권에 항거한 한족 집단 가운데 가장 큰 집단이었는데 주원장은 그 내에서 두각을 나타내고 후일 백련교도(白蓮敎徒)의 뒷받침을 받아 세력을 펴 양자강(揚子江) 하류의 곡창지대를 점령했다. 1368년 지금의 남경인 금릉(金陵)에서 국호를 '명(明)', 연호를 '홍무(洪武)'로 건국하고, 한사람 황제가 자신의 임기동안 한가지 원호를 사용하도록 하는 일세일원제(一世一元制)를 채택했다. 그해 가을에는 원나라의 수도인 대도(大都)를 함락하여 원의 세력을 북쪽으로 몰아낸 후 1371년 사천(四川)을 평정하여 중국을 통일했는데, 이는 중국 역사상 강남(江南)에서 개국한 나라가 중국을 통일한 최초의 예이다. 명나라 시기에 이르면 상술은 더욱 큰 발전을 이루어 지금도 전해지는 《유장상법(柳莊相法)》 같은 명저가 저작되고 많은 상술가들이 등장한다. 《선현현교편》에는 원나라 말과 명나라 초기에 저명한 상술가들에 관한 기록이 있고, 주원장 또한 상술을 신봉하여 그들로부터 천자가 될 것이란 예언을 들었다고 전한다.

강남에 사람의 운명을 아는 이가 있었는데 성씨는 잃어버렸다. 주상께서 몸을 낮추고 계실 때 그를 만났는데 길에 엎드려 절을 하고 있었다. 주상께서 부축하여 일으켜 세우며 그 까닭을 물었다. 그가 말하기를 "그대는 태평천자이십니다."라고 했다. 주상께서는 이를 다른 사람에게 누설하지 말 것을 당부했다.

 위에서 말하는 '주상께서 몸을 낮추고 계실 때'란, 《주역·건괘(乾卦)》 초효(初爻)인 '초구(初九)'의 효사(爻辭) '잠룡물용(潛龍勿用)'에서 潛龍을 인용하여 아직 때를 만나지 못해 몸을 낮추고 있음을 말한다. 주원장은 황제에 즉위한 후 그 도인을 찾아 후사하려 했으나, 그는 "원하옵건대 폐하께서 부채 하나를 하사하시면 족하겠나이다(願陛下賜一扇足矣.)."라고 하여 태조 주원장이 친필로 시를 적은 부채를 하사했다고 위 기록에 함께 전한다. 또 한 사람의 상술가는 철관도인(鐵冠道人)으로 그도 주원장에게 천자가 될 것을 예언했다고 한다. 《선현현교편》에,

 철관도인은 도가 깊은 선비로 일찍이 주상의 상을 살피고 군왕의 자리를 차지하게 될 것이라고 했다. 주상께서 즉위한 후 불러 국운에 관해 물었다. 다만 말하기를 "당나라 보다 길고 한나라에는 못 미칩니다."라고 한 후 다시 크게 '順'자를 써서 황제에게 바치고 물러가 입산했는데 어느 곳에 있는지 알지 못했다. 지금 '철관도인가' 한편이 전한다.

 라고 했는데 주원장이 즉위한 후 철관도인에게 국운을 묻자 '過唐不及漢'이라고 하였는데, 당나라는 618년 이연(李淵)이 건국하여 907년 애제(哀帝)가 멸망 당할 때까지 20대 290년간 유지되고, 한나라는 BC 202년 유방이 항우를 타도하고 황제의 자리에 오른 후 27대 422년간 유지한 나라이다. 명나라는 후대에 이르러 숭정제(崇禎帝, 1628-1643)가 자살하여 멸망할 때까지 17대 277년간 유지되었다. 또한 농민 반군을 이끌고 서안(西安)을 점령한 이자성(李自成)은 국호를 대순(大順)이라고 했는데 철관도인이 順자

를 써 명나라가 順에 의해 멸망하게 될 것을 예견한 것이라고 전해진다. 이같은 사례(史例)는 국내에서도 볼 수 있다. 정도전(鄭道傳, 1337-1398)이 태조 이성계를 도와 조선조를 개국한 후 '二十八君'을 조합(組合)한 '창(蒼)'자를 넣어 '창엽문(蒼葉門)'이라는 문호(門號)를 종묘에 붙여 조선조가 28대까지 유지될 것임을 은유적으로 예견했는데, 철관도인의 표현도 이와 같은 은유적 표현이었을 것이다. 철관도인은 상술뿐만 아니라 《주역》과 천문에도 능하여 주원장을 따라 종군했는데 그에 관한 또 다른 기록은 명나라 육찬(陸粲)이 편찬한 《경이편》에도 다음과 같이 보인다.

철관도인 장경화는 강우지방의 술사로 도술이 매우 높은 경지여서 사람들이 측정할 수 없었다.…심양 전투에서 우량이 화살에 맞아 죽었는데 양쪽 군대에서는 모두 모르고 있었다. 철관도인이 천기를 보고 그것을 알았으므로 은밀히 상주하기를 "우량이 죽었습니다. 그러나 그 휘하에서는 아직 모르고 있으므로 아직 힘을 다해 싸우고 있는 것입니다. 제문을 지어 사형수들이 가지고 가서 곡하게 하면 그 사람들이 사기를 잃게 될 테니 우리가 쓸어버릴 수 있습니다."라고 했다. 주상께서 그의 말을 따르니 한나라 군대가 크게 무너졌다.

江右란 양자강 하류 동쪽지역을 말한다. 철관도인은 이름이 장경화(張景和)이며 출생지가 강동으로 주원장을 따라 종군하며 매번 전투 때마다 태조의 자문에 응했다. 진우량(陳友諒, 1316-1363)은 원나라 말 호북성(湖北省)에서 어부의 아들로 태어나 현의 하급관리가 되었다가, 요승 팽형옥(彭瑩玉) 등과 반란을 일으킨 서수휘(徐壽輝, ?-1360)의 휘하에 들어가 부장(部將) 예문준(倪文俊)의 서기가 되었다. 1357년 예문준을 죽이고 그 병권을 탈취한 후 1359년 서수휘 마저 죽이고 황제에 오르고 국호를 대한(大漢)이라고 했던 인물이다. 강주(江州: 江西省 九江)에 도읍하고 한때 강서

(江西)·호남(湖南)·호북(湖北) 지역을 장악하고 주원장과 천하를 다투었다. 《명사·태조본기》의 내용과 비교 검토하면, 위 내용은 1363년 8월 임술(壬戌)일에 경강(涇江)에서 주원장과 진우량 간의 마지막 결전 비사(秘史)의 한 토막으로 철관도인이 천기를 살펴 진우량이 죽은 것을 알고 심리전을 사용하여 대승을 거두게 했다는 기록이다.

다른 상술가로는 월추(月秋)를 들 수 있다. 《선현현교편》에 의하면 월추는 태조의 지시로 태조의 여러 아들을 살핀 후 연왕(燕王)의 비범함을 태조에게 보고했다. 태조 주원장은 24명의 아들을 두었으며 이들을 전국 요지에 분봉(分封)하여 제실(帝室)의 안정을 도모했다. 그러나 1392년 황태자인 의문태자(懿文太子)가 병사하고 1398년 태조 자신도 사망했다. 태조 사망 후 의문태자의 아들인 주윤문(朱允炆)이 16세로 즉위했으니 그가 혜제(惠帝, 1383-1402)이다. 1399년 태조의 다른 아들로 연경(燕京)에 주둔 중이던 연왕 주체(朱棣, 1360-1424)가 정난(靖難)의 변을 일으켜 수도 경사(京師: 南京)를 함락하고 제위를 찬탈했는데 이가 영락제(永樂帝, 1402-1424)이다. 영락제는 자신이 연왕이던 시기부터 원공(袁珙)이라는 대상술가와 교류하며 자문했다. 《명사·원공전》에는 이러한 내용이 상세히 기록되어 있다.

황제께서 동궁을 세우려 했으나 뜻이 풀리지 않으므로 오랫동안 결정치 못했다. 원공이 인종의 상을 본 후 "천자입니다."라고 하고, 선종의 상을 본 후 "만세천자입니다."라고 했다. 이렇게 해서 태자의 자리가 정해졌다. 원공은 천성적으로 비범한 재능을 타고났는데 학문을 좋아하여 시문에 능했다. 일찍이 바다 건너 낙가산에 유람갔다가 이승(異僧) 별구애를 만나 상인술을 전수받았다. 먼저 밝은 해를 올려다보다가 눈이 어두워지면 천으로 가려 어둡게 한 암실에서 검은콩과 붉은 콩을 하나씩

구분하게 했다. 오색실을 창밖에 달아매고 햇살을 받아 빛나는 색을 구분토록 하여 모두 그릇됨이 없어진 후에야 사람을 살피도록 했다. 그 방법으로써 밤중에 두 개의 등불을 켜놓고 사람의 형상과 기색을 보게 하고 태어난 해와 달을 참고토록 했는데 백번 가운데 한 번도 틀림이 없었다. 원공은 원나라시대부터 이미 유명했으므로 사대부 수백 명의 생사와 화복, 운의 늦음과 속함·크고 작음 그리고 날자와 시각에 이르기까지 탁월하지 않음이 없었다.

　영락제가 태자 정하는 문제를 장기간 결정치 못하다가 원공에게 물어 두 아들의 상에 관한 내용을 듣고 태자를 정했음을 알 수 있다. 원공은 영락제의 장자인 인종(仁宗, 1425-1426)을 "천자입니다."라고 표현하고, 인종의 장자인 선종(宣宗, 1426-1436)의 상을 "태평천자입니다."라고 표현하여 인종이 장수하지 못할 것임을 암시한 것으로 당시 황제의 제위를 결정하는 데까지 상술이 활용되었음을 보여주고 있다. 또한 승려 별구애가 원공에게 상술을 비전하는 과정이 소상하게 기록되어있는데, 별구애는 원공에게 특별히 기색(氣色)을 판별하는 대단히 독특한 훈련을 시켰으므로 원공은 뛰어난 기색법을 활용해 관찰 대상 인물의 운의 흐름을 파악함으로서 원나라 말부터 이미 유명할 수 있었다. 그는 이러한 유명세 덕분으로 사대부 등 많은 실력자의 상을 살필 수 있었으므로 원나라의 멸망과 명나라의 개국에 따른 내란 등 시대적 변혁기에 명멸(明滅)하는 권력과 배신, 생사(生死)의 갈림 등 필연적인 인간의 운을 예리하게 살피고 분석하여 지식을 축적할 수 있었다. 원공은 일생 연마한 상술을 자신의 아들 원충철(袁忠徹)에게 비전하였으므로 원충철 또한 상술에 탁월했다. 《경이편》에,

　은지방 사람 상보 충철은 그 부친 태상공으로부터 전수받아 상술이 천하에 뛰어났다. 일찍이 오소를 지나는 길에 심씨 집 대문 앞을 지나게 되

었는데 심씨의 아들이 한돌 되었다. 충철이 안고 있는 아이를 보여 달라고 했다. 상보는 웃으며 그 아이의 머리를 어루만지며 말하기를 "목이 잘리겠군, 목이 잘려!"라고 할 뿐 다른 말이 없었다. 심씨는 그저 희롱하는 것으로 여겼다. 그 아들이 자라 이름이 홍이었는데 흉폭하고 성격이 비뚤어져 사람 구실을 못하더니 마침내 중죄를 범하여 멸족하게 되었다. …또한 남호에서 서생약의 집에 들렀는데 새로 태어난 지 3일 된 아들을 목욕시키고 있었다. 아이가 울었다. 상보가 그 집 앞에서 울음소리를 듣고 말하기를 "큰 도둑이로군!"이라고 했다. 서씨가 듣고 노하여 때려서 내어 쫓았는데 그 아이가 후일 살인강도를 하여 사형에 처해지게 되었다. 예로부터 곰의 형상을 보면 멸족할 것을 알고 승냥이 소리를 듣고 조종이 끊길 것을 판단한다 했는데, 원충철의 상술이 그와 같아서 위태로워도 사양치 않았다.

라고 하여 원충철이 부친인 원공으로부터 상술을 전수하고 상술 또한 탁월했음을 기록하고 있다. 그러나 원충철의 상술이 뛰어났음에도 인격은 결코 고상하지 않았음을 신중하지 않은 언동을 통해서 알 수 있다. 그는 그의 부친 원공의 저작에 자신의 지식을 첨부해 완성된 《유장상법(柳莊相法)》을 저작했는데 원충철에 관해 《명사·원충철전》에,

일찍이 하급 관리의 일에 연좌되어 재물로서 속죄한 적이 있는데 정통 중에 다시 하급 관리의 일에 연좌되어 관직에서 물러나게 되고 20여 년 후에 죽으니 연령이 83세였다. 충철의 상술이 그의 부친보다 뛰어나지 않았으며 앞질러 말하는 일이 심히 많았는데 모두 꾸밈이 없었다. 왕문의 상을 가리켜 "얼굴에 사람의 기색이 없는데 상법에 역혈두라고 하였다."라고 하고, 우겸의 상을 "눈동자가 항상 위를 바라보니 상법에 망도안이라고 하였다."라고 했는데 후일 과연 그의 말과 같았다. 그러나

원충철은 성정이 음험하여 그의 부친 같지 않았다. 동료 대신과 사이가 틀어지면 황제 앞에서 상법을 이용하여 그를 물어뜯듯 헐뜯었다. 두루 독서를 좋아하였으며 저서로 《인상대성》과 《봉지금고》·《부대외집》이 있다.

 라고 했는데 정통(正統)은 영종(英宗, 1436-1449, 1456-1465)의 초기 집권시기인 1436-1449년 사이의 연호로서 원충철은 이 시기에 자신이 관장하는 부서 하급 관리의 죄에 연좌되어 관직에서 물러나고 20여 년 후 83세까지 장수를 누리다가 사망했다. 왕문과 우겸(于謙)은 영락제 때 진사에 합격하여 여러 관직을 거쳤으나 제 6대 황제인 영종이 1449년 북방으로 침입한 오이라트 부족에게 대패하고 포로가 되었다가 귀환하여 제 8대 황제로 복위한 후 석형(石亨) 등의 무고로 기시(棄市)에 처해 져 죽었다. 위의 내용에서 알 수 있는 것처럼 원충철의 상술이 뛰어났음에도 자신과 사이가 좋지 않은 대신은 황제의 면전에서 핍박하는 등 매우 음험하고 편파적인 성격이었다고 한다.

 원충철과 거의 같은 시대 사람 가운데 상술에 해박했던 또 다른 인물로는 중광(董光)과 그의 제자 유감(劉鑒)·진청(陳淸)을 들 수 있다. 중광과 유감에 관해서는 《양주부지》에 일화가 실려있다.

 유감은 고우사람으로 영락 병술(1406)년 진사가 되고 후일 훈도가 되었다. 동광이라는 상술에 능한 이가 유감의 눈빛이 총명함을 보고 상법을 전수했는데 사람의 귀천과 생사를 말하면 영험하지 않음이 없었다. 강상 지방에서 과거 보러가는 세 사람이 유감에게 상을 보았다. 자세히 오랫동안 바라본 후 말하기를 "一伙進士(세간의 진사)!"라고 했다. 그들이 가고 나자 주위 사람들에게 말하기를 "伙란 火를 말한다. 이들 모두 화액을 당할 것이다."라고 했다. 그 후 과거장에 불이나 세 사람 모두 불에 타 죽었다.

 강상(江湘)이란 현재 호남성(湖南省)을 말하는 것으로 유감은 수도에서 멀리 떨어진 호남성 사람이었다. 그러나 유감에게 상법을 전수한 중광에 관해서는 자세한 기록은 발견할 수 없다. 진청(陳淸)에 관해서는 《개봉부지(開封府志)》에 실려있을 뿐이다.

 진청은 의봉사람으로 정통 12년(1447) 지방시에 합격하여 순화현의 훈도로 부임했다. 일찍이 기인을 만나 풍감술을 전수받았는데 한번 보면 관직과 길흉 작은 잘못까지 마치 손에 문서를 들고 보는 듯 알았다. 그가 죽자 유사가 그 집에서 필요한 것들을 찾아냈는데, 그의 책들이 있기는 하지만 비결들은 결국 전해지지 않았다.

 정통 12년은 서기 1447년이며 순화현은 현재의 섬서성 순화현(陝西省 淳化縣)이다. 풍감술은 음양오행술·명학(命學)을 말한다. 훈도(訓導)란 산학(算學)이나 율학(律學)·관상감(觀象監)의 천문학·지리학·명과학(命課學) 등 주로 잡과를 가르치는 하급 관직이었으므로 진청이 훈도가 되었다는 것은 이 시기에 이미 중국에서는 상술 등이 관학(官學)의 한 부분이 되어있었을 뿐만 아니라 이 분야의 인재들이 관리로 기용될 만큼 저변확대가 이루어져 있었음을 보여주는 예이다.

청(淸)나라 시기

 오삼계(吳三桂, 1612-1278)는 요동 출생으로 명나라 금주(錦州)의 총병관이었던 오양(吳襄)의 아들이다. 부친의 공에 힘입어 승진을 거듭하여 요동 총병이 되어 산해관(山海關)의 진장으로 청군(淸軍)의 진출을 막고 있던 중

명나라 마지막 황제인 숭정제(崇禎帝)가 자살했다는 소식과 함께 이자성에게 포로가 된 부친으로부터 이자성에게 귀순하라는 편지를 받았으나 듣지 않고 청군과 결탁하고 선봉이 되어 북경을 탈환하고 청나라의 중국 진출에 막대한 역할을 했다. 이러한 공로로 평서왕(平西王)에 봉해졌으나 일찍부터 반란을 일으켜 천하를 차지하고 싶은 마음을 가지고 있었다. 어느 날 오삼계는 상술에 밝은 도사 한사람이 왔다는 말을 듣고 그에게 찾아가 상을 본 내용이 《청패류초·방기류》에 다음과 같이 실려 있다.

오삼계는 오래전부터 다른 뜻을 품어왔으므로 언제나 우울하고 불만스러워했다. 도사인 모씨는 상술이 전(滇)지방에서 으뜸이었는데 성에 오게 되었다. 삼계가 사람을 보내 불렀으나 오지 않으므로 미복 차림으로 그를 찾아갔다. 모씨는 한참 자세히 살핀 후 말하기를 "그대의 용모는 귀하기가 말할 수 없습니다. 그러나 뺨 아래에 주름이 있으므로 향후 좋지 않은데 아마 후사가 없게 되지 않을까요?"라고 했으므로 삼계는 크게 화를 내었다. 조금 후 사람을 시켜 기회를 엿보아 죽이려 하였으므로 모씨가 달아났다. 이로부터 삼계는 매일 거울을 잡고 주름을 들여다보며 스스로 한탄하고 분해하였다. 사람들이 위로하며 모씨가 거짓말을 한 것이라고 강력히 말하였으므로 삼계도 안심하기 시작하고 다른 뜻을 모의하는 것이 날로 빨라지게 되었다.

오삼계는 1657년 평서대장군이 되어 명나라 계왕(桂王:永曆帝)을 추격하여 2년 후인 1659년 운남성을 점령했다. 1662년 미얀마에서 계왕을 붙잡아 평서왕에 봉해지고 53좌령(佐領: 1좌령은 甲兵 200명)과 녹기(綠旗)의 막강한 군사력을 보유하고 광산개발과 변경무역·상업 등으로 막대한 재산을 모았다. 또한 운남과 귀주(貴州)의 총관으로 권력을 떨치며 광동(廣東)의 상가희(尙可喜), 복주(福州)의 경정충(耿精忠)과 함께 3번(三藩)으로 불렸다. 그러나 1673년 이를 두려워한 강희제(康熙帝)의 철수 명령에 반발하여 오삼계가 반란을 일으키고 이에 상가희와 경정충의 다른 2번도 함께 가담하여 '3번의 난'으로 발전하게 되었다. 오삼계는 5년 후인 1678년 5월 호남(湖南) 형양(衡陽)에서 스스로 황제위에 올라 국호를 주(周), 연호를 소무(昭武)라고 건원했으나 그해 8월 병사했다. 그가 죽자 손자인 세번(世璠)이 뒤를 이어 홍화(洪化)라고 개원했으나 1681년 10월 곤명(昆明)에서 청군에 포위되자 자살함으로써 후사가 끊기게 되었다. 이로써 도사인 모씨의 예언이 적중하게 되었다. 또한 청나라 초기 절강(浙江) 지역에 사(史)씨 성을 지닌 장님이 상술에 뛰어났다. 그는 남자의 얼굴은 손으로 더듬어 살피고 여자는 음성을 듣고 길흉화복을 예측하였는데, 강희제 시기에 호광순무(湖廣巡撫)를 역임한 연하령(年遐齡) 아들들의 상을 보았다. 《청패류초·방기류》에,

 연하령에게 두 아들이 있었는데 희요와 갱요였다. 희요는 본부인이 낳은 아들이었다.…사씨를 집으로 불러들여 희요의 상을 보게 했는데 사씨가 말하기를 "일품의 관직에 오르게 됩니다."라고 했다. 그때 갱요는 연하령의 노복이 기르고 있었는데 이미 사씨가 보았으므로 하령에게 고하기를 "조금 전에 문간방에서 한 아이를 보았는데 신하로서 최고의 지위에 오르게 될 것입니다."라고 했다. 하령이 매우 이상히 여겨 즉시 문지기를 불러들여 묻고 노복에게 아이를 데려오게 했다. 부름을 받고 도착하자 어찌 된 까닭인지를 물었다. 노복이 자초지종을 설명했다. 하령의 부인이 투기가 심했는데 아들이 없었으므로 희요를 낳기 전 하령이 노비와 통정하여 아이를 낳으니 부인이 알고 노비를 내어 쫓고 아이를 버리게 했으므로 아이를 노복이 기르게 되었다. 이에 이르자 하령이 아이의 용모를 본즉 매우 뛰어나고 아름다우므로 부인에게 말하여 아들로 삼도록 했다. 후일 그 아이가 과연 대장군의 인수를 장악하였으니 사씨

가 말한 것과 같다.

라고 했는데 연하령의 둘째 아들 연갱요(?-1726)는 조선 숙종 35년인 1709년 사신으로 파견되어 조선의 사자관(寫字官)으로 찰방(察訪)을 지낸 이수장(李壽長, 1661-1733)의 글씨를 동방제일이라고 격찬했던 인물이다. 연하령은 부인에게서 희요가 출생하기 전부터 여종과 통정했는데, 부인이 희요를 낳은 후 여종 또한 아이를 낳았다. 부인이 이를 눈치채고 연하령이 알 수 없도록 그 여종을 내어 쫓고 아이는 다른 노비가 기르도록 했는데 사씨는 이 아이가 연하령의 아들임을 알고 연하령에게 이 사실을 은유적으로 가르쳐 준 것이다. 이 아이가 갱요로써 후일 대장군을 거쳐 일등공(一等公)에까지 오르고 그의 부친 연하령 또한 아들의 공으로 일등공의 지위에 오르게 되었다.

사씨와 같은 시대 절강성 해령(海寧)사람 범래(范騋) 또한 상술에 정통했다. 《청패류초·방기류·범문원공상술》편에,

해령의 범래는 자가 문원으로 상술에 뛰어났다. 해령읍성에 공터가 있었는데 어떤 이가 흙으로 태세상을 빚어 사당을 세웠다. 범래가 태세상의 위의가 족한 것을 보고 높임을 받게 될 것이라고 했는데 머지않아 거찰이 되었다. 또한 가흥지방 천불각의 초상(肖像)들의 얼굴이 애처롭고 슬퍼서 화액을 당할 것이라고 했는데 그 뒤 과연 그러했다.

했는데, 범래는 사람이 아닌 흙으로 빚어 공터에 세운 조각상이 위엄 있는 것을 보고 장차 숭상을 받게 될 것이란 예언을 하고, 가흥지방 천불각 초상들의 표정이 애처롭고 슬퍼 보이는 것을 보고 화액을 당할 것을 예언했다는 기록으로 그의 상술이 가히 입신(入神)의 경지에 도달해 있었음을 알게 해 준다. 범래는 이러한 자신의 상술을 바탕으로 《신상수경집(神相水鏡集)》

을 저작했는데 현재까지도 전해진다. 범래는 이 책의 서문 말미에 「강희경신년춘정월범래자설(康熙庚申年春正月范騋自說)」이라고 씀으로써 이 책이 1679년에 저술된 것임을 알 수 있게 했다. 또한 《청패류초·방기류·상장문각진여당》편에는,

 옹정초…기사년 초여름에 장문각이 성안으로 나가며 말하기를 "유리창에 상술에 뛰어난 하남에서 온 중이 있다고 들었는데 함께 가서 시험해 보는 것이 어떻겠소?"라고 했다. 당시 진여당의 나이는 이십 삼세였고 장문각은 십팔 세였다. 도착했는데 중이 장문각을 살펴본 후 말하기를 "훌륭한 가문의 자제로 명필가의 아들이니 과거에 합격하는 것은 당연하고 진사를 거쳐 한림에 이르고 문권을 잡아 높은 지위에 올라 머리가 하얗게 셀 때까지 계속 공명을 누리겠소."라고 했다. 다음 차례로 진여당의 상을 본 후 말하기를 "두 사람의 문중이 서로 상하를 나눌 수 없이 훌륭하지만, 부귀를 누리는 것은 서로 다르니, 그대의 곤궁한 운을 피할 수는 없겠소. 아무리 와신상담으로 노력한다 해도 작은 공명을 얻는데 불과할 것이오. 그러나 신기가 모여 있고 근골이 단단하므로 장수하는 것은 틀림없소."라고 했다. …요금을 내려 하자 노승이 말하기를 "본래 받지 않아야 하지만 이틀이 지나면 돌아가게 되니 다비식에 쓸 땔감을 사야 할 돈으로 쓰겠다."라고 했다. 진여당이 이상히 여겨 삼일째 되는 날 노복을 보내어 살펴보게 했는데 과연 노승이 입적하였다. 그로부터 오랜 시일이 지나 그 노승의 말을 떠올려 보니 모든 것이 영험했다.

 라고 했는데, 이것은 1729년 초여름 장문각과 진여당이 북경의 골동품상이 밀집된 거리인 유리창(지명)에 하남으로부터 온 한 노승이 상술에 밝다는 소문을 듣고 찾아가 상을 본 내용이다. 이들이 사례금을 내려고하자 '이

틀이 지나면 죽게 되어 다비에 쓸 땔감을 사려한다.'며 돈을 받았다. 또한 같은 책 〈상촌부목수〉 편에,

　도광・함풍 시대 장사에 사는 모씨가 마의와 유장의 상법을 연구한 지 십여 년 만에, 어느 날 홀연히 사람들에게 말하기를 "몇 해 전부터 촌부와 목동을 본바 문무대관의 상모가 많은데 어떻게 그러한 무리들이 관직에 오를 수 있단 말인가?" 하고 스스로 그 상술을 의심하여 가지고 있는 서적을 모두 불살랐다. 머지않아 태평천국의 난이 일어나 초군과 상군이 흥하게 되었으므로 천거가 끊임없이 이어져 삼상지역 자제 열사람 가운데 아홉이 관직에 나아가게 되니 사람들이 상술에 그릇됨이 없다는 것을 알기 시작하게 되었다.

　라고 했는데 여기서 말하는 '도(道)'는 청나라 선종(宣宗, 1821-1851)의 연호 '도광(道光)'이며, '함(咸)'은 문종(文宗, 1851-1862)의 연호 '함풍(咸豊)'을 말한다. 청나라 말기 홍수전(洪秀全, 1814-1864)은 농민 반란을 일으켰는데, 청나라에서는 장발적(長髮賊)・월비(越匪)・발역(髮逆) 등으로도 불렀던 반란이다. 홍수전은 광동성 화현(花縣)에서 객가(客家)족 가정의 3남으로 출생하여 25세까지 3회에 걸쳐 과거에 실패하고 우연히 광주 거리에서 《권세양언(勸世良言)》이란 책을 한 권 얻었다. 이 책은 광주 출신으로 영국 출신의 선교사 로버트 모리슨(Robert Morrison, 1782-1834)과 윌리엄 밀른(William Milne, 1785-1822)의 영향을 받고 개종한 중국인 양아발(梁阿發, 1789-1855)이 1832년 기독교 선교용으로 만든 작은 책자였다. 홍수전은 이 책으로부터 비롯되기 시작한 기독교 지식을 바탕으로 천부(天父)는 상제(上帝)이고, 천형(天兄)은 예수(耶蘇)이며, 천왕(天王)은 홍수전이라는 새로운 삼위일체론을 만들어 모세와 예수가 여호와로부터 구세(救世)의 사명을 받은 것처럼 자신도 타락의 극에 달한 중국을 구제하라는 명령을 상제로부터 받았다고 주장하며 광서성(廣西省)의 농민과 광부들을 규합하여 반란을 일으켰다. 호남지역으로 진출하고 빈농과 유민·노동자 등이 합세하여 세력이 급속히 확대되고 1853년 3월에는 수십만 병력으로 남경을 함락하여 수도로 정하고 국호를 '태평천국(太平天國)'이라고 하였다. 태평천국은 1851-1864까지 14년간 존속하였는데 1856년 동왕(東王) 양수청(楊秀淸)과 천왕(天王) 홍수전의 대립, 동왕에 대한 북왕(北王) 위창휘(韋昌輝)의 공격, 익왕(翼王) 석달개(石達開)의 독립행동 등으로 내분이 심화되었다. 이러한 틈을 이용해 후일 양무운동을 추진한 정치가이며 학자인 증국번(曾國藩, 1811-1872) 등이 조직한 상군(湘軍) 등이 반격을 가하고 1860년 북경조약에 따라 반(反)태평정책으로 바뀐 영국을 비롯한 열강의 지원으로 태평천국은 압살되었다. 홍수전은 남경이 청나라 군대에 함락되기 1개월 전 음독자살했는데 이 과정에서 홍수전이 주도한 '태평군'과 이를 토벌한 초군·상군 등 지역 의용군에 각각 대대적으로 인원이 필요하게 되고 관직이 남발되어 촌부와 목동마저 문무 관직에 나아가게 되었으므로 사람들이 상술을 믿게 되었다는 것이다.

상술의 국내 전래

상술이 국내에 들어온 것은 신라 때 학자들과 승려들에 의해 당나라로부터 수입된 것으로 추측되지만 정확한 기록은 남아있는 것이 없다. 이때 달마대사가 저술했다는 《달마상법(達磨相法)》이 전해졌다고 주장하는 국내 학자들이 있지만, 《달마상법》이 달마대사의 저작이 아니라 후인의 위작일 가능성이 있다고 주장하는 학자들이 적지 않으므로 《달마상법》이 전해졌다는 주장이 확실하다고 보기는 어렵다. 그러나 당시까지 중국에 전해지던 상서들이 적지 않았을 것이므로 이 시기에 중국 상서들이 국내에 반입

되었을 가능성은 높다. 그러나 중국에 당나라가 건국되기 이전부터 국내에도 상술이 활용되고 있었던 기록이 있으므로 상술이 반드시 중국으로부터 유입되었다고 보는 견해는 잘못된 것이다. 《삼국사기·신라본기제일·유리니사금》조에,

이십일 년 구월 메뚜기 피해가 있었다. 왕께서 돌아가셨으므로 사릉원 안에 장사지냈다. 유리니사금을 왕으로 세웠는데 그는 남해왕의 태자였다. 처음 남해왕이 돌아가셨으므로 유리가 제위에 오르는 것이 마땅했으나 대보탈해가 평소 덕망이 있었으므로 그에게 임금 자리를 사양하려 했다. 탈해가 말하기를 "신기대보는 용렬한 사람이 감당할 바가 아닙니다. 제가 듣기에 성인과 지혜로운 이는 이가 많다고 하니 떡을 깨물어 시험해야 합니다."라고 했는데, 유리의 잇자국이 많았으므로 주위에서 그를 받들어 왕을 세우니 니사금이라고 부르게 되었다. 예로부터 전하는 바가 이와 같은데 김대문이 말하기를 '니사금이란 방언으로 잇자국을 이르는 것이다. 옛날 남해께서 돌아가시려 할 때 아들 유리와 사위 탈해에게 이르시기를 "내가 죽은 후 너희 박씨와 석씨 두 성 가운데서 연장자로써 왕의 자리를 이으라."하였으나 그 후에 김씨가 또한 흥성하였으므로 세 성 가운데 잇자국이 긴 사람으로 임금의 자리를 잇게 하였으므로 니사금이라고 부르게 되었다.'라고 했다.

이 기록은 신라의 제 3대 임금인 유리니사금이 왕위에 오르게 되는 과정을 기록한 것이다. 유리는 남해태자로서 자신이 임금의 자리에 오르는 것이 당연함에도 탈해에게 덕망이 있음을 알고 그를 임금으로 추대하려 하였다. 이에 탈해가 "성인과 지혜로운 이는 이가 많다고 들었다. 떡을 깨물어 잇자국이 많은 이를 왕으로 추대하자."라고 함으로 떡을 깨물어 확인한 결과 유리의 치아 수가 많았으므로 유리가 임금의 자리에 오르고 있다. 고대로부터

인도나 중국 등 동양에서 성인의 상에 속하는 것으로 석가모니의 신체적 특징을 설명한 〈삼십이상팔십종호(三十二相八十種好)〉에 의하면 석가모니는 치아의 수가 40개라고 하고 《마의상법·논치》편에,

 서른여덟 개의 치아를 가진 사람은 왕후이며, 서른여섯 개의 치아를 가진 사람은 조정의 벼슬아치거나 거부이며, 서른두 개의 치아를 가진 사람은 중인으로 복록이 있는 사람이며, 서른 개의 치아를 가진 사람은 보통사람이며, 스물여덟 개의 치아를 가진 사람은 하천하고 가난한 무리이다.

 라고 한 것과 일치한다. 따라서 《삼국사기》의 내용은 국내 사서(史書) 가운데 상술에 관한 최초의 기록일 뿐만 아니라 이미 당시의 국내에도 상술이 활용되고 있었음을 보여주는 예이다. 유리니사금이 임금의 자리에 오른 것은 서기 24년의 사실이다. 임금의 자리를 결정하는데 활용될 만큼 상술이 집권층의 신뢰를 받고 있었다는 것은 당시에 상술이 깊은 역사를 갖고 있지 않았다면 불가능했을 것이다. 이것은 상술이 기원전 시기부터 국내에 전래되고 있었다는 근거가 되기에 충분하다. 따라서 상술이 당나라로부터 국내에 전래되었다는 주장은 옳지 않다. 근대에 이르러 명상(名相) 또한 적지 않았는데, 김철안(金哲眼, ?-?)이 대한민국 건국이후 저술한 《관상보감》에,

 고려 말 혜증(慧證)이 이성계의 상을 보고 장차 왕이 될 것을 예언했고, 조선시대 영통사(靈通寺)의 도승은 한명회(韓明會)의 상을 보고 장차 재상이 될 것을 예언했으며, 그 외에도 이천년(李千年)·토정(土亭)이지함(李之驪)·정인홍(鄭仁弘)·정북창(鄭北昌) 등이 명상이었다. 일제시대에는 배상철(裵相哲)·강남월(姜南月)·최운학(崔雲鶴)이 유명했다.

청오 지창룡 박사

라고 했다. 이들 내용은 구전과 야사로 이미 국내에 널리 알려진 사실로 의심의 여지가 없다. 일제시기에 이르러 배상철·강남월·최운학 등이 상술의 명맥을 유지했다. 또한 해방 전후와 대한민국 건국 후 1960년대까지는 김철안(金哲眼, ?-?)·백운학(白雲鶴, ?-?)이 유명했으며, 이들의 뒤를 이어 지창룡(池昌龍, 1922-1999)이 유명했다.

마의상법정해

삼주삼주(三主三柱)

 삼주(三主)는 초년, 중년, 말년의 운을 주관하는 상, 중, 하정의 주요 부위인 머리·코·지각(턱)을 말한다.

액첨초주재, 비왜중주도. 욕지만경사, 지각희방고. 두위수주, 비위양주, 족위동주.
額尖初主災, 鼻歪中主逃. 欲知晚景事, 地閣喜方高. 頭爲壽柱, 鼻爲梁柱, 足爲棟柱.

이마가 뾰족하면 초년에 재액이 있고, 코가 삐뚤어지면 중년에 도망치며, 만년의 운을 알려면 지각이 가득하고 모나며 높은지를 보라. 머리는 수명을 주관하는 기둥(수주), 코는 대들보(양주), 발은 기둥(동주)이다.

육부삼재삼정(六府三才三停)

육부자, 양보골, 양관골, 양이골, 욕기충실상보, 불욕지리고로.
六府者, 兩輔骨, 兩顴骨, 兩頤骨, 欲其充實相輔, 不欲支離孤露.

육부는 양쪽 보골(보각)과 양쪽 관골 양쪽 이골로서 충실하고 서로 돕

는 듯해야 하며 어느 한 가지라도 그 격에서 벗어나거나 홀로 드러나서는 안 된다.

상이부, 자보각지천창, 중이부자명문지호이, 하이부, 자견골지지각, 육부충직, 무결함반흔자, 주재왕. 천창준기다재록, 지각방정만둔전, 결자불합.
上二府, 自輔角至天倉, 中二府自命門至虎耳, 下二府, 自肩骨至地閣, 六府充直, 無缺陷瘢痕者, 主財旺. 天倉峻起多財祿, 地閣方停萬頃田, 缺者不合.

上2부는 보각에서 천창까지이고, 中2부는 명문에서부터 호이까지이며, 下2부는 지각 옆 시골에서 지각에 이르는 부위이다. 6부가 충실하고 곧으며 결함이나 상처나 흉터가 없다면 재물이 풍성하다. 천창이 높게 일어나면 재물과 벼슬이 많고, 지각이 사각으로 모나고 살이 후하면 전답이 만 경에 이른다. 그러나 결함이 있다면 합당하지 않다.

삼재자, 액위천, 욕활이원, 명왈유천자귀.
三才者, 額爲天, 欲闊而圓, 名曰有天者貴.

삼재는, 이마는 하늘이니 넓고 둥글어야 하늘이 있어 귀하다 한다.

비위인, 욕정이제, 명왈유인자수. 해위지, 욕방이활, 명왈유지자부.
鼻爲人, 欲正而齊, 名曰有人者壽. 頦爲地, 欲方而闊, 名曰有地者富.

코는 사람이니 바르고 가지런해야 사람이 있다고 할 수 있어 수명이 길다. 아래턱은 땅이니 모나고 넓어야 땅이 있다고 할 수 있어 부유하다.

삼정자, 발제지인당위상정(주초), 자산근지준두위중정(주중), 자인중지지각위하정(주말), 자발제지미위상정, 미지준두위중정, 준지지각위하정, 상정장, 소길창, 중정장, 근군왕, 하정장, 노길상, 삼정평등, 부귀영현, 삼정불균, 고요천빈.

三停者, 髮際至印堂爲上停(主初), 自山根至準頭爲中停(主中), 自人中至地閣爲下停(主末). 自髮際至眉爲上停, 眉至準頭爲中停, 準至地閣爲下停. 上停長, 少吉昌, 中停長, 近君王, 下停長, 老吉祥. 三停平等, 富貴榮顯, 三停不均, 孤夭賤貧.

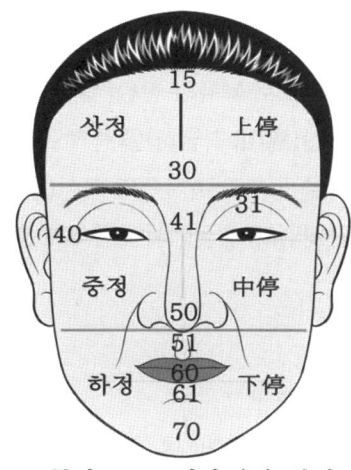

두귀: 1-14세의 운을 본다.

삼정이란, 발제에서 인당까지가 상정으로 초년운을 주관하고, 산근에서 준두까지가 중정으로 중년의 운을 주관하며, 인중에서 지각까지가 하정으로 말년의 운을 주관한다. 또한 발제에서 눈썹까지를 상정, 눈썹에서 준두까지를 중정, 준두에서 지각까지를 하정이라고도 한다. 상정이 길면 젊어서 길하고 창성하며 중정이 길면 군왕을 가까이에서 모시게 되고 하정이 길면 노년에 길상하다. 삼정이 고루 균등하면 부귀영달하게 되지만 삼정의 균형이 맞지 않으면 외롭고 요절하고 빈천하다.

오악사독(五嶽四瀆)

액위형산남악, 해위항산북악, 비위숭산중악, 좌관위태산동악, 우관위화산서악.

額爲衡山南岳, 頦爲恒山北岳, 鼻爲嵩山中岳, 左顴爲泰山東岳, 右顴爲華山西岳.

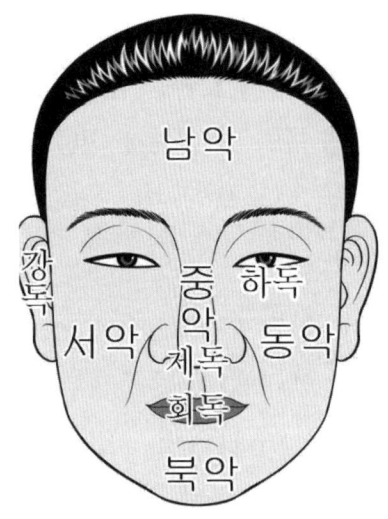

이마는 형산으로 남악이며, 턱은 항산으로 북악이다. 코는 숭산으로 중악이며, 좌측 관골은 태산으로 동악이다. 우측 관골은 화산으로 서악이다.

*五嶽(오악): 진시황이 천하를 통일한 후 오행사상의 영향을 받아 오악의 관념이 생겼다. 한대(漢代)에는 남쪽의 형산(衡山: 호남성)을 남악으로·북쪽의 항산(恒山: 하북성)을 북악으로·중부의 숭산(嵩山: 하남성)을 중악으로·동쪽의 태산(泰山: 산동성)을 동악으로·서쪽의 화산(華山: 섬서성)을 서악으로 정하고 산악신앙에 따라 나라에서 제사를 지냈다. 얼굴에서 솟은 5개 부위를 오악에 비유하여 설명한 것이다.

중악요득고륭, 동악수용이조응, 불융부준, 즉무세위소인, 역무고수.
中嶽要得高隆, 東嶽須聳而朝應, 不隆不峻, 則無勢爲小人, 亦無高壽.

중악은 높이 솟아야 하고 동악은 솟아 서악과 서로 마주 보는 듯해야 한다. 높지 않고 준엄하지 않으면 사람됨이 기세가 없고 소인배에 지나지 않으며 또한 장수할 수 없다.

중악박이무세, 즉사악무주, 종별유호처, 부지대귀, 무위엄중권, 수불심원.
中嶽薄而無勢, 則四嶽無主, 縱別有好處, 不至大貴, 無威嚴重權, 壽不甚遠.

중악이 얇고 기세가 없으면 나머지 사악의 주인이 없는 것이므로 비록 다른 부분이 좋다하여도 크게 귀히 될 수 없고 위엄과 높은 권세를 누릴 수 없으며 장수를 누릴 수 없다.

중악불급차장자, 지중수, 여첨박만년견파, 도두소칭의.
中嶽不及且長者, 止中壽, 如尖薄晚年見破, 到頭少稱意.

중악이 격에 미치지 못하고 길기만 하면 수명이 중수(中壽)에 지나지 않으며, 준두가 뾰족하고 비량이 얇다면 늙어서 재산을 파하여 곤경에 처하게 되고 끝내 뜻을 이룰 수 없다.

서악경측중주견파, 불의장가. 북악첨함, 말주무성, 종역불귀. 동서경측무세, 즉심악독무자애, 오악수요상조.
西嶽傾側中主見破, 不宜長家. 北嶽尖陷, 末主無成, 終亦不貴. 東西傾側無勢, 則心惡毒無慈愛, 五嶽須要相朝.

서악이 옆으로 기운즉 중년에 실패를 만나게 되므로 종가집으로 마땅치 않은 사람이다. 북악이 뾰족하거나 함몰되었으면 말년에 성공하지 못하고 끝내 귀하게 되지 못한다. 동서악이 기울었으면 기세가 없고 마음이 악독하여 자애심이 없다. 오악은 반드시 서로 마주 보는 듯해야 한다.

이위강, 목위하, 구위회, 비위제.
耳爲江, 目爲河, 口爲淮, 鼻爲濟.

귀는 강이며 눈은 하, 입은 회, 코는 제이다.

*四瀆(사독): 독(瀆)은 독류입해(獨流入海: 수원에서 직접 바다로 흘러드는 강)하는 중국의 4대강을 말한다. 중국 대륙 중앙부를 횡단하는 양자강(揚子江)·중국 북부를 서에서 동으로 흐

르는 중국 제2의 강인 황하(黃河) ·중국 내륙을 흐르는 회수(淮水) ·황하 아래를 흐르는 제수(濟水) 등으로 오악과 함께 신앙의 대상이었다. 얼굴에서 물에 해당하는 귀· 눈· 입· 콧구멍을 사악에 비유하여 설명한 것이다.

사독요심원성취, 이애안부주, 즉재곡유성, 재물불모다축적.
四瀆要深遠成就, 而涯岸不走, 則財穀有成, 財物不耗多蓄積.

사독은 깊고 길게 생기고 옆의 둑으로 새어나가지 않아야 하는데, 이와 같다면 재물과 곡식이 넉넉하며, 재물이 소모되지 않고 많이 축적된다.

이위강독, 규요활이심, 유중성지부, 긴이총명, 가업불파.
耳爲江瀆, 竅要闊而深, 有重城之副, 緊而聰明, 家業不破.

귀는 강이니 귓구멍이 넓고 깊으며 이륜과 이곽이 잘 보좌하고 있다면 사람됨이 건실하고 총명하여 가업에 실패가 없다.

목위하독, 심위수, 세장즉귀광즉총명, 천즉단명, 혼탁다체, 원즉다요, 부대불소귀.
目爲河瀆, 深爲壽, 細長則貴光則聰明, 淺則短命, 昏濁多滯, 圓則多夭, 不大不小貴.

눈은 하독이니 깊으면 장수하고, 작고 길면 귀하며 광채가 있으면 총명하다. 그러나 눈이 얕으면 단명하고 흐리고 탁하면 막히는 일이 많으며, 동그라면 요절하니 크지도 작지도 않아야 귀하다.

구위회독, 요방활이순문상복재, 상박즉불복, 하박즉부재, 불복부재, 즉무수무만복, 불복부재즉가업파.
口爲淮瀆, 要方闊而脣吻相覆載, 上薄則不覆, 下薄則不載,不覆不載, 則無壽無晚福, 不覆不載則家業破.

입은 회독으로 모나고 넓으며 입술이 서로 균형을 이루고 잘 덮여있어야 한다. 윗입술이 얇으면 잘 덮이지 않고, 아랫입술이 얇으면 윗입술을 얹지 못하게 되니, 덮이지 못하고 얹지 못하면 장수할 수 없고 늙어서 복을 누릴 수 없다. 입술이 제대로 덮이지 못하거나 제대로 얹지 못하면 끝내 가업을 파하게 된다.

비위제독, 요풍륭광원, 불파불로, 즉가필부.
鼻爲濟瀆, 要豊隆光圓, 不破不露, 則家必富.

코는 제독으로 풍륭하고 빛나며 둥그렇고 비량이나 준두의 격이 깨어지지 않고 뼈가 드러나지 않았다면 그 집안이 반드시 부를 누리게 된다.

오관총론(五官總論)

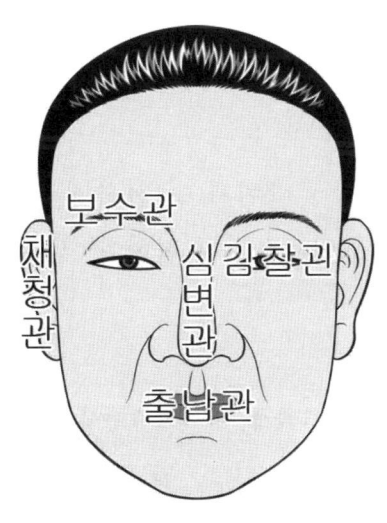

오관자, 일왈이, 위채청관. 이왈미, 위보수관. 삼왈안, 위감찰관. 사왈비, 위심판관. 오왈구, 위출납관.

五官者, 一曰耳, 爲採聽官. 二曰眉, 爲保壽官. 三曰眼, 爲監察官. 四曰鼻, 爲審辯官. 五曰口, 爲出納官.

오관은, 첫째 귀로 채청관이라고 하며, 둘째는 눈썹으로 보수관이라고 한다. 셋째는 눈으로 감찰관이라고 하며, 넷째는 코로

심변관, 다섯째는 입으로 출납관이라고 한다.

대통부운, 일관성십년지귀현, 일부취십재지부풍, 단어오관지중, 당득일관성자, 가형십년지귀야, 여득오관구성, 기귀노종.

大統賦云, 一官成十年之貴顯, 一府就十載之富豊. 但於五官之中, 倘得一官成者, 可亨十年之貴也, 如得五官俱成, 其貴老終.

대통부에 이르기를 '오관 가운데 일관이 잘생기면 10년간 귀하고 현달하며, 일부(府)가 잘 생겼으면 10년간 풍요로운 부를 누리게 된다.' 라고 한 것과 같이 오관 가운데 일관만 잘 생겨도 가히 10년간 귀함을 누릴 수 있다. 만약 오관 모두가 잘 생겼다면 그 귀함이 평생 지속된다.

*大統賦(대통부): 금(金)대 예부상서를 지낸 장행간(張行簡, 1156-1215)이 저술한 《인륜대통부》. 이 책은 본래 한 권으로 되어 있었으나 후인들이 상하 2권으로 나눈 것이 전해진다. 상의 길흉은 선악에 따라 달라진다는 내용 등 450여 구의 부(賦)로 이루어져 있다.

이수요색선, 고용과어미, 윤곽완성, 첩육돈후, 명문관대자, 위지채청관성.

耳須要色鮮, 高聳過於眉, 輪廓完成, 貼肉敦厚, 命門寬大者, 謂之採聽官成.

귀는 색이 선명하며 높이 솟아 눈썹을 지나며 귓바퀴가 온전하게 생기고 귓불이 두툼해야 한다. 그에 더하여 명문이 넓고 큼직하게 생겼다면 채청관이 잘 생겼다고 한다.

미수요관광, 청장쌍분입빈, 혹여현서신월지양, 수미풍영, 고거액중, 내위보수관성.

眉須要寬廣, 清長雙分入鬢, 或如懸犀新月之樣, 首尾豊盈,高居額中, 乃爲保壽官成.

눈썹은 넓고 맑고 길어 양쪽 옆 구레나룻까지 이어져 있으며 혹은 무소뿔이 달린 듯, 초승달과 같은 모양이어야 한다. 그에 더하여 눈썹 머리와 꼬리가 풍부하고 가득하며 높이 이마에 붙어 있다면 보수관이 잘 생겼다고 한다.

안수요함장불로, 흑백분명, 동자단정, 광채사인, 혹세장극촌, 내위감찰관성.
眼須要含藏不露, 黑白分明, 瞳子端正, 光彩射人, 或細長極寸, 乃爲監察官成.

눈은 눈동자가 밖으로 드러나지 않고 잘 감추어져 있으며 흑백이 분명하고 동자가 단정하고 광채가 사람을 쏘는 듯해야 한다. 그에 더하여 가늘고 길어 길이가 1촌을 넘는다면 감찰관이 잘 생겼다고 한다.

비수요양주단직, 인당평활, 산근연인, 연수고륭, 준원고기, 형여현담제, 여재동색선황명, 내위심변관성.
鼻須要梁柱端直, 印堂平闊, 山根連印, 年壽高隆, 準圓庫起, 形如懸膽齊, 如截筒色鮮黃明, 乃爲審辯官成.

코는 콧대가 단정하고 반듯해야 한다. 인당이 평평하고 넓으며 산근이 움푹 꺼지지 않고 인당으로 이어져 있으며 연상과 수상이 높고 준두가 둥글고 양쪽 콧방울이 알맞게 솟아 있어야 한다. 형태가 마치 짐승의 쓸개를 매어단 듯하거나 대나무 마디를 쪼개어 엎어 놓은듯하며 색이 선명하고 밝은 황색을 띠었다면 심변관이 잘 생겼다고 한다.

구수방대, 순홍단후각궁, 개대합소, 내위출납관성.
口須方大, 脣紅端厚角弓, 開大合小, 乃爲出納官成.

입은 모나고 크며 입술이 붉고 단정하고 두툼하며 활과 같고, 열릴 때는 크고 합쳐지면 작아야 하는데 이와 같다면 출납관이 잘 생겼다고 한다.

오성육요(五星六曜)

화성수득방, 방자유금장. 자기수득원, 원자유고관. 토성수요후, 후자유장수. 목성수요조, 오복병상요. 금성수득백, 관위종수획. 나후수득장, 장자식천창, 계도수득제, 제자유처아.

火星須得方, 方者有金章, 紫氣須得圓, 圓者有高官. 土星須要厚, 厚者有長壽. 木星須要朝, 五福幷相饒. 金星須得白, 官位終須獲. 羅睺須得長, 長者食天倉, 計都須得齊, 齊者有妻兒.

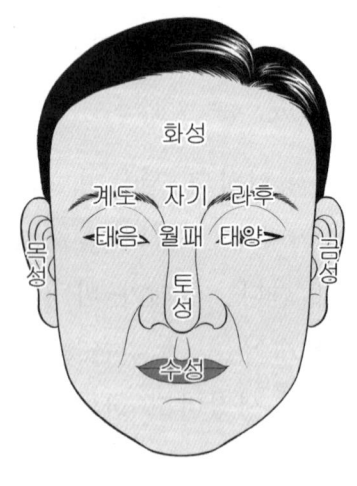

화성은 모나고 넓어야 벼슬길에 나아갈 수 있고, 자기는 크고 둥글어야 한다. 둥근 사람은 높은 관직에 나아가게 된다. 토성은 두툼해야 한다. 두툼한 사람은 장수를 누리게 되며, 목성은 안쪽으로 오긋해야 오복과 풍요를 누리게 된다. 금성은 빛이 희다면 마침내 높은 관직에 오르게 되며, 라후는 길어야 한다. 긴 사람은 복록이 많다. 계도는 가지런하고 깨끗해야 한다. 이와 같다면 훌륭한 처자를 두게 된다.

월패수득직, 직자유의식. 태양수득광, 광자복록강. 태음수득흑, 흑자유관직. 수성수득홍, 홍자필삼공.

月孛須得直, 直者有衣食. 太陽須得光, 光者福祿强. 太陰須得黑, 黑者有官職. 水星須得紅, 紅者必三公.

월패는 반듯해야 한다. 이와 같으면 의식이 풍족하다. 태양은 안광이 있어야 한다. 이와 같으면 복록이 많다. 태음은 검어야 한다. 이와 같으면 관직에 나아가게 된다. 수성은 붉어야 한다. 이와 같으면 삼공의 지위에 오르게 된다.

화성시액, 여견액활광, 발륭심자, 유록위의식, 급자식사오인, 기인유예학, 부모존귀, 당생명궁, 득화성지력, 팔합유전택수구십구. 여첨루유다문리자, 시함료화성, 내불귀자식일이인, 지로부득력의식평상, 우불득형제력, 빈무대수, 손처파재.

火星是額, 如見額闊廣, 髮隆深者, 有祿位衣食, 及子息四五人, 其人有藝學, 父母尊貴, 當生命宮, 得火星之力, 八合有田宅壽九十九. 如尖陋有多紋理者, 是陷了火星, 乃不貴子息一二人, 至老不得力衣食平常, 又不得兄弟力, 貧無大壽, 損妻破財.

화성은 이마다. 이마가 넓게 트이고 발제가 높다면 관직에 나아가고 4-5명의 아들을 두게 된다. 예와 학문에 능하고 부모가 존귀한 신분이다. 명궁이 마땅하게 생겼다면 火星의 힘을 얻은 것으로 사방에 땅을 두고 99세까지 장수를 누리게 된다. 그러나 이마가 뾰족하고 좁으며 주름이 많다면 화성의 격이 함몰된 것으로 귀하게 되기 어렵고, 자식이 하나둘에 그치게 되며 늙어서는 의식이 평탄치 않다. 또한 형제의 도움도 받지 못하며 가난하고 장수하기 어려우며 처를 잃고 재물을 파하게 된다.

자기성, 인당시, 인당분명부직문, 원여주, 주인필귀. 백색여은양, 주대부귀, 황자유의식. 여착불평, 내유은문자불길, 자식이삼인, 부득력, 무후록, 손전택.

紫氣星, 印堂是, 印堂分明不直紋, 圓如珠, 主人必貴. 白色如銀樣, 主大富貴, 黃者有衣食. 如窄不平, 內有隱紋者不吉, 子息二三人, 不得力, 無厚祿, 損田宅.

자기성은 인당이다. 인당이 분명하고 세로 주름이 없으며 구슬과 같이 둥글다면 귀한 사람이다. 인당에 밝고 맑은 은빛과 같은 백색을 띠면 크게 부귀할 사람이며, 황색이 나타나면 의식이 넉넉하다. 그러나 좁고 평평하지 않거나 그 안에 은은한 주름이 있으면 불길하여 자식 둘 셋을 두어도 도움이 되지 않는다. 넉넉한 복록이 없어 땅과 집을 팔게 된다.

나계성미시, 이성조흑과목입빈제자, 차의록지상, 자식부모개귀, 친권역귀, 차이성입명, 여미상련, 황적색경단, 주골육자식, 다범악사.

羅計星眉是, 二星粗黑過目入鬢際者, 此衣祿之相, 子息父母皆貴, 親眷亦貴, 此二星入命, 如眉相連, 黃赤色更短, 主骨肉子息, 多犯惡死.

나계성은 눈썹이다. 두 눈썹이 크고 검으며 옆얼굴의 빈발까지 이어져 있으면 복록이 있는 상으로 부모와 자식이 모두 귀하고 형제와 가속까지도 귀하다. 두 눈썹이 인당을 침범하여 서로 이어진 듯하거나 누렇고 붉으며 또한 짧다면 형제와 자식이 악사하는 일이 많다.

태음태양, 안시, 요흑백분명, 세장쌍분입빈자, 흑정다, 백정소, 광채자, 기인당생, 득음양이성조명, 대귀. 성신구순, 골육구귀, 여흑소백다, 황적색, 기인함료이성, 손부모해처자, 파전택, 다재단명.

太陰太陽, 眼是, 要黑白分明, 細長雙分入鬢者, 黑睛多, 白晴少, 光彩者, 其人當生, 得陰陽二星照命, 大貴. 星辰俱順, 骨肉俱貴, 如黑少白多, 黃赤色, 其人陷了二星, 損父母害妻子, 破田宅, 多災短命.

태양과 태음은 눈으로 흑백이 분명하고 가늘고 길어 빈발까지 연결되어 있어야 좋다. 또한 검은 동자가 많고 흰자위가 적으며 광채가 있다면 이 사람은 음양성이 빛을 받은 것이므로 대귀하다. 두 눈이 순탄하면 형제가 모두 귀하다. 그러나 검은 동자가 적고 흰자위가 많으며 황색 적색을 띠면 그 사람은 두 눈의 격이 떨어진 사람으로 부모를 잃고 처자를 해롭게 한다. 또한 재산을 파하고 재액이 많으며 단명하게 된다.

월패성, 산근시, 종인당직하, 불파자, 기인당조월패조명. 함료산근, 주자손불길, 정다재액, 수독무성, 파산업, 극처해자식.

月孛星, 山根是, 從印堂直下, 不破者, 其人當遭月孛遭命. 陷了山根, 主子孫不吉, 定多災厄, 修讀無成, 破産業, 剋妻害子息.

월패성은 산근이다. 인당으로부터 곧게 내려오고 잘못되지 않고 기세가 분명하면 월패의 운명을 만난 것으로 건강하고 운이 좋다. 그러나 산근이 함몰되었다면 자손이 불길하고 재액이 많으며 공부를 해도 성공할 수 없고 재산과 조상의 업을 파하고 처를 극하고 자식을 해롭게 한다.

토성비시, 수요준두풍후, 양공불로, 연상수상평만, 직생이불편, 기인당부함료토성, 입명병만삼방, 주유복록수. 여중악토성부정, 준두첨로, 경준두고, 기인함료중악토성, 주빈천, 소가업, 주심성부직.

土星鼻是, 須要準頭豊厚, 兩孔不露, 年上壽上平滿, 直生耳

不偏, 其人當不陷了土星, 入命幷滿三方, 主有福祿壽. 如中嶽土星不正, 準頭尖露, 更準頭高, 其人陷了中嶽土星, 主貧賤, 少家業, 主心性不直.

토성은 코로 준두가 풍만하고 두툼해야 한다. 양쪽 콧구멍이 드러나지 않고 연상과 수상이 평평하고 넉넉하며 곧고 옆으로 기울지 않았다면 토성의 기운을 잃지 않은 것이다. 명궁까지 이어지고 양쪽 콧방울과 준두가 넉넉하면 복록을 누리고 장수하게 된다. 그러나 중악인 토성이 바르지 못하며 준두가 뾰족하고 뼈가 드러나고 높다면 중악 토성의 기운을 상실한 것으로 빈천하고 가업이 적으며 심성이 바르지 않다.

금목이시, 수요윤곽분명, 기위홍백색, 불구대소, 여문활생득단정, 불반불첨불소, 일반경시고과미안, 백색여은양대호, 기인당생득금목이성조명, 발록정조, 겸반측착, 혹대혹소, 위함료이성, 손전택재백, 무학식.

金木耳是, 須要輪廓分明, 其位紅白色, 不拘大小, 如門闊生得端正, 不反不尖不小, 一般更是高過眉眼, 白色如銀樣大好, 其人當生得金木二星照命, 發祿定早, 兼反側窄, 或大或小, 爲陷了二星, 損田宅財帛, 無學識.

金木은 귀로 윤곽이 분명해야 한다. 귀가 홍색이거나 백색을 띠고 짝짝이가 아니며 귓구멍이 넓고 단정하며 뒤집히거나 뾰족하지 않고, 지나치게 작지 않고 눈이나 눈썹보다 위에 붙어 있으며 은빛처럼 희다면 크게 길하다. 이러한 사람은 금목성의 운명이 비춘 사람으로 일찍부터 재록이 발하게 된다. 그러나 뒤집히고 좁으며 짝짝이라면 금목성의 기운을 잃은 것으로 전택과 재산을 잃고 학식마저 없게 된다.

수성구시, 명위내학당, 수순홍활사각, 인중심, 구치단정, 유문장, 위관식록, 약순치조,

구각수, 황색, 주빈천.

水星口是, 名爲內學堂, 須脣紅闊四角, 人中深, 口齒端正, 有文章, 爲官食祿, 若脣齒粗, 口角垂, 黃色, 主貧賤.

수성은 입으로 내학당 이라고도 한다. 입술이 붉고 넓으며 사각의 형태를 지니고 인중이 깊어야 한다. 또한 입과 치아가 단정하면 학문에 능하고 벼슬길에 나아가 관록을 먹게 된다. 그러나 입술과 치아가 깨끗지 못하며 입 끝이 아래로 쳐지고 황색을 띠었다면 빈천하게 된다.

오성육요해설(五星六曜解說)

금목성쌍곽유륜, 풍문용지주총명, 단용직조라계상, 부귀영화일일신. 금목개화일세빈, 윤번곽반유간신, 어중약유위관자, 종시구구불출진.

金木星雙廓有輪, 風門容指主聰明, 端聳直朝羅計上, 富貴榮華日日新. 金木開花一世貧, 輪飜廓反有艱辛, 於中若有爲官者, 終是區區不出塵.

금목은 윤곽이 분명하고 귓문이 손가락이 들어갈 만큼 큼직하면 사람됨이 총명하다. 귀가 단정하고 반듯하며 오긋하고 두 눈썹보다 높이 붙었다면 부귀영화가 날로 새롭다. 두 귀가 꽃이 핀 듯하면 일생 빈천하다. 윤곽이 뒤집혔다면 고생스럽고 신고를 많이 겪게 되니 이러한 사람이 관직에 나가면 끝내 구차스러울 뿐 뛰어날 수 없게 된다.

구함사자사주홍, 양각생장향상궁, 정시문장총준사, 소년급제작삼공. 수성약작양두수, 첩박무릉시결아, 약시편사거좌우, 시비간사애편의.

口含四字似朱紅, 兩角生長向上宮, 定是文章聰俊士, 少年及

第作三公. 水星略綽兩頭垂, 尖薄無稜是乞兒, 若是偏斜居左右, 是非奸詐愛便宜.

입의 모양이 四자와 같고 주사(走砂)를 바른 듯 붉으며 양쪽의 입술 끝이 길고 분명하며 위쪽으로 향하고 있다면, 틀림없이 문장에 뛰어나고 총명 준수한 선비로 소년의 나이에 과거에 급제하여 삼공의 지위에 오르게 된다. 입이 오그라들거나 늘어지고, 입술 끝이 아래로 늘어졌으며, 입 끝이 뾰족하거나 입술 선이 분명치 않다면 걸인의 상이다. 또한 좌우측으로 기울거나 비뚤어졌다면 시비를 좋아하고 간사하며 제 멋대로인 사람이다.

화성궁분활방평, 윤택무문기색신, 골용삼조천자양, 소년급제작공경. 화성첨협시상류, 문란종횡주배수, 적맥양조침일월, 도병부법사타주.
火星宮分闊方平, 潤澤無紋氣色新, 骨聳三條川字樣, 少年及第作公卿. 火星尖狹是常流, 紋亂縱橫主配囚, 赤脈兩條侵日月, 刀兵赴法死他州.

화성은 모양이 분명하고 넓으며 모나고 평평해야 한다. 피부가 윤택하고 주름이 없으며 기색이 신선하고 3가닥 뼈가 세로로 솟아 川자와 같은 모양이라면 소년의 나이에 과거 급제하여 공경의 지위에 오르게 된다. 화성이 뾰족하고 좁으면 신통치 못한 사람이며 주름이 종횡으로 어지러우면 귀양 가거나 감옥에 가게 된다. 붉은 핏줄이 일월각을 침범했으면 칼이나 무기, 전쟁이나 타향에서 법에 걸려 죽게 된다.

토수단원사절통, 조문공대즉삼공, 난대정위래상응, 필주성명달성총. 토수왜사수고신, 준두첨박주고빈, 방관구곡여응취, 심리간모필해인.
土宿端圓似截筒, 竈門孔大卽三公, 蘭臺廷尉來相應, 必主聲名達聖聰. 土宿歪斜須苦辛, 準頭尖薄主孤貧, 傍觀勾曲如鷹嘴, 心裏奸謀必害人.

토성이 단정하고 둥글어 대나무를 끊어 놓은 듯하며 콧구멍이 큼직하면 삼공의 지위에 오르게 된다. 양쪽 콧방울이 큼직하고 콧구멍이 앞에서 보이지 않아 격에 맞는 상이면 반드시 이름 소리가 성왕에게 이를 만큼 총명하다. 토성이 비뚤고 굽었다면 신고가 있게 되고 준두가 뾰족하고 얇으면 고독하고 가난한 상이다. 옆에서 보아 굽은 것이 매 부리 같다면 간교한 모사로 반드시 사람을 해롭게 할 상이다.

자기궁중활우원, 공조제주시영현, 난대정위래상응, 말주관영성유전. 자기궁중착우첩, 소단무시갱소염, 자소위인무실학, 의식소조갱몰첩.
紫氣宮中闊又圓, 拱朝帝主是英賢, 蘭臺廷尉來相應, 末主官榮盛有錢. 紫氣宮中窄又尖, 小短無腮更小髯, 自小爲人無實學, 衣食蕭條更沒添.

자기궁(인당)이 넓고 둥글면 조정에서 황제를 모시는 영웅이나 현인의 상이며, 양쪽 콧방울인 난대와 정위가 가지런히 잘 생겼으면 마침내 관직으로 영달하고 번성하며 부자가 될 상이다. 자기궁이 좁고 뾰족하거나 작고 짧으며 턱 옆에 수염이 적다면 어려서부터 재물과 학문이 없을 뿐만 아니라 의식이 변변치 못하고 아무것도 이룰 수 없는 사람이다.

월패의고불의저, 영연광채사유리, 위관필정충신상, 말주고관유호처. 월패궁중협우첨, 가재조파사상전, 위관기득영고록, 패위당생곤세년.
月孛宜高不宜低, 瑩然光彩似琉璃, 爲官必定忠臣相, 末主高官有好妻. 月孛宮中狹又尖, 家財早破事相煎, 爲官豈得榮高

祿, 李位當生困歲年.

월패는 높은 것이 좋고 낮은 것은 좋지 않다. 이 부위의 색이 맑고 밝으며 유리처럼 광채가 난다면 관직에 나가 충신이 되고 높은 관직에 오르며 아름다운 처를 맞게 될 상이다. 월패궁이 좁고 뾰족하면 어려서부터 집안의 재산을 파하고 형제간 불화하니 관직에 나가도 어찌 높은 봉록을 바라겠는가. 운이 월패궁에 이르는 해에 곤액을 당한다.

나계성군수차장, 분명첩육응삼양, 불유차모거관직, 은의창명파원방. 나계희소골용고, 위인성급애흉호, 간사상사수양류, 형제동포유선모.
羅計星君秀且長, 分明貼肉應三陽, 不惟此貌居官職, 恩義彰名播遠方. 羅計稀疎骨聳高, 爲人性急愛兇豪, 奸邪狀似垂楊柳, 兄弟同胞有旋毛.

나계가 빼어나고 길며 두 눈썹이 잘 나뉘고 밝으며 살이 붙어 있으면 관직에 거할 뿐만 아니라 은혜와 의로움을 베풀어 밝은 이름을 멀리까지 날리게 된다. 눈썹 털이 드물고 그 아래 뼈가 높이 솟았으면 천성이 급하고 흉한 협객 기질을 좋아하며, 간사한 사람은 눈썹이 늘어진 버들가지 같다. 이복형제나 동복이성(異姓)의 동기간이 있으면 눈썹에 돌돌 말린 털이 있다.

일월분명사태양, 정신광채일반강, 위관불배당조상, 야합고천작시랑. 일월사규적관동, 갱겸고로우무신, 음양고암곤방사, 막대장년주악종.
日月分明似太陽, 精神光彩一般强, 爲官不拜當朝相, 也合高遷作侍郎. 日月斜窺赤貫瞳, 更兼孤露又無神, 陰陽枯暗困方死, 莫待長年主惡終.

일월의 흑백이 분명하여 정기가 태양과 같으며 정신의 광채가 강건하다면 관리가 되어 재상의 지위에 이르지 않으면 시랑의 높은 지위에 오르리라. 곁눈질이나 훔쳐보고 붉은 핏줄이 동자를 꿰뚫었거나 검은 동자가 모두 드러나거나 눈에 신기가 없고 마른 듯하고 어둡다면 곤궁하게 죽게 되어 장년을 기대하지 못한다. 악사하게 된다.

*侍郞(시랑): 당(唐)대 중서(中書)·문하(門下) 상서성(尙書省)의 장관, 현재 장관의 지위.

오행형(五行形)

 사람의 얼굴이나 신체적 특징을 오행으로 분류한 것으로 오행의 生剋으로써 길흉을 판단한다.

목수금방수주비, 토형돈후배여구, 상첨하활명위화, 오양인형자세추.
木瘦金方水主肥,　土形敦厚背如龜,　上尖下闊名爲火,　五樣人形仔細推.

목형은 야위고 금형은 모나고 수형은 살이 쪘으며 토형은 돈후하고 등이 거북이 같다. 위는 뾰족하고 아래는 넓은 사람은 화형으로 다섯 가지 형상을 자세히 살펴야 한다.

오행색(五行色)

목색청혜화색홍, 토황수흑시진용, 지유금형원대백, 오반안색불상동.
木色靑兮火色紅,　土黃水黑是眞容,　只有金形原帶白,　五般顔

色不相同.

목형은 푸르고 화형은 붉으며 토형은 누렇고 수형은 검은 것이 오행에 맞는 참된 용모이다. 오직 금형만이 원래 흰색을 띠고 있으니 다섯 가지 안색은 서로 다르다.

오형상설(五形象說)

부인지수정어수, 고품기어화, 이위인, 정합이후신생, 신생이후형전, 시지전어외자, 유금목수화토지상, 유비금주수지상, 금불혐방, 목불혐수, 수불혐비, 화불혐첨, 토불혐탁.
夫人之受精於水, 故稟氣於火, 而爲人, 精合而後神生, 神生而後形全, 是知全於外者, 有金木水火土之相, 有飛禽走獸之相, 金不嫌方, 木不嫌瘦, 水不嫌肥, 火不嫌尖, 土不嫌濁.

사람은 水로부터 정기를 받고 火로부터 기를 받아 사람이 되었으니 정이 합해진 이후 神이 생겼으며 신이 생겨난 이후 형이 온전하게 되었다. 이것을 외형적으로 온전하게 알 수 있는 것이 금목수화토의 상과 날짐승과 길짐승의 모양을 지니고 있음이다. 金형은 모난 형태가 나쁘지 않고 木형은 여윈 것을 꺼리지 않고 水형은 살 찐 것을 꺼리지 않고 火형은 뾰족하게 생긴 것을 꺼리지 않으며 土형은 탁하게 생긴 것을 꺼리지 않는다.

사금득금강의심, 사목득목자재족, 사수득수문학귀, 사화득화견기과, 사토득토후궤고, 고풍후엄근자, 불부즉귀, 천박경조자, 부빈즉요, 여자녀지기, 욕기화미, 형모욕기엄정, 약차자불부즉귀.
似金得金剛毅深, 似木得木貲財足, 似水得水文學貴, 似火得火見機氣果, 似土得土厚櫃庫. 故豊厚嚴謹者, 不富則貴, 淺薄輕燥者, 不貧則夭. 如子女之氣, 欲其和媚, 形貌欲其嚴整, 若此者不富則貴.

金形의 사람이 金과 같은 강함을 얻었다면 품성이 강건하고 굳세며, 木形의 사람이 木의 성품을 얻었다면 재물이 넉넉하다. 水形의 사람이 水의 성품을 얻었다면 학문으로 귀하고, 火形의 사람이 火의 모습을 얻었다면 지모와 과단성이 있고 土形인 사람이 土의 온전함을 지녔다면 창고가 가득하게 된다. 그러므로 풍후하고 엄숙 근엄한 사람은 부유하지 않으면 귀하고, 몸이 얇고 경박하고 조급하다면 가난하지 않으면 수명이 짧다. 남녀는 기가 온화하고 아리따워야 하며 형상과 모습이 근엄하고 단정해야 한다. 이와 같다면 부유하지 않으면 귀하다.

(금형)청소이견, 방이정, 형단위지부족, 육견위지유여. 부위요중정, 삼정우대방, 금형인입격, 자시유명양.

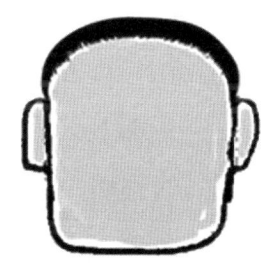

金形人

(金形)清小而堅, 方而正, 形短謂之不足, 肉堅謂之有餘. 部位要中正, 三停又帶方, 金形人入格, 自是有名揚.

금형은 맑고 작지만 단단하고 형태가 모나고 바르다. 형체가 이에 미치지 못하면 부족한 것이고 살집이 견실하면 여유가 있다고 한다. 얼굴 부위가 바르고 삼정이 균등하면 금형인이 격에 든 것으로 자연히 이름을 날린다.

(목형)앙장이수, 정이직장로절, 두융이액용, 혹골중이비요, 배편박비목지선. 능릉형수골, 늠름경수장, 수기생미안, 수지만경광.

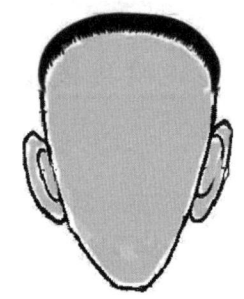

木形人

(木形)昂藏而瘦, 挺而直長露節, 頭隆而額聳, 或骨重而肥腰, 背扁薄非木之善. 稜稜形瘦骨, 凜凜更脩長, 秀氣生眉眼, 須知晚景光.

목형은 우뚝한 모양으로 야위었으며 키가 크고 몸이 곧고 마디가 드러났으며 머리가 높고 이마가 솟았다. 혹 뼈가 굵고 허리가 살쪘으며 등이 얇다면 목형의 좋은 형태를 갖추지 못한 것이다. 늘씬한 형태에 마른 듯한 뼈마디, 늠름하며 키가 크고, 빼어난 기가 눈과 눈썹에 있으면 늙음에 빛나게 됨을 알라.

(수형)기이부, 활이후형부이추하, 기형진야. 미조병안대, 성곽요단원, 차상명진수, 평생복자연.

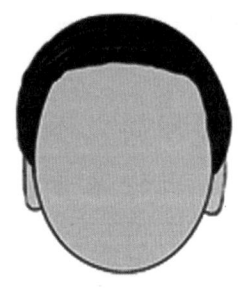

水形人

(水形)起而浮, 闊而厚形俯而趨下, 其形眞也. 眉粗幷眼大, 城郭要團圓, 此相名眞水, 平生福自然.

수형은 일어나는 동작이 가볍고 몸이 넓고 두터운 형으로 구부리거나 앉는 동작이 느리다. 이러한 형태가 참모습이다. 눈썹이 짙고 눈이 크고 얼굴이 둥글둥글하다면 이러한 상은 참 수형으로 평생 복이 자연히 따른다.

(화형)상첨하활, 상예하풍, 등상색적, 기성조급, 거지전무정, 이변경소염, 화지형야.

(火形)上尖下闊, 上銳下豊, 騰上色赤, 其性燥急, 擧止全無定, 頤邊更少髥, 火之形也.

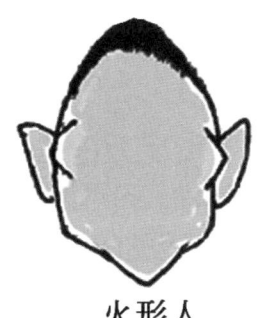

火形人

화형은 위가 뾰족하고 아래가 넓어 위는 날카롭고 아래는 풍성하며 위로 적색을 띠고 있다. 성격이 조급하여 행동거지는 일정하지 않고 턱 주변에 수염이 적으면 화형이다.

(토형)비대, 돈후이중실, 배륭이요후, 기형여구, 단후잉심중, 안양약태산, 심모난측도, 신의중인간.

(土形)肥大, 敦厚而重實, 背隆而腰厚, 其形如龜, 端厚仍深重, 安詳若太山, 心謀難測度, 信義重人間.

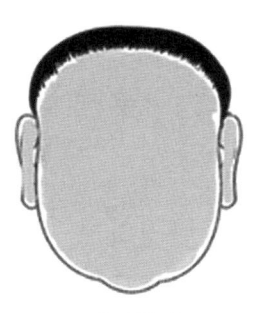

土形人

토형은 비대하고 돈후하며 중실하다. 등이 두텁고 허리가 두터워 그 모습이 마치 거북이와 같다. 단정하고 두툼하여 무게가 깊어 모습이 마치 태산처럼 편안하다. 심중에 도모하면 깊이를 측정하기 어렵고 신의가 있어 인간관계를 중시한다.

학당(學堂)

학당은 학문과 연관된 부위로 학당이 발달해야 학문에 능하다.

사학당(四學堂)

일왈안, 위관학당, 안요장이청, 주관직지위. 이왈액, 위녹학당, 액활이장, 주관수.

一曰眼, 爲官學堂, 眼要長而淸, 主官職之位. 二曰額, 爲祿

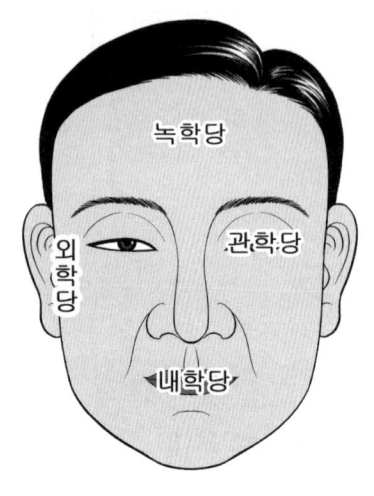

學堂, 額闊而長, 主官壽.

첫째 눈을 관학당이라고 한다. 눈은 길고 맑아야 관직의 지위를 주관할 수 있다. 둘째 이마를 녹학당이라고 한다. 이마가 넓고 길어야 관직을 오래 지킬 수 있다.

삼왈당문양치, 위내학당, 요주정이밀, 주충신효경, 소결이소, 주다광망.

三曰當門兩齒, 爲內學堂, 要周正而密, 主忠信孝敬, 疎缺而小, 主多狂妄.

셋째 두 문치(앞니)를 내학당이라고 한다. 이는 두루 단정하고 틈이 없어야 충신효경이 있고, 이가 듬성듬성하고 결함이 있거나 작으면 사람됨이 망녕되다.

사왈이문지전, 위외학당, 요이전풍만광윤, 주총명, 약혼침우로지인야.

四曰耳門之前, 爲外學堂, 要耳前豊滿光潤, 主聰明, 若昏沈愚魯之人也.

넷째 이문(귓구멍)의 앞을 외학당이라 한다. 귓구멍의 앞이 풍만하고 밝고 윤택하면 총명하지만 어둡고 움푹하면 어리석고 노둔한 사람이다.

팔학당(八學堂)

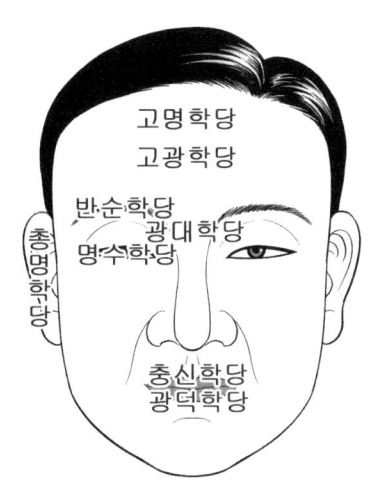

제일, 고명부학당, 두원혹유이골앙. 제이, 고광부학당, 액각명윤골기방.

第一, 高明部學堂, 頭圓或有異骨昂.
第二, 高廣部學堂, 額角明潤骨起方.

첫째, 고명부학당이니, 머리가 둥글거나 이골이 우뚝한 것이다. 둘째, 고광부학당이니, 액각이 밝고 윤택하며 뼈가 솟고 넓은 것이다.

제삼, 광대부학당, 인당평명무흔상. 제사, 명수부학당, 안광흑다인은장.

第三, 光大部學堂, 印堂平明無痕傷. 第四, 明秀部學堂, 眼光黑多人隱藏.

셋째, 광대부학당이니, 인당이 평평하고 밝고 상처가 없는 것이다. 넷째, 명수부학당이니, 눈이 빛나고 검은자위가 많고 눈빛이 감춰져있어야 한다.

제오, 총명부학당, 이유윤곽홍백황. 제육, 충신부학당, 치제주밀백여상.

第五, 聰明部學堂, 耳有輪廓紅白黃. 第六, 忠信部學堂, 齒齊周密白如霜.

다섯째, 총명부학당이니, 귀는 윤곽이 뚜렷하고 홍색이나 백색 황색이어야 한다. 여섯째, 충신부학당이니, 치아는 가지런하게 틈이 없으며 색은 마치 서리처럼 희어야 한다.

제칠, 광덕부학당, 설장지준홍문장. 제팔, 반순부학당, 횡문중절만합쌍.

第七, 廣德部學堂, 舌長至準紅紋長. 第八, 斑笋部學堂, 橫紋中節彎合雙.

일곱째, 광덕부학당이니, 혀가 길어 준두에 닿고 붉은 문양이 길어야 한다. 여덟째, 반순부학당이니, 눈썹으로 옆으로 길게 뻗다가 중간에 구부러짐이 있고 양쪽 눈썹이 똑같아야 한다.

12궁(十二宮)

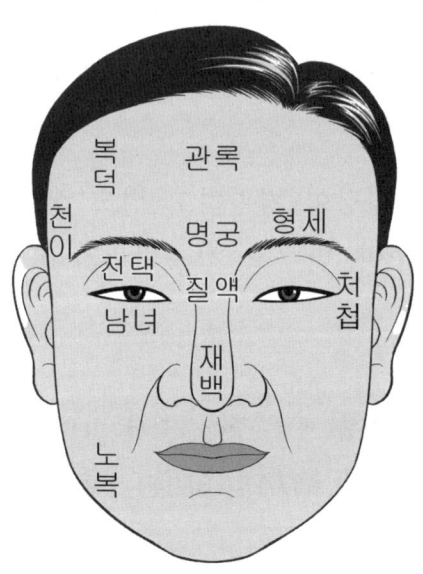

　12궁은 얼굴 12부위가 주관하는 내용을 설명한 것으로 인상학의 핵심적 내용을 담고 있다.

1.명궁(命宮)

명궁자, 거양미간산근지상, 광명여경, 학문개통. 산근평만, 내주복수. 토성용직, 부공재성, 안약분명, 재백풍영. 액여천자, 명봉역마관성, 과약여사, 필보쌍전부귀. 요침필정빈한, 미교상교성하천, 난리이향우극처, 액착미고, 파재둔전. 진가재급조종.

命宮者, 居兩眉間山根之上, 光明如鏡, 學問皆通. 山根平滿, 乃主福壽. 土星聳直, 扶拱財星, 眼若分明, 財帛豊盈. 額如川字, 命逢驛馬官星, 果若如斯, 必保雙全富貴. 凹沈必定貧寒, 眉挍相交成下賤, 亂理離鄉又剋妻, 額窄眉枯, 破財迍邅, 盡家財及祖宗.

명궁은 양미간으로 산근의 윗부분을 말하며, 마치 거울처럼 빛이 밝다면 학문에 통달하게 되고 산근이 평평하고 가득하면 복과 장수를 누리게 된다. 토성(코)이 곧고 높다면 재물을 관장하는 재성(財星)이 돕게 되며, 두 눈이 단정하며 흰자위와 검은 동자가 맑고 흑백이 분명하면 재물이 가득하게 된다. 이마의 중앙과 양쪽 옆으로 세로로 솟은 뼈가 있어 각을 이룬 듯하면 높은 관직에 나갈 운명으로, 만약 이와 같다면 반드시 부와 귀를 함께 온전하게 누리게 된다. 명궁이 움푹 꺼지거나 깊이 함몰되어 있으면 반드시 빈한하게 되고, 두 눈썹이 인당을 침범해 서로 붙은 듯하거나, 서로 겹쳐 지나친 듯하면 하천한 인물이다. 명궁에 어지러운 주름이 있으면 고향을 떠나고 처를 극하게 되며, 이마가 좁고 눈썹이 마른 듯 윤기가 없으면 재산을 파하고 하는 일마다 막히게 되어 집안의 재산과 조상의 기반을 모두 다 없애게 되리라.

2.재백(財帛)

비내재성, 위거토슥(천창, 지고, 금갑, 이음, 정조, 총왈재백, 수요풍만명윤. 재백유여, 홀연고삭혼흑, 재백소핍). 절통현담, 천창만상, 용직풍륭, 일생재왕부귀. 중정불편, 수지영원도도. 응취첨봉, 파재빈한. 막교공앙, 주무격숙지량, 주조약공, 필시가무소적.

鼻乃財星, 位居土宿(天倉, 地庫, 金甲, 二陰, 井竈, 總曰財帛, 須要豊滿明潤, 財帛有餘, 忽然枯削昏黑, 財帛消乏). 截筒懸膽, 千倉萬箱, 聳直豊隆, 一生財旺富貴. 中正不偏, 須知永遠滔滔. 鷹嘴尖峰, 破財貧寒. 莫教孔仰, 主無隔宿之糧, 廚竈若空, 必是家無所積.

코는 재성으로 그 부위가 토성이다(천창과 지고, 양쪽 콧방울·콧구멍·콧구멍 입구 등이 모두 재백에 속하며 풍만하고 밝고 윤택하면 재물이 넉넉할 것이지만, 홀연히 마른 듯해지거나 살이 없어 깎인 듯하거나 어둡고 흑색을 띠게 되면 재물이 사라져 가난하게 된다). 대나무를 쪼개어 엎어 놓은듯하거나 짐승의 쓸개를 매어 단 듯하면 천 개의 창고와 만개의 돈 궤짝을 갖게 되며, 콧대가 반듯하게 내려오고 준두가 풍만하고 높이 솟았다면 일생 재복이 왕성하고 부귀를 누리게 된다. 반듯하고, 단정하며 옆으로 기울거나 비뚤어지지 않았다면 재복이 영원히 끊임없이 이어짐을 알라. 매부리코에 준두가 뽀족하면 재산을 파해 빈한하게 살게 된다. 콧구멍이 위쪽으로 들리게 되는 것을 막아야 한다. 하루걸러 먹을 양식이 없게 될 테니. 콧방울이 없다면 반드시 집안에 쌓아 놓을 것이 없게 된다.

3. 형제(兄弟)

형제위거양미, 속나계. 미장과목, 삼사형제무형, 미수이소, 지간자연단정, 유여신월, 화동영원초군. 약시단조, 동기연지견별, 미환색안, 안행필소. 양양미모, 양각부제, 정수이모, 교연황박, 자상타향. 선결회모, 형제사서.

兄弟位居兩眉, 屬羅計, 眉長過目, 三四兄弟無刑, 眉秀而疎, 枝幹自然端正, 有如新月, 和同永遠超群. 若是短粗, 同氣連枝見別, 眉環塞眼, 鴈行必疎. 兩樣眉毛, 兩角不齊, 定須異母, 交連黃薄, 自喪他鄉. 旋結回毛, 兄弟蛇鼠.

형제궁의 위치는 양 미간에 있으며 좌측 눈썹을 나후(羅ㄏ), 우측 눈썹을 계도(計都)라고 부른다. 눈썹이 눈보다 길면 3-4형제 모두에게 형살이 없고, 눈썹이 빼어나며 털이 너무 빽빽하지 않다면 형제가 모두 단정하며, 눈썹이 단정하여 초승달과 같으면 동기간과 영원히 화목할 뿐만 아니라 여러 사람 가운데 단연 뛰어나다. 그러나 만약 눈썹 털이 거칠고 짧다면 동기간에 이별하게 되고, 눈썹이 눈을 동그랗게 싸고 돌며 눈을 내리누르는 듯하면 동기간이 드물다. 양쪽 눈썹의 모양이 서로 다르거나 양쪽 눈썹의 각이 가지런하지 않으면 반드시 다른 어머니가 있고, 두 눈썹이 미간을 침범하여 서로 맞닿은 듯하거나 누렇고 엷다면 타향에서 죽게 된다. 눈썹 털이 꾸불꾸불 서로 엉켜있거나 돌돌 말려 불에 그을린 듯하면 형제간에 서로 원수같이 지낼 뿐만 아니라 형제 모두 도둑 같다.

4. 전택(田宅)

전택자위거양안, 청수분명일양동, 최파적맥침정, 초년파진가원, 도로무량작얼. 안여접칠, 종신산업영창, 봉목고미, 세치삼주오현. 음양고골, 막보전원, 화안빙륜, 가재경진.

음양고갱로, 부모가재총시공.

田宅者位居兩眼, 清秀分明一樣同, 最怕赤脈侵睛, 初年破盡家園, 到老無糧作蘗. 眼如點漆, 終身産業榮昌, 鳳目高眉, 稅置三州五縣. 陰陽枯骨, 莫保田園, 火眼冰輪, 家財傾盡. 陰陽枯更露, 父母家財總時空.

전택궁은 두 눈이다. 맑고 빼어나며 두 눈 모습이 같아야 한다. 가장 꺼리는 것은 붉은 실핏줄이 눈동자를 침범한 것으로 초년에 집과 재산을 모두 파하여 없애고 늙어서는 먹을 양식과 기댈 곳마저 없게 된다. 눈동자가 마치 옻칠을 한 것처럼 검으면 평생토록 생업이 번영하고 창성하며, 봉황의 눈과 같고 눈썹이 높이 나서 눈과 멀다면 세주(三州) 다섯 현(縣)과 같이 넓은 지역의 세금을 거둘 만큼 고관이 된다. 두 눈이 마르고 뼈가 튀어나왔다면 논밭과 재산을 보전키 어렵고, 눈이 붉거나 흰자위가 번들번들하면 집과 재산이 기울어 모두 없어진다. 두 눈이 마르고 눈동자가 드러났으면 부모와 집안 재산이 모두 헛것이 된다.

5. 남녀(男女)

남녀자위거양안하, 명왈누당, 삼양기와잠, 삼양평만, 아손복록영창, 은은와잠, 자식환수청귀. 누당심함, 정위남녀무연, 흑지사문, 도로아손유극. 구여취화, 독좌난방. 평만인중, 난득아손송로. 현침리란래침위, 숙채일생불가당.

男女者位居兩眼下, 名曰淚堂, 三陽起臥蠶, 三陽平滿, 兒孫福祿榮昌, 隱隱臥蠶, 子息還須清貴. 淚堂深陷, 定爲男女無緣, 黑痣斜紋, 到老兒孫有剋. 口如吹火, 獨坐蘭房. 平滿人中, 難得兒孫送老. 懸針理亂來侵位, 宿債一生不可當.

자식궁은 양쪽 눈 아래에 있는데 누당이라고 부르며, 삼양으로부터 와잠에 이른다. 이 부분의 살집이 평평하고 가득하면 자식과 손자에 이르기까지 복록이 번영하고 창성하며, 와잠이 은은하면 자식이 또한 반드시 청수하고 귀하다. 누당이 깊거나 함몰되어 있으면 아들이나 딸과 인연이 없도록 정해져 있고, 이 부위에 검은 사마귀나 비낀 주름살이 있으면 늙어 자식과 손자를 극하게 된다. 입 끝이 불을 부는 것처럼 뾰족하면 늙어서 한 떨기 난초처럼 독방을 지키게 되며, 만약 인중에 골이 없어 평평하다면 늙을 때까지 자식을 얻기 어렵다. 바늘을 달아맨 듯 일직선의 주름이 있거나 어지러운 주름살이 이 부위를 침범하면 후대를 잇기 어렵고 묵은 빚에서 일생 헤어나지 못한다.

6.노복(奴僕)

노복자, 위거지각, 중접수성, 해원풍만, 시립성군, 보필성조, 일호백락, 구여사자, 주호취갈산지권. 지각첨사, 수은심이반성원한. 문성패함, 노복부주. 장벽저경, 은성수극. 수성양각불상용, 삼처도무응, 경함문흔총부동.

奴僕者, 位居地閣, 重接水星, 頦圓豊滿, 侍立成群, 輔弼星朝, 一呼百諾, 口如四字, 主呼聚喝散之權. 地閣尖斜, 受恩深而反成怨恨, 紋成敗陷, 奴僕不周. 牆壁低傾, 恩成讐隙, 水星兩角不相容, 三處都無應, 傾陷紋痕總不同.

노복궁은 지각에 위치하며 수성과 연결된다. 아래턱이 둥글고 풍만하면 많은 부하의 시립을 받고 조정의 임금을 보필하는 고관이 되어 한 번 부르면 백 사람이 대답하게 된다. 입 모양이 四자와 같이 직사각형 형태라면 부르면 수많은 부하가 모여들고 호령하면 흩어지는 권세를 지니게 된다. 지각(턱 끝)이 뾰족하고 기울어지거나 구불구불하면

부하에게 깊은 은혜를 베풀고도 도리어 원한을 사게 되며, 주름이 아래턱에 깊이 있거나 턱이 함몰되었으면 부하와 노복을 거느리기 어렵다. 또한 턱의 양쪽 볼이 낮거나 기울어져 있으면 은혜가 도리어 원수가 된다. 수성(입)의 양 끝이 서로 다르지 않아야 하며, 세 곳이 모두 응하지 않거나, 기울거나 함몰되었거나 주름이나 흉터가 있어도 모두 좋지 않다.

7. 처첩(妻妾)

처첩자, 위거어미, 호왈간문, 광윤무문, 필보처전사덕. 풍륭평만, 취처재백영상. 관성침천, 인처득록. 간문심함, 상작신랑. 어미문다, 처방악사. 간문암참, 자호생이. 흑지사문, 외정호이심다음욕, 침문흑지탕음분.

妻妾者, 位居魚尾, 號曰奸門, 光潤無紋, 必保妻全四德. 豊隆平滿, 聚妻財帛盈箱. 顴星侵天, 因妻得祿. 奸門深陷, 常作新郞. 魚尾紋多, 妻防惡死. 奸門黯黷, 自號生離. 黑痣斜紋, 外情好而心多婬慾, 針紋黑痣蕩婬奔.

처첩궁은 그 위치가 어미로 또한 간문으로 부르기도 하며, 밝고 윤택하며 주름이 없으면 반드시 사덕(四德: 부인으로서 갖추어야 할 네 가지 덕. 부언(婦言, 말)·부덕(婦德, 마음)·부공(婦功, 솜씨)·부용(婦容, 맵시))을 갖춘 부인을 얻게 된다. 이 부분의 살집이 풍부하고 평평하며 가득하면 처를 얻어 재산이 창고에 가득 차게 되며, 간문이 평만하고 관골이 천창까지 뻗어있다면 처로 인해 관록을 얻게 된다. 간문이 깊이 함몰되었으면 결혼을 여러 번 하여 언제나 신랑이 되며 어미에 주름이 많다면 처가 악사 하는 것을 방비해야 한다. 간문의 기색이 어둡고 침침하면 부부간 생이별하는 것을 한탄하게 되며, 검은 사마귀나 비낀 주름이 있으면 외도를 좋아하고 마음속에 음욕이 많으며, 바늘문양·검은 사마귀가 있다면 음탕하며, 예를 갖추지 않고 결혼하게 된다.

8.질액(疾厄)

질액자, 인당지하, 위거산근, 융이풍만, 복록무궁. 연접복서, 정주문장, 영연광채, 오복구전. 연수고평, 화명상수. 문흔저함, 연년숙질심아. 고골첨사, 미면종신수고. 기여연무, 재액전신. 산근질액기평평, 일세무재화불생. 약치문흔병고골, 평생신고각난성.

疾厄者, 印堂之下, 位居山根, 隆而豊滿, 福祿無窮. 連接伏犀, 定主文章, 瑩然光彩, 五福俱全. 年壽高平, 和鳴相守. 紋痕低陷, 連年宿疾沈疴. 枯骨尖斜, 未免終身受苦. 氣如烟霧, 災厄纏身. 山根疾厄起平平, 一世無災禍不生. 若値紋痕幷枯骨, 平生辛苦却難成.

질액궁은 인당 아래 산근에 위치한다. 이 부분이 높고 풍만하면 복록이 무궁하다. 이마의 복서골과 이어져 있으면 문장이 뛰어나다. 밝고 맑으며 빛이 아름다우면 오복을 모두 갖추게 되고, 연상과 수상이 높고 평평하면 부부간에 화목하고 해로한다. 주름이나 흉터가 있거나 낮고 함몰되었으면 해마다 묵은 병을 앓게 되어 헤어나지 못하고, 마르고 뼈가 나왔거나 뾰족하고 기울면 평생토록 고생을 면할 길 없다. 기색이 연기나 안개와 같으면 질병과 흉액이 몸을 얽는다. 산근 질액이 평평하게 일어났으면 일생 재앙이 없고 화가 생기지 않는다. 만약 세로 주름이나 흉터, 마르고 뼈가 드러나 있다면 평생 신고가 있고 성공하기 어렵다.

9. 천이(遷移)

천이자, 위거미각, 호왈천창, 융만풍영화채무우, 어미위평, 도로득인흠선, 등등역마, 수귀유환사방. 액각저함, 도로주장난멱, 미연교접, 차인파조이가. 천지편사, 십거구변, 생상여차, 부재이문, 필당개묘, 천이저함평생소주장, 어미말년불상응, 정인유환각심상.

遷移者, 位居眉角, 號曰天倉, 隆滿豐盈華彩無憂, 魚尾位平, 到老得人欽羨, 騰騰驛馬, 須貴遊宦四方. 額角低陷, 到老住場難覓, 眉連交接, 此人破祖離家. 天地偏斜, 十居九變, 生相如此, 不在移門, 必當改墓, 遷移低陷平生少住場, 魚尾末年不相應, 定因遊宦却尋常.

천이궁은 눈썹 각진 부위에 위치하며 천창이라고도 부른다. 도두룩하게 높이 솟고 풍만하여 가득하며 아름다운 광채가 나면 벼슬로 인한 근심이 없으며, 또한 어미마저 평평하다면 늙도록 남의 부러움을 사게 된다. 역마 부위가 높아 기세가 등등하면 반드시 귀한 벼슬을 하며 여러 곳을 거치게 된다. 액각이 낮거나 함몰되었으면 늙도록 일정하게 머물 곳을 구하지 못한다. 두 눈썹이 인당을 침범하여 서로 붙었으면 이 사람은 조상의 업을 파하고 집을 떠나게 된다. 이마와 턱이 기울거나 비뚤어졌으면 주거를 열 번 가운데 아홉 번 옮기게 된다. 상이 이와 같으면 거처를 자주 옮기지 않으면 반드시 조상의 묘를 옮기게 된다. 천이궁이 낮거나 함몰되었으면 평생 거주할 곳이 부족하다. 어미궁이 말년에 상응치 못하면 벼슬길에 나아갔다가도 물러나 신통치 않게 된다.

10.관록(官祿)

관록자, 위거중정, 상합이궁. 복서관정, 일생부도공정. 역마조귀, 관사퇴요, 광명영정, 현달초군. 액각당당, 범저관사귀해. 궁흔리파, 상초횡사. 안여적리, 결사도형. 산근창고요상당. 홀연영정무흔점, 정주관영구귀장.

官祿者, 位居中正, 上合離宮, 伏犀貫頂, 一生不到公庭. 驛馬朝歸, 官司退擾, 光明瑩淨, 顯達超群. 額角堂堂, 犯着官司貴解. 宮痕理破, 常招橫事. 眼如赤鯉, 決死徒刑. 山根倉庫要相當, 忽然瑩淨無痕點, 定主官榮久貴長.

관록궁은 위치가 중정으로 위로는 離宮(이마)과 합한다. 복서골이 정수리까지 이어졌으면 일생동안 재판정에 가지 않는다. 역마궁이 발달해 마주 돌아보면 법으로 인한 근심이 물러가게 된다. 빛이 밝고 맑고 깨끗하면 무리를 뛰어넘어 현달하게 된다. 액각이 당당하면 법으로 인한 문제도 귀하게 해결된다. 이 궁이 상처나 주름으로 깨어지면 언제나 막히는 일이 많다. 눈이 붉어 잉어와 같으면 결단코 형벌로 죽게 된다. 산근과 천창 지고 서로 합당해야 한다. 홀연히 밝고 깨끗하며 상처나 점이 없으면 틀림없이 관직으로 영화를 누리는 것이 길고 귀함도 길다.

11.복덕(福德)

복덕자, 위거천창, 견연지각, 오성조공, 평생복록도도. 천지상조, 덕행수전오복, 해원액착, 수지고재초년. 액활해첩, 둔비환증만경. 미고목용, 우차평평, 미압이흔, 휴언복덕. 복덕천창지각원, 오성광조복면면, 약환결함병첨삭, 의식평평경불전.

福德者, 位居天倉, 牽連地閣, 五星朝拱, 平生福祿滔滔. 天地相朝, 德行須全五福, 頦圓額窄, 須知苦在初年. 額闊頦尖,

迍否還從晚景. 眉高目聳, 尤且平平, 眉壓耳掀, 休言福德. 福德天倉地閣圓, 五星光照福綿綿, 若還缺陷幷尖削, 衣食平平更不全.

복덕궁은 위치가 천창으로 지각과 함께 보아야 한다. 오성이 조공하면 평생동안 복록이 이어진다. 천지(이마와 턱)가 서로 마주 보는 듯하면 덕행이 온전하고 오복을 누린다. 아래턱이 둥글고 이마가 좁으면 반드시 초년에 고생이 있음을 알라. 이마가 넓고 턱이 뾰족하면 막히고 비색한 가운데 만년을 보낸다. 눈썹이 높고 눈이 뛰어나면 일생 평안하지만 눈썹이 눈을 누르고 귀가 높이 솟았으면 복덕을 말하지 말라. 복덕궁 천창과 지각이 둥글어야 한다. 오성이 빛을 비추면 복이 끊임없이 이어진다. 그러나 결함이 있거나 뾰족하고 깎이면 의식이 신통치 않고 온전하지 못하다.

12. 상모(相貌)

상모자, 선관오악영만, 차인부귀다영. 차변삼정구등, 영보평생현달. 오악조용, 관록천영. 행좌위엄, 위인존중. 액주초운, 비관중년, 지고수성, 시위말주. 약유극함, 단위흉오.

相貌者, 先觀五嶽盈滿, 此人富貴多榮, 次辨三停俱等, 永保平生顯達. 五嶽朝聳, 官祿遷榮, 行坐威嚴, 爲人尊重. 額主初運, 鼻管中年, 地庫水星, 是爲末主. 若有剋陷, 斷爲凶惡.

상모는 먼저 오악이 가득한지를 살피는데 이런 사람은 부귀와 영화가 많다. 다음으로 삼정을 살펴 균등하면 평생 현달함을 보전한다. 오악이 마주 보듯 솟았으면 관록을 옮겨 다니는 영화가 있다. 행동하고 앉음에 위엄이 있으면 사람됨이 존중하다. 이마는 초년의 운을 주관하고 코는 중년을 주관하며 지고와 수성(입)은 말년의 운을 주관한다. 만약 극하거나 함몰되었으면 흉하고 좋지 않다고 판단한다.

12궁비결(十二宮秘訣)

부모궁논일월각, 수요고원명정, 즉부모장수강녕. 저탑즉유실쌍친. 암매주부모유질. 좌각편방부, 우각편방모, 혹동부이모, 혹수모가부, 출조성가, 중중재주, 지의가양, 방면형상.

父母宮論日月角, 須要高圓明淨, 則父母長壽康寧. 低塌則幼失雙親. 暗昧主父母有疾, 左角偏妨父, 右角偏妨母, 或同父異母, 或隨母嫁父, 出祖成家, 重重災注, 只宜假養, 方免刑傷.

부모궁은 일월각을 논하니 높고 둥글고 밝고 맑아야 한다. 이와 같다면 부모가 장수하고 강녕을 누리지만 낮고 이지러졌다면 유년에 양부모를 잃는다. 어둡고 컴컴하면 부모에게 질병이 있다. 좌측 각이 기울면 아버지가 해롭고 우측 각이 기울면 어머니가 해롭다. 혹은 같은 아버지에 어머니가 다르거나 혹은 시집가는 어머니를 따라 아버지에게 간다. 조상을 떠나 가정을 이루고 재액이 끊임이 없으니 양자로 가는 것이 좋아서 형상을 면할 수 있다.

우운중나첩계, 부모중배, 혹부난모음, 여외간통, 우주방부해모. 두측액착, 다시서출, 혹인간이득. 우운좌미고, 우미저, 부재모선귀. 우미상, 좌미하, 부망모재가.

又云重羅疊計, 父母重拜, 或父亂母淫, 與外奸通, 又主妨父害母. 頭側額窄, 多是庶出, 或因奸而得. 又云左眉高, 右眉

低, 父在母先歸. 右眉上, 左眉下, 父亡母再嫁.

또한 두 눈썹이 중첩되었으면 부모가 재혼했거나 혹은 아버지나 어머니가 음란하여 밖으로 간사하게 통정한 것이며 부모에게 해롭다. 머리가 기울고 이마가 좁으면 대부분 서출이거나 간사함으로 인해 얻은 것이다. 또한 이르노니 좌측 눈썹이 높고 우측 눈썹이 낮으면 아버지가 계시고 어머니가 먼저 돌아가고, 우측 눈썹이 높고 좌측이 낮으면 아버지가 죽고 어머니가 재가한다.

액삭미교, 부모조포, 시위격각, 반면무정. 양각입정, 부모쌍영, 갱수조음, 부모문명. 기색청, 주부모우의, 우유구설상상. 흑백주부모상망. 홍황주쌍친희경.

額削眉交, 父母早抛, 是爲隔角, 反面無情. 兩角入頂, 父母雙榮, 更受祖蔭, 父母聞名. 氣色靑, 主父母憂疑, 又有口舌相傷. 黑白主父母喪亡. 紅黃主雙親喜慶.

이마가 깎이고 눈썹이 이어졌으면 부모가 일찍이 버린 것으로 격각이라고 하여 반면에 육친의 정이 없다. 양각이 정수리로 들어갔으면 부모가 영화를 누리고 또한 조상의 음덕을 입은 것으로 부모가 자식의 이름을 듣게 된다. 기색이 푸르면 부모로 인한 근심이 있거나 구설로 인해 상하게 된다. 흑기나 백기를 띠면 부모의 상을 당하고 홍황한 기색을 띠면 부모에게 기쁜 경사가 있다.

인면총론(人面總論)

천정욕기사공평, 중정광윤인당청, 산근부단년수활, 준두제원인중정, 구여사자승장활, 지각조귀창고음, 산림원만역마풍, 일월고혜변지정.

天庭欲起司空平, 中正廣潤印堂清. 山根不斷年壽闊, 準頭齊圓人中正, 口如四字承漿闊, 地閣朝歸倉庫應, 山林圓滿驛馬豊, 日月高兮邊地靜.

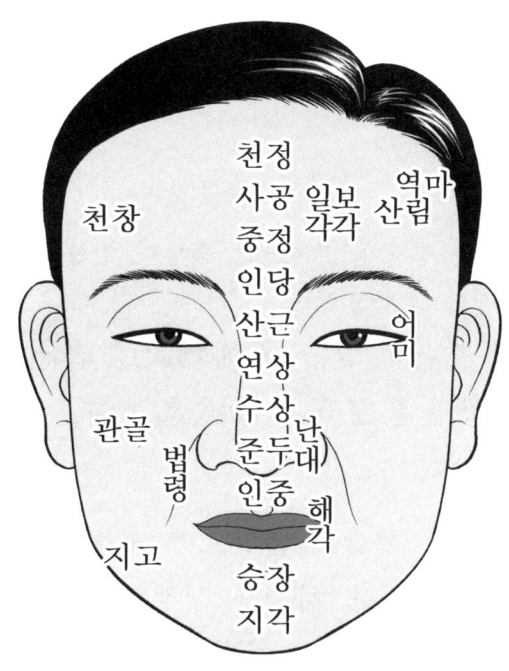

천정은 숫고 사공은 평평하며 중정은 넓고 윤택하며 인당은 맑아야 한다. 산근은 끊어지지 않고 연상 수상은 넓어야 한다. 준두는 가지런하고 둥글며, 인중은 바르게 내려와야 하고 입은 四자와 같고 승장은 넓어야 한다. 지각은 돌아보는 듯 천창과 지고와 서로 응해야 한다. 산림은 둥글고 가득하고 역마는 풍성해야 한다. 일각과 월각은 높이 솟고 변지는 깨끗해야 한다.

음양육다어미장, 정면관골유신광, 난대평만법령정, 금궤해각생미황, 삼음삼양불고초, 용장호복잉상당, 오악사독무극파, 편시인간가상랑.

陰陽肉多魚尾長, 正面顴骨有神光. 蘭臺平滿法令正, 金匱海角生微黃. 三陰三陽不枯焦, 龍藏虎伏仍相當. 五嶽四瀆無剋破, 便是人間可相郎.

음양(눈)의 주위에 살이 많고 어미(눈꼬리)는 길어야 한다. 관골은 고르게 균형이 있고 기색이 좋아야 한다. 난대(콧방울)는 평만하고 법령이 바르게 내려가야 한다. 금궤(콧방울)와 입술 끝은 항상 은은한 황색을 띠는 것이 좋다. 삼음과 삼양(양쪽 눈)이 마르거나 건조하지 않

고 용과 호랑이(두 눈동자)에는 신기를 감추고 있어야 이에 상당하다. 오악·사독은 서로 극하고 파해서는 안 된다. 바로 이런 사람이라면 훌륭한 사람이라고 할 수 있다.

논형(論形)

인품음양지기, 초천지지형, 수오행지자, 위만물지영자야, 고두상천, 족상지, 안상일월, 성음상뇌정, 혈맥상강하, 골절상금석, 비액상산악, 호발상초목.
人稟陰陽之氣, 肖天地之形, 受五行之資, 爲萬物之靈者也, 故頭象天, 足象地, 眼象日月, 聲音象雷霆, 血脈象江河, 骨節象金石, 鼻額象山嶽, 毫髮象草木.

사람은 음양의 기운을 받고 하늘과 땅의 형상을 닮았으며 오행의 자질을 받은 만물의 영장이다. 그러므로 머리는 하늘을 상징하고 발은 땅을 상징하며, 눈은 해와 달을 상징하고 음성은 천둥소리를 상징하며, 혈맥은 강하(江河)를 상징하고 뼈와 마디는 금석을 상징한다. 코와 이마는 산악을 상징하고 털과 머리카락은 초목을 상징한다.

천욕고원, 지욕방후, 일월욕광명, 뇌정욕진향, 강하욕윤, 금석욕견, 산악욕준, 초목욕수, 차개대개야, 연곽림종유관인팔법시야.
天欲高遠, 地欲方厚, 日月欲光明, 雷霆欲震響, 江河欲潤, 金石欲堅, 山嶽欲峻, 草木欲秀, 此皆大槪也, 然郭林宗有觀人八法是也.

하늘은 높고 넓어야 하고 땅은 넓고 두터워야 하며, 해와 달은 빛이 밝아야 한다. 우레와 번개는 진동하고 울림이 있어야 하며, 강하는 윤택해야 한다. 금석은 굳건해야 하고, 산악은 높아야 하며, 초목은 청수해야 한다. 이는 모두 개략적인 것으로 곽림종(郭林宗)의 관인팔법에 있는 것이다.

*郭林宗(곽림종, 128-169): 후한의 학자이며 사상가·교육자로서 이름은 곽태(郭泰)이며 자가 림종(林宗)이다. 후한말 사인(士人)과 환관들 사이에 격렬한 투쟁이 전개되었을 때 그는 사인의 대표 가운데 한 사람이었으며 태학생(太學生)의 영수였다. 벼슬을 사양하고 교육에 힘썼으므로 세상에서는 '유도선생(有道先生)'이라고 불렀으며 춘추시기 진(晉)나라의 개자추(介子推,?-BC636)·북송의 재상 문언박(文彦博, 1006-1097)과 함께 삼현(三賢)으로 칭해진다.

논형유여(論形有餘)

형지유여자, 두정원후, 복배풍융, 액활구방, 순홍치백, 이원성륜, 비직여담, 안분흑백, 미수소장, 유박제후, 흉전평광, 복원수하.

形之有餘者, 頭頂圓厚, 腹背豊隆, 額闊口方, 脣紅齒白, 耳圓成輪, 鼻直如膽, 眼分黑白, 眉秀疎長, 有膊臍厚, 胸前平廣, 腹圓垂下.

형상에 여유가 있다는 것은 머리와 정수리가 둥글고 살이 두터우며, 배와 등이 풍륭하고 이마는 넓고 입은 모난 것이다. 입술은 붉고 치아는 희며 귀는 둥글고 윤곽이 있으며 코는 반듯하고 마치 짐승의 쓸개 같다. 눈은 흑백이 분명하고 눈썹은 청수하고 숱이 너무 많지 않으며 길게 뻗었으며, 어깨가 넓고 살이 있으며 배꼽에는 살이 두툼하고 앞가슴은 평평하고 넓으며 배는 둥글고 아래로 늘어졌다.

행좌단정, 오악조기, 삼정상칭, 육부골세, 수장족방. 망지외외연이래, 시지이이연이생,

차개위형유여야, 형유여자, 영인장수무병, 부귀지영의.

行坐端正, 五嶽朝起, 三停相稱, 肉膩骨細, 手長足方. 望之巍巍然而來, 視之怡怡然而生, 此皆謂形有餘也, 形有餘者, 令人長壽無病, 富貴之榮矣.

걸음걸이와 앉은 자세는 단정하고 오악은 서로 마주 보는 듯 솟고, 삼정은 균형이 맞는다. 살은 매끄럽고 골격은 섬세하며 팔은 길고 발은 넓다. 멀리서 바라보면 그 모습이 위대하게 느껴지고, 가까이서 보면 기쁜 모습인 듯하다. 이런 것이 모두 형상이 넉넉하고 여유가 있는 것이다. 형상에 여유가 있다면 무병장수하고 부귀영화를 누리게 된다.

논형부족(論形不足)

형부족자, 두정첨박, 견박협사, 요늑소세, 주절단촉, 장박지소, 순건액탑, 비앙이반, 요저흉함, 일미곡, 일미직, 일안앙, 일안저, 일청대, 일청소, 일관고, 일관저, 일수유문, 일수무문.

形不足者, 頭頂尖薄, 肩膊狹斜, 腰肋疎細, 肘節短促, 掌薄指疎, 脣蹇額塌, 鼻仰耳反, 腰低胸陷, 一眉曲, 一眉直, 一眼仰, 一眼低, 一睛大, 一睛小, 一顴高, 一顴低, 一手有紋, 一手無紋.

형상이 부족하다고 하는 것은 머리와 정수리가 뾰족하고 얇으며 어깨가 얄팍하며 옆구리가 기울고, 허리와 늑골이 가늘고 팔꿈치가 짧고 손바닥이 얇고 손가락이 거칠다. 입술이 바르지 못하고 이마가 움푹하고 콧구멍이 들리고 귓바퀴가 뒤집히고 허리가 가늘어 낮고 가슴이 움푹하며 한쪽 눈썹은 곡선이고 한쪽은 직선이며, 한쪽 눈은 위로 들리고 한쪽 눈은 아래로 쳐졌으며, 한쪽 눈동자는 크고 한쪽 눈동자는 작다. 한쪽 관골은 높고 한쪽 관골은 낮다. 한쪽 손바닥에는 손금이 있고 한쪽은 손금이 없다.

수중안개, 남작여성, 치황우로, 구비우첨, 독정무사발, 안심불견정, 보행의측안색위겁, 두소이신대, 상단이하장, 차지위형부족야, 형부족자, 다병이단명, 복박이빈천의.
睡中眼開, 男作女聲, 齒黃又露, 口鼻又尖, 禿頂無絲髮, 眼深不見睛, 步行欹側顏色痿怯, 頭小而身大, 上短而下長, 此之謂形不足也, 形不足者, 多病而短命, 福薄而貧賤矣.

잠잘 때는 눈을 뜨고 자며, 남자가 여자의 음성을 내며 치아가 누렇고 또한 겉으로 드러나며 입과 코가 뾰족하고 정수리에는 머리카락이 없다. 눈이 깊어 눈동자가 보이지 않으며 걸음걸이는 옆으로 기울고 안색이 창백하며 겁먹은 듯하다. 머리는 작고 몸은 크며 상체는 짧고 하체는 길다. 이러한 것을 모두 형이 부족하다고 하는 것이다. 형이 부족한자는 병이 많고 수명이 짧으며 복이 적고 빈천하다.

논 신(論神)

부형이양혈, 혈이양기, 기이양신, 고형전즉혈전, 혈전즉기전, 기전즉신전, 시지형능양신, 락기이안야, 기불안즉신폭이불안, 능안기신, 기유군자호.
夫形以養血, 血以養氣, 氣以養神, 故形全則血全, 血全則氣全, 氣全則神全, 是知形能養神, 託氣而安也, 氣不安則神暴而不安, 能安其神, 其惟君子乎.

무릇 形은 血을 기르고, 血은 氣를 기르며 氣는 神을 기른다. 그러므

로 형상이 온전한즉 血이 온전하고, 血이 온전한즉 氣가 온전하며 氣가 온전한즉 神이 온전하다. 이로써 形이 神을 기를 수 있음을 알 수 있다. 氣에 의지하여 편안할 수 있으니 氣가 불안하면 神이 난폭해져 불안하게 된다. 神을 안정되게 할 수 있는 자는 오직 군자뿐일 것이다.

오즉신유어안, 매즉신처어심, 시형출처어신, 이위형지표, 유일월지광, 외조만물, 이기신고재일월지내야.

寤則神遊於眼, 寐則神處於心, 是形出處於神, 而爲形之表, 猶日月之光, 外照萬物, 而其神固在日月之內也.

깨어있을 때는 神이 눈에서 움직이고 잠들어 있을 때는 마음에 머문다. 이는 形이 神으로 나오는 것이니 形의 드러남이 되는 것으로 일월의 빛이 밖으로 만물을 비추지만 그 神은 일월 안에 굳건히 있는 것과 같다.

안명즉신청, 안혼즉신탁, 청즉귀, 탁즉천, 청즉오다이매소, 탁즉오소이매다, 능추기오자, 가이지기귀천야.

眼明則神淸, 眼昏則神濁, 淸則貴, 濁則賤, 淸則寤多而寐少, 濁則寤少而寐多, 能推其寤者, 可以知其貴賤也.

눈이 밝으면 神이 맑고 눈이 어두우면 神이 탁하다. 맑으면 귀하고 탁하면 천하다. 맑으면 깨어있는 시간이 많고 잠자는 시간이 적으며, 탁하면 깨어있는 시간이 적고 잠자는 시간이 많다. 그러므로 깨어있는 것으로 미루어 그 귀천을 알 수 있다.

부몽지경계, 개신유어심, 이기소유지지, 역불출오장육부지간, 여부이목시청지간야.

夫夢之境界, 蓋神遊於心, 而其所遊之地, 亦不出五臟六賦之間, 與夫耳目視聽之間也.

무릇 꿈의 경계는 神이 마음에서 움직이는 것이다. 그 움직이는 곳이 또한 오장육부 사이를 벗어나지 않으며 귀와 눈으로 보고 들은 사이에 있는 것이다.

기소유지계, 여소견지사, 혹상감이성, 혹우사이지, 역오신지소유야, 몽중소견지사, 내오신중, 비출오신지외야.
其所遊之界, 與所見之事, 或相感而成, 或遇事而至, 亦吾身之所有也, 夢中所見之事, 乃吾身中, 非出吾身之外也.

그 움직이는 경계는 눈으로 본 일이거나 서로 감응을 느껴 이루어진 것이거나, 우연한 일을 만나 이루어진 것으로 또한 내 몸에 있는 것이다. 꿈속에서 본 일이 내 몸 안에 있는 것이지 내 몸 밖으로 나가는 것이 아니다.

백안선사설, 몽유오경, 일왈영경, 이왈보경, 삼왈과거경, 사왈현재경, 오왈미래경.
白眼禪師說, 夢有五境, 一曰靈境, 二曰寶境, 三曰過去境, 四曰見在境, 五曰未來境.

백안선사(마의대사)가 말하기 "꿈에는 5가지 경계가 있으니 첫째 신령한 경계, 둘째 진귀한 경계, 셋째 과거에 대한 경계, 넷째 현재에 대한 경계, 다섯째 미래에 대한 경계이다."라고 하였다.

신참몽생, 신정즉경멸, 부망기형, 혹쇄연이청, 혹랑연이명, 혹응연이중, 연유신발어내, 이현어표야.
神慘夢生, 神靜則境滅, 夫望其形, 或灑然而淸, 或朗然而明, 或凝然而重, 然由神發於內, 而見於表也.

神이 산란하면 꿈이 생기고 神이 고요하면 꿈을 꾸지 않는다. 무릇 그 형상을 보아 깨끗하고 맑거나, 혹은 활달하고 밝거나, 혹은 근엄한 듯하고 중후하다면 그런즉 神이 내부에서 발하여 겉으로 드러나는 것이다.

신청이화철, 명이철자, 부귀지상야. 혼이유약, 탁이결자, 단박지상야. 한이정자, 기신안, 허이급자, 기신참.

神淸而和徹, 明而徹者, 富貴之相也. 昏而柔弱, 濁而結者, 短薄之相也. 寒而靜者, 其神安, 虛而急者, 其神慘.

神이 맑고 온화하고 밝으며, 밝게 통한 사람은 부귀한 상이며, 神이 어둡고 유약하거나, 탁하고 막힌 것은 단명하고 박복한 상이다. 차분하고 고요한 자는 神이 안정된 것이며 허망하고 성급한 자는 神이 산란한 것이다.

신불욕로, 노즉신유, 즉필망야. 신귀내장, 은은망지유외복지심, 근즉신희취지즉위귀, 범상영가신유여, 이형부족, 불가형유여, 이신부족야.

神不欲露, 露則神遊, 則必亡也. 神貴內臟, 隱隱望之有畏腹之心, 近則神喜就之則爲貴, 凡相寧可神有餘, 而形不足, 不可形有餘, 而神不足也.

神은 겉으로 드러나지 않아야 하니 겉으로 드러나면 神이 요동치는 것으로 반드시 죽게 된다. 神이 귀하면 안으로 감춰져 은은하여 바라보면 안으로 두려운 마음이 들고 가까이서 대하면 神이 기쁜 마음이 들게 되는 즉 귀한 것이다. 무릇 살펴서 神에 여유가 있고 形이 부족한 것이 차라리 낫지 形에 여유가 있고 神이 부족해서는 안 된다.

신유여자귀, 형유여자부, 신불욕경, 경즉손수, 신불욕급, 급즉다앙. 우수상인기식, 기굉

즉능용, 이덕내대, 식고즉능효, 이심내영, 기천식비. 수유여자, 즉군자미면위소인야.

神有餘者貴, 形有餘者富, 神不欲驚, 驚則損壽, 神不欲急, 急則多殃. 又須相人器識, 器宏則能容, 而德乃大, 識高則能曉, 而心乃靈, 器淺識卑, 雖有餘資, 則君子未免爲小人也.

神에 여유가 있으면 귀하고, 形에 여유가 있으면 부유하다. 神은 놀라지 않아야 하니 놀라면 수명을 손상한다. 神은 급하지 않아야 하니 급하면 재앙이 많다. 또한 반드시 사람의 그릇과 지식을 살필 때, 그릇이 크면 관용할 수 있으니 덕이 큰 것이다. 지식이 높으면 능히 깨달을 수 있으니 마음이 총명한 것이다. 그릇이 작고 지식이 얕으면 비록 재물이 있더라도 군자가 소인됨을 면할 수 없는 것이다.

논신유여(論神有餘)

신지유여자, 안광청영, 고혜불사, 미수이장, 정신용동, 용색징철, 거지왕양, 엄연원시, 약추일지조상천, 외연근촉, 사화풍지동춘화.

神之有餘者, 眼光淸瑩, 顧兮不斜, 眉秀而長, 精神聳動, 容色澄澈, 擧止汪洋, 嚴然遠視, 若秋日之照霜天, 巍然近矚, 似和風之動春花.

神에 여유가 있다는 것은 눈빛이 맑고 밝으며 바라볼 때 곁눈질하지 않고 눈썹이 수려하고 길며 精과 神이 빼어난 듯 활동적이고 용모와 안색이 맑으며 행동거지가 대범하다. 엄숙하여 멀리서 보면 마치 가을 서리 낀 날과 같이 빛나는 듯하고 빼어난 모습은 가까이서 보면 온화하기가 바람에 봄꽃이 날리는 듯하다.

임사강의, 여맹수지보심산, 처중초요, 사단봉이상운로, 기좌야여계석부동, 기와야여서아불요, 기행야양양연여평수지류.

臨事剛毅, 如猛獸之步深山, 處衆迢遙, 似丹鳳而翔雲路, 其坐也如界石不動, 其臥也如棲鴉不搖, 其行也洋洋然如平水之流.

일에 임하여 강하고 굳세어 마치 맹수가 깊은 산길을 가는 듯하고, 무리 중에 빼어난 모습은 마치 붉은 봉황이 구름 위를 나는 듯하다. 앉아있는 자세는 마치 경계석과 같아 움직임이 없으며, 누워있는 모습은 갈까마귀가 쉬는 듯 고요하여 어지럽지 않다. 걷는 모습은 의기양양하여 평평한 물이 흐르는 듯하다.

기립야앙앙연여고봉지용, 언불망발, 성불망조, 희노부동기심, 영욕불역기조.

其立也昂昂然如孤峰之聳, 言不妄發, 性不亡躁, 喜怒不動其心, 榮辱不易其操.

서있는 모습이 높고 높아 외로운 봉우리가 솟은 듯하고, 말을 할 때는 함부로 하지 않으며 천성이 충동적이지 않다. 기쁨과 노여움으로 그 마음을 움직이지 않고 영욕이 그 지조를 바꿀 수 없다.

만태분착어전, 이심상일, 즉가위신유여야, 신유여자, 개위상귀지인, 흉재난입기신, 천록영기종의.

萬態紛錯於前, 而心常一, 則可謂神有餘也, 神有餘者, 皆爲上貴之人, 凶災難入其身, 天祿永其終矣.

만 가지 사태가 눈앞에 어지럽게 흩어져도 마음이 늘 한결 같으니 神이 여유가 있다고 할 수 있다. 神이 여유가 있는 자는 귀한 사람 중에 상급에 속하는 사람이고 흉한 재난이 그 몸에 들어가기 어려우며 천록이 생을 마칠 때까지 무궁하다.

논신부족(論神不足)

신부족자, 불취사취, 상여병주, 불수사수, 상여우척, 불수사수, 재수편각, 불곡사곡, 홀여경흔, 부진사진, 불희사회, 불경사경, 불치사치, 불외사외, 용지혼란, 색탁사염전간.
神不足者, 不醉似醉, 常如病酒, 不愁似愁, 常如憂戚, 不睡似睡, 纔睡便覺, 不哭似哭, 忽如驚忻, 不嗔似嗔, 不喜似喜, 不驚似驚, 不癡似癡, 不畏似畏, 容止昏亂, 色濁似染顚癎.

神이 부족한 것은, 취하지 않았어도 취한 듯 평소에도 술병에 걸린 듯하고, 근심이 없는데도 항상 근심이 있는 듯 우울하고 슬퍼하며, 잠을 자지 않는데도 잠자는 듯하고 겨우 잠이 들어도 곧 깬다. 울지 않는데도 우는 듯하고 갑자기 놀라고 기뻐하며 성내지 않았는데도 성난 듯하고 기쁘지 않은데도 기쁜 듯하고 놀라지 않았는데도 놀란 듯하고 미치지 않았는데도 미치광이 같다. 두렵지 않은데도 두려운 듯하며 안색과 행동이 어둡고 혼란하다. 안색이 물든 듯 탁하고 미친 듯 간질병에 걸린 듯하다.

신색처창, 상여대실, 황홀장황, 상여공포, 언어슬축, 사수은장, 체견저최, 여조능욕, 색초선이후암, 어초쾌이후눌, 차개위신부족야, 신부족자, 다초뢰옥왕액, 관역주실위의.
神色悽愴, 常如大失, 恍惚張惶, 常如恐怖, 言語瑟縮, 似羞隱藏, 體見低摧, 如遭凌辱, 色初鮮而後暗, 語初快而後訥, 此皆謂神不足也, 神不足者, 多招牢獄枉厄, 官亦主失位矣.

신색이 처량하여 항상 큰 손해를 본 듯하며, 황홀한 듯 당황한 듯 늘

공포에 질린 듯하다. 말을 할 때는 음성이 기어들어 가는 듯 부끄러워 숨기는 듯하다. 몸은 항상 웅크리고 있어 모욕을 당한 듯하며 기색이 처음에는 밝았다가 어두워진다. 처음에는 말을 잘하다가 뒤로 갈수록 어눌해진다. 이것은 모두 神이 부족한 것이다. 神이 부족한 자는 감옥에 가거나 액을 만나는 일이 많고 관리가 된다 해도 곧 지위를 잃게 된다.

논성(論聲)

부인지유성, 여종고지향. 기대즉성굉, 기소즉성단. 신청즉기화, 기화즉성윤택 이원창야. 신탁즉기촉, 기촉즉성초 급이경시야.

夫人之有聲, 如鐘鼓之響. 器大則聲宏, 器小則聲短. 神淸則氣和, 氣和則聲潤澤, 而圓暢也. 神濁則氣促, 氣促則聲焦, 急而輕嘶也.

무릇 사람의 음성은 종이나 북의 울림과 같으니 그릇이 크면 목소리가 웅장하고, 그릇이 작으면 음성의 울림도 짧다. 神이 맑으면 氣가 온화하고 氣가 온화하면 음성이 윤택 원만하고 온화하다. 神이 탁하면 氣가 부족하고 氣가 부족하면 음성이 초조하고 급하며 가볍고 우는 듯하다.

고귀인지성, 다출어단전지중, 여심기상통, 혼연이외달. 단전자성지근야. 설단자성지표야. 부근심즉표중, 근천즉표경. 시지성발어근이현어표야.

故貴人之聲, 多出於丹田之中, 與心氣相通, 混然而外達. 丹田者聲之根也, 舌端者聲之表也. 夫根深則表重, 根淺則表輕.

是知聲發於根而見於表也.

그러므로 귀한 사람의 음성은 단전으로부터 나오고 마음과 氣가 상통하여 섞이어 밖으로 나오는 것이다. 단전은 음성의 근원이며 혀끝은 음성을 겉으로 드러내는 것이다. 그러므로 뿌리가 깊어야 밖으로 나타나는 것이 중후하고 뿌리가 얕으면 밖으로 드러나는 것도 가볍다. 이로써 음성이 뿌리에서 발하여 밖으로 드러나는 것을 알 수 있는 이치이다.

약부청이원, 견이량, 완이열, 급이화, 장이유력, 용이유절, 대여홍종등운, 타고진음, 소여옥수비, 명금휘주곡, 견기색즉수연이후동, 여기언구이후응, 개귀인지상야.

若夫淸而圓, 堅而亮, 緩而烈, 急而和, 長而有力, 勇而有節, 大如洪鐘騰韻, 打鼓振音, 小如玉水飛, 鳴琴徽奏曲, 見其色則粹然而後動, 與其言久而後應, 皆貴人之相也.

음성이 맑고 원만하며 굳건하고 밝으며, 느리지만 위엄이 있고, 빠를 때는 온화하고, 울림이 길고도 힘이 있으며, 용맹스러우면서 절도가 있다. 클 때는 큰 종이 울리는 듯 힘차고 여운이 있고, 북이 울리는 듯 진동한다. 작을 땐 옥수 떨어지는 소리, 거문고가 곡을 아름답게 연주하는 듯 그 음색이 순수하고 뒤에 진동이 있고 말소리 뒤에 길게 응하는 소리가 있으면 이는 모두 귀인의 상이다.

소인지언, 개발설단지상, 촉급이부달. 하즉, 급이시, 완이삽, 심이체, 천이조대, 대즉산, 산즉파, 혹경중불균, 요량부절, 혹애자이모, 번란이부, 혹여파종지향. 패고지명.

小人之言, 皆發舌端之上, 促急而不達. 何則, 急而嘶, 緩而澁, 深而滯, 淺而燥大, 大則散, 散則破, 或輕重不均, 嘹亮無節, 或睚眦而暴, 繁亂而浮, 或如破鐘之響, 敗鼓之鳴.

소인의 말소리는 혀끝에서 나오니 짧고 급박하여 전달이 되지 않는다. 그런즉 급하게 말하면 울음소리 같고 느리게 말하면 떨리고, 목소리가 깊으면 막히고 얕으면 메마르고 커진다. 크면 흩어지고 흩어지면 깨지며 경중의 균형이 맞지 않는다. 쟁쟁거리고 절도가 없거나 화난 듯 거칠다. 번잡하고 어지럽고 들뜬 듯하거나 깨진 종이 울리거나 찢어진 북에서 나오는 소리와 같다.

우여한아포추, 아안경인, 혹여병원구려, 고안실군, 세여구인발음, 광여청와야조, 여견지폐, 여양지명, 개천박지상야.
又如寒鴉哺雛, 鵝雁哽咽, 或如病猿求侶, 孤雁失群, 細如蚯蚓發吟, 狂如靑蛙夜噪, 如犬之吠, 如羊之鳴, 皆賤薄之相也.

또한 추운 갈까마귀가 병아리를 삼킨 듯, 기러기가 목이 멘 듯, 병든 원숭이가 짝을 부르는 듯, 외로운 기러기가 무리를 잃은 듯하다. 가늘기는 지렁이 신음소리를 내는 듯, 어지럽기가 개구리가 밤에 시끄럽게 우는 듯하고 개가 짖는 듯하고 양이 우는 듯한 것은 모두 천박한 상이다.

남유여성단빈천, 여유남성역방해, 연신대이성소자흉. 혹건포이부제, 위지라망성, 대소불균, 위지자웅성. 혹선지이후급, 혹선급이후지, 혹성미지이기선절, 혹심미거이색선변, 개천지상야.
男有女聲單貧賤, 女有男聲亦妨害, 然身大而聲小者凶. 或乾瀑而不齊, 謂之羅網聲, 大小不均, 謂之雌雄聲. 或先遲而後急, 或先急而後遲, 或聲未止而氣先絶, 或心未擧而色先變, 皆賤之相也.

남자가 여자의 음성이면 고독하고 빈천하며, 여자가 남자의 음성이면 방해가 있고, 몸이 큰데 음성이 작으면 흉하다. 메말랐다가 갑자기 커지는 등 가지런하지 않은 것을 나망성이라고 하고, 크고 작음이 균형을 이루지 못하는 것을 자웅성이라고 한다. 처음은 느리고 갈수록 빨라지거나 처음에는 급하다가 뒤로 갈수록 늘어지거나, 말이 아직 끝나지 않았는데 숨이 차서 말을 맺지 못하거나 마음속으로 할 말은 아직 남았는데 안색이 먼저 변하는 것은 모두 천한 상이다.

부인품오행지형, 즉기성역선오행지상야. 고토성심후. 목성고창, 화성초열, 수성완급, 금성화윤.

夫人稟五行之形, 則氣聲亦先五行之象也. 故土聲深厚, 木聲高唱, 火聲焦烈, 水聲緩急, 金聲和潤.

사람은 오행의 形을 받았으므로 氣의 울림도 오행을 형에 앞선다. 그러므로 토성은 깊고 두터우며, 목성은 높게 울리고 화성은 건조하고 수성은 완만하며 급하고 금성은 조화롭고 윤택하다.

성경자단사무능, 성파자작사무성, 성탁자모운불발, 성저자노둔무문. 청냉여연중유수자극귀, 발성류량, 자각여옹중지향자, 주오복전비.

聲輕者斷事無能, 聲破者作事無成, 聲濁者謀運不發, 聲低者魯鈍無文. 淸冷如淵中流水者極貴, 發聲瀏亮, 自覺如甕中之響者, 主五福全備.

음성이 가볍다면 일을 결단하는데 무능하고, 음성이 깨어진 듯 하면 일을 이루지 못하고 음성이 탁한 사람은 운을 도모하여도 이루어지지 않고 음성이 낮으면 어리석고 고집스러우며 학문하기 어렵다. 맑고 차갑기가 연못으로 흐르는 물 같으면 극귀하고 음성이 맑고 밝으며 스스로 느끼기에 마치 항아리에서 울리는 듯한 자는 오복을 모두 갖춘 사람이다.

성대무형, 탁기이발. 천자부탁, 귀자청월. 태유즉겁, 태강즉절. 격산상문 원장불결, 사내귀인, 원견풍절.

聲大無形, 託氣而發. 賤者浮濁, 貴者淸越. 太柔則怯, 太剛則折. 隔山相聞, 圓長不缺, 斯乃貴人, 遠見風節.

음성은 커도 형체가 없고 氣에 기탁하여 나온다. 천한 사람은 들뜨고 탁하며 귀한 자는 맑고 빼어나다. 음성이 너무 유약하면 겁이 많고 너무 강건하면 꺾이게 된다. 산을 건너 서로 들리며, 원만하고 길게 울리며 끊기지 않으면 귀한 사람으로 멀리 내다보고 풍류와 절도가 있다.

신소성웅, 위지삼공, 신대성소, 수명절요. 성여파라, 전산소마, 성여화조 분파무고. 남아성자, 파각가자, 여인성웅, 부위불녕.

身小聲雄, 位至三公, 身大聲小, 壽命折夭. 聲如破鑼, 田産消磨, 聲如火燥, 奔波無靠. 男兒聲雌, 破却家貲, 女人聲雄, 夫位不寧.

몸이 작은데 음성이 웅장하면 벼슬이 삼공에 이르고 몸이 큰데 음성이 작으면 수명이 짧다. 음성이 마치 깨진 징과 같으면 재산이 모두 사라지고 음성이 불과 같이 건조하면 분주하게 세파에 시달릴 뿐 기댈 곳이 없게 된다. 남자의 음성이 여자 같으면 가정과 재산을 파하고 여자의 음성이 남자 같으면 남편의 위치가 평안치 않다.

논기(論氣)

부석온옥이산휘, 사회금이천미. 차지정지보, 현호색이발호기야.

夫石蘊玉而山輝, 沙懷金而川媚. 此至精之寶, 見乎色而發乎氣也.

바위가 옥을 품으면 산이 빛나고 모래가 금을 품으면 냇물이 아름답다. 이것은 보배의 정수로 색으로 드러나고 기에서 발하는 것이다.

부형자질야, 기소이충호질, 질인기이굉. 신완즉기관, 신안즉기정. 득실부족이포기기, 희노부족이경기신, 즉어덕위유용, 어량위유도, 내중후유복지인야.

夫形者質也, 氣所以充乎質, 質因氣而宏. 神完則氣寬, 神安則氣靜. 得失不足以暴其氣, 喜怒不足以驚其神, 則於德爲有容, 於量爲有度, 乃重厚有福之人也.

형은 본질이다. 기는 본질을 충족하게 해 주는 까닭에 질은 기로 인하여 넓어지고 신이 완전한 즉 기가 관대해 진다. 신이 편안한 즉 기가 고요하다. 득실이 부족하면 기를 난폭하게 하고 기쁘고 노하여 안정되지 못하면 신을 놀라게 한다. 그런즉 덕으로써 관용이 있게 하고 헤아림으로 절도가 있게 하면 중후하고 복이 있는 사람이다.

형유림, 유기재편남형극지이, 신유토, 소이치재용기기. 성유기, 청기성, 연후지기기지미오. 기유마, 치지이도선오지경. 군자즉선양기재, 선어기덕, 우선치기기, 선어기마, 소인반시.

形猶林, 有杞梓梗楠荊棘之異, 神猶土, 所以治材用其器. 聲猶器, 聽其聲, 然後知其器之美惡. 氣猶馬, 馳之以道善惡之境. 君子則善養其材, 善御其德, 又善治其器, 善御其馬, 小人反是.

형체는 숲과 같아서 구기자나무 · 가래나무 · 편나무 · 녹나무 · 가시나무 · 대추나무처럼 서로 다름이 있고, 신은 흙과 같아서 재질을

다스려 그릇으로 쓴다. 음성은 그릇과 같아서 그 소리를 들은 후에야 그릇이 아름다운지 추한지를 안다. 氣는 말과 같아서 달리는 것으로써 훌륭한지 졸렬한지를 나눌 수 있다. 군자는 그 재료를 잘 배양하여 덕을 베풀고 또 그 그릇을 잘 다스리고 말을 잘 부리지만 소인은 이와 반대이다.

기기관가이용물, 화가이접물, 강가이제물, 청가이표물, 정가이리물, 불관즉애, 불화즉려, 불강즉나, 불청즉탁, 부정즉편. 시기기지천심, 찰기색지조정, 즉군자소인 변의.
其氣寬可以容物, 和可以接物, 剛可以制物, 淸可以表物, 正可以理物, 不寬則隘, 不和則戾, 不剛則懦, 不淸則濁, 不正則偏. 視其氣之淺深, 察其色之躁靜, 則君子小人辨矣.

氣가 관대하면 만물을 용납할 수 있고 온화하면 만물을 접할 수 있다. 굳셈으로 만물을 제어할 수 있고 기를 맑게 함으로써 만물을 드러내게 할 수 있으며 기를 바르게 함으로써 만물을 다스릴 수 있다. 기가 관대하지 않으면 기량이 좁고 온화하지 않으면 어그러진다. 굳세지 않으면 나약하고 맑지 않으면 혼탁하게 되고 바르지 않으면 치우치게 된다. 그 기의 깊이를 보고 그 색의 조급함과 고요함을 살피면 군자와 소인이 구별되는 것이다.

기장이서, 화이불포, 위복수지인. 급촉불균포연, 현호색자, 위하천지인야. 의경이일호일흡위일식, 범인일주야계일만삼천오백식.
氣長而舒, 和而不暴, 爲福壽之人. 急促不均暴然, 見乎色者, 爲下賤之人也. 醫經以一呼一吸爲一息, 凡人一晝夜計一萬三千五百息.

氣가 자라면 편안하고, 온화하면 거칠지 않으니 복과 수를 누릴 사람이다. 급박하고 단촉하여 균형이 맞지 않고 거칠어 기색이 나타나는 사람은 하천한 사람이다. 의경에 '한 번 숨을 들이마시고 내쉬는 것이 일식인데, 사람은 하루에 모두 13,500식을 쉰다.'라고 하였다.

금관인지호흡, 질서부동, 혹급자십식, 지자상미칠팔, 이장비자태질, 유수자차지, 고공고인지언, 유미진리.
今觀人之呼吸, 疾徐不同, 或急者十息, 遲者尙未七八, 而壯肥者太疾, 幼瘦者差遲, 故恐古人之言, 猶未盡理.

지금 사람들의 호흡을 보노라면 빠르고 느린 것이 서로 달라 빠른 사람이 10식을 쉬는데 느린 사람은 오히려 7-8에도 미치지 않으며, 젊거나 살찐 사람은 매우 빠르고, 어리거나 야윈 사람은 느린 차이가 있으므로 고인의 말이 두려운 것은 그 이치를 모두 깨우칠 수 없기 때문이다.

부기흡발호안표, 이위길흉지조야, 기산여모발, 기취여서미. 망지유형, 안지무적, 구부정의이관지, 즉화복무빙야. 기출입무성, 이부자찰, 혹와이불천자, 위지구식귀상야.
夫氣吸發乎顔表, 而爲吉凶之兆也, 其散如毛髮, 其聚如黍米. 望之有形, 按之無迹, 苟不精意以觀之, 則禍福無憑也. 氣出入無聲, 耳不自察, 或臥而不喘者, 爲之龜息貴象也.

氣는 들여 마시면 얼굴의 겉으로 드러나 길흉의 조짐이 되니, 그것이 흩어짐은 모발과 같고, 모이는 모습은 기장이나 쌀과 같다. 형체가 있는 것을 보아 흔적이 없는 것을 헤아리니 진실로 정미한 뜻으로써 살피지 않는다면 화와 복을 전거할 수가 없다. 기의 출입은 소리가 없어 귀가 스스로 살필 수 없으나 누워 자면서 헐떡이지 않는 자는 거북이의 호흡이라고 하여 귀한 상징이다.

호흡기영, 이신동근사지조야. 맹자불고만종지록, 능양기자야. 쟁가욱지리, 행행연려기

색, 이폭기기자, 역하논재.

呼吸氣盈, 而身動近死之兆也. 孟子不顧萬鍾之祿, 能養氣者也. 爭可欲之利, 悖悖然戾其色, 而暴其氣者, 亦何論哉.

호흡은 기를 채우는 것인데 몸을 떨면서 호흡을 한다면 죽음이 가깝다는 조짐이다. 맹자는 만종(십만석)의 작록을 돌아보지 않음으로써 氣를 기를 수 있었던 사람이다. 다툼으로 이익을 탐하면 색이 화난 모습이 되고 기색을 사납게 만드니 또한 무엇을 논하겠는가.

*孟子…能養氣者也: 《맹자·공손추상》 출전 호연지기(浩然之氣)를 말한다. '호연지기'는 군자가 갖추어야 할 인격의 이상적 기상을 이르는 말이다. 浩는 성대함·강직함이며 然은 형용하는 의태어, 氣는 정신이다. 따라서 浩然之氣는 성대하고 강직한 정신을 뜻한다.

상골(相骨)

골절상금석, 욕준불욕횡. 욕원불욕조. 수자불욕로골, 육부전골이골로, 내다난유화지인야. 비자불욕로육. 노육자, 침체지인야. 불욕만, 혹만이영자, 내시사인지상야.

骨節象金石, 欲峻不欲橫, 欲圓不欲粗. 瘦者不欲露骨, 肉不轉骨而骨露, 乃多難有禍之人也. 肥者不欲露肉. 露肉者, 沈滯之人也. 不欲滿, 或滿而盈者, 乃是死人之相也.

뼈와 뼈마디는 금석을 상징하므로 높아야 하고 옆으로 뻗치지 않아야 하며, 둥글어야 하고 거칠지 않아야 한다. 야윈 사람은 뼈가 드러나지 않아야 한다. 살이 뼈를 감싸지 못하면 뼈가 드러나면 어려움이 많고 화가 있을 사람이다. 살찐 사람은 살이 드러나지 않아야 한다. 살이 드러나면 일이 깊이 막히는 사람이다. 살은 가득차면 안되니 가득하고 꽉 차면 이는 죽을 사람의 상이다.

골여육상칭, 기여혈상응. 골한이축자, 부빈즉요. 배찬이체편, 골한이견축, 물유불전, 빈즉수, 부즉요. 고왈부빈즉요.

骨與肉相稱, 氣與血相應. 骨寒而縮者, 不貧則夭. 背攢而體偏, 骨寒而肩縮, 物有不全, 貧則壽, 富則夭. 故曰不貧則夭.

뼈와 살은 서로 균형을 이뤄야하고 기와 혈은 서로 응해야 한다. 골격이 추운 듯하고 오그라든 것 같으면 가난하지 않으면 요절하게 된다. 등이 구부정하고 몸이 기울고 뼈가 추운 듯 어깨가 움츠러들면 재물이 온전치 않다. 가난하면 수명이 길지만 부유하면 요절하게 된다. 그러므로 가난하지 않으면 요절한다고 하는 것이다.

일각지좌, 월각지우, 유골직기, 위금성골, 위지공경. 인당유골, 상지천정, 명천주골, 종천정관정, 명복서골, 위지공경. 수유기골, 역수기색상칭, 방성기기. 구제위불칭, 수부귀이불견야.

日角之左, 月角之右, 有骨直起, 爲金城骨, 位至公卿. 印堂有骨, 上至天庭, 名天柱骨, 從天庭貫頂, 名伏犀骨, 位至公卿. 雖有奇骨, 亦須其色相稱, 方成其器. 苟諸位不稱, 雖富貴而不堅也.

일각의 좌측과 월각의 우측에 곧게 뼈가 일어난 것을 금성골이라고 하여 지위가 공경에 이르게 된다. 인당에서 천정까지 올라간 뼈를 천주골이라고 하고, 천정에서 정수리까지 이어진 뼈를 복서골이라 하는데 지위가 공경에 이르게 된다. 그러나 비록 기이한 뼈가 있어도 반드시 색이 서로 균형을 이루어야 비로소 그릇이 이루어진다. 만일 여러 부위가 균형을 이루지 못했다면 비록 부귀하더라도 오래가지 못한다.

면상유골탁기, 명관골, 주권세. 관골상연입이, 명옥양골, 주수고. 자비지주, 위용골, 상군, 욕장이대. 자주지완, 명호골, 상신, 욕단이세. 골욕준이서, 원이견, 직이응절, 견이부조, 개견실지상야.

面上有骨卓起, 名顴骨, 主權勢. 顴骨相連入耳, 名玉梁骨, 主壽考. 自臂至肘, 爲龍骨, 象君, 欲長而大. 自肘至腕, 名虎骨, 象臣, 欲短而細. 骨欲峻而舒, 圓而堅, 直而應節, 堅而不粗, 皆堅實之相也.

얼굴에 높이 솟은 뼈를 관골이라고 하며 권세를 주관한다. 관골에서 귀로 연결된 뼈를 옥량골이라 하며 수명을 본다. 어깨에서 팔꿈치까지를 용골이라고 하여 군주를 상징하는데 길고 커야 한다. 팔꿈치에서 손목까지를 호골이라고 하여 신하를 상징하는데 짧고 가늘어야 한다. 뼈는 크고 펴져야 하고 둥글고도 견고해야 하며 곧고도 뼈마디가 이에 응해야 하고 단단하면서 거칠지 않아야 한다. 이러한 것이 견실한 상이다.

관골입빈, 명역마골. 좌목상, 왈일각골, 우목상, 왈월각골. 골제이위장군골. 교왈원, 위용각골. 양구외왈거오골. 액중정양변, 위용각골. 우왈, 골불용혜차불로, 우요원청겸수기.

顴骨入鬢, 名驛馬骨. 左目上, 曰日角骨, 右目上, 曰月角骨. 骨齊耳爲將軍骨. 磽曰圓, 謂龍角骨. 兩溝外曰巨鰲骨. 額中正兩邊, 爲龍角骨. 又曰, 骨不聳兮且不露, 又要圓淸兼秀氣.

관골에서 귀밑털까지의 뼈를 역마골이라 한다. 좌측 눈 위의 세로로 솟은 뼈를 일각골이라고 하고 우측 눈 위의 세로로 솟은 뼈를 월각골이라고 한다. 귀에 가지런하게 솟은 뼈를 장군골이라 한다. 단단한 것을 둥글고 원만하다고 하는데 용각골이라고 한다. 두 눈 밖의 뼈를 거오골이라고 한다. 이마의 중정 양옆을 용각골이라고 한다. 또 뼈가 높이 솟지 않고 더욱이 드러나지 않아야 하고 또 둥글고 맑고 빼어난 기운이 있어야 한다.

골위양혜육위음. 음부다혜양불부. 약득음양골육균, 소년불귀종신부. 골로용자요, 골로자무림. 골연약자수이불락, 골횡자흉. 골경자빈천, 골속자우탁. 골한자궁박, 골원자유복. 골고자무친.

骨爲陽兮肉爲陰, 陰不多兮陽不附. 若得陰陽骨肉均, 少年不貴終身富. 骨露聳者夭, 骨露者無立. 骨軟弱者壽而不樂, 骨橫者凶. 骨輕者貧賤, 骨俗者愚濁. 骨寒者窮薄, 骨圓者有福. 骨孤者無親.

뼈는 양이고 살은 음이다. 음이 부족하면 양이 기댈 수가 없다. 음양 골육이 균형을 이루면 젊어서 귀하지 않으면 종신토록 부유하다. 뼈가 드러난 것이 높으면 요절하고 뼈가 드러나면 입신할 수 없다. 뼈가 연약하면 수명이 길다 해도 즐겁지 못하고 뼈가 옆으로 벌어졌다면 흉하다. 뼈가 가벼우면 빈천하고 뼈가 속되면 어리석고 탁하다. 뼈가 추운 듯 웅크리면 가난하고 복이 엷고 뼈가 둥글면 복이 있다. 뼈가 외로우면 부모 형제와 인연이 없다.

목골수이청흑색, 양두조대, 주다궁액. 수골양두첨, 부귀불가언. 화골양두조, 무덕천여노. 토골대이피후, 자다이우부. 금골견경, 수이불락. 혹유선생두각골자, 즉향만년복록, 혹선생이액자, 즉만년지부야.

木骨瘦而靑黑色. 兩頭粗大, 主多窮厄. 水骨兩頭尖, 富貴不可言. 火骨兩頭粗, 無德賤如奴. 土骨大而皮厚, 子多而又富. 金骨堅硬, 壽而不樂. 或有旋生頭角骨者, 則享晩年福祿, 或旋生頤額者, 則晩年至富也.

木骨인데 마르고 피부가 청흑색이며 머리 양쪽이 크다면 궁색하고 액

이 많다. 水骨인데 머리 양쪽이 뾰족하면 부귀를 말할 수 없다. 火骨인데 머리의 양쪽이 투박하면 덕이 없고 천하기가 하인과 같다. 土骨은 크고 피부가 크고 두터우면 자손이 많고 복이 있다. 金骨이 너무 단단하면 수명이 길다 해도 즐겁지 않다. 머리 주위를 두른 뼈가 있다면 만년에 복록을 누리게 되고 또는 턱과 이마에 뼈가 둘러있다면 만년에 부귀하게 된다.

귀인골절세원장, 골상무근육우향. 군골여신상응보, 불수무위식천창. 골조기득풍의식, 녹위응무차막구. 용호불수상극함, 근전골상천감우.

貴人骨節細圓長, 骨上無筋肉又香. 君骨如臣相應輔, 不愁無位食天倉. 骨粗豈得豊衣食, 祿位應無且莫求. 龍虎不須相尅陷, 筋纏骨上賤堪憂.

귀인의 뼈마디는 가늘고 둥글고 길며, 뼈 위에 근육이 없고 향기롭다. 군골(용골)을 신하가 잘 보좌하고 있는 것처럼 응해주면 녹을 얻는 지위에 오르지 못할 것을 근심치 말라. 뼈가 거칠면 어찌 의식이 풍족함을 얻겠으며, 관록 또한 응하는 것이 없으니 구하지 말라. 용호가 서로 극하거나 함몰되지 않아야 하는데, 뼈 위에 근육이 엉켰다면 하천하니 근심스러움을 어찌 감당하랴.

상육(相肉)

육소이생혈이장골, 기상유토생만물, 이성만물야. 풍불욕유여, 수불욕부족. 유여즉음승양, 부족즉양승음. 음양상승, 위일편지상.

肉所以生血而藏骨, 其象猶土生萬物, 而成萬物也. 豊不欲有餘, 瘦不欲不足. 有餘則陰勝陽, 不足則陽勝陰. 陰陽相勝, 謂一偏之相.

살은 혈을 생하고 뼈를 감추는 것이므로 그 모습이 마치 대지가 만물을 낳고 성장시키는 것과 같다. 풍성해도 남음이 있어서는 안 되며 야위었다 해도 부족해서는 안 된다. 살이 남음이 있는 것은 음이 양을 앞서는 것이고 부족하다면 양이 음을 앞서는 것이다. 음양 어느 한쪽이 앞섰다는 것은 한쪽으로 치우친 것이다.

육이견이실, 직이용, 육불욕재골지내, 위음부족. 골불욕생육지외, 위양유여야. 고왈인비즉기단, 마비즉기천. 시이육불욕다, 골불욕소. 포비기천, 속사지조.
肉以堅而實, 直而聳, 肉不欲在骨之內, 爲陰不足. 骨不欲生肉之外, 爲陽有餘也. 故曰人肥則氣短, 馬肥則氣喘. 是以肉不欲多, 骨不欲少. 暴肥氣喘, 速死之兆.

살은 튼튼하고 건실하며 곧고 솟아야 한다. 살이 뼈보다 속에 있다면 음이 부족한 것이고 뼈가 살의 밖으로 나왔다면 양이 남음이 있는 것이다. 그러므로 사람이 살이 찌면 기가 짧고 말이 살이 찌면 숨을 헐떡인다고 하는 것이다. 그러므로 살은 많지 않고 뼈는 적지 않아야 한다. 지나치게 살이 쪄 기를 헐떡이게 되는 것은 빨리 죽게 될 조짐이다.

육불욕횡, 횡즉성강이경. 육불욕완, 완즉성유이체, 비불욕란문로, 노만자근사지조. 육욕향이난, 색욕백이윤, 피욕세이활, 개미질야.
肉不欲橫, 橫則性剛而傾. 肉不欲緩, 緩則性柔而滯, 肥不欲亂紋露, 露滿者近死之兆. 肉欲香而煖, 色欲白而潤, 皮欲細而滑, 皆美質也.

살은 옆으로 벌어져서는 안 된다. 옆으로 벌어졌다면 성정이 강하고 편협하다. 살은 유약해서는 안 된다. 유약하다면 성정이 유약하고 운이 막힌다. 살이 쪘으면 어지러운 주름이 드러나서는 안 된다. 주름이 많이 드러났다면 죽을 때가 가까웠다는 징조이다. 살에서 향기가 나고 따뜻해야 하고 색은 희고 윤택해야 하며, 피부는 섬세하고 매끄러워야 하니 모두 본질이 아름다운 것이다.

색혼이고, 피흑이취, 우다가괴, 비호상야. 약신불칭지간, 근불속골육, 불거체. 피불포육. 속사지응야.

色昏而枯, 皮黑而臭, 疣多加塊, 非好相也. 若神不稱枝幹, 筋不束骨肉, 不居體. 皮不包肉. 速死之應也.

색이 어둡고 마르고 피부가 검고 악취가 나고 사마귀가 많아 덩어리를 이루었다면 좋은 상이 아니다. 만약 정신의 가지와 줄기가 균형을 이루지 못하고 근육이 뼈를 잘 덮어주지 못하면 몸을 유지할 수 없다. 피부가 살을 감싸지 못했다면 빨리 죽는 것으로 응하게 된다.

귀인육세활여태, 홍백광응부귀래. 췌저여면겸우난, 일생종시소흉재. 육긴피조최불감, 급여붕고명난장. 흑다홍소수다체, 편체생모성급강. 욕식귀인공보상, 지란부대자연향.

貴人肉細滑如苔, 紅白光凝富貴來. 揣着如綿兼又煖, 一生終是少凶災. 肉緊皮粗最不堪, 急如繃鼓命難長. 黑多紅少須多滯, 遍體生毛性急剛. 欲識貴人公輔相, 芝蘭不帶自然香.

귀한 사람은 살이 섬세하고 매끄럽기가 이끼와 같으니 홍백의 빛이 엉기면 부귀가 찾아온다. 감싸고 있는 것이 마치 솜과 같고 따사롭다면 일생 흉함과 재앙이 적다. 살이 오그라들고 피부가 거칠면 가장 해롭고, 급박하기가 북을 맨 듯하면 수명이 길지 못하다. 검은색이 많고 홍색이 적으면 막히는 것이 많고, 두루두루 몸의 털이 많다면 성정이 급하고 강하다. 귀한 사람으로 삼공과 재상이 될 사람을 알고자하면 지초와 난초를 지니지 않았어도 자연히 향기가 나는가를 보라.

상두(相頭)

두자일신지존, 백해지장, 제양지회, 오행지종, 거고이원, 상천지덕야. 기골욕풍이기, 욕준이철, 피욕후, 액욕광단즉욕후, 장즉욕방.

頭者一身之尊, 百骸之長, 諸陽之會, 五行之宗, 居高而圓, 象天之德也. 其骨欲豊而起, 欲峻而凸, 皮欲厚, 額欲廣短則欲厚, 長則欲方.

머리는 몸에서 가장 존귀한 것이며 모든 뼈의 어른이고 모든 양이 모인 곳이며 오행의 근본이니 높은 곳에 거하면서 둥근 모습은 하늘의 형상이다. 뼈는 풍성하고 솟아야 하며 높고 불룩해야 하며, 피부는 두터워야 한다. 이마는 넓고 짧다면 두툼해야 하고 길다면 모나야한다.

정철자고귀, 함자요수. 피박자주빈천, 두유육각자주대귀. 우함자손모, 좌함자손부. 이후유골, 명왈수골. 기자장년, 결함자수요.

頂凸者高貴, 陷者夭壽. 皮薄者主貧賤, 頭有肉角者主大貴. 右陷者損母, 左陷者損父. 耳後有骨, 名曰壽骨. 起者長年, 缺陷者壽夭.

정수리가 볼록하면 고귀하고 함몰된 사람은 수명이 짧다. 피부가 얇으면 주로 빈천하고 머리에 육각(肉角)이 있으면 대귀하다. 머리의 우측이 함몰되었다면 어머니를 잃게 되고 좌측이 함몰되었다면 아버지를 잃게 된다. 귀 뒤의 뼈를 수골이라 하여 솟았다면 오래 살고 함몰

되었다면 수명이 짧다.

태양혈유골, 명왈부상골. 이상유골, 명왈옥루골, 병주부귀. 행불욕요두, 좌불욕저수, 개빈천지상야.

太陽穴有骨, 名曰扶桑骨. 耳上有骨, 名曰玉樓骨, 幷主富貴. 行不欲搖頭, 坐不欲低首, 皆貧賤之相也.

태양혈(관자놀이)에 솟은 뼈를 부상골이라 하고 귀 위의 솟은 뼈를 옥루골이라 하는데 이러한 뼈들은 주로 부귀한 징표이다. 걸을 때 머리를 흔들지 않아야 하고 앉아서는 머리를 숙이지 않아야 하니 이는 모두 빈천지상이다.

뇌종태양골기연, 위관향수자연년. 발소피박개빈상, 부모난위좌우편. 두상각골봉무후, 뇌후연산부귀류. 침골갱생종시복, 상첨하단천인두.

腦從太陽骨起連, 爲官享壽自延年. 髮疎皮薄皆貧相, 父母難爲左右偏. 頭上角骨封武侯, 腦後連山富貴流. 枕骨更生終是福, 上尖下短賤人頭.

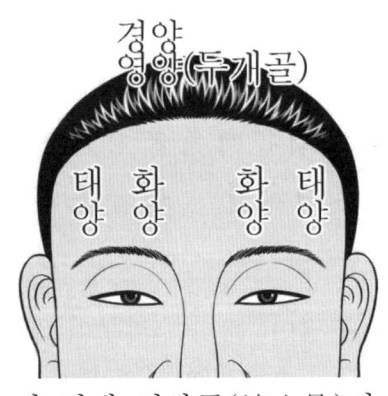

머리가 태양골부터 일어나 이어져 있으면 관리가 되고 장수를 누리며 더욱 수명이 길어진다. 머리카락이 드물거나 피부가 얇은 것은 모두 빈상이며, 부모로 인한 어려움이 있는 것은 좌우측이 기울었기 때문이다. 머리의 각을 이루는 뼈는 출장입상(出將入相)으로 제후에 봉해지고 머리 뒤에 연산골(連山骨)이 있으면 부귀한 부류이다. 침골이 있으면 평생 복이 있고 위는 뾰족하고 아래가 짧으면 하천한 사람의 머리이다.

상액(相額)

액위화성, 천중천정사공지위, 구재어액, 위귀천지부야. 기골욕융연이기, 용이활, 오주입정, 귀위천자. 기준여입벽, 기광여복간, 명이윤, 방이장자, 귀수지상야. 좌편자손부, 우편자손모야.

額爲火星, 天中天庭司空之位, 俱在於額, 爲貴賤之府也. 其骨欲隆然而起, 聳而闊, 五柱入頂, 貴爲天子. 其峻如立壁, 其廣如覆肝, 明而潤, 方而長者, 貴壽之相也. 左偏者損父, 右偏者損母也.

이마는 화성이니 천중·천정·사공의 위치이다. 귀함과 천함을 보고 그 모습은 두두룩하게 솟아 있어야 한다. 높고 넓어 정수리까지 이어졌다면 귀하여 천자가 된다. 그 솟은 모습이 벽을 세운 것 같고 넓은 것은 짐승의 간을 엎어놓은 것 같고 밝고 윤택하고 모나고 길다면 귀하고 수명이 긴 상이다. 좌측 이마가 기운 사람은 아비를 잃고, 우측 이마가 기운 사람은 어미를 잃는다.

액전용기륭이후, 결정위관작록의. 좌우편휴진천상, 소년부모주분리. 발제풍륭골기고, 능언능어성영호. 천창좌우풍이귀, 일월각기주관조.

額前聳起隆而厚, 決定爲官爵祿宜. 左右偏虧眞賤相, 少年父母主分離. 髮際豊隆骨起高, 能言能語性英豪. 天倉左右豊而貴, 日月角起主官曹.

이마 앞이 솟아 일어나고 두터우면 틀림없이 관리가 되어 직록이 훌륭하다. 좌우가 기울거나 이지러졌으면 참으로 천한 상이며, 어려서 부모와 떨어져 이별하게 된다. 발제가 풍륭하고 뼈가 높이 솟았다면 언사와 문사(文辭)가 훌륭하고 천성이 영웅호걸이다. 천창의 좌우가

풍륭하면 귀하고 일월각이 솟았다면 관직에 나간다.

중정골기이천석, 함시아녀주처황. 여인차상수중가, 남수유록퇴조당. 인당윤택골기고, 소년식록위공조. 앙월문성액상귀, 면원광택령영호.

中正骨起二千石, 陷是兒女主悽惶. 女人此相須重嫁, 男雖有祿退朝堂. 印堂潤澤骨起高, 少年食祿位功曹. 仰月文星額上貴, 面圓光澤逞英豪.

중정골이 솟았다면 2천 석에 이르는 부가 있고, 함몰된 남녀는 처량하고 슬프다. 여인이 이러하면 결혼을 거듭하고, 남자라면 비록 관록이 있어도 조정에서 물러나게 된다. 인당이 윤택하고 뼈가 일어난 것이 높으면 젊어서 부터 식록이 있고 지위가 공조(고대 중국 군(郡)의 관리)에 이른다. 달을 바라보듯 문성이 발달한 이마는 上貴하고 얼굴이 둥글고 빛나며 윤택하면 굳센 영웅호걸이다.

논면(論面)

열백부지영거, 통오장지신로, 추삼재지성상, 정일신지득실자, 면야. 고오악사독욕득상조, 삼정제부욕득풍만야. 모단신정기화자, 내부귀지기야.

列百部之靈居, 通五臟之神路, 推三才之成象, 定一身之得失者, 面也. 故五嶽四瀆欲得相朝, 三停諸部欲得豐滿也. 貌端神靜氣和者, 乃富貴之基也.

백가지 영이 거하고 오장의 신이 통하는 경로이며, 삼재의 성상으로 미루어 일신의 득실을 정하는 것은 얼굴이다. 그러므로 오악사독은 서로 조응하고 삼정의 부위들은 풍만해야 한다. 모양이 단정하며 신이 고요하고 기가 온화한 것은 부귀의 기틀이 된다.

약부기사부정, 경측결함, 색택혼예, 기모추악자, 개빈천지상야. 시이면색백여응지, 흑여칠광, 황여증속, 자여강증자, 차개대부귀지상야.

若夫欹斜不正, 傾側缺陷, 色澤昏翳, 氣貌醜惡者, 皆貧賤之相也. 是以面色白如凝脂, 黑如漆光, 黃如蒸粟, 紫如絳繒者, 此皆大富貴之相也.

얼굴이 기울고 비뚤어져 바르지 않거나 앞으로 기울거나 옆으로 기울거나 이지러지거나 함몰되고, 색이 번들번들하고 어둡고 흐리며 기와 모양이 추악한 것 등은 모두 빈천한 상이다. 그러나 얼굴색이 흰 것이 마치 기름이 엉긴 듯하거나 또 검기가 마치 옻칠한 듯 빛나고, 누렇기가 곡식을 쪄 놓은 것 같고, 붉기가 진홍색의 비단 같다면 이는 모두 부귀한 상이다.

약면색적포여화자, 명단졸망. 모색용용혼탁고조, 무풍사유진애, 빈요사. 면색노변청람자, 독해지인. 면작삼권자, 남주극자이빈, 여주극부이천.

若面色赤暴如火者, 命短卒亡. 毛色茸茸昏濁枯燥, 無風似有塵埃, 貧夭死. 面色怒變青藍者, 毒害之人. 面作三拳者, 男主剋子而貧, 女主剋夫而賤.

얼굴색이 지나치게 붉어 불과 같으면 수명이 짧고 졸지에 죽게 된다. 털의 색이 부들처럼 어둡고 탁하며 마르고 건조해서 바람도 없는데 먼지가 이는 듯하면 가난하고 요절한다. 얼굴색이 노하면 청남색으로 변하는 자는 독해서 사람을 해칠 사람이다. 얼굴이 삼권면인자는, 남자는 자식을 극하고 가난하며, 여자는 남편을 극하고 천하다.

면여만월청수, 이신채사인자, 위지조하지면, 남주공후경상, 여주후비부인. 면피후자,

성순이부, 면피박자, 성민이빈.

面如滿月淸秀, 而神彩射人者, 謂之朝霞之面, 男主公侯卿相, 女主后妃夫人. 面皮厚者, 性純而富, 面皮薄者, 性敏而貧.

얼굴이 보름달처럼 청수하고 신의 광채가 아름답고 남을 쏘는 듯한 것을 조하지면(朝霞之面)이라고 하는데 남자는 공후경상의 자리에 오르고 여자는 후비부인의 자리에 오르게 된다. 얼굴의 피부가 두터우면 성정이 순하고 부유하고 피부가 박하면 성정이 예민하고 가난하다.

신비면수자, 명장성완. 신수면비자, 명단성급. 면백신흑자, 성이이천, 면흑신백자, 성난이귀. 면여황과자, 부귀영화. 면여청과자, 현철감과야.

身肥面瘦者, 命長性緩. 身瘦面肥者, 命短性急. 面白身黑者, 性易而賤, 面黑身白者, 性難而貴. 面如黃瓜者, 富貴榮華. 面如靑瓜者, 賢哲堪誇也.

몸에 살이 찌고 얼굴이 말랐으면 명이 길고 성격이 느긋하지만, 몸은 마르고 얼굴이 살쪘다면 명이 짧고 성정이 급하다. 얼굴이 희고 몸이 검으면 성정이 얕고 천하며, 얼굴이 검고 몸의 피부가 희면 성정을 가늠하기 어렵고 귀하다. 얼굴이 잘 익은 참외와 같이 누렇다면 부귀영화를 누리게 되고, 덜 익은 참외 같다면 현명함을 자랑할 만하다.

비량고기개심상, 문촉중년수불장. 지각풍원전지성. 천정평윤자손창. 대면불견이, 문시수가자(대귀), 대면불견시, 차인하처래.(주대불호). 면추신세인지복. 면세신조일세빈. 총유옥루무종발, 일생무의역무친.

鼻梁高起豈尋常, 紋促中年壽不長. 地閣豊圓田地盛. 天庭平潤子孫昌. 對面不見耳, 問是誰家子(大貴), 對面不見腮, 此人何處來.(主大不好). 面麤身細人之福. 面細身粗一世貧. 總有玉樓無縱髮, 一生無義亦無親.

비량이 높으면 어찌 보통사람이랴. 주름이 심하면 중년의 수명을 재촉하니 장수할 수 없다. 지각이 풍만하고 둥글면 땅과 전지(田地)가 풍성하고, 천정이 평평하고 윤택하면 자손이 번창한다. 앞에서 귀가 보이지 않는다면 어느 집 자손인가 물어라. 앞에서 보아 턱이 보이지 않는다면 이 사람은 도대체 어디서 왔는가? 얼굴은 거친데 몸이 곱다면 복이 있는 사람이고, 얼굴은 고운데 몸이 거칠면 평생 가난하다. 옥루골은 있는데 옆머리(구렛나루)가 없다면 평생 뜻을 이루지 못하고 의지할 곳 없이 고독하다.

논미(論眉)

부미자, 미야. 위양목지취개, 일면지의표. 차위목지채화, 주현우지변야. 고미욕청이세평이활, 수이장자, 성내총명야. 약부조이농, 역이란, 단이축자, 성내흥완야. 차미과안자부귀, 단불복안자핍재, 압안자궁핍.

夫眉者, 媚也. 爲兩目之翠蓋, 一面之儀表. 且謂目之彩華, 主賢愚之辨也. 故眉欲淸而細平而闊, 秀而長者, 性乃聰明也. 若夫粗而濃, 逆而亂, 短而蹙者, 性乃兇頑也. 且眉過眼者富貴, 短不覆眼者乏財, 壓眼者窮逼.

눈썹은 아름다워야 한다. 두 눈의 취개이며 얼굴의 의표(儀表)이다. 또한 눈의 아름다운 꽃으로 현명한가 어리석은가를 판별하는 부분이다. 그러므로 눈썹은 맑고 가늘고 평평하고 넓으며 수려하고 길어야 하니, 천성이 총명하다. 만약 눈썹이 거칠고 짙고 역모가 나고 어지럽고, 짧고 오그라든 자는 천성이 흉하고 고집스럽다. 눈썹이 눈보다 길

면 부귀하고, 짧아서 눈을 다 덮지 못하면 재물이 없고, 눈을 누르면 궁핍하다.

*翠蓋(취개): 중국에서 군왕이나 공후의 수레 위를 덮는 일산(日傘)으로 비취빛의 물총새 깃털로 만들었으므로 '翠蓋'라고 했다. 이러한 내용은 《회남자·원도훈》에 '강이나 바닷가로 유람 갈 때 수레를 아름답게 꾸미고 취개를 세운다(游於江潯海裔, 馳要褭, 建翠蓋.).'라고 하였는데, 동한 말의 학자 고유(高誘)는 《회남자주》에서 '취개는 물총새 깃털로 장식한 덮개이다(翠蓋, 以翠鳥羽飾蓋也.).'라고 했다. 이밖에도 이백(李白)의 시 《동무음》에는 '군왕의 안색은 은혜롭고 소리는 연기와 무지개를 넘는다. 수레를 타고 취개를 잡으며 호종하여 금성의 동쪽으로 나간다(君王賜顏色, 聲價凌煙虹. 乘輿擁翠蓋, 扈從金城東.).'라고 했으며, 두보(杜甫)의 시 《영회》에서는 '하락은 피로 뒤덮이고 공후는 풀 섶 사이에서 울부짖는다. 서경은 겹겹이 싸여 함몰되고 취개는 먼지처럼 날아 흩어진다(河雒化爲血, 公侯草間啼. 西京複陷沒, 翠蓋蒙塵飛.).'라고 하였다.

앙자기강, 탁이견자성호, 미수하자성나, 미두교자, 빈박방형제. 미역생자, 불량방처자. 미골능기자, 흉악다체.

昂者氣剛, 卓而堅者性豪, 尾垂下者性懦, 眉頭交者, 貧薄妨兄弟. 眉逆生者, 不良妨妻子. 眉骨稜起者, 凶惡多滯.

눈썹 끝이 위로 올라간 사람은 기가 강직하고 눈썹이 높고 굳건하면 천성이 호방하다. 눈썹 끝이 아래로 늘어지면 성격이 나약하다. 눈썹 머리가 맞닿으면 가난하고 박복하며 형제에게 해롭다. 눈썹이 거슬러 나면 불량하고 처자가 해롭다. 눈썹뼈가 솟은 자는 흉악하고 막히는 일이 많다.

미중흑자자, 총귀이현. 미고거액중자대귀. 미중생백호자다수, 미상다직리자부귀. 미상다횡이자빈고. 미중유결자다간사, 미박여무, 자다교녕.

眉中黑子者, 聰貴而賢. 眉高居額中者大貴. 眉中生白毫者多壽, 眉上多直理者富貴. 眉上多橫理者貧苦. 眉中有缺者多奸詐, 眉薄如無, 子多狡佞.

눈썹 가운데 검은 사마귀가 있으면 총명하고 귀하며 현명하다. 눈썹이 높아 이마 가운데 있으면 대귀하다. 눈썹에 긴 흰털이 난 사람은 수명이 길다. 눈썹에 세로 문양이 있는 사람은 부귀하다. 눈썹위에 옆으로 주름이 있으면 가난하고 고달프다. 눈썹 중간에 결함이 있으면 간사하고 눈썹이 엷어서 없는 것 같으면 자식을 많이 두지만 교활하고 아첨을 잘한다.

미고용수, 위권록후. 미모장수고수무의. 미모활택구관이득. 미교불분조세귀분. 미여각궁성선불웅. 미여초월총명초월. 수수여사, 탐음무자. 만만여아, 호색유다. 미장과목, 충직유록.

眉高聳秀, 威權祿厚. 眉毛長垂高壽無疑. 眉毛闊澤求官易得. 眉交不分早歲歸墳. 眉如角弓性善不雄. 眉如初月聰明超越. 垂垂如絲, 貪淫無子. 彎彎如蛾, 好色唯多. 眉長過目, 忠直有祿.

눈썹이 높이 나고 수려하면 위엄과 권세가 있고 녹이 후하다. 눈썹의 털이 길고 늘어지면 장수를 의심할 바가 없다. 눈썹의 털이 넓고 윤택하면 관직을 구해 얻기 쉽고 눈썹이 서로 겹쳐 나뉘지 않으면 어린 나이에 무덤으로 돌아간다. 눈썹이 활과 같으면 성품이 착하지만 웅지가 없다. 눈썹이 초승달 같으면 총명함이 뛰어나고, 늘어져서 실과 같으면 음란함을 탐하고 자식이 없다. 나방의 더듬이 같이 구부러졌다면 호색함이 많다. 눈썹이 길어 눈을 지나면 충직하고 녹이 있다.

미단어목, 심성고독. 미두교사, 형제각가. 미모세기, 불현즉귀. 미각입빈, 위인총명. 미구선모, 형제동포. 미모파사, 남소여다. 미복미앙, 양목소앙, 미약고직, 신당청직. 미두

문파 둔전상유.

眉短於目, 心性孤獨. 眉頭交斜, 兄弟各家. 眉毛細起, 不賢則貴. 眉角入鬢, 爲人聰明. 眉俱旋毛, 兄弟同胞. 眉毛婆娑, 男少女多. 眉覆尾仰, 兩目所仰, 眉若高直, 身當淸職. 眉頭紋破, 迍邅常有.

눈썹이 눈보다 짧으면 심성이 고독하다. 눈썹머리가 서로 비꼈거나 기울었으면 형제가 각 집에 있고 눈썹털이 가늘게 일어났으면 현명하지 않으면 귀하다. 미각(眉角)이 빈발로 들어갔으면 사람됨이 총명하다. 눈썹털이 모두 동글동글 말렸다면 형제간이 동포이다. 눈썹이 가늘고 나부끼는 듯하면 아들이 적고 딸이 많다. 눈썹이 눈을 덮고 끝이 들려있으며 두 눈 끝도 올라가고 눈썹이 높고 곧으면 청직에 나가게 되고, 눈썹머리가 주름이 깨어졌으면 언제나 막힘이 많다.

*淸職(청직): 한림원(翰林院)의 시위학사(侍卫学士)·시강학사(侍讲学士) 등 학문이 뛰어난 사람이 맡는 관직.

미시인륜자기성, 능고소담수겸청, 일생명예거인상, 식록영가유성명. 미농발후인다천, 미역모조불가론. 약유장호과구십, 수용축단소전원.

眉是人倫紫氣星, 稜高疎淡秀兼淸. 一生名譽居人上, 食祿榮家有盛名. 眉濃髮厚人多賤, 眉逆毛粗不可論. 若有長毫過九十, 愁容蹙短少田園.

눈썹은 인륜을 보는 자기성이다. 미능골이 높고 눈썹이 성글고 짙지 않고 빼어나며 맑아야 한다. 이와 같으면 일생동안 명예가 있고 식록과 가문이 번성하고 이름을 날린다. 눈썹이 짙고 머리카락이 굵다면 천한 사람이 많고, 눈썹이 거꾸로 나고 거칠면 논할 가치도 없다. 긴 털이 나면 수명이 90을 지나고, 근심스런 얼굴에 눈썹이 오그라들고 짧으면 재산이 적다.

미형(眉形)

용미(龍眉)

용미

형제십이. 미수만만호차희. 안행육칠, 배단지, 부모청수, 개제귀, 발췌초군천하기.
兄弟十二. 眉秀彎彎毫且稀. 雁行六七, 拜丹墀, 父母淸壽, 皆齊貴, 拔萃超群天下奇.

형제가 많다. 눈썹이 수려하고 잘 구부러졌으며 털 또한 드물다. 형제 6-7명이 계단에서 붉은 관복을 배수하고 부모가 깨끗하게 장수하며 형제 모두 귀하고 뛰어나 천하의 기재이다.

신월미(新月眉)

신월미

육칠형제구귀. 미청목수최위량, 우희미미불천창, 당체이이개부귀. 타년급제배조당.

六七兄弟俱貴. 眉清目秀最爲良, 又喜眉尾拂天倉, 棠棣怡怡皆富貴. 他年及第拜朝堂.

6-7형제로 모두 귀하다. 눈썹이 맑고 눈이 수려한 것이 가장 좋다. 또한 눈썹 끝이 천창으로 치켜 올라갔다면 형제의 정(산앵두)이 기쁘고 모두 부귀하게 된다. 어느 해인가 급제하여 조정에서 벼슬을 받게 된다.

청수미(淸秀眉)

삼사형제유정. 수만장순과천창, 개목입빈갱청장, 총명조세등과제, 제공형우성명향.

三四兄弟有情. 秀彎長順過天倉, 蓋目入鬢更清長, 聰明早歲登科第, 弟恭兄友姓名香.

3-4 형제로 우애가 있다. 눈썹이 길게 구부러져 천창을 거쳐 눈을 잘 덮고 옆머리까지 이어지고 맑고 길면 총명하여 젊어서 과거에 급제한다. 아우가 공손하고 형은 우애가 있으며 이름이 향기롭다.

와잠미(臥蠶眉)

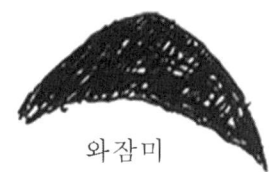
와잠미

사오형제흠화. 미만대수심중교, 완전기관심가인. 조세오두의가점, 안행유공불상친.

四五兄弟欠和. 眉彎帶秀心中巧, 宛轉機關甚可人. 早歲鰲頭宜可占, 鴈行猶恐弗相親.

4-5 형제로 화목함이 부족하다. 눈썹이 구부러지고 수려하면 마음 속에 교묘한 지혜가 있다. 눈썹이 굽어서 눈을 보호하듯 잠기면 더욱 좋으니 일찍부터 자라머리(장원급제)같이 낙점을 받게 되지만 형제간에 친목하지 못할까 두렵다.

교가미(交加眉)

교가미

일이형제, 주빈천, 최혐차미주대흉. 중년말경함뢰중, 파가누급형화제, 부재서혜모재동.

一二兄弟, 主貧賤, 最嫌此眉主大凶. 中年末景陷牢中, 破家累及兄和弟, 父在西兮母在東.

1-2형제로서 빈천하고 가장 좋지 않은 것이 이 눈썹으로 대흉하다. 중년 말에 감옥에 가게 된다. 파가하여 형과 아우에게 피해를 주고, 아

버지는 서쪽에 어머니는 동쪽에 있다.

귀미(鬼眉)

귀미

삼사형제, 적도, 주흉. 미조압안, 심불선, 가시인의, 암독간. 백반생활, 무첨염, 상사절도, 과평생.

三四兄弟, 賊盜, 主凶. 眉粗壓眼, 心不善, 假施仁義, 暗毒奸. 百般生活, 無沾染, 常思竊盜, 過平生.

3-4형제로 도적으로 흉하다. 눈썹이 거칠고 눈을 누르면 심성이 선하지 못하고 거짓으로 어질고 의로움을 베푸는 척하면서 속으로는 독하고 간사하다. 모든 생활이 더할 것이 없고 항상 도적질만 생각하며 평생을 지낸다.

황박미(黃薄眉)

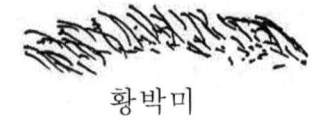
황박미

형형제주사재타향, 주파패객사, 미단소산목차장. 조년재백, 유허장. 부위수호, 발불구. 신혼기락, 상타향.

刑兄弟主死在他鄉, 主破敗客死, 眉短疎散目且長. 早年財帛, 有虛張. 部位雖好, 發不久. 神昏氣濁, 喪他鄉.

형제에게 형벌이 있고 타향에서 죽거나 실패하고 객사한다. 눈썹 길이가 짧고 숱이 적어 흩어졌으며 눈이 길면 젊어서 재물이 있어도 허장성세이다. 다른 부위가 비록 좋아 운이 발해도 오래가지 못한다. 신이 어둡고 기가 탁하면 타향에서 죽게 된다.

첨도미(尖刀眉)

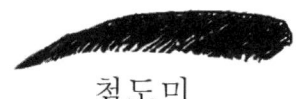
첨도미

일이형제사서, 주흉폭, 형제사서. 미조악살, 심간험, 견인일면, 가화정, 집요효웅, 성흉폭, 전형불면상기신.

二三兄弟蛇鼠, 主凶暴, 兄弟蛇鼠. 眉粗惡煞, 心奸險, 見人一面, 假和情, 執拗梟雄, 性凶暴, 典刑不免喪其身.

2-3형제가 있지만 뱀과 쥐 같다. 주로 흉폭하고 형제가 쥐와 뱀과 같이 우애가 없다. 눈썹이 거칠면 악사한다. 마음이 간사하고 음험하여 남이 볼 때 얼굴에는 온화한 정이 있는 듯 하지만 마음이 삐뚤어져 올빼미같으며 성격이 흉포하고 형을 받아 죽게 되는 것을 면할 수 없다.

팔자미(八字眉)

주고수, 형제무혜재백유. 두소미산, 압간문, 도노수처결불성. 재백일생족아용, 자식종수, 의명령.

主孤壽, 兄弟無兮財帛有. 頭疎尾散, 壓奸門, 到老數妻結不成. 財帛一生足我用, 子息終須, 倚螟蛉.

주로 고독하지만 장수하며 형제는 없어도 재물은 있다. 눈썹 머리는 성글고 끝은 흩어졌으며 간문을 누른 듯하면 늙도록 처를 여러 번 만나지만 맺지 못한다. 재산은 일생 쓰기에 족하나 자식은 결국 양자에 의지하게 된다.

*螟蛉(명령): 양자(養子)의 뜻으로 《시경·소아·소완(小宛)》에 '배추벌레 새끼를 나나니벌이 없어서 기른다(螟蛉有子, 蜾蠃負之.).'라고 한 데서 기인한 것이다.

나한미(羅漢眉)

자식지, 삼형제. 차미상중, 대불환. 처지자만조간난. 만년취첩, 방일자. 정처불산, 주고단.

子息遲, 三兄弟. 此眉相中, 大不歡. 妻遲子晚早艱難. 晚年娶妾, 方一子. 正妻不産, 主孤單.

자식이 늦고 삼형제이다. 이러한 눈썹의 상은 크게 좋지 않다. 처가 늦고 자식도 늦으며 일찍부터 고난이 많다. 만년에 첩을 얻어 자식을 하나 둔다. 본처가 자식을 두지 못하니 주로 고단하다.

유엽미(柳葉眉)

유엽미

형제삼사무정. 미조대탁, 탁중청. 골육정소, 생자지. 우교충신, 귀인혜, 정수발달, 현양명.

兄弟三四無情. 眉粗帶濁, 濁中淸. 骨肉情疎, 生子遲. 友交忠信, 貴人盻, 定須發達, 顯揚名.

3-4형제로 우애가 없다. 눈썹이 거칠고 탁하지만, 탁한 가운데 청함이 있다. 형제간에 정이 없고 자식을 두는 것이 늦다. 친구 간에는 충신으로 교류하므로 귀인이 돌보아 반드시 출세하여 이름을 날린다.

검미(劍眉)

검미

사오제형, 부귀. 미약산림수차장, 위권지식보군왕. 종빈불일, 성청귀, 자손행행, 후차강.

四五弟兄, 富貴. 眉若山林秀且長, 威權智識輔君王. 縱貧不日, 成淸貴, 子孫行行, 後且康.

4-5 형제이며 부귀하다. 눈썹이 산림이 수려한 듯하고 길면 위엄과 권세, 지혜로 군왕을 보필한다. 가난해도 하루아침에 맑고 귀해지고 자손이 번창하고 건강하다.

일자미(一字眉)

일자미

무형제, 유필형. 호청수미개여개, 부귀감과수차고. 소년발달등과조, 부부제미, 도백두.

無兄弟, 有必刑. 毫淸首尾皆如蓋, 富貴堪誇壽且高. 少年發達登科早, 夫婦齊眉, 到白頭.

형제가 없고 있다면 형벌을 당한다. 눈썹털이 깨끗하고 눈썹머리와 꼬리가 눈보다 길면 부귀를 자랑하고 장수하고 고상하다. 소년부터 운이 발달하여 일찍 과게에 급제하고, 부부가 눈썹이 가지런하면 머리가 흴 때까지 해로하게 된다.

간단미(間斷眉)

간단미

이삼형제. 약황약담유구교, 형제무연, 유필상. 재백진퇴, 다흥폐, 선손다혜, 후손낭.

二三兄弟. 若黃若淡有勾絞, 兄弟無緣, 有必傷. 財帛進退, 多興廢, 先損爹兮, 後損娘.

2-3형제. 누렇고 흐리며 갈고리처럼 구부러졌다면 형제간 인연이 없으며 있으면 반드시 상한다. 재물의 흥망이 많고 아버지를 먼저 잃고 후에 어머니를 잃는다.

상목(相目)

천지지대, 탁일월이위광, 일월위만물지감, 안내위인일신지일월야. 좌안위일부상야, 우안위월모상야.

天地之大, 託日月以爲光, 日月爲萬物之鑑, 眼乃爲人一身之日月也. 左眼爲日父象也, 右眼爲月母象也.

천지가 큰 것은 해와 달에 기탁하여 빛을 발하기 때문이니 해와 달은 만물의 거울이며 눈은 사람 일신의 해와 달이 된다. 왼쪽 눈은 해이며 아버지를 상징하고 우측 눈은 달이며 어머니를 상징한다.

매즉신처어심, 오즉신의어안, 시안위신유식지궁야. 관안지선오, 가이견신지청탁야. 안장이심, 광윤자대귀, 흑여점칠, 총명문장. 함신불로, 작연유광자부귀.

寐則神處於心, 寤則神依於眼, 是眼爲神遊息之宮也. 觀眼之善惡, 可以見神之淸濁也. 眼長而深, 光潤者大貴, 黑如點漆, 聰明文章. 含神不露, 灼然有光者富貴.

잠들면 神은 마음에 있고 깨어있을 땐 신이 눈에 의지하니 눈은 정신이 활동하고 쉬는 집이다. 눈이 좋은지 그렇지 않은지를 보고 신의 청탁을 알 수 있다. 눈이 길고 깊으며 빛나고 윤택하면 대귀하고 검기가 옻칠과 같으면 총명하고 문장이 뛰어나다. 신을 머금고 드러나지 않으며 불타는 듯 빛이 나면 부귀하다.

세이심자, 장수겸성은, 벽부이노정자요사. 대이철원이노자촉수, 철포류시자음도. 모연이편시자, 부정지인, 적루관정자악사. 시정불겁자, 기신장.

細而深者, 長壽兼性隱, 僻浮而露睛者夭死. 大而凸圓而怒者促壽, 凸暴流視者姪盜. 眊然而偏視者, 不正之人, 赤縷貫睛者惡死. 視正不怯者, 其神壯.

눈이 가늘고 깊으면 장수하고 성격이 은중한 사람이며, 눈빛이 치우치고 들뜨고 눈동자가 드러났으면 일찍 죽게 된다. 눈이 크고 불룩 튀어나오고 둥글며 성난 듯하면 수명이 짧고, 눈동자가 튀어나온 것이 심하고 곁눈질로 흘려 보는 사람은 음란하고 도심이 있다. 눈이 흐리고 흘겨보는 사람은 정직하지 않은 사람이며 붉은 실핏줄이 눈동자를 꿰뚫었으면 악사한다. 바라보는 것이 바르고 겁이 없으면 그 신이 굳세다.

양안자고이한, 단소자우천, 탁기자성급, 안하와잠자생귀자. 부인안흑백분명자모중. 안하적색자우산액. 특시음탕, 신정불류자복전.

羊眼者孤而狠, 短小者愚賤, 卓起者性急, 眼下臥蠶者生貴子.

婦人眼黑白分明者貌重. 眼下赤色者憂産厄. 偸視淫蕩, 神定不流者福全.

양의 눈을 지닌 사람은 외롭고 표독하며, 눈길이가 짧고 작으면 어리석고 천하다. 눈이 수북하게 나온 사람은 성정이 급하고 눈 아래 와잠이 있는 사람은 귀한 자식을 둔다. 부인의 눈이 흑백이 분명하면 모습이 중후하고, 눈 아래 적색을 띠면 산액이 걱정된다. 훔쳐보면 음탕한 사람이며 신이 안정되고 흐르지 않아야 복이 온전하다.

안불욕로, 누불욕적, 백불욕다, 흑불욕소. 세불욕긴, 시불욕편, 신불욕곤, 현불욕반, 광불욕류. 기혹원이소, 단이심, 불선지상야.

眼不欲怒, 縷不欲赤, 白不欲多, 黑不欲少. 勢不欲緊, 視不欲偏, 神不欲困, 眩不欲反, 光不欲流. 其或圓而小, 短而深, 不善之相也.

눈은 노한 듯하지 않아야 하고, 실핏줄이 붉지 않아야 하며, 흰빛이 많아서는 안 되고, 검은빛이 적어서는 안 된다. 기세가 긴장되면 안 되고 바라보는 것은 치우쳐서는 안 되며, 신이 곤궁하면 안 되고 눈꺼풀이 뒤집혀서는 안 되며 눈빛이 흐르는 듯해서는 안 된다. 혹은 눈이 동그랗고 작거나 짧고 깊다면 좋지 않은 상이다.

양안지간, 명자손궁, 욕풍만부실함. 목수이장, 필근군왕. 안사즉어필정가비. 목대면광나진전장. 목두파결. 가재헐멸. 목로사백, 진망병절.

兩眼之間, 名子孫宮, 欲豊滿不失陷. 目秀而長, 必近君王. 眼似鯽魚必定家肥. 目大面光多進田莊. 目頭破缺, 家財歇滅. 目露四白, 陣亡兵絶.

두 눈을 자손궁이라고 하는데 풍만하고 함몰되지 않아야 한다. 눈이 빼어나고 길면 반드시 군왕을 가까이서 모시게 되고, 눈이 붕어와 같으면 반드시 집안을 살찌운다. 눈이 크고 얼굴의 광채가 밝으면 땅을 많이 얻게 된다. 눈의 앞부분에 결함이 있으면 집안의 재산이 없어지게 된다. 눈에서 사면의 백색이 드러나면 군진(軍陣)이나 전장에서 죽게 된다.

목여봉난필정고관. 목유삼각, 기인필악. 목단미장, 유익전량. 목정여철필정요절. 적흔침동, 관사중중. 목적정황, 필주소망.
目如鳳鸞必定高官. 目有三角, 其人必惡. 目短眉長, 愈益田糧. 目睛如凸必定夭折. 赤痕侵瞳, 官事重重. 目赤睛黃, 必主少亡.

눈이 봉황이나 난새와 같으면 반드시 높은 관리가 된다. 눈이 삼각이면 반드시 악사하게 된다. 눈이 짧고 눈썹이 길면 갈수록 재산과 양식이 늘어나게 된다. 눈동자가 볼록하게 튀어나왔으면 반드시 요절하게 되고 눈에 붉은 흔적이 동자를 침범하면 관사가 중중하다. 눈이 붉고 동자가 누렇다면 반드시 젊어서 죽는다.

목광여전, 귀불가언. 목장일촌, 필좌명왕. 용정봉목, 필식중록. 목렬유위, 만인귀의. 목여와궁, 필시간웅. 목여양목, 상형골육. 목여봉목, 악사고독. 목여투계, 악사무의. 목여사정, 한독고형. 목미상수, 부처상리.
目光如電, 貴不可言. 目長一寸, 必佐明王. 龍睛鳳目, 必食重祿. 目烈有威, 萬人歸依. 目如臥弓, 必是奸雄. 目如羊目, 相刑骨肉. 目如蜂目, 惡死孤獨. 目如鬪雞, 惡死無疑. 目如蛇睛, 狠毒孤刑. 目尾相垂, 夫妻相離.

눈빛이 번개 같다면 귀함을 말로 할 수 없다. 눈이 길어 1이면 어진

임금을 보좌하게 된다. 용의 눈동자와 봉황의 눈은 반드시 식록이 중중하다. 눈에 위엄이 있으면 권위가 있고, 만인이 귀의한다. 눈이 활을 엎어놓은 듯하면 반드시 간웅이다. 눈이 양눈과 같으면 골육이 형벌을 만나고, 벌의 눈은 고독하고 악사한다. 눈이 싸움닭 같으면 악사하게 되는 것을 의심할 바 없다. 눈이 뱀 눈동자 같으면 사납고 독하며 외롭고 형벌을 당한다. 눈꼬리가 아래로 드리워졌으면 부부간에 이별한다.

목미조천, 복록면면. 여인양목사백, 외부입택. 목색통황, 자민충량. 흑백분명, 필주조경, 약시여자, 필주염정. 목백장세, 빈한무계. 목하일자평, 소작심분명, 목하난리문, 여인다자손.

目尾朝天, 福祿綿綿. 女人羊目四白, 外夫入宅. 目色通黃, 慈憫忠良. 黑白分明, 必主朝京, 若是女子, 必主廉貞. 目白長細, 貧寒無計. 目下一字平, 所作甚分明, 目下亂理紋, 女人多子孫.

눈꼬리가 천창을 향하면 복록이 끊임없이 이어진다. 여자가 양목으로 사백안이면 바깥 서방을 집으로 들이게 된다. 눈 색이 영롱한 황색이면 자비로워 남을 긍휼히 여기는 마음이 있고 충심스럽고 양순하다. 흑백이 분명하면 반드시 조정으로 나가며, 만일 여자라면 청렴하고 지조가 굳다. 눈이 희고 길고 가늘면 빈한하여 계획을 세울 수 없다. 눈 아래가 一字처럼 평평하면 일하는 바가 분명하고, 눈 아래에 어지럽게 주름이 있으면 여인은 자손을 많이 둔다.

목하유와잠, 족녀환소남. 목하광만란, 간음수가기. 우소녀파부, 좌소남파부, 수기남녀, 소심불허. 목장일촌오분, 도필력경능운. 홍안금정, 불인육친. 흑안소이백정다, 불위수계, 주빈파.

目下有臥蠶, 足女還少男. 目下光漫亂, 奸淫須可欺. 右小女怕夫, 左小男怕婦, 隨其男女, 小心不虛. 目長一寸五分, 刀筆力經凌雲. 紅眼金睛, 不認六親. 黑眼少而白睛多, 不爲囚繫, 主貧破.

눈 아래 와잠이 두툼하면 딸이 많고 아들이 적다. 눈의 아래쪽에 어지러운 빛이 질펀하면 간사하고 음란하며 거짓이 많다. 우측 눈이 작은 여자는 남편을 두려워하고 좌측 눈이 작은 남자는 부인을 두려워하니 남녀에 따라 관찰해야 허점이 없다. 눈 길이가 1.5촌이 되면 문무를 겸비하여 경륜이 구름을 능가한다. 눈이 붉고 동자가 누렇다면 육친을 인정하지 않는다. 검은 동자가 적고 흰자위가 많으면 죄수가 되지 않으면 가난하고 가정을 파하게 된다.

안형(眼形)

용안(龍眼)

관거극품. 흑백분명정신채. 파장안대기신장. 여차부귀비소가. 경능수록보명황.
官居極品. 黑白分明精神彩. 波長眼大氣神藏. 如此富貴非小可. 竟能受祿輔明皇.

극품의 관직에 오른다. 흑백이 분명하고 정신이 아름답다. 눈꼬리 끝의 주름이 길고 눈이 크면서 눈에 정기를 감추고 있다. 이와 같으면 부귀가 젊어서는 아니라도 마침내는 녹을 받고 어진 황제를 보필한다.

봉안(鳳眼)

총명초월. 봉안파장귀자성. 영광수기우신청. 총명지혜공명수. 발췌초군압중영.
聰明超越. 鳳眼波長貴自成. 影光秀氣又神淸. 聰明智慧功名遂. 拔萃超群壓衆英.

총명함이 모든 사람을 뛰어넘는다. 봉안은 눈꼬리가 길고 귀함을 스스로 이룬다. 그 빛이 수려하고 기와 신이 맑다. 총명하고 지혜로워 공명이 따르고 무리를 뛰어넘어 발탁되며 영웅들을 압도한다.

학안(鶴眼)

명고기지. 안수정신흑백청, 장신불로현공명, 앙앙지기충오두, 부귀수당달상경.
明高氣志. 眼秀精神黑白淸, 藏神不露顯功名, 昂昂志氣冲午

斗, 富貴須當達上卿.

현명하고 고상하며 기개와 뜻이 있다. 눈에 정신이 빼어나고 흑백이 분명하며 맑다. 신을 감추어 드러나지 않으며 공명현달한다. 의지와 기가 높아 북두성에 오르니 부귀하여 상경에 이르게 된다.

구안(龜眼)

시종향복. 구안정원장수기. 수조상유세파문. 강녕복수풍방족. 유원면면급자손.
始終享福. 龜眼睛圓藏秀氣. 數條上有細波紋. 康寧福壽豊方足. 悠遠綿綿及子孫.

처음부터 끝까지 복을 누린다. 거북이 눈은 눈동자가 둥글고 수려한 기를 감추고 있고, 여러 줄의 가는 주름이 있다. 건강 평안하고 수를 누리며 넉넉함이 족하여 면면히 자손까지 이어진다.

상안(象眼)

복수연년. 상하파문수기다. 파장안세역인화. 급시부귀개위묘. 하산청평락차가.

福壽延年上下波紋秀氣多. 波長眼細亦仁和. 及時富貴皆爲妙. 遐算淸平樂且歌.

복을 누리고 수명이 길다. 상하 주름이 있고 수려한 기가 많다. 주름이 길고 눈이 가늘며 또한 어질고 온화하다. 때가 되면 부귀가 함께 이르니 묘하다. 수명이 길고 맑고 평안하며 즐거우니 노래가 나온다.

사자안(獅子眼)

충효정렴. 안대위엄성략광. 조미진차우단장. 불탐불혹시인정. 부귀영화복수강.

忠孝貞廉. 眼大威嚴性略狂, 粗眉趁此又端莊. 不貪不酷施仁政, 富貴榮華福壽康.

충성스럽고 효도하고 바르고 청렴하다. 눈이 크고 위엄이 있으며 성격이 거만하다. 눈썹털이 강하고 많지만 단정하고 가지런하다. 탐심이 없고 혹독하지 않으며 어진 정사를 베푼다. 부귀영화, 복과 장수와 건강을 누린다.

호안(虎眼)

비상부귀. 안대정황담금색, 동인혹단유시장. 성강침중이무환, 부귀종년자유상.

非常富貴. 眼大睛黃淡金色, 瞳人或短有時長. 性剛沈重而無患, 富貴終年子有傷.

크게 부귀하다. 눈이 크고 눈동자가 맑은 황금색이다. 사람을 바라볼 때 때로는 잠깐 보기도 하지만 가만히 오랫동안 바라볼 때도 있다. 성정이 강건하고 신중하고 근심하는 것이 없다. 부귀하기는 해도 말년에 자식이 상하게 된다.

우안(牛眼)

속진관후. 안대정원시견풍, 견지원근불분명. 흥재거만무차질, 수산면장복록종.

粟陳貫朽. 眼大睛圓視見風, 見之遠近不分明. 興財巨萬無差跌, 壽算綿長福祿終.

곡식이 썩을 만큼 많다. 눈이 크고 눈동자가 둥글며 마치 바람을 바라보는 듯하여 멀리 보는지 가까운 것을 보는지 분명치 않다. 재물이 만

금에 달할 만큼 거부로서 틀림이 없다. 수명은 면면히 이어지고 복록이 끝까지 간다.

후안(猴眼)

일생다려. 흑정앙상파문촉. 전동기관역유의. 차상약전진부귀. 호찬과품좌두저.

一生多慮. 黑睛昂上波紋蹙. 轉動機關亦有宜. 此相若全眞富貴. 好餐果品坐頭低.

일생 근심이 많다. 검은 눈동자로 위를 바라보면서 눈꼬리의 주름이 가지런하다. 눈동자의 움직임도 가지런해야 좋다. 이러한 상이 온전하다면 부귀하며 과일을 좋아하고 앉을 때 머리를 낮게 숙인다.

음양안(陰陽眼)

부이다사. 양목자웅정대소, 정신광채시인사. 심비구시부성실, 부적간모궤불사.

富而多詐. 兩目雌雄睛大小, 精神光彩視人斜. 心非口是無誠實, 富積奸謀詭不奢.

부유하지만 속임수가 많다. 두 눈의 크기가 다르고 눈동자도 크기가

다르다. 정신의 광채는 있으나 사람을 곁눈질로 본다. 마음과 말이 달라 성실하지 않고 부를 쌓지만 간사한 모사를 하는데 속임수를 자랑하지 말라.

도화안(桃花眼)

희미무상. 남녀도화안불의, 봉인미소수광미. 안피습누겸사시, 자족환오락차희.

嬉媚無常. 男女桃花眼不宜, 逢人微笑水光迷. 眼皮濕淚兼斜視, 自足歡娛樂且嬉.

교태를 부림이 범상치 않다. 남녀 모두 도화안은 좋지 않다. 사람을 만나면 웃음이 먼저 나오고 눈에 물빛이 어린다. 눈 주위가 항상 눈물에 젖어 있고 곁눈질로 보며 자연히 환락을 즐기며 장난치는 것을 좋아한다.

취안(醉眼)

백사무성. 황혼잡각유광, 여취여치심매앙. 여범탐음남필요, 승인도사역음황.

百事無成. 紅黃混雜却流光, 如醉如癡心昧昂. 女犯貪淫男必夭, 僧人道士亦淫荒.

백사무성. 홍색과 황색이 섞인 듯하고 눈빛이 흔들려 술 취한 듯 미친 듯하고 속이려는 마음이 있다. 여자는 음란함을 탐하고 남자는 요절한다. 승려든 도사든 모두 주색에 빠져 정신을 차리지 못한다.

양안(羊眼)

반세파조, 흑담미황신불청, 동인사양각혼정. 조재종유무연향, 만세중년우차빈.
半世破祖. 黑淡微黃神不淸, 瞳人紗樣却昏睛. 祖財縱有無緣享, 晚歲中年又且貧.

중년에 조상의 업을 파한다. 검은 동자가 흐리고 약간 황색을 띠며 신기가 맑지 않다. 사람을 바라볼 때 실과 같고 눈동자가 혼탁하다. 조상의 재산이 비록 있더라도 누릴 인연이 없고 나이 들어 중년부터 가난해진다.

어안(魚眼)

속사위기. 정로신혼약수광, 정정원근시왕양. 여봉차안개망조, 백일수교탄요상.

速死爲期. 睛露神昏若水光, 定睛遠近視汪洋. 如逢此眼皆亡早, 百日須敎嘆夭殤.

빨리 죽도록 정해져 있다. 눈동자가 드러나 신기가 혼탁하고 물빛과 같다. 눈동자에 원근이 없어 넓은 바다를 보는 듯하다. 이러한 눈을 지닌 사람은 일찍 죽게 된다. 백일을 타일러도 일찍 죽게 됨이 한탄스럽다.

저안(猪眼)

사필분시. 백혼정로흑광몽, 파후피관성포흉. 부귀야조형헌리, 종귀십악법난용.

死必分屍. 白昏睛露黑光朦, 波厚皮寬性暴兇. 富貴也遭刑憲罹, 縱歸十惡法難容.

죽어서 반드시 시신이 나뉜다. 흰자위가 어둡고 눈동자가 드러나며 검은자위 빛이 몽롱하다. 주름이 두텁고 피부가 넓으며 성정이 흉폭하다. 부귀하면 형벌을 당하거나 법망에 걸리며 마침내 열 가지 악행으로 법의 관용을 받기 어렵다.

사안(蛇眼)

무륜패의. 감탄인심독사사, 정홍원로대홍사. 대간대사여랑호, 차안지인자타야.
無倫悖義. 堪嘆人心毒似蛇, 睛紅圓露帶紅沙. 大奸大詐如狼虎, 此眼之人子打爺.

인륜이 없고 의를 어그러트린다. 사람의 마음이 독하기가 뱀과 같으니 어찌 탄식하지 않으리오. 동자가 붉고 둥그렇게 드러나면서 붉은 실핏줄을 지니고 있다. 크게 간사하여 이리나 호랑이 같다. 이런 눈은 가진 사람은 자식이 아비를 때린다.

낭목(狼目)

부무선종. 낭목정황시약전, 위인탐비자망연. 창황다착정신란, 흉포광도도백년.
富無善終. 狼目睛黃視若顚, 爲人貪鄙自茫然. 愴惶多錯精神亂, 凶暴狂徒度百年.

富는 있으나 선종하지 못한다. 이리의 눈은 동자가 누렇고 위를 바라본다. 사람됨이 탐욕스럽고 비루하고 넋이 나간 듯하다. 슬퍼하고 황당함이 자주 섞여 정신이 어지럽다. 흉폭하며 미친 무리같이 평생을 산다.

원목(猿目)

허명유의. 원목미황흠상개, 앙간심교유의시. 명허다자구영성, 종작령인차부재.

虛名有義. 猿目微黃欠上開, 仰看心巧有疑猜. 名虛多子俱靈性, 終作伶人且不才.

헛된 명성뿐이나 의리는 있다. 원숭이의 눈은 약간 노랗고 눈까풀 위쪽에 흠이 있다. 올려다보고 마음이 교활하여 의심과 샘이 많다. 헛이름만 날리며 자식이 많고 모두 총명하지만 마침내 악공이나 광대가 되고 인재가 못 된다.

웅목(熊目)

필무선종. 웅목정원우사저, 도연력용령흉우. 좌위불구천식급, 오씨환능멸야무.

必無善終. 熊目睛圓又似猪, 徒然力勇逞兇愚. 坐位不久喘息急, 敖氏還能滅也無.

반드시 선종하지 못한다. 곰의 눈은 동자가 둥글어 돼지와 비슷하다. 이러한 사람은 힘이 용맹스럽고 굳세고 흉폭하고 어리석다. 자리에 오래 앉아있지 못하고 숨소리가 급하다. 오씨가 멸망 당해 없어졌다.

*敖氏(오씨): 《춘추좌전·선공 4년》에 의하면, 초나라 사마 오자량(敖子良)의 아들 월숙(越椒)이 웅호(熊虎)의 상이었으므로 영윤(令尹: 수상) 자문(子文)이 죽일 것을 권했다. 그러나 자량이 듣지 않고 키웠는데, 후일 장왕(莊王) 9년 권신인 오씨와 왕이 전투를 벌여 오씨가 멸망 당했다.

묘목(猫目)

근귀은부. 묘목정황면활원, 온순품성호포선. 유재유력감임사, 상득고인일세련.

近貴隱富. 猫目睛黃面闊圓, 溫純稟性好飽鮮. 有才有力堪任使, 常得高人一世憐.

귀가 가깝고 부가 숨어있다. 고양이의 눈은 눈동자가 노랗고 얼굴은 넓고 둥글다. 온순한 품성에 생선을 좋아한다. 재주와 힘이 있어 맡은 일을 감당한다. 언제나 높은 사람으로부터 사랑을 받는다.

상비(相鼻)

비위중악기형속토. 위일면지표, 폐지영묘야. 고폐허즉비통, 폐실즉비색. 고비지통색이견폐지허실.

鼻位中岳其形屬土. 爲一面之表, 肺之靈苗也. 故肺虛則鼻通, 肺實則鼻塞. 故鼻之通塞以見肺之虛實.

코는 중악에 위치하고 土에 속하며 얼굴의 표상이고 폐의 기운이 깃들어 있는 싹이다. 그러므로 폐가 허하면 코가 통하고, 폐가 실하면 코를 감싸주게 된다. 그러므로 코가 통하고 막히는 것으로 폐의 허실을 알 수 있다.

준두원비공불로, 우득난대정위이부상응, 부귀지인. 연상수상이부개재어비, 고주수지장단야. 광윤풍기자, 불귀즉수부야. 색흑육박자, 불천즉요.

準頭圓鼻孔不露, 又得蘭臺廷尉二部相應, 富貴之人. 年上壽上二部皆在於鼻, 故主壽之長短也. 光潤豊起者, 不貴則壽富也. 色黑肉薄者, 不賤則夭.

준두가 둥글고 콧구멍이 보이지 않고 난대·정위 두 부위가 상응하면 부귀한 사람이다. 연상·수상은 모두 코에 있으며 수명의 길고 짧음을 주관한다. 빛나고 윤택하며 풍륭하게 일어나면 귀하지 않으면 수명이 길고 부유하다. 색이 검고 살이 얇은 사람은 천하지 않으면 요절한다.

응고유량자주수, 약현담이직절통자부귀. 견유골자수상, 준두풍대여인무해, 준두첨세호위간세. 다생흑자자준건, 유횡문자주거마상, 유종리문자양타인자. 비량원이관인당자, 차인주미모지처.

隆高有梁者主壽, 若懸膽而直截筒者富貴. 堅有骨者壽相, 準頭豐大與人無害, 準頭尖細好爲奸計. 多生黑子者迍蹇, 有橫紋者主車馬傷, 有縱理紋者養他人子. 鼻梁圓而貫印堂者, 此人主美貌之妻.

높이 솟고 비량이 있는 자는 장수하고, 만일 쓸개를 달아놓은 것 같거나 곧고 대나무를 잘라놓은 것 같은 사람은 부귀하다. 군건하고 뼈가 있는 사람은 장수하는 상이고, 준두가 풍만하고 크면 남에게 해롭게 하지 않는다. 준두가 뾰족하고 가늘면 간계를 좋아한다. 검은 점이 많으면 막히는 것이 많고 가로 주름이 있으면 수레나 짐승에게 상하며 세로 주름이 있으면 남의 자식을 키우게 된다. 비량이 둥글고 인당까지 이어진 사람은 미모의 처를 얻는다.

비여절통의식풍륭, 공앙로출요절한소. 비여응취취인뇌수. 비유삼곡고독파옥. 비유삼요골육상포.

鼻如截筒衣食豐隆, 孔仰露出夭折寒素. 鼻如鷹嘴取人腦髓. 鼻有三曲孤獨破屋. 鼻有三凹骨肉相抛.

코가 대나무를 자른 듯하면 의식이 풍부하고, 코가 들려 콧구멍이 드러나면 요절하고 가난하다. 코가 매부리 같으면 남의 등골을 빼고, 코가 세 번 굽으면 고독하고 집을 파하게 된다. 코가 세 번 오목하면 형제간에 서로 버리게 된다.

준두이직득외의식, 준두풍기부귀무비, 준두대홍, 필주서동. 비위노골일생루몰, 준두수육탐음부족, 준두원비족식풍의. 준두첨박고빈삭약.

準頭而直得外衣食, 準頭豐起富貴無比, 準頭帶紅, 必走西東. 鼻危露骨一生淚沒, 準頭垂肉貪淫不足, 準頭圓肥足食豐衣.

準頭尖薄孤貧削弱.

준두가 반듯하면 밖에서 의식을 얻고 준두가 풍부하게 일어나면 부귀를 비길 바 없다. 준두에 붉은빛을 띠면 반드시 동서로 분주하고 코가 위태로운 듯 뾰족하고 뼈가 드러났으면 평생 눈물 마를 날이 없다. 준두에 살이 늘어졌으면 음란함을 탐함이 끝이 없다. 준두가 둥글고 살쪘으면 의식이 풍족하다. 준두가 뾰족하고 얇으면 외롭고 가난하고 각박하고 약하다.

비용천정, 사해치명. 비량무골, 필요수몰. 비로견량, 객사타향. 비준첨사, 심사구가.
鼻聳天庭, 四海馳命. 鼻梁無骨, 必夭壽沒. 鼻露見梁, 客死他鄕. 鼻準尖斜, 心事勾加.

코가 위로 천정까지 연결되었으면 이름이 사해에 알려진다. 비량에 뼈가 없으면 반드시 요절하고, 콧구멍이 드러나고 콧대 뼈가 드러나면 타향에서 객사하게 된다. 코와 준두가 뾰족하고 기울어졌으면 마음 씀씀이가 갈고리 같다.

준두상욕광윤, 산근부득촉절. 비준홍직부귀무극, 비량고위형제리미. 비량부직기사미식, 비공출외비방흉해. 비상흑자질재음리, 비상횡리우위불이, 약시명인부귀여시.
準頭常欲光潤, 山根不得促折. 鼻準洪直富貴無極, 鼻梁高危兄弟羸微. 鼻梁不直欺詐未息, 鼻孔出外誹謗凶害. 鼻上黑子疾在陰裏, 鼻上橫理憂危不已, 若是明人富貴如是.

준두는 항상 빛나고 윤택해야 하고 산근은 좁거나 꺾여서는 안 된다. 비량과 준두가 넓고 곧으면 부귀가 끝없다. 비량이 높고 뾰족하면 형제가 나약하고 신통치 못하다. 비량이 곧지 않으면 사기성이 그치지 않는다. 콧구멍이 겉으로 드러나면 남을 비방하고 흉하고 해롭다. 코에 검은 점이 있으면 음경에 질병이 있다. 코에 가로 주름이 있으면 근심과 위태로움이 그치지 않는다. 코가 밝은 사람은 부귀가 이와 같다.

비주불평, 위위타성. 비주단박, 다주오약. 비여축낭, 도로길창. 비여사자, 총명달사. 비직이앙, 사환영창. 비상광택, 부귀영택. 비두단소, 지기천소. 비상광장, 필다기량. 비직이후, 주자제후. 비유결파, 고독기아.

鼻柱不平, 委爲的他姓. 鼻柱單薄, 多主惡弱. 鼻如縮囊, 到老吉昌. 鼻如獅子, 聰明達士. 鼻直而昂, 仕宦榮昌. 鼻上光澤, 富貴盈宅. 鼻頭短小, 志氣淺少. 鼻相廣長, 必多伎倆. 鼻直而厚, 主子諸侯. 鼻有缺破, 孤獨饑餓.

비량이 평평하지 않으면 타성에 의지한다. 비량이 가늘고 얇으면 흉하고 운이 약하다. 코가 주머니를 졸라맨 듯하면 나이 들수록 길창하다. 사자코 같으면 총명하고 뛰어난 선비이며 코가 반듯하게 내려오고 높으면 벼슬로 영화를 누리고 번창한다. 코가 빛나고 윤택하면 부귀가 집안에 가득하다. 준두가 짧고 작으면 의지와 기개가 얕고 작다. 코가 넓고 길면 능력이 뛰어나다. 코가 반듯하고 살집이 두터우면 자손이 제후가 된다. 코가 결함이 있거나 깨어졌으면 고독하고 배를 주린다.

비형(鼻形)

용비(龍鼻)

백세유방. 용비풍륭준상제. 산근직용약복서. 비량방정무편곡. 위지거존구정시.

百世流芳. 龍鼻豊隆準上齊. 山根直聳若伏犀. 鼻梁方正無偏曲. 位至居尊九鼎時.

꽃다운 이름이 백대에 전해진다. 용비는 풍륭하고 준두가 가지런하고, 산근은 곧게 솟아 복서와 같으며 비량이 방정하고 기울거나 굽지 않았다. 구정의 존귀한 지위에 이르는 때가 있다.

*九鼎(구정): 우(禹)임금이 하나라를 세운 후 천하에서 거둬들인 금속으로 九鼎을 만들어 九州를 상징했다. 동한 하휴(何休)의《춘추공양전주소》에 의하면 九鼎은 천자의 지위를 대표했다. 제사에는 一鼎이나 三鼎을 사용하고, 대부는 五鼎, 제후는 七鼎을 쓰고 천자만이 九鼎을 사용할 수 있었다. 천지조상에게 제사를 지낼 때 구정대례(九鼎大禮)를 사용했다고 한다. 《상서정의·소고》에는 九鼎은 실제로 한 쌍의 솥으로 구목(九牧)에서 올린 금속으로 솥을 만들었으므로 九鼎이라고 불렀다고 한다. 국가 권력의 상징이었다.

호비(虎鼻)

부석치명. 호비원융불로공, 난대정위역수무, 불편불곡산근대, 부귀명포세한필.

富碩馳名. 虎鼻圓融不露孔, 蘭臺廷尉亦須無, 不偏不曲山根大, 富貴名褒世罕匹.

부가 크고 이름을 날린다. 호비는 둥글고 길며 콧구멍이 드러나지 않는다. 난대 정위 또한 없어서는 안 되고 기울지도 굽지도 않고 산근이 큼직하다. 부귀하고 명성을 날리니 세상에 맞설 사람이 드물다.

호비

호양비(胡羊鼻)

호양비대준두풍, 난대정위역상동, 산근연수무척로, 대귀당시부석숭.

財名雙美. 胡羊鼻大準頭豊, 蘭臺廷尉亦相同, 山根年壽無脊露, 大貴當時富石崇.

재물과 명성 두 가지가 아름답다. 호양비는 코가 크고 준두가 풍성하며 난대 정위 역시 그와 같다. 산근 연상 수상에 뼈가 드러나지 않았다. 대귀하고 때가 이르면 석숭만큼 부자가 된다.

호양비

*石崇(석숭, 249-300): 어릴 때의 이름은 제노(齊奴) 자(字)는 계륜(季倫). 발해(渤海) 남피(南皮) 사람으로 대사마(大司馬) 석포(石苞, ?-273)의 여섯 번째 아들이다. 서진(西晉) 무제(武帝) 때 수무령(修武令)을 시작으로 성양태수(城陽太守)·황문시랑(黃門侍郞) 등을 거쳐 형주자사(荊州刺史)가 되었다. 형주자사로 재직하며 관직을 이용해 향료 무역 등을 독점하여 큰 부자가 되었는데, 백여 명의 처첩(妻妾)과 8백여 명의 하인을 거느렸으며 학문과 시에도 능하여 문인으로서의 명성도 높았다. 그는 낙양 서쪽에 금곡원(金谷園)을 짓고 관리와 문인들을 초대하여 주연(酒宴)을 열며 풍류를 즐겼는데, 시(詩)를 짓지 못하는 사람에게는 세 말의 벌주를 마시게 하였으므로 후대에 '벌주'를 뜻하는 '금곡주수(金谷酒數)'라는 말이 생겼다. 그의 애첩 녹

주(綠珠)는 피리를 잘 불고 악부(樂府)도 잘 지었으므로 녹주를 지극히 총애하여 '원기루(苑綺樓)' 또는 '녹주루(綠珠樓)'라는 백장(百丈) 높이의 누각을 지었다. 조왕(趙王) 사마륜(司馬倫, ?-301)의 측근이었던 손수(孫秀, ?-301)가 녹주의 미색을 탐하여 넘겨주기를 청했으나 석숭이 거절하였다. 300년 조왕 사마륜이 가후(賈后)의 세력을 제거하고 전권을 장악하자, 석숭은 황문랑(黃門郞) 반악(潘岳, 247-300)과 함께 회남왕(淮南王) 사마윤(司馬允, 272-300)·제왕(齊王) 사마경(司馬冏, ?-302) 등과 연합해 사마륜(司馬倫)을 제거하려 했으나 기밀이 새어나가 손수(孫秀)가 대군을 이끌고 금곡원(金谷園)을 포위하였다. 녹주는 누각에서 몸을 던져 자살하고 석숭은 반악(潘岳) 등과 함께 사로잡히고 3족이 죽임을 당하였다. 그러나 혜제(惠帝)가 복위한 후 9경의 예로써 석숭을 안장하였다.

사비(獅鼻)

사비

전형달탁. 산근연수약저평, 준상풍대칭난정, 약합사형진부귀, 불연재백유허영.

全形達擢. 山根年壽略低平, 準上豊大稱蘭廷, 若合獅形眞富貴, 不然財帛有虛盈.

크게 통달하고 발탁된다. 산근 연상 수상이 약간 낮고 평평하다. 준두가 풍성하고 크며 난대 정위가 그에 균형을 이룬다. 사자의 모습에 진실로 합하면 부귀하다. 그렇지 않으면 재물에 허황됨만 가득하다.

현담비(懸膽鼻)

복록공보. 비여현담준두제, 산근부단무편의, 난대정위모호소, 부귀영화응장기.

福祿拱輔. 鼻如懸膽準頭齊, 山根不斷無偏欹, 蘭臺廷尉模糊

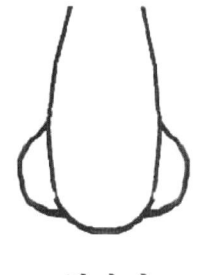

小, 富貴榮華應壯期.

복록이 함께 한다. 코가 쓸개를 달아맨 듯하고 준두가 가지런하다. 산근이 끊기지 않고 기울지 않았다. 난대 정위가 뚜렷하지 않고 작다. 부귀영화가 장년부터 응한다.

현담비

복서비(伏犀鼻)

반초영재. 복서비삽천정중, 산근직상인당륭, 육부다혜골불로, 신청위림지삼공.

班超英才. 伏犀鼻揷天庭中, 山根直上印堂隆, 肉不多兮骨不露, 神淸位立至三公.

복서비

반초 같은 영재. 복서는 코가 천정까지 이어지고 산근이 곧게 올라가며 인당이 솟았다. 살은 많지 않지만 뼈가 드러나지 않았다. 정신이 맑으면 삼공의 지위에 오른다.

*班超(반초, 32-102): 자는 중승(仲升). 동한시기 뛰어난 전략가이며 외교, 사학가인 반표(班彪)의 아들로 그 장형은 반고(班固), 여동생은 반소(班昭)이며 역사가이다. 어려서부터 많은 책을 읽었으며 문무에 능했다. 흉노 정벌을 비롯하여 31년간 서역 50여 국가를 평정하고 서역도호(西域都护)와 정원후(定远侯)에 봉해졌으므로 세칭 '반정원(班定远)'으로 불렸다.

우비(牛鼻)

우비

용인용물. 우비풍제근차대, 난대정위우분명, 연수불고차불연, 부적금자가도성.

容人容物. 牛鼻豊齊根且大, 蘭臺廷尉又分明, 年壽不高且不軟, 富積金資家道成.

사람과 재물을 용납한다. 우비는 코가 풍성하고 가지런하며 산근이 크고 난대 정위도 분명하다. 연상 수상이 높지 않지만 연약하지도 않다. 부가 쌓이고 재물을 얻어 집안을 일으킨다.

절통비(截筒鼻)

절통비

성직중화. 공명부귀절통가, 준두제직불편사, 출근약연연수만, 중년부귀대성가.

性直中和. 功名富貴截筒佳, 準頭齊直不偏斜, 出根略軟年壽滿, 中年富貴大成家.

성정이 곧고 중화를 이룬다. 공명부귀를 누리니 절통비가 아름답다. 준두가 가지런하게 곧고 기울지 않았으며 산근은 연약한 듯하지만 연·수상은 가득하다. 중년에 부귀함으로 크게 일가를 이룬다.

산비(蒜鼻)

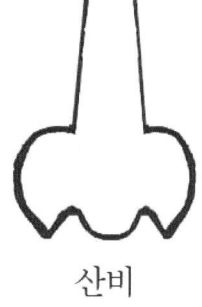

산비

결과증숭. 산근연수구평소, 난대정위준두풍, 제형정구심무독, 만경중년가필융.

結果增崇. 山根年壽俱平小, 蘭臺廷尉準頭豊,
弟兄情久心無毒, 晚景中年家必隆.

마침내 존경을 받는다. 산근과 연상 수상이 모두 평평하고 작으나 난대 정위 준두가 풍성하다. 형제간에 우애가 변함이 없고 마음이 독하지 않다. 나이 들어 중년에 집안이 반드시 융성해진다.

성낭비(盛囊鼻)

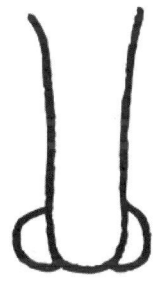

성낭비

중년영탁. 비여성낭난정소, 양변주조역원제, 시말자재구대성, 공명필정괘주의.

中年榮擢. 鼻如盛囊蘭廷小, 兩邊廚竈亦圓齊,
始末貲財俱大盛, 功名必定掛朱衣.

중년에 영예롭게 발탁된다. 코가 가득 찬 주머니와 같고 난대 정위가 작으며 양 콧구멍 역시 둥글고 가지런하다. 시종 재물을 크게 부를 이룬다. 공명은 반드시 높은 관직에 올라 붉은 옷을 입게 된다.

응취비(鷹嘴鼻)

응취비

거악호험. 비량노척준두첨, 우여응취쇄순변, 난대정위구단축, 탁인심수악간편.

巨惡好險. 鼻梁露脊準頭尖, 又如鷹嘴鎖脣邊, 蘭臺廷尉俱短縮, 啄人心髓惡奸偏.

아주 악하고 음험하다. 비량의 뼈가 드러나고 준두가 뾰족하며 매의 부리 같고 입술 끝이 꽉 문 듯하다. 난대 정위가 짧고 오그라 들었다. 사람의 마음과 골수를 쪼고 악하고 간사하고 편협하다.

삼만삼곡비(三彎三曲鼻)

삼만삼곡비

중과무계. 비유삼만위반음, 비유삼곡위복음, 반음상견시절멸, 복음상견루임임.

鰥寡無繼. 鼻有三彎爲反吟, 鼻有三曲爲伏吟, 反吟相見是絶滅, 伏吟相見淚淋淋.

홀아비나 과부가 되고 자식이 없다. 코가 여러 번 휜 것을 반음이라고 하고 구부러진 것을 복음이라고 한다. 반음은 후사가 없게 되고 복음은 항상 눈물을 흘리며 살게 된다.

검봉비(劍鋒鼻)

검비

계궤흉완. 비량노척여도배, 준두무육조문관, 형제무연자극진, 노로록록주고단.

計詭兇頑. 鼻梁露脊如刀背, 準頭無肉竈門關, 兄弟無緣子剋盡, 勞勞碌碌主孤單.

계략으로 속이고 흉하고 완고하다. 비량이 드러난 것이 칼 등과 같고 준두에 살이 없고 콧구멍이 작다. 형제간에 인연이 없고 자식을 극하며 고난이 끊이지 않고 고단하다.

편요비(偏凹鼻)

편요비

불천즉요. 연수저압산근소, 비면상생차불다, 준두대위사수견, 불요불빈병상마.

不賤則夭. 年壽低壓山根小, 鼻面相生差不多, 準頭臺尉些須見, 不夭不貧病相磨.

천하지 않으면 요절한다. 연상 수상이 낮게 눌리고 산근이 작으며 코나 얼굴이 별로 차이가 없다. 준두 난대 정위가 모두 드러난다. 요절하거나 가난하지 않으면 질병에 시달리게 된다.

163

고봉비(孤峯鼻)

고봉비

영욕무종. 비대무육조문개, 양관저소비최외, 차비종대무재적, 약위승도면애재.

榮辱無終. 鼻大無肉竈門開, 兩顴低小鼻崔嵬, 此鼻縱大無財積, 若爲僧道免哀哉.

잠시 영화롭고 치욕이 끊임없다. 코는 큰데 살이 없고 콧구멍이 큼직하여 열린 듯하다. 양쪽 관골이 낮고 작은데 코만 높다. 이런 코는 비록 크다 해도 재물이 쌓이지 않으니 승려나 도사가 된다면 슬픔을 면할 수 있다.

노척비(露脊鼻)

노척비

간귀하류. 비수로척산근소, 형용조속골신혼, 토무만물개영락, 종연평온야고빈.

奸宄下流. 鼻瘦露脊山根小, 形容粗俗骨神昏, 土無萬物皆零落, 縱然平穩也孤貧.

간사한 도적으로 하천한 부류이다. 코가 야위고 콧날이 드러나 산근이 작다. 생김이 거칠고 속되며 정신이 혼미하다. 흙이 없다면 만물이 시드는 것처럼 설령 평온해도 결국 고독하고 빈천하다.

노조비(露竈鼻)

노조비

구식불부. 공대비고규우장, 수지가하소의량, 간신수고다노록, 말상타향실가상.

口食不敷. 孔大鼻高竅又長, 須知家下少衣糧, 艱辛受苦多勞碌, 末喪他鄕實可傷.

입으로 먹을 것이 부족하다. 콧구멍이 크고 코가 높아서 구멍 또한 길다. 집안에 의복과 양식이 적게 됨을 알아라. 가난하고 고생스러우며 끊임없이 일하게 된다. 말년에 타향에서 죽는다.

상인중(相人中)

인중자일신구혁지상, 여구혁소통, 즉수류이불옹, 여천협불심, 즉수옹이불류. 부인중지장단, 가정수명지장단, 인중지광협, 가단남녀지다소, 고인중소이위수명남녀지궁야, 시이욕장이불욕축.

人中者一身溝洫之象, 如溝洫疏通, 則水流而不壅, 如淺狹不深, 則水壅而不流. 夫人中之長短, 可定壽命之長短, 人中之廣狹, 可斷男女之多少, 故人中所以爲壽命男女之宮也, 是以欲長而不欲縮.

인중은 몸에 있는 도랑을 상징한다. 도랑이 소통되면 물의 흐름이 막히지 않지만 얕고 좁고 깊지 않으면 물이 막혀 흐르지 못한다. 인중의 길고 짧음으로써 수명의 길이를 알 수 있고, 인중의 넓고 좁음으로써 아들딸의 많고 적음을 알 수 있다. 그러므로 인중은 수명과 자식궁이

되는 것이니 인중은 길어야 하고 오그라들어서는 안 된다.

중심이외활, 직이불사, 활이하수자개선상야. 기혹세이협자의식핍박, 만이평자둔전재체. 상협하광자다자손, 상광하협자소아식, 상하구협이중심활자자식질고이난성. 상하직이심자자식만당, 상하평이천자자식불생.

中深而外闊, 直而不斜, 闊而下垂者皆善相也. 其或細而狹者衣食逼迫, 滿而平者迍邅災滯. 上狹下廣者多子孫, 上廣下狹者少兒息, 上下俱狹而中心闊者子息疾苦而難成. 上下直而深者子息滿堂, 上下平而淺者子息不生.

가운데가 깊고 밖이 넓으며, 곧고 비뚤어지지 않고, 넓고 아래로 늘어졌으면 좋은 상이다. 인중이 혹 가늘고 좁으면 의식이 여의치 않고, 인중이 가득하고 평평하면 막히고 재앙이 많다. 위가 좁고 아래가 넓으면 자손이 많고, 위가 넓고 아래가 좁으면 자식이 적다. 상하 모두 좁고 가운데가 넓으면 자식에게 질고가 있어 키우기 어렵다. 상하가 곧고 깊으면 자식이 집안에 가득하고, 상하가 평평하고 얕으면 자식을 두지 못한다.

심이장자장수, 천이단자요망. 인중굴곡자무신지인, 인중단직자충의지사. 정이수자부수, 건이축자요천. 명여파죽자이천석록, 세여현침자절자빈한.

深而長者長壽, 淺而短者夭亡. 人中屈曲者無信之人, 人中端直者忠義之士. 正而垂者富壽, 蹇而縮者夭賤. 明如破竹者二千石祿, 細如懸針者絶子貧寒.

깊고 길면 장수하고 얕고 짧으면 요절한다. 인중에 굴곡이 있으면 신의가 없는 사람이다. 인중이 단정하고 곧으면 충의가 있는 선비이다. 바르게 내려왔으면 부와 수를 누리고, 막히고 오그라들었으면 수명이 짧고 천하다. 대나무를 쪼갠 듯 분명하면 이천석의 봉록을 받게 되고, 바늘을 매단 듯 가늘면 자식이 끊기고 가난하다.

상유흑자자다자, 하유흑자자다녀, 중유흑자자혼처이이양아난, 유량흑자자주쌍생, 유횡리자지로무아, 유수리자주양타자.

上有黑子者多子, 下有黑子者多女, 中有黑子者婚妻易而養兒難, 有兩黑子者主雙生, 有橫理者至老無兒, 有竪理者主養他子.

위에 검은 점이 있으면 아들이 많고 아래에 검은 점이 있으면 딸이 많다. 가운데 검은 점이 있으면 결혼하여 처를 얻는 것은 쉬우나 자식을 기르기는 어렵다. 양쪽 변에 검은 점이 있으면 주로 쌍둥이를 낳으며, 옆으로 주름이 있으면 늙도록 자식이 없고, 수직으로 주름이 있으면 남의 자식을 키운다.

유종리자생아숙질, 약인중만평여무자, 시위경함, 지로절사, 궁고지상야. 사좌손부, 사우손모, 직심장일촌, 아녀전가첨.

有縱理者生兒宿疾, 若人中漫平如無者, 是謂傾陷, 至老絶嗣, 窮苦之相也. 斜左損父, 斜右損母. 直深長一寸, 兒女轉加添.

늘어진 주름이 있으면 자식을 낳아도 질병이 따른다. 인중이 평평해 없는 것 같으면 경함이라고 하는데 늙어도 후사가 없고 궁고한 상이다. 좌측으로 비뚤어졌으면 아버지를 일찍 잃게 되고, 우측으로 비뚤어졌으면 어머니를 일찍 잃게 된다. 곧고 깊고 길이가 1촌이면 자식이 길수록 많다.

상구(相口)

구위언어지문, 음식지구, 만물조화지관. 우위심지외호, 상벌지소출, 시비지소회야. 단후불망탄, 위지구덕, 비방다언, 위지구적.

口爲言語之門, 飮食之具, 萬物造化之關. 又爲心之外戶, 賞罰之所出, 是非之所會也. 端厚不妄誕, 謂之口德, 誹謗多言, 謂之口賊.

입은 언어의 문이고 음식을 먹는 곳이며 만물의 조화를 이루는 관문이다. 또 마음이 밖으로 표출되는 창이고 상벌이 나오는 곳이며 시비가 모이는 곳이다. 단정하고 두터우면 망령되고 허망한 말을 하지 않는데 이것을 口德이라고 하고, 비방하거나 말이 많은 것을 口賊이라고 한다.

방활유릉자주수귀, 형여각궁자주관록. 횡활이후자복부, 정이불편, 후이불박자의식. 여사자부족, 첨이반편이박자한천.

方闊有稜者主壽貴, 形如角弓者主官祿. 橫闊而厚者福富, 正而不偏, 厚而不薄者衣食. 如四字富足, 尖而反偏而薄者寒賤.

반듯하고 넓고 입술 윤곽이 분명하면 수명이 길고 귀하며, 형태가 활과 같으면 관록이 있다. 옆으로 넓고 두툼하면 복을 누리고 부유하고, 바르고 기울지 않고 두툼하고 얇지 않으면 의식이 족하다. 입이 四자와 같다면 부가 족하고, 입술이 뾰족하고 뒤집히고 기울고 얇으면 한천하다.

불언구동, 우여마구기아, 자흑자다체. 구개치로자무기, 유흑자자주주식, 구여함단불수기한. 구여일촬자빈박, 구능용원자, 출입장상. 구활이풍, 식록만종. 무인독어자, 기천여서.

不言口動, 又如馬口饑餓, 紫黑者多滯. 口開齒露者無機, 有黑子者主酒食, 口如含丹不受饑寒. 口如一撮者貧薄, 口能容拳者, 出入將相. 口闊而豊, 食祿萬鍾. 無人獨語者, 其賤如鼠.

말을 하지 않는데도 입을 움직여 말 입 같으면 굶주리고 자줏빛으로 검으면 막히는 일이 많다. 입을 열었을 때 치아가 드러나면 기밀을 지키지 못하고, 입술에 검은 점이 있으면 술과 식복이 있다. 입이 단사를 머금은 듯하면 춥고 배고픔을 겪지 않으며, 입이 한곳으로 모인 것 같으면 가난하고 복이 엷다. 입에 주먹이 들어가면 출장입상이다. 입이 넓고 풍륭하면 식록이 만 종(鍾:곡식을 세는 단위로 1종은 6가마 4말 또는 8가마, 혹은 10가마)에 이른다. 사람이 없는데도 혼잣말을 하면 천하기가 쥐와 같다.

순위구설지성곽, 설위구지봉인, 성곽욕후, 봉인욕리. 후즉불함, 리즉부둔, 내선상야. 설대구소, 빈박절요, 구소이단자빈. 구색욕홍구음욕청, 구덕욕단, 구순욕후.

脣爲口舌之城郭, 舌爲口之鋒刃, 城郭欲厚, 鋒刃欲利. 厚則不陷, 利則不鈍, 乃善相也. 舌大口小, 貧薄折夭, 口小而短者貧. 口色欲紅口音欲淸, 口德欲端, 口脣欲厚.

입술은 입과 혀의 성곽이고 혀는 입의 무기이다. 성곽은 두텁고 무기는 예리해야 한다. 두터우면 함락되지 않고 예리하면 무디지 않으니 좋은 상이다. 혀가 크고 입이 작으면 가난하고 수명이 짧고, 입이 작고 혀가 짧으면 가난하다. 입술의 색깔은 붉고 음성은 맑아야 한다. 구덕은 단정하고 입과 입술은 두터워야 한다.

구불견순, 주유병권, 위진삼군. 구각고저, 간사편의, 구첨여순, 여걸위린. 구여축낭, 기사무량, 종연유자, 필주별방. 구여축라, 상락독가.

口不見脣, 主有兵權, 威鎭三軍. 口角高低, 奸詐便宜, 口尖如盾, 與乞爲隣. 口如縮囊, 饑死無糧, 縱然有子, 必主別房. 口如縮螺, 常樂獨歌.

입술이 보이지 않으면 병권을 잡고 위엄이 삼군을 진압한다. 입 끝이 높고 낮으면 간사하고 제멋대로이다. 입이 방패처럼 뾰족하면 이웃에 동냥을 구한다. 입이 주머니를 오므린 것 같으면 식량이 없어 굶어죽는다. 설령 자식이 있어도 반드시 다른 집에 살게 된다. 입이 소라처럼 오그라들면 늘 홀로 노래 부르기를 즐긴다.

용순봉구불가위우, 호설불의, 상회조추. 구여적단, 불입난관, 약시여자, 역득부련. 구관설박, 심호가락, 여차지인영무흉악. 구변자색탐재방해, 구미어장순기간사, 재심상회부족.

龍脣鳳口不可爲友, 好說不宜, 常懷粗醜. 口如赤丹, 不入蘭關, 若是女子, 亦得夫憐. 口寬舌薄, 心好歌樂, 如此之人永無凶惡. 口邊紫色貪財妨害, 口未語將脣起奸邪, 在心常懷不足.

용의 입술과 봉황의 입을 가진 자는 벗으로 삼지 말아야 하는데 옳지 않은 말하기를 좋아하고 항상 거칠고 추한 생각을 품는다. 입이 붉은 단사를 바른 듯하면 기방에 들어가지 않는다. 여자라면 남편의 사랑을 받게 된다. 입이 크고 혀가 얇으면 마음으로 노래 부르는 것을 좋아하는데, 이러한 사람은 절대로 흉악함이 없다. 입가가 자색이면 재물을 탐하고 남을 방해한다. 말하기 전에 입술이 먼저 움직이면 간사하고 언제나 속으로 부족하다고 생각한다.

상하각편릉각박, 출언훼방대난방, 구방사자신차진, 양각저수설오성. 순상문다자세간, 청박천문아사명. 구여취화가무자.

上下各偏稜角薄, 出言毀謗大難防, 口方四字信且眞, 兩角低垂說惡聲. 脣上紋多子細看, 靑薄川紋餓死名. 口如吹火家無子.

상하가 기울고 입술선이 얇으면 남을 훼방하는 말을 하므로 큰 어려움을 방비해야 하고, 입이 四자 같으면 신의가 있고 진실되며, 양 끝이 아래로 늘어지면 말하는 음성이 듣기 싫다. 입술에 주름이 많으면 자식이 많으니 자세히 살펴라. 푸르고 얇고 川자와 같은 주름이 있으면 굶어 죽는다. 입이 불을 부는 듯하면 자식이 없다.

편좌방처부사두, 우반수문전산파, 흑자당순약독빈. 설상상청난가단, 동포형제야분리, 구자이방광치전장, 구상생문유약무성, 경박구순관설타인.

偏左妨妻婦死迍, 右畔竪門田産破, 黑子當脣藥毒頻. 舌上常靑難可斷, 同胞兄弟也分離, 口紫而方廣置田庄, 口上生紋有約無成, 輕薄口脣慣說他人.

좌측으로 비뚤어졌으면 처를 잃고 일이 막힌다. 우측으로 기울어지면 재산을 잃게 된다. 입술이 검으면 약물에 중독 될 수 있다. 혀가 항상 푸르면 단언하기 어려우니 동포 형제라도 서로 헤어지게 된다. 입술이 자색이고 모나면 넓은 토지를 넓게 갖게 된다. 입에 주름이 있으면 약속을 지키지 못하며, 경박한 입과 입술은 남을 말하는 습관이 있다.

구형(口形)

용구(龍口)

주리잠영. 용구양순풍차제, 광명구각갱청기, 호취갈산권통변, 옥대위요세한희.

珠履簪纓. 龍口兩脣豊且齊, 光明口角更淸奇, 呼聚喝散權通變, 玉帶圍腰世罕稀.

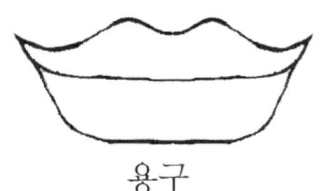

용구

보석으로 신발과 비녀, 갓끈을 꾸민다. 용구는 양 입술이 풍만하고 가지런하다. 입끝이 밝고 더욱 맑고 기이하다. 부르면 모이고 외치면 흩어지게 하는 권력을 쥐고 변통이 뛰어나다. 허리에 옥대를 두르게 되는데 이런 입술을 가진 자는 세상에 드물다.

호구(虎口)

덕위병제. 호구활대유수습, 수지차구필용권, 약연불귀차대부, 적옥퇴금악락자연.

德威幷濟. 虎口闊大有收拾, 須知此口必容拳, 若然不貴且大富, 積玉堆金樂自然.

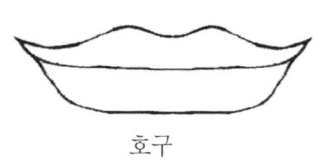

호구

덕과 위엄이 있고 세상을 구제한다. 호구는 넓고 크고 잘 다물려있다. 이런 입은 반드시 주먹이 들어감을 알라. 이와 같으면 귀하지 않으면 대부이다. 옥과 금을 쌓아 즐거움이 저절로 온다.

사자구(四字口)

발췌출류. 구각광명순양제, 양두략앙불수저, 총명갱우다재학, 부귀응수착자의.
拔萃出類. 口角光明脣兩齊, 兩頭略仰不垂低, 聰明更又多才學, 富貴應須着紫衣.

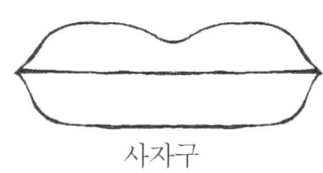
사자구

무리 중에 뽑히게 된다. 입 끝의 빛이 밝고 입술이 가지런하다. 입술 끝이 위로 올라가고 늘어지지 않았다. 총명하고 재주와 학식이 많고 부귀하여 반드시 자색 관복을 입는다.

방구(方口)

식록천종. 방구제순불로아, 순홍광윤사주사, 소이불로치차백, 정지부귀향영화.
食祿千鍾. 方口齊脣不露牙, 脣紅光潤似硃砂, 笑而不露齒且白, 定知富貴享榮華.

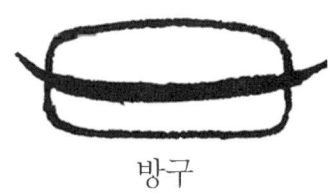
방구

식록이 천종에 이른다. 방구는 입술이 가지런하고 치아가 드러나지 않으며 입술이 붉고 빛나고 윤택하여 주사를 바른 듯하다. 웃을 때 치아가 드러나지 않고 치아가 희면 부귀와 영화를 누릴 것을 알 수 있다.

앙월구(仰月口)

녹재기중. 구여앙월상조만, 치백순홍사말단, 만복문장성가미, 경능부귀열조반.
祿在其中. 口如仰月上朝彎, 齒白脣紅似抹丹, 滿腹文章聲價美, 竟能富貴列朝班.

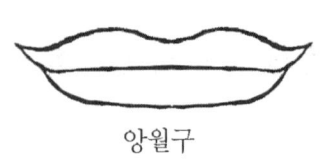

앙월구

관록이 그 가운데 있다. 입이 초승달처럼 위를 향해 굽고, 치아가 희고 입술 붉기가 단사를 바른 듯하다. 문장이 가득하고 명성을 아름답게 떨치니 결국 부귀하여 조정의 반열에 서게 된다.

우구(牛口)

복록유원. 우구쌍순후차풍, 평생의록갱창륭, 탁중대청심령교, 부귀강녕수약송.
福壽悠遠. 牛口雙脣厚且豐, 平生衣祿更昌隆, 濁中帶淸心靈巧, 富貴康寧壽若松.

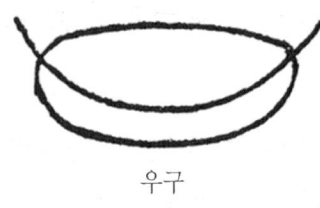

우구

복과 수명이 갈수록 길어진다. 우구는 두 입술이 두툼하고 풍성하다. 평생 의록이 있고 더욱 창성하다. 탁한 가운데 맑음이 있어 마음이 아름다우니 부귀하고 강녕하고 수명이 소나무처럼 길다.

만궁구(彎弓口)

특달명양. 구사만궁사상현, 양순풍후약단선, 신청기상종위용, 부귀중년복자연.
特達名揚. 口似彎弓乍上絃, 兩脣豊厚若丹鮮, 神淸氣爽終爲用, 富貴中年福自然.

만궁앙월구

특히 재주가 뛰어나고 이름을 떨친다. 입이 위쪽으로 활시위를 당긴 듯하며 두 입술이 풍만하고 두툼하여 단사를 바른 듯 신선하다. 정신이 맑고 기가 상쾌하여 마침내 쓰임을 받는다. 중년이 되면 부귀가 있고 복이 저절로 온다.

양구(羊口)

유년허도. 양구무수장차첨, 양순우박득인혐, 구첨식물여구양, 천차빈이흉우전.
流年虛度. 羊口無鬚長且尖, 兩脣又薄得人嫌, 口尖食物如狗樣, 賤且貧而兇又纏.

양구

흐르는 세월을 헛되이 보낸다. 양구는 수염이 없고 길고 뾰족하다. 양 입술이 모두 얇아 남의 미움을 받는다. 입이 뾰족하여 음식을 먹을 때 모습이 개와 같다. 천하고 가난하고 흉하고 하는 일이 막히게 된다.

저구(猪口)

종어비명. 저구상순장조활, 하순첨소각류연, 유인산방심간험, 낙재도중반로휴.
終於非命. 猪口上脣長粗闊, 下脣尖小角流涎, 誘人訕謗心奸險, 落在途中半路休.

저구

마침내 비명에 죽는다. 저구는 윗입술이 길고 거칠고 넓으며 아랫입술은 뾰족하고 작게 모나며 침을 흘린다. 남을 꾀이고 헐뜯으며 마음이 간계하고 음험하다. 수를 누리지 못하고 도중에 떨어지니 반생이 이지러진다.

취화구(吹火口)

허화무실. 구여취화개불수, 취첨의식고난구, 생성차구다빈요, 음하수교파차휴.
虛花無實. 口如吹火開不收, 嘴尖衣食苦難求, 生成此口多貧夭, 麽下須教破且休.

취화구

헛꽃으로 열매가 없다. 입이 불을 부는 듯하고 열면 잘 닫히지 않는다. 입 끝이 뾰족하고 의식을 구하는데 고난이 있다. 이러한 입을 지니면 가난하고 요절하게 된다. 아랫입술을 덮으면 가정을 파하고 후사를 잇기 어렵다.

추문구(皺紋口)

부생녹록. 순상추문사곡성, 종연유수주고단, 조년안락말년패, 약유일자속유관.
浮生碌碌. 脣上皺紋似哭聲, 縱然有壽主孤單, 早年安樂末年敗, 若有一子屬幽關.

추문구

하잘것없이 떠도는 인생. 입술에 주름이 있고 음성이 우는 소리 같다. 수명이 길더라도 외롭다. 젊어서는 편안하지만 말년에는 실패한다. 자식이 하나 있어도 결국에는 유명을 달리한다.

앵도구(櫻桃口)

총명수학. 앵도구대순연지, 치사류아밀차풍, 소약합연정화창, 총명발췌자포의.
聰明秀學. 櫻桃口大脣胭脂, 齒似榴牙密且豊, 笑若合蓮情和暢, 聰明拔萃紫袍衣.

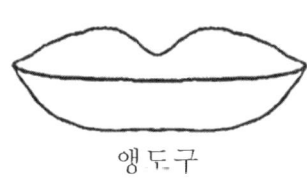
앵도구

총명하고 학문에 뛰어나다. 앵도구는 입이 크고 입술에 연지를 바른 듯하다. 치아는 석류와 같이 촘촘하고 풍성하다. 웃을 때 입 모양은 연꽃 같아 정이 온화하게 펼쳐진다. 총명하고 뛰어나 관복을 입게 된다.

후구(猴口)

간이차인. 후구양순희우장, 인중파죽갱위량, 평생의록개영족, 학산구령복수강.
慳而且吝. 猴口兩脣喜又長, 人中破竹更爲良, 平生衣祿皆榮足, 鶴算龜齡福壽康.

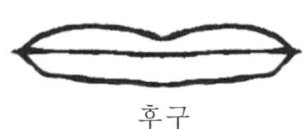
후구

인색하고 탐욕스럽다. 후구는 양 입술이 잘 어울리고 길다. 인중이 대나무를 쪼개놓은 것처럼 아름답다. 평생 의록이 있고 영화가 족하다. 학이나 거북처럼 수와 건강을 누린다.

점어구(鮎魚口)

왕재부생. 점어구활각저첨, 효박쌍순우흠원, 여차지인주빈천, 수유일명상황천.
枉在浮生. 鮎魚口闊角低尖, 梟薄雙脣又欠圓, 如此之人主貧賤, 須臾一命喪黃泉.

점어구

부질없이 떠돌며 산다. 점어구는 넓고 끝이 아래로 늘어지고 뾰족하다. 입술이 매어 달린 듯하고 얇으며 동그랗게 자욱이 있다. 이런 사람은 빈천하여 잠깐 살다가 황천으로 돌아간다.

즉어구(鯽魚口)

도연재세. 즉어구소주빈궁, 일생의식불풍륭, 갱겸기탁신고삽, 파패표봉운불통.
徒然在世. 鯽魚口小主貧窮, 一生衣食不豊隆, 更兼氣濁神枯澁, 破敗漂蓬運不通.

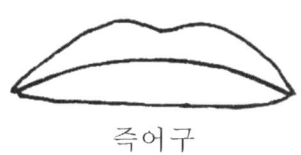
즉어구

일생이 고달프게 바쁘다. 즉어구는 입이 작은데 빈궁하여 평생 의식이 풍족하지 못하다. 더욱이 기가 탁하고 정신이 마르고 말을 떨면 재물을 파하고 유랑하며 운이 통하지 않는다.

복선구(覆船口)

전패유리. 구각혼여복파선, 양순우육색연련, 인봉차구다위개, 일생빈고불수언.
顚沛流離. 口角渾如覆破船, 兩脣牛肉色煙聯, 人逢此口多爲丐, 一生貧苦不須言.

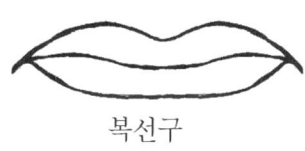
복선구

엎어지고 자빠지며 떠돌며 산다. 구각이 분명치 않고 엎어진 파선과 같다. 양 입술이 쇠고기 색으로 그을려 놓은 듯하다. 이런 입을 가진 사람은 걸인이 되니 일생 가난하고 고통스러움을 말할 필요도 없다.

상순(相脣)

위구지성곽작설지문호, 일개일합영욕지소계자순야. 고욕후이불욕박, 욕릉이불욕축의.
爲口之城郭作舌之門戶, 一開一闔榮辱之所繫者脣也. 故欲厚而不欲薄, 欲稜而不欲縮矣.

입술은 입의 성곽이고 혀의 문이다. 한 번 열리고 닫힘에 따라 영광과 치욕이 달려있는 것이 입술이다. 따라서 두툼해야 하고 얇아서는 안 되고 윤곽이 분명해야 하며 오그라들어서는 안 된다.

순색홍여단사자귀이복, 청여람전자재이요, 색혼흑자질고악사. 색자광자쾌락의식, 색백이염자초귀처, 색황이홍자초귀자.
脣色紅如丹砂者貴而福, 青如藍靛者災而夭, 色昏黑者疾苦惡死. 色紫光者快樂衣食, 色白而艷者招貴妻, 色黃而紅者招貴子.

입술 색이 단사를 바른 듯 붉으면 귀하고 복이 있다. 남전과 같이 푸르면 재앙이 따르고 요절하게 된다. 색이 어둡고 검으면 질병으로 고통을 받거나 악사하게 된다. 빛나는 자색이면 의식이 즐겁고, 색이 희고 고우면 귀한 처를 만난다. 황색으로 붉은 사람은 귀한 자식을 둔다.

건축자요망, 박약자빈천. 상순장자선방부, 하순장자선방모, 상순박자언어교사, 하순박자빈한건체. 상하구후자충신지인, 상하구박자망어. 양순상하불상복자, 빈한투도. 상하양상칭자, 언어정직.
蹇縮者夭亡, 薄弱者貧賤. 上脣長者先妨父, 下脣長者先妨母, 上脣薄者言語狡詐, 下脣薄者貧寒蹇滯. 上下俱厚者忠信之人.

上下俱薄者妄語. 兩脣上下不相覆者, 貧寒偸盜. 上下兩相稱者, 言語正直.

균형이 맞지 않고 오그라든 사람은 요절하게 되고 얇고 힘이 없으면 빈천하다. 윗입술이 길면 아버지를 먼저 여의고 아랫입술이 길면 어머니를 먼저 여의게 된다. 윗입술이 얇으면 교활하고 거짓말을 하고 아랫입술이 얇은 사람은 빈한하고 막히는 일이 많다. 상하 모두 두툼하면 충실하고 신의가 있는 사람이며 상하가 모두 얇으면 망녕된 말을 한다. 위아래 입술이 서로 닫히지 않으면 빈한하고 도적이 된다. 상하 균형이 맞으면 말하는 것이 정직하다.

용순자부귀, 양순자빈천, 순첨촬자빈사, 순추하자고한. 유문리다자손. 무문리성고독.
龍脣者富貴, 羊脣者貧賤, 脣尖撮者貧死, 脣墜下者孤寒. 有紋理多子孫. 無紋理性孤獨.

용의 입술은 부귀하고 양의 입술은 빈천하다. 입술이 뾰족하여 한 곳으로 모인 듯하면 가난하게 죽는다. 입술이 아래로 늘어지면 외롭고 가난하다. 주름이 있으면 자손이 많고 주름이 없으면 성정이 고독하다.

순여계간, 지노빈한, 순여청흑, 아사도맥. 순색광홍, 불구자풍, 순색담흑, 독살지객. 순평불기, 아사막비, 순결이함, 주인하천. 장순단치, 장명불사, 순생부정, 언사난정.
脣如雞肝, 至老貧寒, 脣如靑黑, 餓死途陌. 脣色光紅, 不求自豊, 脣色淡黑, 毒殺之客. 脣平不起, 餓死莫比, 脣缺而陷, 主人下賤. 長脣短齒, 長命不死, 脣生不正, 言詞難定.

입술이 닭의 간 같으면 늙어서 빈한하고 입술이 청색이나 흑색이면 길이나 밭두렁에서 굶어 죽는다. 입술 색이 붉고 빛나면 구하지 않아

도 저절로 풍족하다. 입술 색이 묽은 흑색이면 독살될 사람이다. 입술이 평평해서 두드러지지 않았으면 굶어 죽으니 친하지 말라. 입술이 이지러지고 함몰되었으면 사람이 하천하다. 긴 입술에 짧은 치아는 수명이 길어 죽지 않는다. 입술 바르지 않으면 말하는 것이 바르기 어렵다.

상설(相舌)

부설지위도, 내여단원위호령, 외여중기위령탁. 고선생영액야, 즉위신지사체. 밀전지려야, 즉위심지주즙. 시이성명추기, 일신득실, 유소탁언, 유시고인평기단추, 계기망동야, 고설지형, 욕득단이리, 장이대자, 상상야.

夫舌之爲道, 內與丹元爲號令, 外與重機爲鈴鐸. 故善生靈液也, 則爲神之舍體. 密傳志慮也, 則爲心之舟楫. 是以性命樞機, 一身得失, 有所托焉, 由是古人評其端醜, 戒其妄動也, 故舌之形, 欲得端而利, 長而大者, 上相也.

혀는 道이니 안으로는 단전의 원기와 더불어 호령하는 것이며 밖으로는 여러 기관과 더불어 영탁이 된다. 따라서 신령한 침이 잘 생기는 것은 신이 머무는 곳이기 때문이다. 은밀하게 뜻을 전하는 것인즉 마음의 배와 노와 같다. 그러므로 성정과 천명의 중요한 기관이며 일신의 득실이 모두 혀에 기탁되는 것이다. 그러므로 옛사람은 그 단정함과 추함을 평하여 망녕되이 움직이는 것을 경계하였다. 그러므로 혀의 형태는 단정하고 예리해야 하며, 길고 커야 상격의 상이다.

약협이장자사이적, 독이단자준이건, 대이박자다망류, 첨이소자위탐인.

若狹而長者詐而賊, 禿而短者迍而蹇, 大而薄者多妄謬, 尖而小者爲貪人.

혀가 가늘고 긴 사람은 거짓말을 잘하고 도심이 있으며 민둥민둥하고 짧으면 막히는 일이 많다. 크고 얇으면 망언과 실수가 많고 혀끝이 뾰족하고 작으면 탐심이 많은 사람이다.

인지비자, 위열후왕, 강여장자, 녹지경상. 색홍여주자귀, 색흑여예자천, 색적여혈자녹, 색백여회자빈.

引至鼻者, 位列侯王, 剛如掌者, 祿至卿相. 色紅如硃者貴, 色黑如翳者賤, 色赤如血者祿, 色白如灰者貧.

혀를 내밀어 준두에 닿으면 王侯의 반열에 이른다. 손바닥 같이 단단하면 관록이 경상에 이르고 색이 주사와 같이 붉으면 귀하고, 색이 방패처럼 검으면 천하며, 색이 피처럼 붉으면 관록이 이르고, 색이 잿빛처럼 희면 가난하다.

설상유직리자, 관지경감, 설상유종문자, 직임관전, 설문유리이요자지귀, 설염이토만구자지부, 설상유금문자, 출입조성.

舌上有直理者, 官至卿監, 舌上有縱紋者, 職任館殿, 舌紋有理而繞者至貴, 舌艷而吐滿口者至富, 舌上有錦紋者, 出入朝省.

혀에 일직선으로 주름이 있으면 관직이 경감(卿監)에 이르고, 혀에 세로 주름이 있으면 외교관의 직책을 맡게 되며, 혀에 주름이 감싸고 돌았다면 지극히 귀하다. 혀가 곱고 입안에 가득하면 지극히 부유하게 된다. 혀에 비단 같은 문양이 있으면 조정에 출입하는 관리가 된다.

*경감(卿監): 중국 당송시기 구경(九卿) 부(府)와 오감(五監: 국자감 등)의 장관.

설상유흑자자, 언담허위, 설출여사자독해, 설단여굴자건체, 미어이설선지자, 호망담, 미언이설지설자, 다음일.

舌上有黑子者, 言談虛僞, 舌出如蛇者毒害, 舌斷如掘者蹇滯, 未語而舌先至者, 好妄談, 未言而舌舐舌者, 多淫泆.

혀에 검은 점이 있으면 말하는 것에 허위가 많다. 혀가 뱀처럼 드나들면 독해서 사람을 해롭게 하고, 혀가 끊긴 듯 구부러지면 일생 막히는 일이 많다. 말을 하기 전에 혀가 먼저 움직이면 망언을 잘하고 말을 하기 전에 혀를 핥으면 음란하다.

설대구소어불능료, 설소구대언어경쾌, 설소이단즉시빈한. 설소이장사관길창, 설부교문귀기능운, 설무문리심상지려. 대저설욕홍이불욕흑, 설욕적이불욕백, 설형욕방, 설세욕심.

舌大口小語不能了, 舌小口大言語輕快, 舌小而短卽是貧漢. 舌小而長仕宦吉昌, 舌府交紋貴氣凌雲, 舌無紋理尋常之侶. 大抵舌欲紅而不欲黑, 舌欲赤而不欲白, 舌形欲方, 舌勢欲深.

혀가 크고 입이 작으면 말을 잘못하고, 혀가 작고 입이 크면 말하는 것이 경쾌하다. 혀가 작고 짧으면 가난한 사람이다. 혀가 작고 길면 관운이 좋고 창성한다. 혀에 주름이 얽혀있으면 구름을 능가할 정도로 귀하고 주름이 없으면 보통사람이다. 혀는 붉어야 하고 검어서는 안 되며, 적색이어야 하고 흰색이면 안 되며, 혀의 형태는 큼직하고 모나야 하고 혀의 세는 깊어야 한다.

논치(論齒)

구백골지정화, 작일구지봉인, 운화만물, 이이육부자치야. 고욕득대이밀, 장이직, 다이백위가야.

構百骨之精華, 作一口之鋒刃, 運化萬物, 以頤六府者齒也. 故欲得大而密, 長而直, 多而白爲佳也.

모든 뼈의 정화를 이끌며 입의 봉인이 되어 만물을 운용하여 화생하고 육부를 기르는 것은 치아이다. 따라서 크고 촘촘해야 하고 길고 곧고 많고 흰 것이 좋다.

견뢰밀고자장수, 요란첩생자교횡, 노출자폭망, 소루자빈박, 단결자우하, 초고자횡요, 어불견치자부귀, 장이치락자수촉.

堅牢密固者長壽, 繚亂疊生者狡橫, 露出者暴亡, 疎漏者貧薄, 短缺者愚下, 焦枯者橫夭, 語不見齒者富貴, 壯而齒落者壽促.

굳게 둘러싸고 빽빽하고 견고한 자는 장수하고 얽히고 어지러우며 겹치게 난자는 간교하고 가로막히는 일이 많다. 치아가 모두 드러나면 갑자기 병에 걸려 죽게 된다. 치아가 듬성듬성하여 새는 듯하면 가난하고 복이 적다. 짧고 결함이 있으면 어리석고 하천하다. 불에 그을린 듯 치아가 윤기가 없으면 요절한다. 말을 하는데 치아가 보이지 않으면 부귀하고 장정 때에 치아가 빠지면 수명이 짧다.

*暴亡(폭망): 돌연히 발병하여 죽게 된다는 '폭병사망(暴病死亡)'.

삼십팔치자왕후, 삼십륙치자경상, 삼십사치자조랑거부, 삼십이치자중인복록, 삼십자평상지인, 이십팔자하빈지배.

三十八齒者王侯, 三十六齒者卿相, 三十四齒者朝郞巨富, 三十二齒者中人福祿, 三十者平常之人, 二十八者下貧之輩.

치아가 38개면 왕후이고 36개면 경상이며 34개는 조랑으로 거부이다. 치아가 32개면 중인으로 복록이 있다. 30개면 보통 사람이고 28개면 하천하고 가난한 무리이다.

*朝郞(조랑): 원외랑(員外郞)을 뜻하는 말로 수(隋)나라 때 상서성(尙書省)의 부서인 이십사사(二十四司)마다 한 명씩 두어 각 사(司)의 차관(次官)직을 맡게 했으며, 당나라 이후에는 육부(六部)의 각 부서에서 차관의 직책을 맡았다.

영백자백모백칭, 황색자간구조체, 여백옥자고귀, 여란은자청직, 여류자자복록, 여검봉자귀수, 여갱미자고수, 여흑심자명단.

瑩白者百謀百稱, 黃色者干求阻滯, 如白玉者高貴, 如爛銀者淸職, 如榴子者福祿, 如劍鋒者貴壽, 如粳米者高壽, 如黑椹者命短.

밝은 흰색이면 백사를 도모해도 이루어지고 황색이면 관직을 구하는 것이 막히고 험난하다. 백옥 같으면 고귀하고 은색으로 빛나면 청직에 나가게 된다. 석류씨 같으면 복록이 있고, 칼날 끝 같으면 귀하고 장수한다. 멥쌀 같으면 장수하고 검은 오디 같으면 수명이 짧다.

*淸職(청직): 한림원(翰林院)의 시위학사(侍衛學士) · 시강학사(侍講學士) 등 학문이 뛰어난 사람이 맡는 관직.

상활하첨여열거자, 성조이식육, 상첨하활여배각자, 성비이식채, 용치자, 자식현달, 우치자, 자신기영, 서치자, 빈요, 견치자, 독분.

上闊下尖如列鋸者, 性粗而食肉, 上尖下闊如排角者, 性鄙而食菜, 龍齒者, 子息顯達, 牛齒者, 自身起榮, 鼠齒者, 貧夭, 犬齒者, 毒忿.

윗니는 넓고 아랫니는 뾰족하여 톱날과 같으면 성정이 거칠고 육식을 좋아한다. 위는 뾰족하고 아래는 넓어서 뿔을 늘어세워 놓은 듯 하면 성정이 질박하고(속되고) 채식을 즐긴다. 용치는 자식이 현달하고, 소의 치아는 자신에게 영화가 있으며, 쥐의 치아는 가난하고 요절하고 개의 치아는 독하고 성을 잘 낸다.

치여함옥수천복록, 여난은부귀불빈, 백밀이장사환무앙, 흑이소봉일생재중, 직장일촌극귀난론, 참차부제심행사기.

齒如含玉受天福祿, 如爛銀富貴不貧, 白密而長仕宦無殃, 黑而疎縫一生災重, 直長一寸極貴難論, 參差不齊心行詐欺.

치아가 옥을 머금은 듯하면 하늘로부터 복록을 받고 찬란한 은빛이면 부귀하여 가난해지지 않는다. 희고 촘촘하고 길면 관직에 나가고 재앙이 없다. 검고 성글어 듬성듬성하면 평생 재앙이 중중하다. 곧고 길이가 1촌이면 말할 수 없을 정도로 극귀하다. 뒤섞이고 가지런하지 못하면 마음과 행동에 사기성이 있다.

치밀방위군자유, 분명소배치아소. 색여백옥수상칭, 연소성명달제도. 순홍치백문장사, 안수미고시귀인. 세소단소빈차요, 등창비력왕로신.

齒密方爲君子儒, 分明小輩齒牙疎. 色如白玉須相稱, 年少聲名達帝都. 脣紅齒白文章士, 眼秀眉高是貴人. 細小短疎貧且夭, 燈窓費力枉勞神.

치아가 촘촘하고 모나면 군자다운 선비요, 분명히 소인배의 치아는 성글다. 색이 백옥과 같으면 반드시 성공하게 되는 상으로 어려서부

터 명성을 날려 황제의 도읍까지 도달한다. 입술이 붉고 치아가 희면 문장이 훌륭한 선비인데 눈이 빼어나고 눈썹이 높으면 귀한 사람이다. 치아가 가늘고 작고 짧고 성글면 가난하고 요절하게 되며 창에 등불을 켜고 힘을 다해도 몸과 마음만 고달프다.

상이(相耳)

이생관뇌이통심흉, 위심지사신지후야. 고신기왕즉청이총, 신기허즉혼이탁, 소이성예여성행야. 후이견, 용이장, 개수상야.

耳生貫腦而通心胸, 爲心之司腎之候也. 故腎氣旺則淸而聰, 腎氣虛則昏而濁, 所以聲譽與性行也. 厚而堅, 聳而長, 皆壽相也.

귀는 뇌와 이어져 있고 흉중과 통해 있어 마음의 사령이며 신장의 시종이다. 그러므로 신기가 왕성하면 맑고 총명하지만, 신기가 허하면 어둡고 탁하다. 그러므로 명성과 영예를 듣고 성품이 행해지는 것이다. 두텁고 튼튼하며 높이 솟고 길면 모두 장수하는 상이다.

윤곽분명총오, 수주조구자주재수, 첩육자부족, 이내생호자수, 이유흑자, 생귀자, 주총명. 이문활, 주지원대.

輪廓分明聰悟, 垂珠朝口者主財壽, 貼肉者富足, 耳內生毫者壽, 耳有黑子, 生貴子, 主聰明. 耳門闊, 主智遠大.

윤곽이 분명하면 총명하고 귓불이 입을 향해 있으면 재복이 있고 장수하며, 살이 붙어있으면 부가 족하다. 귀 안쪽에 긴 털이 있으면 장수하고 귀에 검은 점이 있으면 귀한 자식을 낳고 총명하다. 귓구멍이 넓으면 지혜가 원대하다.

홍윤주관, 백주명망, 적흑빈천. 이박향전, 매진전원. 반이편측, 거무옥택. 좌우대소, 둔비방해. 광명윤택, 성명원파, 진추초흑, 빈박우로.

紅潤主官, 白主名望, 赤黑貧賤. 耳薄向前, 賣盡田園. 反而偏側, 居無屋宅. 左右大小, 迍否妨害. 光明潤澤, 聲名遠播, 塵麓焦黑, 貧薄愚鹵.

붉고 윤기가 있으면 관직에 나가게 되고, 희면 명망이 있게 되며, 붉고 검으면 빈천하다. 귀가 얇고 앞으로 향해 있으면 재산을 모두 팔아 없애고, 뒤집히고 옆으로 치우쳤으면 거처할 집이 없다. 좌우측이 크고 작으면 막히고 비색하며 방해를 받게 된다. 빛이 밝고 윤택하면 명성이 널리 퍼지게 되고, 먼지가 낀 듯 거칠거나 검게 그을린 듯하면 가난하고 어리석고 우둔하다.

기수여목, 도로불곡, 장이용자록위, 후이원자의식. 귀인유귀안무귀이, 천인혹유귀이이무귀안. 선상자선상기색, 후상기형가야.

其竪如木, 到老不哭, 長而聳者祿位, 厚而圓者衣食. 貴人有貴眼無貴耳, 賤人或有貴耳而無貴眼. 善相者先相其色, 後相其形可也.

귀가 나무와 같이 수직으로 내려왔으면 늙도록 울 일이 없고, 길고 높이 솟았으면 관록이 있으며 두텁고 둥글면 의식이 족하다. 귀인에게 귀한 눈은 있어도 귀한 귀를 지닌 이는 없고, 천인 가운데 간혹 귀한 귀를 지녔으나 귀한 눈을 지닌 이는 없다. 상에 능통한 사람은 먼저 귀의 기색을 살피고 그 후에 형태를 살피는 것이다.

양이수견, 귀불가언, 이백과면, 명만천하, 기자지이, 성가림계. 이흑비화, 이조파가, 이

박여지, 요사무의. 윤곽도홍, 성최영롱, 양이여토, 빈궁무의. 이여서이, 빈천조사, 이반무륜, 조업여진.

兩耳垂肩, 貴不可言, 耳白過面, 名滿天下, 棋子之耳, 成家立計. 耳黑飛花, 離祖破家, 耳薄如紙, 夭死無疑, 輪廓桃紅, 性最玲瓏, 兩耳如兎, 貧窮無倚, 耳如鼠耳, 貧賤早死, 耳反無輪, 祖業如塵.

두 귀가 어깨까지 늘어졌으면 귀함을 말할 수가 없고, 귀가 얼굴보다 희면 천하에 이름을 날리게 되고, 바둑돌 같은 귀는 一家를 이루고 계략을 세울 수 있다. 귀가 검고 지는 꽃잎 같으면 조상을 떠나고 집안을 파한다. 귀가 종이처럼 얇으면 요절하는 것을 의심할 바 없다. 윤곽이 복숭아꽃처럼 붉으면 성품이 영롱하고, 두 귀가 토끼 같으면 빈궁해서 의지할 곳이 없게 된다. 귀가 쥐 귀 같으면 빈천하고 일찍 죽게 되며, 귀가 뒤집히고 귓바퀴가 없다면 조업이 먼지처럼 흩어진다.

이박무근, 필요천년, 이문광활, 총명활달. 이유성곽, 수명불촉, 이하골원, 미유여전. 이고어목, 합수사록, 고미이촌, 영불빈곤. 이고윤곽, 역지안락. 이유도환, 오품고관.

耳薄無根, 必夭天年, 耳門廣闊, 聰明豁達. 耳有城郭, 壽命不促, 耳下骨圓, 未有餘錢. 耳高於目, 合受師祿, 高眉二寸, 永不貧困. 耳高輪廓, 亦至安樂. 耳有刀環, 五品高官.

도환

귀가 얇고 수근(壽根)이 없으면 하늘로부터 부여받은 명이 짧다. 귓구멍이 넓으면 총명하고 활달하다. 귀에 성곽이 있으면 수명이 짧지 않고 귀 아래 뼈가 둥글면 금전적으로 여유가 없다. 귀가 눈보다 높으면

스승의 녹을 받는다. 눈썹보다 2촌이나 높으면 영원히 빈곤함이 없다. 귀가 높고 윤곽이 뚜렷하면 지극히 안락하게 산다. 귀가 도환(칼자루 끝에 붙이는 고리) 같다면 5품의 고관이 된다.

도환

이문수후, 부귀장구. 이문여근, 가빈무거. 이유호모, 장수부귀, 겸몰재앙. 이여수이, 자안자지. 이문박소, 명단식소. 전간견이, 이다빈고, 이전생염, 내근롱빈. 이생흑자, 시비자초.

耳門垂厚, 富貴長久. 耳門如筋, 家貧無去. 耳有毫毛, 長壽富貴, 兼沒災殃. 耳如獸耳, 自安自止. 耳門薄小, 命短食少. 前看見耳, 而多貧苦, 耳前生靨, 乃近聾貧. 耳生黑子, 是非自招.

귓구멍이 두툼하면 부귀가 길다. 귓구멍이 힘줄과 같으면 가정이 빈한하여 갈 곳이 없다. 귓구멍에 가늘고 긴 털이 나면 장수하고 부귀하고 재앙이 없다. 귀가 짐승의 귀 같으면 안분지족할 줄 안다. 귓구멍이 얇고 작으면 수명이 짧고 먹을 것이 적다. 앞에서 귀가 전부 보이면 가난하고 고통스럽고, 귀 앞에 검은 사마귀가 생기면 청각장애인이 되고 가난하게 될 날이 머지않으며, 귀에 검은 점이 생기면 시비를 자초하게 된다.

논사지(論四肢)

부수족자, 위지사지, 이상사시, 가지이수, 위지오체, 이상오행. 고사시부조, 즉만물요알. 사지부단, 즉일신곤고, 오행불리, 즉만물불생, 오체불칭, 즉일세천궁. 시이수족역상

목지지간야. 다절자명위부재지목.

夫手足者, 謂之四肢, 以象四時, 加之以首, 謂之五體, 以象五行. 故四時不調, 則萬物夭閼. 四肢不端, 則一身困苦, 五行不利, 則萬物不生, 五體不稱, 則一世賤窮. 是以手足亦象木之枝幹也. 多節者名爲不材之木.

수족은 사지라 하여 사계절을 상징하고 머리를 더해 오체라 하여 오행을 상징한다. 그러므로 사계절이 조화롭지 못하면 만물이 억제를 받고 사지가 단정하지 않으면 일신이 곤고하고, 오행이 불리하면 만물이 생장하지 못하고 오체가 균형이 맞지 않으면 일생이 천하고 궁하다. 그러므로 수족은 또한 나무의 줄기와 가지 같으니 나무에 마디가 많은 것은 쓸모가 없는 나무라고 하는 것이다.

연수족욕득연이활정, 근골불로, 기백여옥, 기직여간, 기활여태, 기연여면자, 부귀지인야. 기혹경이조대, 근전골출, 기조여토, 기경여석, 기곡여시, 기육여종자, 빈하지도야.

然手足欲得軟而滑淨, 筋骨不露, 其白如玉, 其直如幹, 其滑如苔, 其軟如綿者, 富貴之人也. 其或硬而粗大, 筋纏骨出, 其粗如土, 其硬如石, 其曲如柴, 其肉如腫者, 貧下之徒也.

수족은 부드럽고 매끄럽고 맑아야 하고, 근육이나 뼈가 나오지 않아야 한다. 희기가 옥 같고 곧기가 나무줄기 같으며, 매끄럽기가 이끼 같으며, 부드럽기가 솜 같으면 부귀한 사람이다. 단단하고 거칠고 크며 힘줄이 얽히고 뼈가 나오고 거칠기가 흙 같으며, 딱딱하기가 돌 같고 구부러진 것이 땔감 같고, 살이 부은 듯한 사람은 가난하고 하천한 무리이다.

논수(論手)

수자, 기용소이집지, 기정소이취사, 고섬장자성자이호시, 단후자성비이호취. 수수과슬자세간영현, 수불과요자일생빈천.

手者, 其用所以執持, 其情所以取捨, 故纖長者性慈而好施, 短厚者性鄙而好取. 手垂過膝者世間英賢, 手不過腰者一生貧賤.

손은 그 쓰임은 잡고 가지는 것이니 그 뜻은 취하거나 버리는 것이다. 그러므로 섬세하고 긴 사람은 천성이 자비롭고 베풀기를 잘한다. 짧고 두터운 사람은 천성이 비루하고 취하기를 좋아한다. 손이 무릎 밑까지 내려가는 사람은 세간의 영웅이고 현명한 사람이며, 허리를 지나지 못하는 사람은 일생 빈천하다.

신소이수대자복록, 신대이수소자청빈. 수박삭자빈, 수단후자부. 수조경자하천, 수연세자청귀. 수향난자청화, 수취한자락하.

身小而手大者福祿, 身大而手小者清貧. 手薄削者貧, 手端厚者富. 手粗硬者下賤, 手軟細者清貴. 手香煖者清華, 手臭汗者濁下.

몸이 작은데 손이 큰 사람은 복록이 있고, 몸이 크고 손이 작은 사람은 청빈하다. 손이 얇고 깎인 사람은 가난하고, 손이 단정하고 두터운 사람은 부유하다. 손이 거칠고 딱딱한 사람은 하천하고, 부드럽고 가는 사람은 맑고 귀하다. 손이 향기롭고 따뜻한 사람은 맑고 아름다우며, 손에 악취나는 땀이 있는 사람은 탁하고 하천하다.

지섭이장자총준. 지단이독자우천. 지유이밀자축적. 지경이소자파패. 지여춘순자청귀,

지여고추자우완, 지여박총자식록,

指纖而長者聰俊, 指短而禿者愚賤, 指柔而密者蓄積, 指硬而疎者破敗. 指如春筍者清貴, 指如鼓搥者愚頑, 指如剝葱者食祿.

손가락이 섬세하고 긴 사람은 총명한 준사이며, 손가락이 짧고 민둥민둥한 사람은 어리석고 천한 사람이다. 손가락이 부드럽고 빽빽한 사람은 재산을 쌓게 되고, 손가락이 뻣뻣하고 성근 사람은 파패한다. 손가락이 봄의 죽순 같은 사람은 청귀하고, 손가락이 북채 같은 사람은 어리석고 완고하다. 손가락이 파를 까놓은 듯 매끄러우면 식록이 있다.

지조죽절자빈천. 수박경여계족자무지이빈, 수굴강여저제자우로이천, 수연활여면낭자지부, 수피련여아족자지귀.

指粗竹節者貧賤. 手薄硬如雞足者無智而貧, 手倔強如猪蹄者愚魯而賤, 手軟滑如綿囊者至富, 手皮連如鵝足者至貴.

손가락이 대나무 마디처럼 거친 사람은 빈천하다. 손이 닭발처럼 얇고 뻣뻣한 사람은 지혜롭지 못하고 가난하며, 돼지 발톱처럼 단단하면 우둔하고 게으르며 천하다. 손이 비단 주머니처럼 부드럽고 매끄러운 사람은 지극히 부하다. 손 피부가 거위 발 같은 사람은 지극히 귀하다.

장장이후자귀, 장단이박자천. 장경이원자우, 장연이방자부. 사반풍기이중요자부, 유사반육박이중평자재산. 장윤택자부귀, 장건고자빈궁.

掌長而厚者貴, 掌短而薄者賤. 掌硬而圓者愚, 掌軟而方者富. 四畔豐起而中凹者富, 有四畔肉薄而中平者財散. 掌潤澤者富貴, 掌乾枯者貧窮.

손바닥이 길고 두터운 사람은 귀하고, 손바닥이 짧고 얇은 사람은 천하다. 손바닥이 단단하고 둥근 사람은 우둔하고, 부드럽고 모난 사람은 부하다. 네 가장자리가 풍성하게 일어나고 가운데가 오목한 사람은 부하고, 가장자리의 살이 얇고 가운데가 평평한 사람은 재물이 흩어진다. 손바닥이 윤택한 사람은 부귀하고, 마르고 거칠면 빈궁하다.

장홍여손혈자영귀, 장황여불토자지천, 청색자빈고, 백색자한천. 장중당심생흑자자지이부, 장중사반생횡리자우이빈.

掌紅如噴血者榮貴, 掌黃如拂土者至賤, 靑色者貧苦, 白色者寒賤. 掌中當心生黑子者智而富, 掌中四畔生橫理者愚而貧.

손바닥 붉은 것이 피를 토하듯 한 사람은 영화롭고 귀하고, 손바닥 누런 것이 흙먼지 같은 사람은 지극히 천하다. 청색인 사람은 가난하고 고생스러우며, 흰 사람은 춥고 천하다. 손바닥 중앙에 검은 점이 있는 사람은 지혜롭고 부하며, 손바닥 가장자리에 무늬가 어지럽게 있는 사람은 어리석고 가난하다.

대저인수욕연이장, 박욕평이후, 골욕원이저, 완절욕소, 지절욕세. 용골욕장, 호골욕단. 골로이조, 근부이산, 문긴여루, 육고이삭, 비미상야.

大抵人手欲軟而長, 膊欲平而厚, 骨欲圓而低, 腕節欲小, 指節欲細. 龍骨欲長, 虎骨欲短. 骨露而粗, 筋浮而散, 紋緊如縷, 肉枯而削, 非美相也.

무릇 사람의 손은 부드럽고 길고, 윗팔은 평평하고 두터우며, 뼈는 둥글고 낮으며, 팔꿈치 마디는 작고, 손가락 마디는 가늘어야 한다. 용골은 길고 호골은 짧아야 한다. 뼈가 튀어나오고 거칠고 근육이 들뜨고 산란스러우며 주름이 얽혀있고 살이 마르고 깎인 것은 좋은 상이 아니다.

석왕극정사, 신후무자, 기가수불사, 유일녀십여세, 궤로어상전, 진단입조, 출어인왈, 왕씨녀오수불견기면, 단관기봉로수상심귀, 약과남자백의입한림, 여자가즉위국부인.

昔王克貞死, 身後無子, 其家修佛事, 惟一女十餘歲, 匱爐於像前, 陳摶入弔, 出語人曰, 王氏女吾雖不見其面, 但觀其捧爐手相甚貴, 若果男子白衣入翰林, 女子嫁卽爲國夫人.

옛날에 왕극정이 죽었는데 아들이 없었다. 그 집에서 불사를 하는데 10여 세 된 딸이 향로 앞에 불을 붙이려 꿇어앉았다. 그 때 진단이 문상하러 들어갔다 나와서 사람들에게 말하길 "왕씨의 딸을 내가 비록 얼굴을 보지는 못했지만 향로를 받든 손을 보니 아주 귀하다. 남자였다면 백의를 입고 한림원에 들어가게 되었을 텐데, 여자이니 출가하게 되면 국부인이 되겠다."라고 하였다.

*王克貞(왕극정?-?): 노릉(廬陵: 지금의 강서성江西 길안吉安)사람으로 字는 수절(守节). 오대십국시기 남당(南唐) 보대(保大) 10년(952) 장원급제하고 관직이 관정원부사(观政院副使)에 이르고 송나라 초기에 한주(漢州) 장관을 지냈다. 송태종이 그의 문명(文名)을 듣고 특명을 내려 사인원(舍人院)에 배치했다. 고명(誥命: 황제가 벼슬을 내릴 때 주는 문서)을 전아(典雅)하고 바르게 지었으므로 사람들의 칭송을 받았으며 활주(滑州)와 양주(襄州)·재주(梓州)의 지주(知州)를 역임했는데 가는 곳마다 모두 선정(善政)을 베풀었다. 명을 받고 《태평광기총류(太平廣記總類)》를 편수했다.

후진진공위참지정사, 무처. 태종왈, 왕극정강남구족, 일녀영숙경가작배, 태종돈유재삼, 수납위실, 불수일, 봉군부인.

後陳晉公爲參知政事, 無妻. 太宗曰, 王克貞江南舊族, 一女令淑卿可作配, 太宗敦諭再三, 遂納爲室, 不數日, 封郡夫人.

후에 진진공이 참지정사가 되었는데 처가 없었다. 태종이 말하길, "왕극정은 강남의 옛날 귀족으로 딸이 하나 있는데 현숙하여 경과 짝을 지을 만하다."라고 하였다. 태종이 돈독하게 재삼 권유하니 받아들여 부인으로 삼았는데 며칠 지나지 않아 군부인에 봉해졌다.

촉선주유비, 신장칠척오촌, 수수과슬, 자고견기이. 수백여옥자귀, 수직여순복수, 수활여태복수, 비지주명룡골상군, 욕장이대, 지완명호골상신, 욕단이소.
蜀先主劉備, 身長七尺五寸, 垂手過膝, 自顧見其耳. 手白如玉者貴, 手直如筍福壽, 手滑如苔福壽, 臂至肘名龍骨象君, 欲長而大, 至腕名虎骨象臣, 欲短而小.

촉나라의 선주 유비는 신장이 7척 5촌으로 손을 늘어뜨리면 무릎을 지났으며 자신의 귀를 스스로 볼 수 있었다. 손이 옥처럼 희면 귀하고, 손이 죽순처럼 곧으면 복이 있고 수명이 길며, 이끼처럼 매끄러우면 복과 수를 누린다. 어깨에서 팔꿈치까지를 용골이라 하여 임금을 상징하므로 길고 커야 하고 팔꿈치부터 팔목까지는 호골이라 하여 신하를 상징하므로 짧고 작아야 한다.

수문난좌, 합유복록, 영무재화, 수유종리문자위지삼공. 수유삼문필사노복, 지상문유삼행, 명삼도시야. 수일문필위노, 십지삼문, 병통재식무궁. 수여호굴빈한지골.
手紋亂剉, 合有福祿, 永無災禍, 手有縱理紋者位至三公. 手有三紋必使奴僕, 指上紋有三行, 名三道是也. 手一紋必爲奴, 十指三紋, 拼通財食無窮. 手如虎屈貧寒至骨.

손에 주름이 어지럽지만 하나로 합해졌다면 복록이 있고 영원히 재앙이 없다. 손에 세로로 주름이 있으면 삼공의 지위에 이르게 된다. 손에 세 개의 주름이 있으면 반드시 노복을 부린다. 손가락에 세 개의 문양이 있는 것을 '삼도'라 한다. 손에 주름이 한 개 있으면 반드시 하인이 되고, 열 손가락에 주름 3개가 있다면 재물과 식록에 궁함이 없다. 손이 호랑이 발처럼 오그라들었으면 빈한이 뼈에 사무친다.

남수여면낭록위지공왕, 상상서인부귀야. 여수여간쟁, 복록지무강. 수골의횡천, 용탄호필영. 섬섬십지윤, 지식사인경, 무골응사측, 빈한체불평. 호강용우약, 우자망영창.

男手如綿囊祿位至公王, 上相庶人富貴也. 女手如竿錚, 福祿至無疆. 手骨懿橫賤, 龍吞虎必榮. 纖纖十指潤, 知識使人驚, 無骨應斜側, 貧寒體不平. 虎强龍又弱, 尤自望榮昌.

남자의 손이 비단 주머니처럼 부드러우면 공경대부나 왕에 이르게 된다. 서인인데 앞에 말한 상에 해당되면 부귀해진다. 여자의 손이 대나무 창처럼 길쭉하면 복록이 끝이 없다. 손의 뼈가 비뚤어졌으면 천하다. 용이 호랑이를 삼키면 반드시 영화롭다. 열 손가락이 섬세하고 부드러우면 지식으로 남들을 놀라게 한다. 뼈가 없는 듯 비뚤어졌으면 빈한하고 몸이 편안치 않다. 호골이 강하고 용골이 약하면 영화롭고 창성함을 바라볼 뿐이다.

석실신이부(石室神異賦)

오대간유지인, 진단사호희이, 단자도남, 정어상법. 학상유이동심옹로이교지, 희이여기이왕지화산석실지중, 화산석실내마의수도지지야.

五代間有至人, 陳搏賜號希夷, 搏字圖南, 精於相法. 學相諭以冬深擁爐而敎之, 希夷如期而往至華山石室之中, 華山石室乃麻衣修道之地也.

오대에 지극한 경지에 이르렀던 사람이 있었으니 진단으로 하사받은 호가 희이였다. 그의 호는 도남이며 상법에 정통했다. 상을 배워 깨우치는데 깊은 겨울에 화로가에서 그를 가르쳤다. 희이는 기일이 되면 화산 석실로 갔으니 화산 석실은 마의대사가 수도하는 곳이었다.

후희이은지. 불이언어, 이도여희이, 묵이수지야. 단용화저획자어로회중, 이전수차부, 우유금쇄부, 별유은시가, 실수지 희이진기학언, 금쇄부, 은시가, 개마의소작.

後希夷隱之. 不以言語, 而度與希夷, 默而授之也. 但用火箸劃字於爐灰中, 以傳授此賦, 又有金鎖賦, 別有銀匙歌, 悉授之 希夷盡其學焉, 金鎖賦, 銀匙歌, 皆麻衣所作.

후일 희이가 그곳에 은거하였다. 말로써가 아니라 법도를 희이에게 주는데 묵묵히 전수했다. 다만 화저로써 화로의 재에 글씨를 그려 이 부를 전수하였으니, 또한 〈금쇄부〉가 있고 따로 〈은시가〉가 있는데 모두 전수하여 희이가 그 배움을 극진히 한 것으로 〈금쇄부〉·〈은시가〉는 모두 마의대사가 지은 것이다.

상유전정, 세무예지; 인지생야, 부귀빈천, 현우수요, 화복선악, 일정어상지형모피부골격기색성음언. 세인무유능예지자, 유희이이이.

相有前定, 世無預知; 人之生也, 富貴貧賤, 賢愚壽夭, 禍福善惡, 一定於相之形貌皮膚骨格氣色聲音焉. 世人無有能預知者, 惟希夷而已.

상은 이미 정해져 있는데, 세상 사람들이 미리 알지 못한다; 사람의 일생은 부귀·빈천·현우·수요·화복·선악 등이 모습·피부·골격·기색·음성 등에 정해져 있으나 세상 사람 가운데 미리 알 수 있는 자가 없으니 다만 희이가 있을 뿐이다.

비신이이비수, 기진범지해추: 욕예지상지전정, 도비신묘이상지배, 부능지. 연밀수차서자, 우기세속범하지인, 소능해추재, 의위필희이능지야.
非神異以秘授, 豈塵凡之解推; 欲預知相之前定, 都非神妙異常之輩, 不能知. 然密授此書者, 又豈世俗凡下之人, 所能解推哉, 意謂必希夷能之也.

〈신이부〉로써 비전을 전수하지 않는다면 어찌 속세 사람들이 이해하여 추단할 수 있겠는가; 상이 앞서 정해진 것을 미리 알고자 하지만 모두 신묘하고 일반적이지 않은 무리들이 아니니 알 수 없는 것이다. 그러니 은밀히 이 책을 전해 받은 자라도 어찌 속세의 사람들이 풀어 추단할 수 있겠는가? 뜻을 이르는 것은 반드시 희이가 할 수 있는 것이다.

발석실지단서, 막망오도부신선지고비, 도여희이; 마의위금일개발석실단보지서, 부결고선비오지전, 수이희이. 오지상법진어차의, 당념념불망가야.
發石室之丹書, 莫忘吾道剖神仙之古秘, 度與希夷; 麻衣謂今日開發石室丹寶之書, 剖決古仙秘奧之典, 授爾希夷. 吾之相法盡於此矣, 當念念不忘可也.

석실의 단서에서 밝히어 신선의 옛날 비전을 나누어 희이에게 전하니 잊지 말라; 마의대사가 지금 석실의 책을 펼쳐 옛 신선의 신비하고 오묘한 서적을 분석하여 그대 희이에게 준다. 나의 상법은 여기에 다 있으니 마음에 깊이 새겨 잊지 않도록 하라.

*丹書(단서): 중국의 전설상 붉은 봉황이 물어다 준다는 상서로운 책.

당지골격위일세지영고, 기색정행년지휴구; 골격무역, 상지체야, 즉일세지영고, 가유차이지, 기색선생, 상지용야, 즉행년지휴구, 가유차이험, 지자참지, 인지귀천, 사과반의.
當知骨格爲一世之榮枯, 氣色定行年之休咎; 骨格無易, 相之體也, 則一世之榮枯, 可由此而知, 氣色旋生, 相之用也, 則行年之休咎, 可由此而驗, 知者參之, 人之貴賤, 思過半矣.

골격으로 일생의 영고를, 기색으로 행년의 길흉을 알아야 한다; 골격은 바뀌지 않는 상의 체이니 일생의 영고는 이로써 알 수 있고, 기색은 회전하며 달라지는 상의 用이니 행년의 길흉은 이로써 증험할 수 있다. 지혜로운 자는 이를 참고하면 사람의 귀천을 과반은 생각할 수 있다.

삼정평등, 일생의록무휴; 자발제지인당위상정, 산근지준위중정, 인중지지각위하정, 차면상삼정야, 두요족위신상삼정야. 고운면상삼정액비각, 삼정평등다의록, 장단여차복불요, 즉의록풍휴, 어차가견.
三停平等, 一生衣祿無虧; 自髮際至印堂爲上停, 山根至準爲中停, 人中至地閣爲下停, 此面上三停也, 頭腰足爲身上三停也. 古云面上三停額鼻閣, 三停平等多衣祿, 長短如差福不饒, 則衣祿豐虧, 於此可見.

삼정이 균등하면 일생 의록의 부족함이 없다; 발제에서 인당까지가

상정, 산근에서 준두까지가 중정, 인중에서 지각까지가 하정인데 이것이 얼굴의 삼정이며 머리·허리·다리는 신체의 삼정이다. 옛날에는 '얼굴 삼정은 이마·코·지각'이라고 하였는데, 삼정이 평등하면 의록이 많고 길이가 다르면 복이 넉넉지 않으니 의록의 많고 적음을 이로써 알 수 있다.

오악조귀, 금세전재자왕; 좌관위동악, 우관위서악, 액위남악, 지각위북악, 비위중악, 차오악욕기조공풍륭, 불욕결함상파. 혼의운, 오악부정, 상군종시박한, 팔괘고륭, 수시다초재보, 재전왕상, 어차가견.

五嶽朝歸, 今世錢財自旺; 左顴爲東嶽, 右顴爲西嶽, 額爲南嶽, 地閣爲北嶽, 鼻爲中嶽, 此五嶽欲其朝拱豐隆, 不欲缺陷傷破. 五嶽不正, 相君終始薄寒, 八卦高隆, 須是多招財寶, 財錢旺相, 於此可見.

오악이 마주 보면 당대에 돈과 재물이 스스로 넉넉하다; 좌측 관골이 동악, 우측 관골이 서악, 이마가 남악, 지각은 북악, 코는 중악인데 이 오악은 마주 보듯 풍륭해야 하고 결함이나 흉터, 깨어지지 않아야 한다. 오악이 바르지 않으면 그는 시종 빈한할 것임을 알고, 팔괘가 높이 솟았으면 반드시 재물과 돈이 넉넉하니 이로써 알 수 있다.

해위지각, 견말세지규모; 풍후자부요, 첨삭자빈박, 범상인말한재차, 지각위수성, 속하정. 약추금수형인우준.

頦爲地閣, 見末歲之規模; 豐厚者富饒, 尖削者貧薄, 凡相人末限在此, 地閣爲水星, 屬下停. 若推金水形人尤準.

아래턱이 지각이며 말년의 규모를 알 수 있다; 턱의 살이 풍부하고 두터우면 부가 넉넉하고 뾰족하고 깎였으면 가난하고 복이 박하니 말년의 운은 여기에 달려 있다. 지각은 수성으로 하정에 속한다. 금·수형인 사람은 더욱 이것을 기준으로 삼는다.

비내재성, 관중년지조화; 풍륭단정자귀현, 흔로편곡자하천, 속중정, 약추토형인최응.

鼻乃財星, 管中年之造化; 豊隆端正者貴顯, 掀露偏曲者下賤, 屬中停, 若推土形人最應.

코는 재성으로 중년의 조화를 관장한다; 풍륭하고 단정하면 귀하고 현달하며, 코끝이 들려 콧구멍이 드러나거나 휘고 굽은 자는 하천하다. 중정에 속하며 토형인의 경우 가장 응험하다.

액위화숙, 관전삼십재지영고; 액주초한, 약방정륭후, 즉길, 첨삭단요, 즉흉.

額爲火宿, 管前三十載之榮枯; 額主初限, 若方正隆厚, 則吉, 尖削斷凹, 則凶.

이마는 火성으로 30세 이전의 영고를 주관한다; 이마는 초년의 운을 주관하는데, 넓고 바르며 두툼하게 솟아야 길하다. 뾰족하고 깎이고 끊기고 움푹 꺼졌으면 흉하다.

발제인당, 주유백세; 발제지인당, 주일생귀천.

髮際印堂, 周維百歲; 髮際至印堂, 主一生貴賤.

발제와 인당은 평생 적용된다; 발제에서 인당까지는 일생의 귀천을 주관한다.

발제저이피부조, 종견우완; 발제약액이저, 피부조고이조자, 필경우완지도.

髮際低而皮膚粗, 終見愚頑; 髮際若額而低, 皮膚燥枯而粗者, 畢竟愚頑之徒.

발제가 낮고 피부가 거칠면 끝내 어리석고 완고하다; 발제와 이마가

낮고 피부가 마르고 건조하며 거친 자는 반드시 어리석고 완고한 부류이다.

천정고용, 소년부귀가기; 천정위재인당지상, 발제지하, 이기처어지고지위, 고천정의고용, 여입벽복간, 무슬축편함, 경겸오악조공, 유필귀현.

天庭高聳, 少年富貴可期; 天庭位在印堂之上, 髮際之下, 以其處於至高之位, 故天庭宜高聳, 如立壁覆肝, 無瑟縮偏陷, 更兼五嶽朝拱, 幼必貴顯.

천정이 높이 솟았으면 젊어서 부귀를 기약할 수 있다; 천정은 인당의 위이며 발제의 아래로 지극히 높은 부위에 있다. 그러므로 천정은 높이 솟아서 마치 벽이 서 있는 듯 짐승의 간을 엎어놓은 듯해야 하고, 주름이나 오그라들거나 치우치거나 함몰됨이 없어야 한다. 더욱 오악이 서로 바라보는 듯하면 어려서 반드시 귀하고 현달한다.

천정고활, 수지복마무휴; 천정고이차활, 정거관위이무의.

天庭高闊, 須知僕馬無虧; 天庭高而且闊, 定居官位而無疑.

천정이 높고 넓으면 노복과 재산이 이지러지지 않음을 알아야 한다; 천정이 높고 넓으면 반드시 관직으로 나가게 됨을 의심할 바가 없다.

액방이활, 초주영화, 골유삭편조년언건; 액위화성, 내관록부모지궁, 재한위초, 약방정관활, 필주초년영화, 기골첨삭편함, 수견조년불리.

額方而闊, 初主榮華, 骨有削偏早年偃蹇; 額爲火星, 乃官祿父母之宮, 在限爲初, 若方正寬闊, 必主初年榮華, 其骨尖削偏陷, 須見早年不利.

이마가 반듯하고 넓으면 초년에 영화가 있고 뼈가 깎이거나 기울면 일찍부터 막히는 일이 많다; 이마는 화성이며 관록 부모궁으로 초년 운에 해당된다. 방정하고 넓다면 반드시 초년에 영화가 있고, 뼈가 뾰족하고 깎이고 기울고 함몰되었으면 어려서 이롭지 않다.

남방귀환청고, 다주천정풍활; 남방이천정위주, 천정위액, 내화성야. 남인약두액풍활이불편함, 관록성득전, 고다위청고귀환.

南方貴宦清高, 多主天庭豊闊; 南方以天庭爲主, 天庭爲額, 乃火星也. 南人若頭額豊闊而不偏陷, 官祿星得躔, 故多爲清高貴宦.

남쪽 지역의 귀한 관리는 맑고 고상하며 주로 천정이 풍부하고 넓다; 남방인은 천정이 위주가 된다. 천정은 이마이며 화성이다. 남방인이 머리와 이마가 풍부하고 넓으며 치우치거나 함몰되지 않았으면 관록성이 제 궤도를 얻은 것이므로 맑고 고상하며 귀한 관직에 이르게 된다.

북방공후대귀, 개유지각관륭; 북방이지각위주, 지각위해내수성야. 북인약이해관륭, 이조천정, 군신상득국, 고다위대귀공후.

北方公侯大貴, 皆由地閣寬隆; 北方以地閣爲主, 地閣爲頤乃水星也. 北人若頤頦寬隆, 而朝天庭, 君臣相得局, 故多位大貴公侯.

북방의 공후의 대귀함은 모두 지각이 넓고 풍성하기 때문이다; 북방은 지각이 위주가 된다. 지각은 턱으로 수성이다. 북방인이 턱이 넓고 풍부하며 천정을 향했다면 군신이 서로 격국을 얻은 것으로 대귀한 공후가 된다.

빈우길상, 개위복당윤택; 복당재양미지상, 화개지방. 약상명윤이색홍황자, 항유길상이

무흥야.

頻遇吉祥, 蓋爲福堂潤澤; 福堂在兩眉之上, 華蓋之傍. 若常明潤而色紅黃者, 恒有吉祥而無凶也.

빈번하게 길상한 일을 만나는 사람은 복당이 윤택하다; 복당은 양 눈썹 위 화개의 옆이다. 항상 밝고 윤택하며 색이 홍황한 사람은 항상 길상하고 흉함이 없다.

황기발종고광, 순일내필정전관; 황기희색야, 고광방척양근변지, 차위약황기현자. 필천관불구, 서인유차기자, 역주희경.

黃氣發從高廣, 旬日內必定轉官; 黃氣喜色也, 高廣傍尺陽近邊地, 此位若黃氣見者, 必遷官不久, 庶人有此氣者, 亦主喜慶.

황색 기운이 고광에 나타나면 10일 이내 반드시 관직을 옮기게 된다; 황기는 기쁜 색이다. 고광은 척양 옆 변지 부근이다. 이 부위에 황색의 기운이 나타난 사람은 머지않아 반드시 관직을 옮기게 되고 보통 사람이 이와 같으면 기쁘고 경사스러운 일이 있게 된다.

미모불천창, 출입근귀; 천창재안방, 약미여신월, 이불천창, 주총명근귀야.

眉毛拂天倉, 出入近貴; 天倉在眼傍, 若眉如新月, 而拂天倉, 主聰明近貴也.

눈썹털이 천창을 향해 치켜 올라갔으면 귀한 사람 가까이 출입하게 된다; 천창은 눈 곁이다. 눈썹이 초승달과 같고 천창을 향해 올라갔다면 총명하여 귀한 사람을 가까이하게 된다.

인당접중정, 종수리관; 약인당관륭, 상접중정이광윤자, 이호관록.

印堂接中正, 終須利官; 若印堂寬隆, 上接中正而光潤者, 利乎官祿.

인당이 중정과 이어져 있으면 마침내 벼슬에 나가는 이로움이 있다; 인당이 넓고 솟아 위로 중정까지 이어지고 빛나고 윤택한 사람은 관록의 이로움이 있다.

복서관정, 일품왕후; 약유골자인당용입뇌자, 왈복서, 주대귀.
伏犀貫頂, 一品王侯; 若有骨自印堂聳入腦者, 曰伏犀, 主大貴.

복서관정이면 일품왕후가 된다; 뼈가 인당에서 솟아 머리로 들어간 것을 복서라고 하는데 대귀하게 된다.

보골삽천, 천군용장; 보골재미각, 유골풍기삽입천창자, 주위권.
輔骨插天, 千軍勇將; 輔骨在眉角, 有骨豐起插入天倉者, 主威權.

보골이 천창까지 이어졌으면 천군을 통솔하는 용장이다; 보골은 미각 위를 말하며 뼈가 풍성하게 솟아 천창까지 이어진 사람은 위엄과 권세가 있다.

골삽변정위무, 양명사해; 변정재좌보각발제지간, 약액용기삽입변정자, 주무귀, 역마연변지, 병권주일방.
骨插邊庭威武, 揚名四海; 邊庭在左輔角髮際之間, 若額聳起插入邊庭者, 主武貴, 驛馬連邊地, 兵權主一方.

뼈가 변정으로 이어졌으면 무관의 위세로 사해에 이름을 떨친다; 변정은 좌측 보각과 발제의 사이에 있다. 이마가 높이 솟아 변정으로 이

어졌으면 무관으로 귀하게 되는데, 역마가 변지로 이어졌으면 한 지역의 병권을 갖는다.

거오입뇌, 필작상서, 용골삽천, 응위재보; 액골입천정, 재상위존숭, 약일월각유골삽천정자, 역유시야. 거오즉액골, 용골즉일월각야.
巨鰲入腦, 必作尙書, 龍骨揷天, 應爲宰輔; 額骨入天庭, 宰相位尊崇, 若日月角有骨揷天庭者, 亦猶是也. 巨鰲卽額骨, 龍骨卽日月角也.

거오골이 머리 위로 들어갔으면 상서의 관직에 오르고 용골이 천정으로 이어졌으면 재상이 된다; 이마의 뼈가 천정으로 들어갔으면 재상의 지위에 올라 존경을 받고 일월각이 천정으로 이어진 사람도 역시 그러하다. 거오골은 이마에 있는 뼈이고 용골은 일월각이다.

일월각용, 필좌명군, 문무쌍전, 정위자사; 일월각용즉용골삽천야, 고위귀상. 약양관유골접변지자, 왈문무쌍전, 역목백지상야.
日月角聳, 必佐明君, 文武雙全, 定爲刺史; 日月角聳卽龍骨揷天也, 固爲貴相. 若兩顴有骨接邊地者, 曰文武雙全, 亦牧伯之相也.

일월각이 솟았으면 반드시 현명한 임금을 보좌하고 문무가 쌍전하여 자사가 된다; 일월각이 솟은 것은 용골이 천정까지 이어진 것으로 실로 귀한 상이다. 양쪽 관골이 변지와 이어졌으면 문무쌍전이라고 하며 장관의 상이다.

목청미수, 정위총준지아; 미분라계, 목속음양, 미의수이부조산저수, 목의청이불혼암사시, 수미부귀, 필위총명준수지아.
目淸眉秀, 定爲聰俊之兒; 眉分羅計, 目屬陰陽, 眉宜秀而不粗散低垂, 目宜淸而不昏暗斜視, 雖未富貴, 必爲聰明俊秀之兒.

눈이 맑고 눈썹이 수려하면 총명하고 준수한 사람이다; 눈썹은 나후와 계도로 구분하며 눈은 음양에 속한다. 눈썹은 수려해야 하고 거칠고 흩어지거나 낮게 드리워지지 않아야 한다. 눈이 맑아야 하고 어둡거나 곁눈질로 보아서는 안 되는데 이와 같으면 비록 부귀하지 않으면 필시 총명하고 준수한 사람이다.

시첨평정, 위인강개심평; 시불욕편사, 약사시자, 기인간사, 심필험악, 정시자, 심지탄직, 지기강개.

視瞻平正, 爲人剛介心平; 視不欲偏斜, 若斜視者, 其人奸邪, 心必險惡, 正視者, 心地坦直, 志氣剛介.

흘겨보지 않고 곧고 바르게 바라보면 사람됨이 강개하고 마음 씀이 곧다; 보는 것은 치우치거나 곁눈질하지 않아야 한다. 곁눈질하는 사람은 간사하고 마음이 험악하다. 바르게 보는 사람은 마음이 너그럽고 곧으며 의지가 강개하다.

하목해구, 식록천종; 안위사독지관, 하야. 구위백납지관, 해야. 목약광명이불로, 구약방정이불반, 귀현식록지인야, 위지하목해구자, 언유용납이불반로야.

河目海口, 食祿千鍾; 眼爲四瀆之官, 河也. 口爲百納之官, 海也. 目若光明而不露, 口若方正而不反, 貴顯食祿之人也, 謂之河目海口者, 言有容納而不反露也.

황하 같은 눈과 바다 같은 입은 식록이 천종이다; 눈은 사독에 속하는 기관으로 황하이다. 입은 모든 것을 받아들이는 기관으로 바다이다. 눈은 빛이 밝지만 드러나지 않고, 입은 모나고 바르며 뒤집히지 않았

으면 귀하고 현달하여 식록이 있는 사람이니 황하 같은 눈에 바다 같은 입을 가진 자를 이르는 것으로, 용납하고 뒤집히거나 드러나지 않아야 함을 말한 것이다.

목장보채, 영등천부지인; 보즉보성, 미야, 채즉광야, 약목세장이유신, 미청수이유광, 필총명등제지사.

目長輔采, 榮登天府之人; 輔卽輔星, 眉也, 采卽光也, 若目細長而有神, 眉淸秀而有光, 必聰明登第之士.

눈이 길고 보성이 아름다우면 영화가 천부에 오르는 사람이다; 輔는 보성으로 눈썹이며 采는 빛이다. 눈이 가늘고 길며 신이 있고 눈썹이 청수하고 빛나면 반드시 총명하여 과거에 급제할 선비이다.

약부순목중동, 수획선요지위; 순우제명, 동목동자야, 순유중동지이상, 수수제요지선, 이유천하.

若夫舜目重瞳, 遂獲禪堯之位; 舜虞帝名, 瞳目童子也, 舜有重瞳之異相, 遂受帝堯之禪, 而有天下.

순임금은 눈이 중동이므로 요의 지위를 선양받은 것이다; 순우는 임금의 이름이며, 瞳은 눈동자이다. 순은 중동의 기이한 상을 지녔으므로 요임금의 선양을 받아 천하를 얻게 되었다.

*舜目重瞳(순목중동): 重瞳은 한쪽 눈 당 눈동자가 2개라는 뜻으로 첫째는 눈동자가 옆으로 2개였다는 설과, 둘째는 눈동자 속에 또 눈동자가 있었다는 설로 나뉜다. 순임금은 중동이므로 요임금으로부터 선양 받을 수 있었다고 한다.

신단무광, 조부유명지객; 목신단촉이무광, 시첨무력이혼암자, 주요절.

神短無光, 早赴幽冥之客; 目神短促而無光, 視瞻無力而昏暗者, 主夭折.

신이 짧고 광채가 없으면 일찍 유명지객이 된다; 눈의 신기가 단촉하고 광채가 없으며 흘겨보고 힘없이 어두운 자는 요절한다.

누당심함, 두육횡생, 비준첨수, 인중평만, 극아손지무수, 형사속지난도; 누당의풍만, 불의심함. 광중육허약종, 왈두육, 불의횡생.

淚堂深陷, 蠹肉橫生, 鼻準尖垂, 人中平滿, 剋兒孫之無數, 刑嗣續之難逃; 淚堂宜豊滿, 不宜深陷. 眶中肉虛若腫, 曰蠹肉, 不宜橫生.

누당이 심함하고 두육이 옆으로 있고 코와 준두가 뾰족하게 늘어졌으며 인중이 평만하면 자손을 무수히 극하게 되고 후사가 묶여 형벌을 당하는 것을 피하기 어렵다; 누당은 풍만해야 하고 깊이 함몰되지 않아야 한다. 눈자위 살이 들떠 종기가 난 듯한 것을 두육이라고 하며 횡으로 있어서는 안 된다.

비준제대, 불욕첨수. 인중우명구혁, 의심장, 불욕평만, 개누당위남녀궁, 준여인중, 내궁실노복지위, 약유차파함, 주아손지형극야.

鼻準齊大, 不欲尖垂. 人中又名溝洫, 宜深長, 不欲平滿, 蓋淚堂爲男女宮, 準與人中, 乃宮室奴僕之位, 若有此破陷, 主兒孫之刑剋也.

준두는 가지런하고 커야 하며 뾰족하게 아래로 늘어져서는 안 된다. 인중을 구혁이라고도 하며 깊고 길어야 하며 평만해서는 안 된다. 누당은 남녀궁이며, 준두와 인중은 궁실과 노복을 보는 부위이다. 만일 인중이 깨지고 함몰되었다면 자손을 극하게 된다.

안불곡이누왕왕, 심무우이미축축, 조무형극, 노견고단; 약안불곡읍이양누왕습, 심무우수, 이쌍미빈축, 차형극고독지상야. 고운, 불곡상여곡, 비수각사수우, 경신부족, 영락반도휴.

眼不哭而淚汪汪, 心無憂而眉縮縮, 早無刑剋, 老見孤單; 若眼不哭泣而兩淚汪濕, 心無憂愁, 而雙眉顰縮, 此刑剋孤獨之相也. 古云, 不哭常如哭, 非愁却似愁憂, 驚神不足, 榮樂半途休.

울지 않았는데 눈물이 그렁그렁하고, 근심이 없는데도 눈썹을 찡그리면 젊어서 형극하지 않으면 늙어서 외롭게 된다; 울지 않았는데 두 눈에 눈물이 흥건하게 고인 듯하고 마음에 근심이 없는데도 양 눈썹을 찡그리면 이는 형극하고 고독한 상이다. 옛말에 '울지 않았는데 항상 운 것 같고, 걱정이 없는데도 근심이 있는 듯한 것은 신기가 놀라 부족한 것으로 영화와 즐거움이 중간에서 이지러진다.' 라고 하였다.

면사귤피, 종견고형; 만면모규, 여진구소니, 귤피면시야, 면색사귤피, 고형정불의, 수연생일자, 각환양중처.

面似橘皮, 終見孤刑; 滿面毛竅, 如塵垢所膩, 橘皮面是也, 面色似橘皮, 孤刑定不疑, 雖然生一子, 却換兩重妻.

얼굴이 귤껍질 같으면 끝내 외롭고 형상을 당하게 된다; 얼굴 모공에 기름때가 낀 것 같은 것을 귤껍질 같은 얼굴이라 한다. 얼굴이 귤껍질 같으면 고독하고 형상을 당하게 될 것을 의심할 바가 없고, 비록 아들 하나 두기는 하겠지만 처를 여러 번 바꾸게 된다.

신대도화, 야수아만; 신색여도화, 사음지인야, 공생자부조의, 귀곡운, 도화색중잉침목, 연주미화총외처, 신호생아필만야.

神帶桃花, 也須兒晚; 神色如桃花, 邪淫之人也, 恐生子不早矣, 鬼谷云, 桃花色重仍侵目, 戀酒迷花寵外妻, 信乎生兒必晩也.

신에 도화를 띠고 있으면 반드시 자식이 늦다; 눈에 도화가 있으면 음란한 사람으로 자식을 일찍 두지 못하는 것이 걱정이다. 귀곡자가 이르기를 '도화가 중하게 눈을 침범하면 주색에 미혹되고 밖의 처를 총애한다.' 라고 하였는데 반드시 늦자식을 두게 됨을 믿을 수 있다.

성신실함, 부위편휴, 무격숙지량저, 유종신지노고; 여안위일월이불명, 비위토성이불륭, 차성신지실함야.

星辰失陷, 部位偏虧, 無隔宿之糧儲, 有終身之勞苦; 如眼爲日月而不明, 鼻爲土星而不隆, 此星辰之失陷也.

성신이 실함하고 부위가 기울고 이지러졌으면 하루건너 먹을 양식 걱정을 하고 평생 노고가 많다; 눈은 일월이니 밝지 않고, 코는 토성인데 높지 않으면 이것은 성신이 격을 잃어 함몰된 것이다.

액위호천, 의고이반저, 해위호지, 의후이반박, 차부위지편휴야. 상유여차, 빈천고고지인의, 종신노고, 이무격숙지량야.

額位乎天, 宜高而反低, 頦位乎地, 宜厚而反薄, 此部位之偏虧也. 相有如此, 貧賤孤苦之人矣, 終身勞苦, 而無隔宿之糧也.

이마는 하늘이므로 높아야 하는데 오히려 낮고, 턱은 땅이므로 두터워야 하는네 오히려 얇다면 이는 부위가 기울고 이지러진 것이다. 상이 이와 같다면 빈천하고 고독하며 고생스런 사람이다. 평생 고생스럽고 하루걸러 먹을 양식이 없다.

양목무신, 종비량고이명역촉; 안위상상, 이신위주, 골법차지. 약목무신광, 종사비량고용, 역비수상.

兩目無神, 縱鼻梁高而命亦促; 眼爲上相, 以神爲主, 骨法次之. 若目無神光, 縱使鼻梁高聳, 亦非壽相.

양 눈에 신기가 없으면 설령 비량이 높아도 수명이 짧다; 눈은 상에서 첫째로서 신기를 위주로 하고, 골상법은 그다음이다. 눈에 신광이 없으면 비록 비량이 높이 솟았다 해도 장수하지 못할 상이다.

안광여수, 남녀다음; 안광, 정지신광야, 상요명정, 불의누습. 고경운, 안습다음욕, 오광정불상. 우운, 광불욕사외, 신불욕유출. 약목광여수, 겸사시자, 사음지인야.

眼光如水, 男女多淫; 眼光, 睛之神光也, 常要明淨, 不宜淚濕. 故經云, 眼濕多淫慾, 烏光定不祥. 又云, 光不欲射外, 神不欲流出. 若目光如水, 兼斜視者, 邪淫之人也.

눈빛이 물과 같으면 남녀 모두 음란하다; 안광은 눈동자에서 나오는 신광이다. 밝고 깨끗해야지 눈물에 젖어서는 안 된다. 그러므로 경에 이르길 '눈이 젖어 있으면 음란하고 까마귀처럼 새까만 것도 상서롭지 못하다'고 하고, 또 '빛이 밖으로 쏘는 듯해서도 안 되고 신기가 흘러 나와서는 안 된다.' 라고 하였는데 눈빛이 물과 같고 곁눈질로 보는 사람은 사악하고 음란한 사람이다.

미탁여도, 진망병사; 미위나계, 기골세직수사도자, 성조호용, 종주폭망.

眉卓如刀, 陣亡兵死; 眉爲羅計, 其骨勢直竪似刀者, 性燥好勇, 終主暴亡.

눈썹이 칼처럼 높다면 진중이나 전장에서 죽게 된다; 눈썹은 나계라고 하는데 눈썹 밑의 뼈가 칼처럼 수직으로 솟았다면 천성이 조급하고 용맹함을 좋아하여 끝내는 좋지 않게 갑자기 죽게 된다.

미생이각, 일생쾌락무궁; 이미구유양미, 여각이기자, 불귀즉안한지인.
眉生二角, 一生快樂無窮; 二眉俱有兩尾, 如角而起者, 不貴則安閒之人.

양 눈썹 끝이 각이 분명하면 평생 즐거움이 그치지 않는다; 두 눈썹 모두 꼬리가 있고 각이 높은 사람은 귀하지 않은즉 편안하고 여유 있는 사람이다.

안악비구, 중심험독; 고운, 안약철로, 인정난목, 비여응취, 끽인심수. 각근불착지, 매진전원이주타향. 행보온중, 부이재풍, 약행보경부부정, 여작약지상자, 위파재분파지상.
眼惡鼻勾, 中心險毒; 古云, 眼若凸露, 人情難睦, 鼻如鷹嘴, 喫人心髓. 脚跟不着地, 賣盡田園而走他鄉. 行步穩重, 富而財豐, 若行步輕浮不停, 如雀躍之狀者, 爲破財奔波之相.

눈이 악하고 코가 갈고리 같으면 마음속이 음험하고 독하다; 옛말에 '눈이 튀어나오면 남과 화목하기 어려운 성격이고 코가 매부리 같으면 사람의 골수까지 쪼아 먹는다. 걸을 때 발꿈치가 땅에 닿지 않으면 전답을 모두 팔고 타향으로 떠나게 된다.'라고 하였는데, 걸음걸이가 온중하면 부하고 재물이 넉넉하다. 걸음걸이가 가볍고 들뜨고 안정되지 않아 참새가 뛰는 듯한 사람은 재물을 파하고 세찬 물결에 시달리는 분주한 상이라고 하였다.

와잠풍하, 정자식지만성; 와잠재안하, 위자식궁, 약풍대이함하자, 생자필만.
臥蠶豊下, 定子息之晚成; 臥蠶在眼下, 爲子息宮, 若豊大而陷下者, 生子必晚.

와잠이 풍성하게 아래로 늘어졌으면 반드시 자식이 늦다; 와잠은 눈 아래에 있고 자식궁이다. 풍륭하고 크거나 함몰되었거나 늘어졌으면 자식이 반드시 늦다.

누당평만, 수아랑지조견; 누당즉안광야, 약풍만이불함자, 생자필조.
淚堂平滿, 須兒郎之早見; 淚堂卽眼眶也, 若豊滿而不陷者, 生子必早.

누당이 평만하면 자식을 일찍 본다; 누당은 눈자위이다. 풍만하고 함몰되지 않았으면 자식을 반드시 일찍 두게 된다.

용궁저흑, 사속난득이우매; 용궁즉안광, 위남녀궁, 약저함이색암자, 자식불이득야, 종연유득, 역우이불초언.
龍宮低黑, 嗣續難得而愚昧; 龍宮卽眼眶, 爲男女宮, 若低陷而色暗者, 子息不易得也, 縱然有得, 亦愚而不肖焉.

용궁이 낮고 검으면 후사를 잇기 어렵고 우매하다; 용궁은 눈자위로 자식궁이다. 낮고 함몰되고 색이 어두운 사람은 자식을 쉽게 두기 어렵다. 설령 있다해도 어리석고 불초하다.

음양명윤, 남녀이양이총명; 음양즉삼양삼음, 역자식궁야. 약광명윤택이불고함자, 필남녀이양이총명야.
陰陽明潤, 男女易養而聰明; 陰陽卽三陽三陰, 亦子息宮也. 若光明潤澤而不枯陷者, 必男女易養而聰明也.

음양이 밝고 윤택하면 자식을 기르기 쉽고 총명하다; 음양이란 삼양과 삼음으로 이는 자식궁이다. 광명하고 윤택하며 마르지 않고 함몰되지 않았으면 반드시 자식이 기르기 쉽고 총명하다.

정여어목, 속사지기; 정원로이치자, 즉여어목, 유차지상, 무광채 비수야.
睛如魚目, 速死之期; 睛圓露而癡者, 則如魚目, 有此之相, 無光彩非壽也.

눈동자가 물고기 눈 같으면 빨리 죽는다; 눈이 동그랗고 드러나 어리석게 보여 물고기 눈과 같다. 이와 같은 상에 광채가 없으면 장수하지 못한다.

안사호정, 성엄막범; 목원대이유신, 시부전이유위자, 왈호정, 기성필렬.
眼似虎睛, 性嚴莫犯; 目圓大而有神, 視不轉而有威者, 曰虎睛, 其性必烈.

눈이 호랑이의 눈동자 같으면 성격이 엄하여 함부로 범할 수 없다; 눈이 둥글고 크며 신기가 있고 쳐다볼 때 눈동자를 굴리지 않고 위엄이 있는 것을 호정이라고 한다. 성격이 반드시 강렬하다.

수황정적, 종주횡재; 안정적, 심성급, 자수황, 노기강, 종초재화.
鬚黃睛赤, 終主橫災; 眼睛赤, 心性急, 髭鬚黃, 怒氣强, 終招災禍.

수염이 누렇고 눈동자가 붉으면 마침내 재앙을 만난다; 눈동자가 붉으면 성격이 급하고 수염이 누런색이면 노기가 강해 마침내는 재앙과 화를 부른다.

어미문다, 도로불능안일; 어미재안각지상. 어미홀문장입구, 수운미수최노심.
魚尾紋多, 到老不能安逸; 魚尾在眼角之上. 魚尾笏紋長入口, 雖云眉壽最勞心.

눈꼬리에 주름이 많으면 늙어서 편안할 수 없다; 어미는 안각에 있는

것이다. 경에 이르길 어미에 홀 무늬가 입으로 길게 들어가면 비록 눈썹이 좋아 오래 살더라도 고생하게 된다.

*笏(홀): 벼슬아치가 임금을 알현할 때 조복(朝服)에 갖추어 손에 쥐던 길이 한 자 너비 두 치쯤의 얄팍하게 길쭉한 물건. 품계에 따라 1품부터 4품까지의 벼슬아치는 상아로, 5품 아래로는 나무로 만들었다.

이미산란, 수우취산불상; 미내제형자매궁, 역주재성, 약산이불청, 주이모.
二眉散亂, 須憂聚散不常; 眉乃弟兄姉妹宮, 亦主財星, 若散而不淸, 主離耗.

양 눈썹이 어지럽게 흩어졌으면 근심이 모이고 흩어짐이 일상적이지 않다; 눈썹은 형제 자매궁이며 또한 재성이다. 흩어지고 맑지 않으면 형제가 헤어지고 재산이 없어지게 된다.

양목자웅, 필주부이다사; 목일대일소, 왈자웅, 유여차, 수연재부, 필다훌사.
兩目雌雄, 必主富而多詐; 目一大一小, 曰雌雄, 有如此, 雖然財富, 必多譎詐.

두 눈이 크고 작으면 반드시 부유하지만 속임수가 많다; 눈이 한쪽은 크고 한쪽은 작은 것을 자웅이라고 한다. 이와 같으면 재물이 있다 하더라도 반드시 속임수가 많다.

원융소교, 필경풍형; 오단지형, 융화이기교자, 도로부태.
圓融小巧, 畢竟豊亨; 五短之形, 融化而奇巧者, 到老富泰.

몸이 둥글고 작아도 조화로우면 마침내는 풍요롭고 형통하게 된다; 다섯 가지가 짧은 형상으로 조화를 이루어 독특하면 늙어가면서 부가 크다.

방정신서, 종수온내; 면목방정이유신기자, 종필온중견내이길.
方正神舒, 終須穩耐; 面目方正而有神氣者, 終必穩重堅耐而吉.

방정하고 신기가 편안하면 은중하고 인내심이 있다; 얼굴과 눈이 방정하고 신기가 있으면 은중하고 인내심이 있어 마침내 길하다.

미추이미, 일생상자족환오; 미수수미여각자, 단주쾌락이이. 단미추이미자, 위미수미청수, 여신월야, 기인다연화주, 일생희락지상야.
眉抽二尾, 一生常自足歡娛; 眉首秀尾如角者, 但主快樂而已. 但眉抽二尾者, 謂眉首尾淸秀, 如新月也, 其人多戀花酒, 一生喜樂之相也.

두 눈썹꼬리가 빼어나면 일생 자족하고 기쁘고 즐겁다; 눈썹 머리가 빼어나고 꼬리가 각진 자는 다만 쾌락이 있을 뿐이다. 그러나 두 눈썹꼬리가 빼어나다고 하는 것은 눈썹머리와 꼬리가 마치 초승달처럼 청수한 것을 말한 것이다. 이러한 사람은 꽃과 술에 인연이 많아 일생을 기쁘고 즐겁게 지낼 상이다.

안여계목, 성급난용; 정원소이황, 왈계목, 기성급조, 연다음이유성신.
眼如雞目, 性急難容; 睛圓小而黃, 日雞目, 其性急燥, 然多淫而有誠信.

눈이 닭의 눈 같으면 성격이 급하고 남을 용납하기 어렵다; 눈동자가 둥글고 작으며 노란 것을 계목이라고 한다. 성격이 조급하고 음란하지만 신용은 있다.

안당풍후, 역주탐음: 안당고의풍만, 약풍이가후, 역주탐음.

眼堂豊厚, 亦主貪淫; 眼堂固宜豊滿, 若豊而加厚, 亦主貪淫.

안당이 풍후하면 음란함을 탐한다; 안당은 풍만해야 하지만 지나치게 두툼하면 또한 음란함을 탐한다.

인중편사, 필다형극; 인중고의현정, 약편사자, 역주형극.

人中偏斜, 必多刑剋; 人中固宜顯正, 若偏斜者, 亦主刑剋.

인중이 기울어졌으면 반드시 형극이 많다; 인중은 바르게 매달려 있어야 하지만 비뚤거나 치우쳤으면 형극이 있다.

귀아첨로, 궤휼간탐; 당문아치제대이평, 고주성신. 방치첨로, 왈귀아, 기인필다궤탐.

鬼牙尖露, 詭譎奸貪; 當門牙齒齊大而平, 固主誠信. 傍齒尖露, 曰鬼牙, 其人必多詭貪.

귀아가 뾰족하게 드러나면 남을 속이고 간교하고 탐심이 많다; 당문아치는 가지런하고 크고 평평해야 성신이 있다. 옆 치아가 뾰족하게 나온 것을 귀아라고 하는데 그런 사람은 속이고 탐함이 많다.

신미쟁영, 흉호악사; 이미풍륭, 고위수상. 약능골고삭, 성필호흉, 사어비명야.

神眉崢嶸, 凶豪惡死; 二眉豊隆, 固爲壽相. 若稜骨高削, 性必豪凶, 死於非命也.

눈썹이 가파르게 높으면 흉폭한 호걸로 악사하게 된다; 두 눈썹이 풍륭하면 장수하는 상이다. 만일 미능골이 높이 솟고 깎인 듯하면 성정이 호걸스럽고 흉악하여 비명에 죽게 된다.

목다사백, 주고극, 이흥망; 안여노정이로백자, 고형흥망지상야.

目多四白, 主孤剋, 而凶亡; 眼如怒睜而露白者, 孤刑凶亡之相也.

눈의 사방에 흰색이 많으면 고독하고 극하며 흉하게 죽는다; 눈이 화가 난 듯 부릅뜨고 흰자위가 드러나면 고독하고 형벌을 당하고 흉하게 죽는 상이다.

정청구활, 문필고인, 면대이풍, 전재만옥; 목청여점칠, 구활약말단, 문장지사야. 면방이대, 이풍이활자, 부가지자야.

睛清口闊, 文筆高人, 面大頤豐, 錢財滿屋; 目清如點漆, 口闊若抹丹, 文章之士也. 面方而大, 頤豐而闊者, 富家之子也.

눈이 맑고 입이 크면 문장이 뛰어난 사람이고, 얼굴이 크고 턱이 풍륭하면 재물이 집안에 가득하다; 눈이 옻칠한 듯 맑고 분명하며 입이 크고 단사를 바른 듯 입술이 붉으면 문장에 뛰어난 선비이다. 얼굴이 반듯하고 크며 턱이 풍성하고 넓으면 부유한 집의 자제이다.

안유삼각, 한독고형; 안위일월, 의원명, 불욕삼각, 상유여차, 기심불선, 부인주형부자, 남자필극처아.

眼有三角, 狠毒孤刑; 眼爲日月, 宜圓明, 不欲三角, 相有如此, 其心不善, 婦人主刑夫子, 男子必剋妻兒.

눈이 삼각이면 마음이 바르지 못하고 고독하고 형벌을 받는다; 눈은 일월인데 둥글고 밝아야 하며 삼각이어서는 안 된다. 상이 이와 같다면 심성이 선하지 못하다. 부인은 반드시 남편과 자식을 형극하고 남자는 처자를 극한다.

미수신화, 수지한아; 미목청수, 신기온화자, 불귀즉위청한지수사야.

眉秀神和, 須知閒雅; 眉目淸秀, 神氣溫和者, 不貴則爲淸閒之秀士也.

눈썹이 수려하고 신기가 온화하면 편안하고 우아한 사람임을 알아야 한다; 눈과 눈썹이 청수하고 신기가 온화한 자는 귀하지 않으면 맑고 편안한 빼어난 선비이다.

안광취교, 위인집요불량; 목로신광취박순교, 겸차삼자, 불량촌강지도야.
眼光嘴趫, 爲人執拗不良; 目露神光嘴薄脣趫, 兼此三者, 不良村强之徒也.

눈빛이 번쩍이고 입이 재빠르면 사람됨이 집요하고 심성이 바르지 않다; 눈빛이 드러나 번쩍이고 입이 뾰족하고 입술이 얇고 가벼운 세 가지를 모두 갖췄다면 야비하고 억지스러운 불량한 부류이다.

비내재성, 험중오육년지휴구; 비내재성, 주중한삼십년, 비약풍륭고용, 즉좌향부귀, 비첨삭저함, 즉파패빈천, 이휴구종가지야.
鼻乃財星, 驗中五六年之休咎; 鼻乃財星, 主中限三十年, 鼻若豐隆高聳, 則坐享富貴, 鼻尖削低陷, 則破敗貧賤, 而休咎從可知也.

코는 재성으로 중년 30년의 길흉을 나타낸다; 코는 재성으로 중년 30년을 주관한다. 코가 풍륭하고 높이 솟았으면 앉아서 부귀를 누린다. 코가 뾰족하고 깎이고 저함하면 실패하고 빈천하니 길흉을 이로써 알 수 있다.

준두풍대, 중심무독; 준두위토성, 주호신, 약풍대여사자, 절죽자, 심필선. 여응취자, 성다독.

準頭豊大, 中心無毒; 準頭爲土星, 主乎信, 若豊大如獅子, 截竹者, 心必善. 如鷹嘴者, 性多毒.

준두가 넉넉하고 크면 마음이 독하지 않다; 준두는 토성으로 신의를 주관한다. 사자 같이 풍만하고 크거나 대나무를 쪼개 놓은 듯 한 사람은 마음이 반드시 착하다. 매부리와 같은 자는 천성이 아주 독하다.

면육횡생, 성필흉; 면육즉관골, 여육구로이횡생자, 기성필흉폭.
面肉橫生, 性必凶; 面肉卽顴骨, 如肉俱露而橫生者, 其性必凶暴.

얼굴의 살이 옆으로 벌어졌으면 성격이 반드시 흉폭하다; 얼굴살은 관골이다. 살이 모두 드러나고 옆으로 벌어졌으면 성격이 반드시 흉폭하다.

상조질액, 지인근상혼침; 근즉산근, 위재인당지하, 여년수삼위, 위질액궁, 의신색광명, 불욕혼암. 약시시혼암이불명자, 유질액지인.
常遭疾厄, 只因根上昏沈; 根卽山根, 位在印堂之下, 與年壽三位, 爲疾厄宮, 宜神色光明, 不欲昏暗. 若是時昏暗而不明者, 有疾厄之人.

늘 질병과 재액을 만나는 것은 다만 산근이 어둡고 깊기 때문이다; 根은 산근으로 인당 아래로서 연상·수상과 더불어 세 부위가 질액궁이다. 신색이 밝아야지 어두우면 안 된다. 만약 침침하고 어두우며 밝지 않은 사람은 질액이 있는 사람이다.

비약양저, 비빈즉요; 비량내연수지위, 불의저곡, 유약차자, 필상재수, 비빈즉요. 고운, 산근단, 준두고철, 노수파도, 정위차야.

鼻弱梁低, 非貧則夭; 鼻梁乃年壽之位, 不宜低曲, 有若此者, 必傷財壽, 非貧則夭. 古云, 山根斷, 準頭高徹, 老受波濤, 正謂此也.

비량이 약하고 낮다면 가난하지 않으면 요절한다; 비량은 연상·수상으로 낮고 굽으면 좋지 않다. 만일 이와 같으면 반드시 재물과 수명을 손상하게 되어 가난하지 않으면 요절한다. 옛말에 '산근이 끊어지고 준두가 높으면 늙어서 풍파가 끊이지 않는다'라고 했는데 바로 이것을 말한 것이다.

연수적광, 다생농혈; 연수이부, 재비준지상, 산근지하, 위질액궁. 약홍적지색, 유현차위자, 주생창질.

年壽赤光, 多生膿血; 年壽二部, 在鼻準之上, 山根之下, 爲疾厄宮. 若紅赤之色, 惟見此位者, 主生瘡疾.

연상 수상에 붉은빛이 나타나면 종기가 생긴다; 연상과 수상 두 부위는 준두의 위 산근의 아래로 질액궁이다. 홍적색이 이 부위에 나타나면 주로 종기가 생긴다.

산근청흑, 사구전후정다재; 산근위년수지상, 약차위상유청흑지색자, 주재질.

山根青黑, 四九前後定多災; 山根位年壽之上, 若此位常有青黑之色者, 主災疾.

산근에 청흑색이 나타나면 36세 전후에 재액이 많다; 산근은 연상 수상의 위로 만일 이 부위가 항상 청흑색인 사람은 재액과 질병이 있다.

법령붕전, 칠칠지수언가과; 난대지방, 왈법령, 우명금루, 우명수대, 의현순. 약붕굽이불현, 전곡이불순, 약겸등사쇄순, 하입구자, 개불수지상.

法令繃纏, 七七之數焉可過; 蘭臺之傍, 曰法令, 又名金縷, 又名壽帶, 宜顯順. 若繃急而不顯, 纏曲而不順, 若兼螣蛇鎖脣, 下入口者, 皆不壽之相.

법령이 실이 엉킨 듯하면 49세를 어찌 넘길 수 있겠는가; 난대 옆을 법령이라고 하고 금루 혹은 수대라고도 하며 순한 모양이라야 한다. 얽힌 듯 급박하거나 모양이 분명치 않고, 얽히고 구부러져 순하지 않으며 등사가 입술을 얽은 듯하거나, 내려와 입으로 들어갔다면 모두 장수하지 못할 상이다.

비규로이앙, 졸피외재이종여사; 경왈, 비앙순흔급결후, 요망랑적사타주, 정위차야.

鼻竅露而仰, 卒被外災而終旅舍; 經曰, 鼻仰脣掀及結喉, 夭亡浪跡死他州, 正謂此也.

콧구멍이 드러나고 들리면 졸지에 밖에서 재앙을 당하고 여사에서 죽게 된다; 경에 '콧구멍이 들리고 입술이 치켜 올라갔으며 결후가 있으면 물결처럼 타향에서 요절한다.'라고 하였는데 바로 이를 말하는 것이다.

조앙료천, 중한패이전원모산; 정조내비규야, 불의앙로, 약앙로이료천, 주중년파패.

竈仰撩天, 中限敗而田園耗散; 井竈乃鼻竅也, 不宜仰露, 若仰露而撩天, 主中年破敗.

부뚜막이 들려 하늘을 향하면 중년에 패하고 전원이 흩어지게 된다; 정조는 콧구멍으로 위로 들려서는 안 된다. 들려서 하늘을 향했다면 중년에 실패하게 된다.

준두적색중중, 분파궤계; 토중유화, 만물불생지상, 주분파. 약주후이적자, 다궤계야.

準頭赤色重重, 奔波詭計; 土中有火, 萬物不生之象, 主奔波. 若酒後而赤者, 多詭計也.

준두에 적색이 중중하면 파탄이 일고 계획한 일이 어그러진다; 땅에 불이 있으면 만물이 자라지 못하는 상으로 파탄이 일어난다. 술 마신 후에 붉게 되는 것도 계획이 어그러지게 된다.

근유삼문, 중주필연다모산; 산근약유삼문침단자, 다주모산. 광감운, 산근약유횡문단, 극자형처소제형.

根有三紋, 中主必然多耗散; 山根若有三紋侵斷者, 多主耗散. 廣鑒云, 山根若有橫紋斷, 剋子刑妻少弟兄.

산근에 세 주름이 있으면 중년에 반드시 재산이 흩어지게 된다; 산근에 세 주름이 침범하여 끊긴 사람은 재산이 흩어지게 된다. 《광감》에 이르기를 '산근이 가로 주름으로 끊겼다면 처자를 형극하고 형제가 적다.'라고 하였다.

이백과면, 조야문명; 수리경운, 이백과면, 종위명신. 석구양공미귀, 유승상왈, 공이백과면, 명문천하후, 관지재상.

耳白過面, 朝野聞名; 袖裏經云, 耳白過面, 終爲名臣. 昔歐陽公未貴, 有僧相曰, 公耳白過面, 名聞天下後, 官至宰相.

귀가 얼굴보다 희면 조정에서 이름을 듣게 된다; 《수리경》에 이르길 '귀가 얼굴색보다 희면 이름 있는 신하가 된다'고 하였는데, 옛날 구양공이 아직 귀해지지 않았을 때, 어느 중이 상을 보고 말하길 "공은 귀가 얼굴보다 흰 것을 보니 이름이 천하에 알려진 후 관직이 재상이 되겠소!"라고 하였다.

*袖裏經(수리경): 진단(陳摶)이 지었다는 《신집마의상인편법풍감대전》에는 〈수리경〉·〈정색가〉·〈무자가〉 등이 있다.

*歐陽公(구양공): 송나라 시기의 문인이며 정치가인 구양수(歐陽修, 1007-1072). 문(文)으로 당송 8대가(唐宋八大家)의 한 사람이며 서예에도 뛰어나 '구양수체'가 있다.

신칭어형, 정회서창; 정신자일신지근본, 귀호형신상칭, 불의편족. 약신여형구족이불편자, 심신안태지상야.

神稱於形, 情懷舒暢; 情神者一身之根本, 貴乎形神相稱, 不宜偏足. 若神與形俱足而不偏者, 心身安泰之相也.

신이 형과 균형을 이루면 정이 편안하게 펴진다; 정신은 일신의 근본이다. 귀한 것은 형과 신이 서로 균형을 이룬 것으로 치우치거나 부족해서는 좋지않다. 신과 형이 모두 족하고 치우치지 않았으면 심신이 편안하고 태평한 상이다.

토성박이산림중, 체기다재; 비소위지토박, 자다위지산림중, 약갱유체기, 필주다액.

土星薄而山林重, 滯氣多災; 鼻小謂之土薄, 髭多謂之山林重, 若更有滯氣, 必主多厄.

토성이 박하고 산림이 중하며 체기가 많으면 재액이 많다; 코가 작은 것을 토성이 박하다고 하고 코밑수염이 많은 것을 산림이 중하다고 한다. 게다가 기색이 막혔다면 반드시 재앙이 많다.

비유삼요, 필빈궁이고고; 비유삼요, 자산근지준, 이유삼곡절야, 불매옥, 즉매전, 우겸질고, 주파패형극인야.

鼻有三凹, 必貧窮而孤苦; 鼻有三凹, 自山根至準, 而有三曲折也, 不賣屋, 則賣田, 又兼疾苦, 主破敗刑剋人也.

코가 세 번 움푹하면 반드시 빈궁하고 고생스럽다; 코가 세 번 움푹함

은 산근에서 준두까지 세 번 곡절이 있는 것으로 집을 팔지 않으면 땅을 팔며 질병으로 고생하는 파패하고 형극할 사람이다.

검비봉정, 불특흉이우천; 비량삭이여검, 안정로이부전, 봉목자, 성포하천지인야.
劍鼻蜂睛, 不特凶而又賤; 鼻梁削而如劍, 眼睛露而不轉, 蜂目者, 性暴下賤之人也.

검비에 봉정이면 흉할 뿐 아니라 또한 천하다; 비량이 깎여 칼과 같고 눈동자가 드러나고 움직이지 않는 벌의 눈동자이면 성정이 포악하고 하천한 사람이다.

산근부단, 필득귀부, 부위정균, 응수유자; 비량부단자, 배필가, 부위불편자, 자필유.
山根不斷, 必得貴夫, 部位停勻, 應須有子; 鼻梁不斷者, 配必佳, 部位不偏者, 子必有.

산근이 끊기지 않았으면 반드시 귀한 남편을 얻고, 얼굴의 각 부위가 균형에 맞으면 반드시 아들을 두게 된다; 비량이 끊기지 않았으면 배우자가 반드시 아름답고, 각 부위가 기울지 않은 사람은 아들이 반드시 있다.

금갑풍유이황광, 종흥가도; 금갑이궤재비규양방, 약풍유황색광명자, 필왕가문.
金甲豊腴而黃光, 終興家道; 金甲二匱在鼻竅兩傍, 若豊腴黃色光明者, 必旺家門.

금갑이 풍후하고 황색으로 빛나면 마침내는 집안이 흥성하게 된다; 금갑 2궤는 콧구멍 양 옆으로 풍후하고 황색으로 빛나면 반드시 가문이 왕성해진다.

비량노골, 명위파조형가; 비량박삭, 노골여검척, 주파조업.

鼻梁露骨, 名爲破祖刑家; 鼻梁薄削, 露骨如劍脊, 主破祖業.

콧날의 뼈가 드러났으면 조업을 파하고 형벌을 당한다; 비량이 얇고 깎여 칼등과 같이 뼈가 드러났으면 조업을 파하게 된다.

면견양요, 필성가이성업; 천지상조, 태화병공, 발달성립지형야.

面見兩凹, 必成家而成業; 天地相朝, 泰華幷拱, 發達成立之形也.

얼굴의 양쪽이 우묵하면 반드시 가정과 사업이 성공하게 된다; 천지가 서로 바라보고 아름답게 서로 맞잡은 듯하면, 발달하고 입신할 모습이다.

해위지각, 견말세지규모; 풍후자부요, 첨삭자빈박, 범상인말한재차, 지각위수성, 속하정, 약추금수형인우준.

頦爲地閣, 見末歲之規模; 豊厚者富饒, 尖削者貧薄, 凡相人末限在此, 地閣爲水星, 屬下停, 若推金水形人尤準.

아래턱이 지각이며 말년의 규모를 알 수 있다; 턱의 살이 풍부하고 두터우면 부가 넉넉하고 뾰족하고 깎였으면 가난하고 복이 박하니 말년의 운을 살피는 것은 여기에 달려 있다. 지각은 수성으로 하정에 속한다. 금·수형인 사람은 더욱 이것을 기준으로 삼는다.

지각방원, 만세영화정취; 지각재승장지하, 이해지간, 위전택노복지궁, 약방즉귀, 후즉부, 삭박즉빈, 방이우원, 말주영화.

地閣方圓, 晩歲榮華定取; 地閣在承漿之下, 頤頦之間, 爲田宅奴僕之宮, 若方則貴, 厚則富, 削薄則貧, 方而又圓, 末主

榮華.

지각이 모나고 둥글면 말년이 영화롭게 정해져 있다; 지각은 승장의 아래이며 턱 사이이다. 전택과 노복궁이므로 모나면 귀하고 두터우면 부하다. 깎이고 얇으면 가난하고 모나고 둥글면 말년이 영화롭다.

승장지각, 관진말년; 승장지지각, 주말한, 약풍후조공자길, 첨삭단소흉.
承漿地閣, 管盡末年; 承漿至地閣, 主末限, 若豊厚朝拱者吉, 尖削短小凶.

승장과 지각은 말년을 주관한다; 승장에서 지각까지는 말년의 운을 주관한다. 풍후하고 이마와 조공하는 듯 하면 길하고 뾰족하고 깎이고 짧고 작으면 흉하다.

중이풍함, 북방지인귀차강; 해이비대이약중양시, 함활이여연함자귀, 북인우강.
重頤豊頷, 北方之人貴且强; 頦頤肥大而若重兩腮, 頷闊而如燕頷者貴, 北人尤强.

이중턱으로 턱이 풍부하면, 북방인이면 귀하고 강하다; 아래턱이 살찌고 커서 양 옆의 턱까지 이중으로 턱이 넓어 제비턱 같다면 귀한데 북방인인 경우에는 더욱 강하다.

부귀평생노록, 위하정장; 광기운, 상정장, 유선상, 중정장, 근공왕, 하정장, 노길창, 삼정구등, 부귀면면, 약하정편장자, 말수부귀, 미면평생노록.
富貴平生勞碌, 爲下停長; 廣記云, 上停長, 幼善祥, 中停長, 近公王, 下停長, 老吉昌, 三停俱等, 富貴綿綿, 若下停偏長者, 末雖富貴, 未免平生勞碌.

부귀한데도 평생 힘든 일에서 벗어나지 못하는 것은 하정이 길기 때문이다; 《태평광기》에 '상정이 길면 어려서 길상하며, 중정이 길면 왕공에 가까이 있고, 하정이 길면 늙어서 길하고 창성하다. 삼정이 균등하면 부귀가 끊임이 없지만 하정만 길면 말년에 부귀해도 평생 일에서 벗어나지 못한다'라고 하였다.

시견이후, 심지교람; 시즉이야, 이골불의태활로. 고운, 이후견중시, 평생무왕래, 필주심지교활탐비.

腮見耳後, 心地狡貪; 腮卽頤也, 頤骨不宜太闊露. 古云, 耳後見重腮, 平生無往來, 必主心地狡猾貪鄙.

턱이 귀 뒤에서 보이면 마음이 교활하고 탐욕스럽다; 시는 아래턱이다. 턱의 뼈는 지나치게 넓고 드러나면 좋지 않다. 옛말에 '귀 뒤에서 턱뼈가 심하게 보이면 평생 왕래해선 안 된다'고 하였다. 반드시 마음이 교활하고 탐욕스럽고 비루하다.

순불개치, 무고초혐; 부소이치간상로자, 호담인과, 여중불화. 경운, 치소로순불합구, 순첨박, 시비다, 비차지위호.

脣不蓋齒, 無故招嫌; 不笑而齒齦常露者, 好談人過, 與衆不和. 經云, 齒疎露脣不合口, 脣尖薄, 是非多, 非此之謂乎.

입술이 치아를 덮지 못하면 이유 없이 미움을 받는다; 웃지 않아도 치아와 잇몸이 항상 드러나 있는 사람은 남의 허물을 말하기 좋아하고 남들과 화합하지 못한다. 경에 '치아가 드물고 드러나며 입술이 다 물어지지 않고 입술이 뾰족하고 얇으면 시비가 많다'고 한 것이 이를 두고 한 말이 아니겠는가?

냉소무정, 작사기심내중; 범여모위, 유냉소이불언정유자, 기인기모필심이난측심량, 필중이불경야.

冷笑無情, 作事機深內重; 凡與謀爲, 惟冷笑而不言情由者, 其人機謀必深而難測心量, 必重而不輕也.

무정하게 냉소하는 사람은 일을 함에 기밀을 지킴이 깊고 안으로 신중하다; 모사함에 있어 차갑게 웃을 뿐 말과 정감이 없는 사람은 기모가 깊고 마음을 헤아리기 어려우며 반드시 신중하고 가볍지 않다.

구혁로자, 위인소력; 구혁즉인중, 불의무자, 약소자이로자, 기인필노록.

溝洫露髭, 爲人少力; 溝洫卽人中, 不宜無髭, 若少髭而露者, 其人必勞碌.

구혁이 드러날 정도로 코밑수염이 적으면 역량이 적은 사람이다; 구혁은 인중으로 코밑수염이 없으면 좋지 않다. 코밑수염이 적어 인중이 드러나면 그는 반드시 고생이 많은 사람이다.

결후로치, 골육분리; 결후자, 후골약결이고현야. 노치자, 즉순불개치야. 이자내객사초혐지상, 골육분리, 필사타향지야, 불역의호.

結喉露齒, 骨肉分離; 結喉者, 喉骨若結而高顯也. 露齒者, 卽脣不蓋齒也. 二者乃客死招嫌之相, 骨肉分離, 必死他鄕郊野, 不亦宜乎.

결후가 있고 치아가 드러나면 골육과 헤어지게 된다; 결후는 목 앞의 뼈가 맺힌 것처럼 높게 튀어나온 것이다. 치아가 드러났다는 것은 입술이 치아를 덮지 못하는 것이다. 두 가지 경우는 모두 객사하고 미움을 받는 상이며, 골육과 헤어지고 반드시 타향의 들판에서 죽게되니 또한 좋다할 수 없는 것이다.

구순피추, 위인일세고단; 통선록운, 구변피약생추습, 유자응수출외향, 개불위고단지상야.

口脣皮皺, 爲人一世孤單; 通仙錄云, 口邊皮若生皺褶, 有子應須出外鄕, 豈不爲孤單之相也.

입술 주변 피부에 주름이 있으면 일생 고단한 사람이다; 《통선록》에 이르기를 '입주위 피부에 주름이 있으면 자식이 있어도 타향으로 떠나게 되니 어찌 고단한 상이 아니겠는가?'라고 하였다.

*通仙錄(통선록): 매하도인(梅霞道人)이 썼다는 《옥관조신국통신록(玉管照神局通仙錄)》. 매하도인이 누군지는 알 수 없으나 당나라 말 송나라 초기 이전에 쓰인 책으로 추정된다.

지각방원, 필주전재퇴적; 지각방원득호지, 천정풍륭득호천, 득호천자, 필귀, 득호지자, 필부.

地閣方圓, 必主錢財堆積; 地閣方圓得乎地, 天庭豊隆得乎天, 得乎天者, 必貴, 得乎地者, 必富.

지각이 모나고 둥글면 반드시 돈과 재물이 쌓인다; 지각이 모나고 넓은 것은 땅의 본성을 얻은 것이요, 천정이 풍륭함은 하늘의 본성을 얻은 것이다. 하늘의 본성을 얻은 사람은 반드시 귀하고 땅의 본성을 얻은 사람은 반드시 부유하다.

순박구첨, 애설시비무료; 취구첨삭, 양순흔박, 호설시비지인야.

脣薄口尖, 愛說是非無了; 嘴口尖削, 兩脣掀薄, 好說是非之人也.

입술이 얇고 입이 뾰족하면 끝없이 남의 험담하기를 좋아하기가 끝이 없다; 입끝이 뾰족하고 깎인 듯하고 입술이 들리고 얇으면 시비 말하기를 좋아하는 사람이다.

사재타향, 개위은흔순표; 신사어타향자, 다위치은흔로, 구순박표야.

死在他鄉, 蓋爲齦掀脣儚; 身死於他鄉者, 多爲齒齦掀露, 口脣薄儚也.

타향에서 죽는 경우는 대개 입술이 들리고 얇은 경우이다; 몸이 타향에서 죽는 사람은 입술이 들려서 치아가 드러나고 입술이 얇고 가벼운 사람이 많다.

오악조귀, 금세전재자왕; 좌관위동악, 우관위서악, 액위남악, 지각위북악, 비위중악, 차오악욕기조공풍륭.

五嶽朝歸, 今世錢財自旺; 左顴爲東嶽, 右顴爲西嶽, 額爲南嶽, 地閣爲北嶽, 鼻爲中嶽, 此五嶽欲其朝拱豊隆.

오악이 마주 보면 당대에 돈과 재물이 스스로 넉넉하다; 좌측 관골이 동악, 우측 관골이 서악, 이마가 남악, 지각은 북악, 코는 중악인데 이 오악은 마주 보듯 풍륭해야 한다.

불욕결함상파. 오악부정, 상군종시박한, 팔괘고륭, 수시다초재보, 재전왕상, 어차가견.

不欲缺陷傷破. 五嶽不正, 相君終始薄寒, 八卦高隆, 須是多招財寶, 財錢旺相, 於此可見.

결함이나 흉터, 깨어지지 않아야 한다. 오악이 바르지 않으면 그는 시종 빈한할 것임을 알고, 팔괘가 높이 솟았으면 반드시 재물과 돈이 넉넉하니 재물과 돈이 왕성한 상은 이로써 알 수 있다.

타배면전, 남방지인부이족; 척배풍후류타봉, 면모방원여전자, 남인유차상자, 기운부족의. 관부상문유왈, 남방귀환청고, 다주천정.

駝背面田, 南方之人富而足; 脊背豊厚類駝峰, 面貌方圓如田

字, 南人有此相者, 富足矣. 觀夫上文有曰, 南方貴宦淸高, 多主天庭.

낙타 등에 얼굴이 田자이면 남방인은 부가 족하다; 등이 풍륭하고 두터워 낙타봉우리 같고, 얼굴이 모나고 둥글어 田자 같으면, 남방 사람이 이런 상은 지닌 자는 부가 족하다. 남방의 귀한 관리로서 맑고 고귀함은 천정이 주가 된다.

철면검미, 병권만리; 철면자, 신기흑약철색야. 검미자, 능골기여검척야. 차상내계나횡행어천위, 수기원거어화방, 비병권만리지조여, 약신기홀변이흑색, 흉의.

鐵面劍眉, 兵權萬里; 鐵面者, 神氣黑若鐵色也. 劍眉者, 稜骨起如劍脊也. 此相乃計羅橫行於天位, 水氣遠居於火方, 非兵權萬里之兆歟, 若神氣忽變而黑色, 凶矣.

철면 검미는 병권이 만리이다; 철면은 신기 검기가 철 색깔 같은 것이다. 검미는 미능골이 칼등처럼 일어선 것이다. 이런 상은 나후와 계도가 천창을 향해 있는 것으로 水氣가 火方으로부터 멀리 떨어져 있는 것이니 병권이 만리에 이를 징조가 아니겠는가? 그러나 신기가 갑자기 흑색으로 변한 것이라면 흉하다.

용안봉경, 여인필배군왕; 안모여용광지수이, 경항약봉채지비상, 후비지상.

龍顔鳳頸, 女人必配君王; 顔貌如龍光之秀異, 頸項若鳳彩之非常, 后妃之相.

용안에 봉황의 목을 지닌 여인은 반드시 군왕의 배필이 된다; 얼굴이 용과 같고 빛나고 수려하여 남다르며, 목이 봉황같고 아름답고 남다르면 후비의 상이다.

연함호두남자, 정등장상; 함재해이지간, 골육풍만초기자, 여연함야, 두액방원, 구안구대, 시유위신자, 여호두야, 남자유차, 반초지상.

燕領虎頭男子, 定登將相; 領在頦頤之間, 骨肉豊滿稍起者, 如燕領也, 頭額方圓, 口眼俱大, 視有威神者, 如虎頭也, 男子有此, 班超之相.

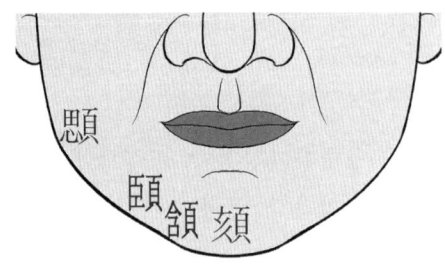

제비턱에 호랑이 머리를 지닌 남자는 틀림없이 장상에 오른다; 領은 頦와 頤의 사이인데 골육이 풍만하고 끝이 일어나 제비의 턱과 같고, 머리와 이마가 넓고 둥글며, 눈과 입이 모두 크고 바라볼 때 위엄이 있어 마치 호랑이의 머리와 같으면, 남자가 이와 같으면 반초와 같은 상이다.

상중결법, 수요최난, 부독인중, 유신시정; 상서중결법, 유수요위최난, 여곽임종관인팔법, 이불급수요자, 비난이하.

相中訣法, 壽夭最難, 不獨人中, 惟神是定; 相書中訣法, 惟壽夭爲最難, 如郭林宗觀人八法, 而不及壽夭者, 非難而何.

상 가운데 결법은 수요를 보기가 가장 어려운데, 인중만으로 보아서는 안 되며 신기로 판단해야 한다; 상서에서 결법은 수명을 보기가 가장 어렵다. 그러므로 곽림종의 관인팔법에도 수요에 관한 문제는 언급하지 않았으니 어려운 문제가 아닌가?

부독왈인중위보수관, 욕분명여파죽지형자수, 요당이신기위지주야, 학자참지가야.

不獨曰人中爲保壽官, 欲分明如破竹之形者壽, 要當以神氣爲之主也, 學者參之可也.

인중은 보수관으로 대나무를 쪼개놓은 듯 분명하면 수명이 길지만, 인중만 보는 것이 아니라 마땅히 신기를 위주로 보아야 하니 학자는 이를 참고해야 할 것이다.

면피허박, 후삼십수난재기; 허자, 육불칭골야. 박자, 유피이무육야. 면피급여고, 불과삼십오.

面皮虛薄, 後三十壽難再期; 虛者, 肉不稱骨也. 薄者, 有皮而無肉也. 面皮急如鼓, 不過三十五.

얼굴 피부가 들뜬 듯하고 얇으면 삼십 이후 수명을 다시 기약하기 어렵다; 虛는 살과 뼈가 균형을 이루지 못한 것이고, 薄은 피부가 있되 살이 없는 것이다. 얼굴의 피부가 마치 북을 당겨 놓은 듯 급하면 35세를 넘기기 어렵다.

육색경부, 사구여하가과; 육자, 골지영위, 체지기본야. 색자, 기지정화, 신지태식야. 육의칭골이실, 색의유기이현, 약경박부암자, 필요. 육완근관색우눈, 삼십육전시거정.

肉色輕浮, 四九如何可過; 肉者, 骨之榮衛, 體之基本也. 色者, 氣之精華, 神之胎息也. 肉宜稱骨而實, 色宜有氣而顯, 若輕薄浮暗者, 必夭. 肉緩筋寬色又嫩, 三十六前是去程.

살의 색이 가볍고 들뜬 듯하면 49세를 어떻게 넘길 것인가; 살은 뼈를 호위하며 몸의 기본이다. 색은 기의 정화이고 신의 태식이다. 살은 뼈와 균형을 이뤄야 건실하고, 색은 기가 있어 밖으로 나타나야 한다. 경박하고 들뜬 듯하고 어두운 사람은 반드시 요절하게 된다. 살이 늘어지고 힘줄이 늘어졌으며 색이 엷으면 36세 이전에 떠나게 된다.

쌍조항하, 우휴수이유견강강; 노인경하, 유양문생지어항자, 위지수조, 주수고. 인유차조, 약우휴수이불위흥, 유견기강길의. 미호불여이호, 이호불여항하조야.

雙縧項下, 遇休囚而愈見康強; 老人頸下, 由兩紋生至於項者, 謂之壽縧, 主壽考. 人有此縧, 若遇休囚而不爲凶, 愈見其康吉矣. 眉毫不如耳毫, 耳毫不如項下縧也.

목에 두 줄의 세로 주름이 있으면 감옥에 가더라도 더욱 건강해진다; 노인이 목 아래 세로로 늘어진 두 줄의 주름을 수조(壽條)라고 하며 장수한다. 이 주름이 있는 사람은 감옥에 가는 일이 있더라도 흉하지 않고 갈수록 건강하고 좋아진다. 미호가 이호만 못하고 이호가 항조만 못하다.

범골정중, 유질액이종무난험; 범유기골생어정중자, 수유질액, 이종무위험, 고운, 면무선염, 두무악골, 시야.

凡骨頂中, 有疾厄而終無難險; 凡有奇骨生於頂中者, 雖有疾厄, 而終無危險, 古云, 面無善黶, 頭無惡骨, 是也.

정수리에 뼈가 있으면 질액이 있어도 끝내는 험난함이 없게 된다; 기이한 뼈가 정수리에 있다면 비록 질액이 있더라도 마침내는 위험하지 않다. 예로부터 '얼굴에 좋은 사마귀가 없고, 머리에 나쁜 뼈가 없다.'라고 하였는데 옳은 말이다.

골법선생, 형용홀변, 우길즉추, 유흉가단; 부인미귀지선, 수유골격, 기사지후, 선유생장. 미부지전, 수유형용, 기부지후, 홀유변경.

骨法旋生, 形容忽變, 遇吉則推, 有凶可斷; 夫人未貴之先, 雖有骨格, 旣仕之後, 旋有生長. 未富之前, 雖有形容, 旣富之後, 忽有變更.

뼈가 자라고 모습이 갑자기 변하면 그것으로 길흉을 판단할 수 있다; 사람이 귀해지기 전에 골격을 지녔다 해도 관리가 된 후에는 그 골격이 생장하며, 부자가 되기 전 그 모습이 있지만 부자가 된 이후에는 홀연히 더욱 변한다.

개골축귀생, 육수재장, 이형유오행지분, 병생어포난, 우출어락극, 이기유오색지변, 학자자세추지길흉가단.

蓋骨逐貴生, 肉隨財長, 而形有五行之分, 病生於飽煖, 憂出於樂極, 而氣有五色之變, 學者仔細推之吉凶可斷.

뼈는 귀를 따라 생기고 살은 재물을 따라 늘어난다. 형상은 또한 오행으로 나눌 수 있다. 병은 지나치게 배부르고 따뜻하게 해서 생기고, 근심은 즐거움이 극에 달했을 때 생기는 것이다. 기색에도 또한 오색의 변화가 있으니 배우는 사람은 자세히 길흉을 미루어 판단해야 한다.

삼광명왕, 재자천래; 양복당급준두, 왈삼광, 약명정이불암, 주유천재대길.

三光明旺, 財自天來; 兩福堂及準頭, 曰三光, 若明淨而不暗, 主有天財大吉.

삼광이 밝고 왕성하면 재물이 하늘로부터 온다; 양 복당과 준두를 삼광이라고 한다. 밝고 맑고 어둡지 않으면 하늘이 주는 재물이 있어 대길하다.

육부고강, 일생부족; 양관양이양액각, 왈육부, 약풍륭조공자, 불귀즉부.

六府高強, 一生富足; 兩顴兩頤兩額角, 曰六府, 若豐隆朝拱者, 不貴則富.

육부가 높고 강하면 평생 부가 족하다; 양쪽 관골과 양쪽 턱 양 이마를 육부라 하는데 풍륭하고 서로 바라보는 듯 솟았으면 귀하지 않으

면 부유하다.

홍황만면, 발재가자안강; 오색유백흑의추동, 청의춘, 독홍황사계개길. 약만면상대홍황지색자, 발재안강지상야.

紅黃滿面, 發財家自安康; 五色惟白黑宜秋冬, 靑宜春, 獨紅黃四季皆吉. 若滿面常帶紅黃之色者, 發財安康之相也.

홍황한 빛이 얼굴 가득하면 재물이 늘고 집안이 스스로 편안하다; 오색 중 흑색과 백색은 가을 겨울에 괜찮고, 청색은 봄에 괜찮지만 유독 홍황색만은 사계절 모두 길하다. 얼굴에 언제나 홍황색 빛을 띠고 있는 사람은 재물이 늘고 편안하고 건강한 상이다.

저지아광극자, 종무료일; 저지자, 즉면약도고야, 아광자, 여백용아석년광지류야, 면색유여차자, 명목욕천라, 주형극.

猪脂砑光剋子, 終無了日; 猪脂者, 卽面若塗膏也, 砑光者, 如帛用砑石碾光之類也, 面色有如此者, 名沐浴天羅, 主刑剋.

돼지기름을 으깨 바른 듯 빛나면 자식을 극해 마침내 편안할 날이 없다; 돼지기름이란 얼굴에 기름을 바른 듯한 것이며, 으깬 듯 빛이 난다는 것은 비단 조각으로 돌을 갈아 광택을 낸 것과 같은 것이다. 얼굴색이 이와 같은 것을 '목욕천라'라고 하여 주로 형극하게 된다.

면피태급, 수구혁장, 이수역휴; 약면피여육구급, 여붕고자, 수연인중심장주수단.

面皮太急, 雖溝洫長, 而壽亦虧; 若面皮與肉俱急, 如繃鼓者, 雖然人中深長主壽短.

얼굴의 피부가 지나치게 급하면 구혁이 길어도 수명이 이지러진다; 얼굴의 피부와 살이 모두 급해서 북을 맨 듯하면 비록 인중이 깊고 길어도 수명이 짧다.

색횡자삼양, 반년기수방손수; 삼양재좌목지하, 약흑기견차위자, 수방신재불원, 역방자질, 여인재우.

黑色橫自三陽, 半年期須防損壽; 三陽在左目之下, 若黑氣見此位者, 須防身災不遠, 亦防子疾, 女人在右.

흑색이 삼양으로부터 퍼지면 반년 내에 수명을 손상하게 됨을 방비하라; 삼양은 왼쪽 눈 아래인데 만일 흑기가 이 부위에 나타나면 자신에게 재앙이 멀지 않은 것이며, 또한 자식의 질병을 방지해야 한다. 여인은 우측 눈 아래이다.

간문청참, 필주처재; 간문위어미후, 위처첩궁, 청흑지색, 필주처첩지재.

奸門靑慘, 必主妻災; 奸門位魚尾後, 爲妻妾宮, 靑黑之色, 必主妻妾之災.

간문이 푸르고 어두우면 반드시 처에게 재액이 있다; 간문은 어미의 뒷부분 처첩궁으로 청흑색이 나타나면 반드시 처첩에게 재앙이 있다.

백기여분, 부모형상; 백기주상망, 약재부모궁현자, 필주형상.

白氣如粉, 父母刑傷; 白氣主喪亡, 若在父母宮見者, 必主刑傷.

백기가 분을 바른 듯하면 부모에게 형상이 있다; 백기는 주로 상을 당하는 것으로 부모궁에 나타나면 반드시 형상을 당하게 된다.

청색침관, 형제순설; 관위정면, 약유청색침차위자, 주형제순설지요.

靑色侵顴, 兄弟脣舌; 顴爲正面, 若有靑色侵此位者, 主兄弟

脣舌之擾.

청색이 관골을 침범하면 형제로 인한 구설이 있다; 관골은 정면인데 청색이 이 부위를 침범하면 형제의 구설로 어지럽다.

인당태착, 자만처지; 인당의풍륭, 태착약차자, 불유무관, 역차자처부조.
印堂太窄, 子晚妻遲; 印堂宜豊隆, 太窄若此者, 不惟無官, 亦且子妻不早.

인당이 지나치게 좁으면 자식이 늦고 처가 늦다; 인당은 풍륭해야 한다. 이 부위가 지나치게 좁으면 관리가 되지 못할 뿐 아니라 또한 처자가 늦다.

현벽혼암, 인망가파; 현벽위노복궁, 의광윤, 약기색혼암자, 주사망파패.
懸壁昏暗, 人亡家破; 懸壁爲奴僕宮, 宜光潤, 若氣色昏暗者, 主死亡破敗.

현벽이 캄캄하게 어두우면 사람이 죽고 가정이 깨진다; 현벽은 노복궁으로 빛나고 윤택해야 한다. 기색이 캄캄하게 어두우면 죽고 실패하게 된다.

면대비소, 일생상자력간신; 정면수대이토성독소, 분파지상야. 광기운, 비소위사극, 농작무휴헐.
面大鼻小, 一生常自歷艱辛; 正面雖大而土星獨小, 奔波之相也. 廣記云, 鼻小爲四極, 農作無休歇.

얼굴은 큰데 코가 작으면 평생 가난하고 고생스럽게 지낸다; 앞 얼굴이 큰데 토성이 유독 작으면 세파에 시달리는 상이다. 《태평광기》에 이르길 '코가 작은 것이 四極으로, 농사를 지어도 쉴 틈이 없다.'라고 하였다.

비수면비, 반세전재종모산; 면비비륭, 전재풍충, 약면기비, 비수고수삭자, 종유전재, 종수모산.

鼻瘦面肥, 半世錢財終耗散; 面肥鼻隆, 錢財豊充, 若面旣肥, 鼻雖高瘦削者, 縱有錢財, 終須耗散.

코는 야위었는데 얼굴에 살이 많으면 중년 이후 재물을 모두 잃게 된다; 얼굴이 살찌고 코가 높으면 돈과 재물이 풍성하다. 그러나 얼굴이 살찌고 코가 비록 높아도 야위고 깎였으면 비록 돈과 재물이 있다 해도 마침내 모두 흩어지게 된다.

변지사기, 과오십시우형통; 변지여조정산림교외, 구고용이기자, 주만년영달식록지상야.

邊地四起, 過五十始遇亨通; 邊地與弔庭山林郊外, 俱高聳而起者, 主晚年榮達食祿之相也.

변지 4곳이 일어났으면 50이 지나면 비로소 형통하게 된다; 변지와 조정·산림·교외가 모두 높이 솟고 일어났으면 만년에 영달하고 식록이 있는 상이다.

보골융고, 지삼구즉거관위; 보골즉양보각, 현골시야. 약용기이륭고, 조득영달.

輔骨隆高, 至三九則居官位; 輔骨卽兩輔角, 玄骨是也. 若聳起而隆高, 早得榮達.

보골이 높이 솟았으면 27세에 이르면 관직에 나가게 된다; 보골은 양쪽 보각으로 현골이다. 솟아 일어나고 높이 풍륭하면 일찍 영달하게 된다.

명주출해, 태공팔십이우문왕; 명주위이수주, 의위이주조구, 위수상, 연여하문불합, 개태공팔십우문왕, 언발달지지.

明珠出海, 太公八十而遇文王; 明珠爲耳垂珠, 意謂耳珠朝口, 爲壽相, 然與下文不合, 蓋太公八十遇文王, 言發達之遲.

명주출해였으므로 태공이 80세에 문왕을 만난 것이다; 明珠란 귀의 수주로서 이주가 입을 향한다는 뜻으로 장수하는 상이다. 그러나 다음의 글과 부합되지 않는데, 태공이 80세에 문왕을 만났다는 것은 발달이 늦었음을 말하는 것이다.

마주삼십봉당제, 언발달지조. 약화색연견, 위주지상자, 이화능염상, 연능비등, 발달지조의의. 약명주출해, 위태공지상, 즉미명, 궐의가야.

馬周三十逢唐帝, 言發達之早. 若火色鳶肩, 爲周之相者, 以火能炎上, 鳶能飛騰, 發達之早宜矣. 若明珠出海, 爲太公之相, 則未明, 闕疑可也.

마주가 30세에 당(唐)나라의 황제를 만났다는 것은 발달이 이른 것을 말한 것이다. 불과 같은 기색에 제비의 어깨처럼 단정함이 마주의 상이라면 불꽃이 위로 타오를 수 있고 제비가 날아오를 수 있는 것이니 발달이 이른 것이 당연하다. 명주출해가 태공의 상이지만 기색이 밝지 않았으므로 운을 만나지 못했던 것으로 생각된다.

여관후문, 유왈, 유백방해, 수방수액지재, 개위흑기입구, 공명주출해, 역지기색이언, 학자상지.

予觀後文, 有曰, 流魄放海, 須防水厄之災, 蓋謂黑氣入口, 恐明珠出海, 亦指氣色而言, 學者詳之.

내가 또 뒤의 글을 보니 '魄이 흘러 바다로 나가면 반드시 물로 인한 재액을 예방해야 한다'라고 하였는데 이는 흑기가 입으로 들어갔다면 명주출해라 하더라도 두려운 것이니 또한 기색을 살펴야 함을 말하는 것이니 배우는 사람은 상세히 살펴야 할 것이다.

*太公(태공, ?-?): 본명은 강상(姜尙)이다. 그의 선조가 여(呂)나라에 봉해졌으므로 여상(呂尙)이라 불렸다. 그는 동해(東海)에 사는 가난한 사람으로 집안을 돌보지 않고 낚시만 했으므로 아내가 집을 나갔다고 한다. 위수(渭水)에서 낚시하던 중 서백(후일 주나라 문왕)에게 발탁되어 주나라 재상으로 등용되었는데 그때 나이가 80세였다고 한다. 후일 무왕(武王)을 도와 상(商)나라 주왕(紂王)을 멸망시켜 천하를 평정하고 그 공으로 제(齊)나라 제후에 봉해져 시조가 되었다. 병서 《육도(六韜)》가 그의 저작이라고 전해진다.

*馬周(마주, 601-648): 字는 빈왕(賓王). 어려서 고아가 되어 가난했으나 학문에 힘써 당나라 명신이 되었는데, 당태종이 "暫不見周, 卽思之.(잠시라도 마주를 보지 않으면 곧 그가 생각난다.)"라고 칭찬하였다. 그가 당태종을 만난 것이 30세였다고 전한다.

형용고괴, 석중유미옥지장; 형용고괴자, 불가작하천간, 약신기청수동지이상, 내탁중청야, 비석중지옥호?

形容古怪, 石中有美玉之藏; 形容古怪者, 不可作下賤看, 若神氣淸秀動止異常, 乃濁中淸也, 非石中之玉乎?

모습이 고괴함은 돌 속에 아름다운 옥을 감춘 것과 같다; 모습이 고괴한 것을 하천하다고 볼 수 없으니 신기가 청수하고 행동거지가 남다르면 탁한 가운데 청한 것이다. 이것이 바로 돌 속의 옥이 아니겠는가?

인물참암, 해저유명주지취; 여용순용안, 호두호정지류, 개비참암지인물호? 종조귀현, 불가일례이추, 진약창해지주야.

人物巉巖, 海底有明珠之聚; 如龍準龍顔, 虎頭虎睛之類, 豈非巉巖之人物乎? 終遭貴顯, 不可一例而推, 眞若滄海之珠也.

인물이 빼어나고 중후하면 바다 밑에 밝은 구슬을 모아놓은 것과 같다; 용의 준두와 용안, 호두 호정을 지닌 사람들이 어찌 빼어나고 중후한 인물이 아니겠는가? 마침내 귀하게 현달한 것이 한 예로써 미룰 수 없으니 참으로 푸른 바다의 진주와 같다.

호취갈산, 지인쌍관병기어봉만; 동서이악왈쌍관, 봉만언룡이차고야. 약이관융고, 기인유취산지위.
呼聚喝散, 只因雙顴並起於峰巒; 東西二嶽曰雙顴, 峰巒言隆而且高也. 若二顴隆高, 其人有聚散之威.

호령하여 사람을 모이고 흩어지게 하는 것은 쌍관이 산봉우리처럼 솟았기 때문이다; 동서 두 악이 쌍관이며, 산봉우리란 풍성하면서 높은 것을 말한다. 양쪽 관골이 풍성하게 솟았으면 그 사람은 사람을 모으고 흩어지게 하는 위력이 있다.

면다반점, 공비노수지인; 흑청반점생어면자, 신기쇠야, 기능수상야.
面多斑點, 恐非老壽之人; 黑青斑點生於面者, 神氣衰也, 豈能壽相也.

얼굴에 반점이 많으면 늙어서 오래 살지 못할 사람일까 두렵다; 검고 푸른 반점이 얼굴에 많으면 신기가 쇠한 것이니 어찌 장수하는 상이겠는가?

이유호모, 정시장생지객; 경운, 미호불여이호, 이호불여항조, 개수상야.
耳有毫毛, 定是長生之客; 經云, 眉毫不如耳毫, 耳毫不如項條, 皆壽相也.

귀에 털이 있으면 반드시 오래 살 사람이다; 경에 눈썹 털이 귀속 털만 못하고, 이호는 항조만 못하다고 하였는데 모두 장수할 상이다.

막교사반, 오육필주흉망; 사반자, 구무능, 안무신, 비노규, 이무륜야. 유차사반, 기년주유흉망지사.
莫教四反, 五六必主凶亡；四反者, 口無稜, 眼無神, 鼻露竅, 耳無輪也. 有此四反, 其年主有凶亡之事.

사반이 되어서는 안 되니 50-60대에 반드시 흉하게 죽는다; 사반이라 함은 입술에 윤곽이 없고 눈에 정기가 없으며 콧구멍이 드러나고 귓바퀴가 없는 것이다. 이처럼 사반이 되면 해당 나이에 흉하게 죽는 일이 있게 된다.

갱기신혼, 팔구야무칭의; 유차사반, 갱겸신기혼암자, 지노종불길리.
更忌神昏, 八九也無稱意；有此四反, 更兼神氣昏暗者, 至老終不吉利.

더욱 신기가 어두운 것을 꺼리니 80-90세가 되어도 뜻을 얻지 못한다; 사반이며 더욱 눈의 정기마저 어두운 사람은 늙도록 이로운 것이 없다.

검상청광, 급급탐람, 고빈. 면상청흑지기첩견자, 주고고부족.
臉上青光, 汲汲貪婪, 孤貧. 面上青黑之氣疊見者, 主孤苦不足.

얼굴에 푸른빛이 나타나면 탐욕에 급급하고 고독하고 가난하다. 얼굴에 청흑기가 첩첩이 나타난 사람은 고독하고 고생스러우며 가난하다.

성자단전하출, 유복이향하령; 단전재제하, 약성자제하발자, 음운심원, 주수. 희이논왈,

중인지식이후, 지인지식이제.

聲自丹田下出, 有福而享遐齡; 丹田在臍下, 若聲自臍下發者, 音韻深遠, 主壽. 希夷論曰, 衆人之息以喉, 至人之息以臍.

음성이 단전 아래로부터 나오면 복이 있고 긴 수명을 누린다; 단전은 배꼽 아래이다. 음성이 배꼽 아래에서 나오는 사람은 음운이 심원한데 수명이 길다. 희이가 말하길 '일반인의 호흡은 목구멍으로 하고 지인의 호흡은 배꼽으로 한다.'라고 하였다.

골종뇌후횡생, 발재차증장수; 뇌후유골횡생, 왈옥침, 주부수야. 광전운, 골자뇌생소인, 지귀록면면, 복수기.

骨從腦後橫生, 發財且增長壽; 腦後有骨橫生, 曰玉枕, 主富壽也. 廣傳云, 骨自腦生少人, 知貴祿綿綿, 福壽期.

머리 뒤에 뼈가 옆으로 있으면 재복이 발하고 수명이 길어진다; 뒷머리에 가로로 있는 뼈를 옥침이라고 하는데 부유하고 장수하게 된다. 《광전》에 이르길 '머리에 뼈가 자라나는 사람은 적은데 귀와 녹이 면면히 이어지고 복과 장수를 기약함을 알 수 있다.'라고 하였다.

색청횡어정면, 환작행시; 관상안하왈정면, 약기청횡생차위자, 주유재질, 고왈행시.

色青橫於正面, 喚作行屍; 顴上眼下曰正面, 若氣青橫生此位者, 主有災疾, 故曰行屍.

푸른색이 얼굴 정면을 가로지른 것을 '행시'라고 한다; 관골 위 눈 아래를 '정면'이라고 한다. 이 부위에 푸른 기색이 가로지르면 재앙과 질병이 있다. 그러므로 '행시'라고 하는 것이다.

기흑암우이전, 명위탈명; 이전위명문, 약유흑색침자, 유병필난료야.

氣黑暗于耳前, 名爲奪命; 耳前爲命門, 若有黑色侵者, 有病必難療也.

귀 앞의 기색이 검고 어두운 것을 '탈명'이라고 한다; 귀앞은 명문이다. 흑색이 침범하면 병이 있을 경우 치유가 어렵다.

청차구각, 편작난의. 흑엄태양, 노의 막구; 구위인지사명, 약양각청흑비길조, 병인필난치. 태양좌목야, 노의편작, 개명의. 약흑기엄호쌍목, 노의막능치야.

青遮口角, 扁鵲難醫. 黑掩太陽, 盧醫莫救; 口爲人之司命, 若兩角青黑非吉兆, 病人必難治. 太陽左目也, 盧醫扁鵲, 皆名醫. 若黑氣掩乎雙目, 盧醫莫能治也.

입 끝을 푸른색이 막으면 편작도 치료하기 어렵고, 흑기가 태양을 가리면 노의라도 구할 수 없다; 입은 사람의 생사를 주관하는 부위이니 양 끝이 청흑색은 길조가 아니다. 환자라면 치료가 어렵다. 태양은 좌측 눈이다. 노의편작 모두 명의이나 흑기가 두 눈을 가리면 노의도 고칠 수 없다.

*扁鵲(편작, BC407-BC310): 춘추전국시기의 명의로 성은 희(姬) 진(秦)씨, 이름은 완(緩)이며 자는 월인(越人). 노의(盧医)라고도 불렀으며 발해군(渤海郡: 현 하북) 사람으로 의술이 뛰어났으므로 당시 사람들이 황제(黃帝) 때의 신의(神醫) 편작의 이름을 그에게 붙여 편작이라고 했다. 어려서 장상군(長桑君)으로부터 의술을 배우고 비전을 더욱 발전시켜 여러 방면에 뛰어났다. 조(趙)나라에서는 부인병으로, 주나라에서는 오관과(五官科)로, 진(秦)나라에서는 아동의 질병으로 천하에 이름을 떨쳤다. 진(秦)나라 태의(太医) 이혜(李醯)가 자신의 의술이 그를 따르지 못함을 시기하여 자객을 보내 살해했다. 《난경(难经)》이 편작이 지은 것이라고 전한다.

백여고골, 역주신망. 흑약습회, 종수수단; 약병인유백기여고골자, 체무생기정사이이. 우유흑기약습회자, 기유생호.

白如枯骨, 亦主身亡. 黑若濕灰, 終須壽短; 若病人有白氣如枯骨者, 體無生氣定死而已. 又有黑氣若濕灰者, 豈有生乎.

백기가 마른 뼈 같으면 또한 자신이 죽고 검기가 젖은 재 같으면 마침내 수명이 짧다; 병자의 기색이 마른 뼈 같이 희고 몸에 생기가 없으면 반드시 죽는다. 흑기가 젖은 재 같으면 어찌 살 수 있겠는가?

빈이항난, 위인만면비용; 용안상약곡, 필주빈이다난. 경운, 불취각여취, 비수각사수, 소경치애양, 영락반도휴.
貧而恒難, 爲因滿面悲容; 容顔常若哭, 必主貧而多難. 經云, 不醉却如醉, 非愁却似愁, 笑驚癡駭樣, 榮樂半途休.

가난하고 항상 어려운 것은 만면이 슬픈 얼굴이기 때문이다; 얼굴이 항상 우는 듯하면 반드시 가난하고 어려움이 많다. 경에 이르길 '취하지 않았는데 취한듯하고 근심이 없는데 근심하는 듯하며 웃고 놀라는 것이 미치광이처럼 어리석은 듯하면 영화와 즐거움이 중간에서 끝난다.'라고 하였다.

요갱다재, 개위수근박삭; 연수산근함박이첨삭자, 주질병이요.
夭更多災, 蓋謂壽根薄削; 年壽山根陷薄而尖削者, 主疾病而夭.

장수하지 못하고 재난이 많은 것은 대개 수근이 얇고 깎였기 때문이다; 연상·수상·산근이 함몰되거나 얇고 뾰족하게 깎였다면 병을 앓고 일찍 죽는다.

평생소질, 개인월패광릉, 도로무재, 대저연수윤택; 연수즉월패성, 차위풍릉유광, 평생필소질병.

平生少疾, 皆因月孛光隆, 到老無災, 大抵年壽潤澤; 年壽卽月孛星, 此位豊隆有光, 平生必少疾病.

평생 병이 적은 것은 모두 월패가 빛나고 높기 때문이다. 늙어서까지 재앙이 없는 사람은 연상 수상이 윤택하다; 연상 수상이 월패성이다. 이 부위가 풍륭하고 광택이 있으면 평생 질병이 적다.

혈불화색, 소수다둔; 혈이양기, 기이양신, 색무광화, 중심부족, 기칭수야.
血不華色, 少遂多迍; 血以養氣, 氣以養神, 色無光華, 中心不足, 豈稱遂耶.

혈색이 화사하지 못하면 이루는 것이 적고 막힘이 많다; 혈로 기를 기르고 기로써 신을 기른다. 색에 빛나고 아름다움이 없는 것은 중심이 부족한 것이니 어찌 이룰 수 있으랴?

행부동신, 적재유수; 행보이신부동자, 위지용양, 귀중지상야, 기무재수호.
行不動身, 積財有壽; 行步而身不動者, 謂之龍驤, 貴重之相也, 豈無財壽乎.

몸을 움직이지 않고 걸으면 재물이 쌓이고 장수한다; 걸으면서 몸이 움직이지 않는 것을 '용양(용의 머리)'이라고 하며 귀중한 상이니 어찌 재물과 수명이 없겠는가?

신광만면, 부귀칭심, 귀색현형, 빈수도일; 신광자, 색홍황이유광야, 귀색자, 기청흑이다암야, 고면유신광, 이명다수, 면유귀색자 빈수일지.
神光滿面, 富貴稱心, 鬼色見形, 貧愁度日; 神光者, 色紅黃而有光也, 鬼色者, 氣靑黑而多暗也, 故面有神光, 利名多遂, 面有鬼色者 貧愁日至.

신광이 만면에 빛나면 부귀하고 원하는 바를 이룬다. 귀색이 나타나는 형상은 가난과 근심으로 세월을 보낸다; 신광이란, 색이 홍황하고 빛나는 것이다. 귀색이란 기가 푸르고 검으면 많이 어두운 것이다. 그러므로 얼굴에 신광이 있으면 이익과 명예가 따르고, 얼굴에 귀색이 있으면 가난과 슬픈 날이 다가온다.

병엄목폐, 유신무색자생, 신탈구개, 천주경의자사; 병구수목폐, 유신무색자, 필주생, 약안무신광, 구개항도자, 필사, 천주자, 항야.

病淹目閉, 有神無色者生, 神脫口開, 天柱傾欹者死; 病久雖目閉, 有神無色者, 必主生, 若眼無神光, 口開項倒者, 必死, 天柱者, 項也.

오랜 질병으로 눈을 감고 있어도 신기가 있고 색이 없는 사람은 살게 되고, 신기가 벗어나고 입을 벌리고 천주가 기운 사람은 죽게 된다; 병이 오래되어 비록 눈을 감고 있어도 신기가 있고 색이 없는 사람은 반드시 살게 된다. 눈에 신광이 없고 입을 벌리고 목이 기운 사람은 반드시 죽는다. 천주는 목이다.

오악구정, 인가연년, 칠규불명, 수난재구; 오악구정, 이불편함자, 고위수상, 약이목구비지칠규, 반로이불명자, 역주요절.

五嶽俱正, 人可延年, 七竅不明, 壽難再久; 五嶽俱正, 而不偏陷者, 固爲壽相, 若耳目口鼻之七竅, 反露而不明者, 亦主夭折.

오악이 모두 바르면 수명을 이을 수 있고 칠규가 밝지 않으면 수명이 다시 길기 어렵다; 오악이 모두 바르고 기울거나 함몰되지 않으면 진실로 장수하는 상이다. 귀·눈·입·코의 칠규(일곱구멍)가 뒤집혀 드러나고 밝지 않으면 요절한다.

화개흑색, 필주졸재, 천정청기, 수방온역; 화개위복당지방, 흑기침지, 주유포질, 천정재천중지하, 청기생지, 주유온역.

華蓋黑色, 必主卒災, 天庭青氣, 須防瘟疫; 華蓋位福堂之傍, 黑氣侵之, 主有暴疾, 天庭在天中之下, 青氣生之, 主有瘟疫.

화개가 흑색이면 반드시 죽는 재앙이 있고 천정에 청기가 나타나면 전염병을 방지해야 한다; 화개는 복당의 옆인데 흑기가 침범하면 돌연 큰 병에 걸린다. 천정은 천중의 아래인데 청기가 나타나면 전염병에 걸리게 된다.

적조생어지각, 정손우마, 청백기우간문, 화침처첩; 지각위노복궁, 약생적기여화이조자, 주우마손상, 간문재안각지전, 약유청백이기, 공처첩유재, 간문내처첩궁야.

赤燥生於地閣, 定損牛馬, 青白起于奸門, 禍侵妻妾; 地閣爲奴僕宮, 若生赤氣如火而燥者, 主牛馬損傷, 奸門在眼角之前, 若有青白二氣, 恐妻妾有災, 奸門乃妻妾宮也.

마른 적색이 지각에 나타나면 우마의 손실이 있고, 간문에 청백색이 나타나면 처첩에게 화가 침범한다; 지각은 노복궁이다. 적기가 불타는 듯 붉고 마른 사람은 우마를 잃게 된다. 간문은 눈꼬리 끝인데 청백색 두 가지 기가 나타나면 처첩에게 재앙이 있을까 두렵다. 간문은 바로 처첩궁이다.

삼양화왕, 필주탄남, 삼음목다, 정수생녀; 삼양재좌안하, 홍기왕, 필생남. 삼음재우안하, 청기다, 즉생여야.

三陽火旺, 必主誕男, 三陰木多, 定須生女; 三陽在左眼下, 紅氣旺, 必生男. 三陰在右眼下, 青氣多, 卽生女也.

삼양에 화기가 왕성하면 틀림없이 아들을 낳고, 삼음에 목기가 많으면 반드시 딸을 낳는다; 삼양은 좌측 눈 아래인데 홍색기운이 왕성하면 반드시 남아를 낳는다. 삼음은 우측 눈 아래인데 목기가 많으면 여아를 낳는다.

유백방해, 수방수액지재, 유혼수궁, 정주상신지고; 유백유혼, 개흑색야, 대해위구, 유흑기입구자, 수방수액, 궁즉용궁, 안동야, 약생흑기, 다주졸신.
流魄放海, 須防水厄之災, 遊魂守宮, 定主喪身之苦; 流魄遊魂, 皆黑色也, 大海爲口, 有黑氣入口者, 須防水厄, 宮卽龍宮, 眼瞳也, 若生黑氣 多主卒身.

혼백이 흘러 바다로 가면 반드시 수액을 예방해야 하고, 유혼이 궁을 지키면 반드시 죽게 된다; 유백 유혼은 모두 흑색이며 대해는 입이다. 흑기가 입으로 들어가면 수액을 예방해야 한다. 궁은 용궁으로 눈동자이다. 만일 흑기가 나타나면 죽게 된다.

도로혼참, 방질복지재; 도로즉통구위항야, 약생체기, 척험불리.
道路昏慘, 防跌蹼之災; 道路卽通衢委巷也, 若生滯氣, 陟險不利.

도로가 어둡고 침침하면 넘어지는 재앙을 예방하라; 도로는 통구와 위항(입의 양옆)이다. 체기가 나타나면 험한 곳으로 나가면 불리하다.

궁실조염, 공탕화지구; 궁실재조주지방, 약생홍조지기, 수신탕화.
宮室燥炎, 恐湯火之咎; 宮室在竈廚之傍, 若生紅燥之氣, 須愼湯火.

궁실이 불이 타는 듯 붉으면 끓는 물이나 불에 데는 재앙이 두렵다;

궁실은 조주(난대와 정위)의 옆(양쪽 법령의 바깥부분)인데 붉게 불타는 듯한 기색이 나타나면 끓는 물이나 불을 조심해야 한다.

이근흑자, 도사로방. 승장심문, 공투랑리; 이후생흑자자, 주객사. 승장재순하, 약생심문, 주유수액.
耳根黑子, 倒死路傍. 承漿深紋, 恐投浪裏; 耳後生黑子者 主客死. 承漿在脣下 若生深紋, 主有水厄.

귀뿌리(수골)에 검은 사마귀가 있으면 길에서 죽게 되고, 승장에 주름이 깊으면 물에 빠져 죽을까 두렵다; 귀 뒤에 검은 사마귀가 있으면 주로 객사하고, 승장은 입술 아래인데 주름이 깊으면 수액을 당하게 된다.

삼첨육삭, 종간교이빈천; 삼첨위두준각첨소야, 육삭위미목이구삭박야. 우위지육악, 주빈천이간교야.
三尖六削, 縱奸巧而貧賤; 三尖謂頭準閣尖小也, 六削謂眉目耳口削薄也. 又謂之六惡, 主貧賤而奸巧也.

삼첨육삭이면 결국 간교하고 빈천하다; 삼첨은 머리 준두 지각이 뾰족하고 작은 것을 말하고, 육삭은 눈썹과 눈·코·입이 깎이고 얇은 것으로 여섯 군데가 나쁘다고 하는데 주로 빈천하고 간교하다.

사방오단, 수불모이부귀; 양천창지고방만이불함, 오악단공이불편자, 부귀지상야.
四方五端, 雖不謀而富貴; 兩天倉地庫方滿而不陷, 五岳端拱而不偏者, 富貴之相也.

네 곳이 방정하고 다섯 곳이 단정하면 도모하지 않아도 부귀하다; 천창과 지고가 가득하고 함몰되지 않고 오악이 단정하고 모은 듯하고

기울어지지 않았으면 부귀한 상이다.

발세광윤, 품성온양, 신긴안원, 위인급조; 발세이유광자, 기필화이성량, 신긴이목원자, 기필급이성조.

髮細光潤, 稟性溫良, 神緊眼圓, 爲人急燥; 髮細而有光者, 氣必和而性良, 神緊而目圓者, 氣必急而性燥.

머리카락이 가늘고 빛나고 윤택하면 품성이 온화하고 양순하며, 눈빛이 긴장되고 눈이 둥글면 사람됨이 조급하다; 머리카락이 가늘고 광택이 있는 사람은 기가 반드시 온화하고 성품이 양순하다. 눈빛이 긴장되고 눈이 둥글면 기가 급하고 성품이 메마르다.

삼산고활, 만경규모, 사독청명, 종생복기; 액여양권고활, 이목구비청명자, 광원부귀지형야.

三山高闊, 萬頃規模, 四瀆淸明, 終生福起; 額與兩顴高闊, 耳目口鼻淸明者, 廣遠富貴之形也.

삼산이 높고 넓으면 토지의 규모가 만경에 이르고, 사독이 맑고 밝으면 마침내 복이 따른다; 이마와 양 관골이 높고 넓으며 이목구비가 맑고 밝은 자는 부귀가 크고 오래 지속되는 형이다.

형청신탁, 불구빈궁; 형모청이신기곤탁자, 시수빈군, 체기약퇴, 복길환래.

形淸神濁, 不久貧窮; 形貌淸而神氣困濁者, 時雖貧窘, 滯氣若退, 福吉還來.

모습은 맑은데 신기가 탁하면 빈궁함이 오래가지 않는다: 모습은 청수한데 신기가 곤궁하고 탁하면 지금 비록 가난해도 막힌다고 해도 체기만 물러가면 복과 길함이 다시 온다.

두피관후, 복수쌍전; 두원상천, 피육관후, 복주지상야, 기무복수호.

頭皮寬厚, 福壽雙全; 頭圓象天, 皮肉寬厚, 覆幬之相也, 豈無福壽乎.

머리 피부가 넉넉하고 두터우면 복과 수명이 모두 온전하다; 머리가 둥근 것은 하늘의 상징이고 피부와 살이 넉넉하고 두터운 것은 복주(은혜를 베풂)의 상인데 어찌 복과 수가 없겠는가?

신기징청, 이명쌍득; 신기해견전, 약징청이불혼암자, 부귀지상야. 용하유차자, 단주희언이이.

神氣澄淸, 利名雙得; 神氣解見前, 若澄淸而不昏暗者, 富貴之相也. 庸下有此者, 但主喜吉而已.

신기가 맑으면 이익과 명예를 모두 얻는다; 신기가 풀려 나타나기 전이라도 맑고 깨끗하여 어둡지 않으면 부귀한 상인데, 현명치 못한 사람이 이와 같다면 그냥 기쁘고 길할 뿐이다.

면피붕급, 수촉무의, 골격회홍, 전정가고; 면육부박피우붕급, 고비수상, 골격풍륭, 오악분명자, 부귀가기.

面皮繃急, 壽促無疑, 骨格恢弘, 前程可靠; 面肉浮薄皮又繃急, 固非壽相, 骨格豊隆, 五岳分明者, 富貴可期.

얼굴의 피부가 팽팽하여 땅긴 듯하면 의심할 바 없이 수명이 짧고, 골격이 넓으면 앞날을 기댈만하다; 얼굴의 살이 들뜬 듯하고 얇고 피부를 팽팽하게 당긴 듯하면 장수할 상이 아니고, 골격이 풍륭하고 오악이 분명하면 부귀를 기약할 수 있다.

장두서목, 하필구관; 두삭이골로, 왈상두, 정철이안원, 왈서목, 개불귀지상.

獐頭鼠目, 何必求官; 頭削而骨露, 曰獐頭, 睛凸而眼圓, 曰鼠目, 皆不貴之相.

장두서목이 하필이면 관직을 구하는가; 머리가 깎이고 뼈가 드러난 것을 노루 머리라고 하고, 눈동자가 튀어나오고 눈이 둥근 것을 쥐눈이라고 하는데, 모두 귀하지 않은 상이다.

마면사정, 수조횡사; 성시이면장, 왈마면, 목철이정홍, 왈사정, 기성조심독, 제형불의, 졸치횡화.

馬面蛇睛, 須遭橫死; 聲嘶而面長, 曰馬面, 目凸而睛紅, 曰蛇睛, 其性粗心毒, 弟兄不義, 卒致橫禍.

말의 얼굴에 뱀의 눈이면 반드시 횡사를 당한다; 음성이 우는 듯하고 얼굴이 긴 것을 마면(말의 얼굴)이라 하고, 눈이 튀어나오고 눈동자가 붉으면 사정(뱀의 눈동자)이라 하는데, 성정이 거칠고 마음이 독하여 형제간에 의리가 없으며 졸지에 화를 당하게 된다.

두첨액착, 고불가이구관. 색참신고, 겸차하유발적? 안광여서, 투도지도, 정찬약장, 횡망지한, 정철여봉목, 역주형상, 구편여접어, 종수곤핍.

頭尖額窄, 固不可以求官. 色慘神枯, 兼此何由發跡? 眼光如鼠, 偷盜之徒, 睛竄若獐, 橫亡之漢, 睛凸如蜂目, 亦主刑傷, 口扁與鮎魚, 終須困乏.

머리가 뾰족하고 이마가 좁다면 관직을 구할 수 없다. 기색이 애처롭고 신기가 마르면 어찌 족적을 발하랴? 눈빛이 쥐 같으면 도적의 무리이다. 눈동자가 노루 같이 숨어있으면 갑자기 죽게 되는 사람이며, 눈동자가 벌 눈처럼 나왔으며 또한 형상을 당한다. 입이 삐뚤어지거나 메기와 같으면 마침내 고생스럽고 궁핍하다.

평생조화, 당수취어사강; 사강내자오묘유, 즉액해양관야, 의풍륭광활, 불의첨삭파함, 인생조화, 선관차사자.

平生造化, 當首取於四强; 四强乃子午卯酉, 卽額頦兩顴也, 宜豊隆廣闊, 不宜尖削破陷, 人生造化, 先觀此四者.

평생의 조화는 먼저 사강으로부터 취한다; 사강은 子午卯酉 즉 이마·턱·양쪽 관골인데 풍륭하고 넓어야 하며 뾰족하고 깎이고 깨지고 함몰되었으면 좋지 않다. 인생의 조화를 보는 데는 먼저 이 네 가지를 본다.

기탁신고, 필시빈궁지한; 상중언신기최다, 인소난변, 관부백각도자운, 신기자백관지수예야, 여양기서이산천수발, 일월출이천지청명, 재인위일신지주, 제상지험,

氣濁神枯, 必是貧窮之漢; 相中言神氣最多, 人所難辨, 觀夫白閣道者云, 神氣者百關之秀裔也, 如陽氣舒而山川秀發, 日月出而天地淸明, 在人爲一身之主, 諸相之驗,

기가 탁하고 신기가 마르면 반드시 빈궁한 사람이다; 상에서 신기라는 말이 가장 많지만, 사람이 판단하기는 어렵다. 저 백각도자(마의대사)가 이르길 "신기는 모든 것의 수려한 후예이므로, 양기가 편안하면 산천이 빼어나게 마련이며, 해와 달이 나오면 세상이 맑고 밝아지는 것처럼 신기는 몸의 주인으로 모든 상을 보는 표징이 된다."라고 하였다.

고청감운, 대저신기부어인, 유사유혜우사등, 기신불탁인자부, 유청연후등방명, 연즉신기탁고자, 종신부달지상야.

故淸鑑云, 大抵神氣賦於人, 有似油兮又似燈, 氣神不濁人自富, 油淸然後燈方明, 然則神氣濁枯者, 終身不達之相也.

그래서 〈청감〉에 이르길 '대저 사람에게 신기를 준 것은 기름으로 불을 밝히는 것과 같아서 신기가 탁하지 않은 사람은 스스로 부유하니 기름이 깨끗해야 등불이 밝은 것과 같다.'라고 하였다. 그런즉 신기가 탁하고 마르면 끝내 현달하지 못하는 상이다.

기약연진, 흉재일지; 기색의광현, 불욕혼암, 약기여연진소몽, 이혼암자, 필주흉재.

氣若烟塵, 凶災日至; 氣色宜光顯, 不欲昏暗, 若氣如烟塵所蒙, 而昏暗者, 必主凶災.

기색이 연기나 먼지가 낀 듯하면 흉한 재액이 이르게 된다; 기색은 빛나고 밝아야 하며 어두침침해서는 안 된다. 기가 연기나 먼지가 낀 듯 흐리고 어두운 사람은 반드시 흉하고 재앙이 있다.

형여토우, 천명난도; 형체고건여토무이자, 불구병망.

形如土偶, 天命難逃; 形體枯乾與土無異者, 不久病亡.

형상이 흙으로 만든 인형 같으면 천명에서 벗어나기 어렵다; 형체가 마르고 마치 흙으로 빚은 인형과 다를 바가 없다면 머지않아 병으로 죽게 된다.

천주경의, 환구장거; 천주자경항야. 약경도의왜이막기자, 허환지구, 필장사야.

天柱傾欹, 幻軀將去; 天柱者頸項也. 若傾倒欹歪而莫起者, 虛幻之軀, 必將死也.

천주가 기울면 허깨비 같은 몸이 죽게 된다; 천주는 목이다. 기울어져 바로 세우지 못하면 허깨비 같은 몸으로 반드시 죽게 된다.

모여수철, 운기둔전; 누철식금, 왈수철, 언기소박야. 일신기색, 약차소박자, 기기운필불통야.

貌如鎪鐵, 運氣迍邅; 鎪鐵飾金, 曰鎪鐵, 言其疎薄也. 一身氣色, 若此疏薄者, 其氣運必不通也.

모습이 수철과 같다면 운이 막히게 된다; 쇠붙이 장신구를 수철이라 하는데 얇은 것을 말한다. 일신의 기색이 이렇게 엷으면 기와 운이 반드시 통하지 않는다.

색약상운, 전정형태; 약기색명윤상운, 이홍황자, 전정필통태의.

色若祥雲, 前程亨泰; 若氣色明潤祥雲, 而紅黃者, 前程必通泰矣.

기색이 상서로운 구름과 같으면 앞날이 형통하고 발전한다; 기색이 밝고 윤택하여 상서로운 구름처럼 홍황하면 앞날이 반드시 크게 형통하게 된다.

명성이수, 삼태궁구유황광; 삼태궁재양보급액각, 차위구유황기자, 이명성수.

名成利遂, 三台宮俱有黃光; 三台宮在兩輔及額角, 此位俱有黃氣者, 利名成遂.

명성을 이루고 이익이 이르자면 삼태궁이 모두 황색으로 빛나야 한다; 삼태궁은 양쪽 보각과 액각이다. 이 부위가 모두 황기를 띤 사람은 이익과 명성이 함께 이른다.

문체서난, 양미두각생청기; 미두즉보각야, 기기약청흑, 문서필지체.

文滯書難, 兩眉頭各生青氣; 眉頭卽輔角也, 其氣若青黑, 文書必遲滯.

학문이 막히고 글이 어려운 것은 양쪽 눈썹머리에 청기가 뜨기 때문이다; 미두는 보각이다. 그 부위의 기가 청흑이면 문서가 반드시 지체되고 막힌다.

황기소이체기중, 공명래우불래; 홍황자희기야, 청흑자체기야. 약홍황지기소, 청흑지기다자, 구공명, 사유이무야.
黃氣少而滯氣重, 功名來又不來; 紅黃者喜氣也, 青黑者滯氣也. 若紅黃之氣少, 青黑之氣多者, 求功名, 似有而無也.

황색의 기운이 적고 체기가 중하면 공명이 올듯하면서도 오지 않는다; 홍황색은 기쁜 기색이고, 청흑은 막히는 기색이다. 홍황의 기색이 적고 청흑의 기색이 많으면 공명을 구해도 될 것 같으면서도 이루지 못한다.

청기소이희기다, 부귀지이우지; 황홍지기만면, 이무체기, 재록첩지야.
青氣少而喜氣多, 富貴至而又至; 黃紅之氣滿面, 而無滯氣, 財祿疊至也.

청색의 기운이 적고 기쁜 기색이 많으면 부귀가 이르고 또 이른다; 홍황의 기색이 만면하고 체기가 없으면 재록이 첩첩이 이른다.

체중유명, 우이변희, 명중유체, 길이반흉; 색약체이홀명윤자, 우중필유희, 기약명이홀암체자, 길중필유흉야.
滯中有明, 憂而變喜, 明中有滯, 吉而反凶; 色若滯而忽明潤者, 憂中必有喜, 氣若明而忽暗滯者, 吉中必有凶也.

체기 중에 밝은 기색이 나타나면 근심이 변해 기쁨이 되고 밝은 가운데 체기가 나타나면 길한 것이 반대로 흉하게 된다; 색이 체한 듯했는데 갑자기 밝고 윤택해지면 근심 가운데 반드시 기쁨이 있게 되고 기색이 밝았다가 갑자기 어두운 체기가 뜨면 길한 가운데 반드시 흉함이 있게 된다.

정면유황광, 무불수의, 인당다희기, 모무불통; 정면일촌삼분인당재궐문지간, 이부약유홍황자희기자, 모위다주수의.

正面有黃光, 無不遂意, 印堂多喜氣, 謀無不通; 正面一寸三分印堂在闕門之間, 二部若有紅黃紫喜氣者, 謀爲多主遂意.

얼굴에 황색 기운이 밝으면 뜻대로 되지 않는 것이 없으며, 인당에 기쁜 기색이 많으면 도모하여 통하지 않음이 없다; 정면 1촌 3분으로 인당에서 궐문의 사이인데, 두 부위가 홍·황·자색의 기쁜 기색이 떴다면 모사하는 바가 뜻대로 이루어지는 것이 많다.

연수명윤, 일세평안; 연수재산근지하, 위질액궁. 약광명불체자, 기년필평안, 갑궤윤택길상정래, 홀연현벽무광, 재보장거.

年壽明潤, 一歲平安; 年壽在山根之下, 爲疾厄宮. 若光明不滯者, 其年必平安, 甲櫃潤澤吉祥鼎來, 忽然懸壁無光, 財寶將去.

연상과 수상이 명윤하면 한 해가 평안하다; 연상수상은 산근의 아래로 질액궁이다. 빛이 밝고 체한 기색이 없으면 그 해가 반드시 평안하며 갑궤가 윤택해지면 바야흐로 길상한 일이 다가온다. 홀연히 현벽에 광채가 없어지면 재물이 사라지게 된다.

금궤광택, 제길빈래; 금궤비준양방, 즉난대정위, 명윤이불암자길.

金櫃光澤, 諸吉頻來; 金櫃鼻準兩傍, 卽蘭臺廷尉, 明潤而不暗者吉.

금궤가 빛나고 윤택하면 여러 가지 길한 일이 자주 온다; 금궤는 코 준두 양옆에 있는 난대와 정위로 밝고 윤택하며 어둡지 않은 사람은 길하다.

부위무휴, 일생평온, 기색유체, 종견흉둔; 일신부위무휴파자, 부조흉험, 제위기색불광윤자, 종유불리.
部位無虧, 一生平穩, 氣色有滯, 終見凶迍; 一身部位無虧破者, 不遭凶險, 諸位氣色不光潤者, 終有不利.

부위가 이지러진 곳이 없으면 평생 평온하지만, 기색에 체함이 있으면 결국 흉하고 막히게 된다; 몸의 부위에 이지러지거나 깨어진 곳이 없는 사람은 흉하고 험한 일을 당하지 않지만, 여러 부위의 기색이 빛나고 윤택하지 않은 사람은 결국 이롭지 않다.

지고광윤, 만경유호, 이득안한; 지고재양이, 약광윤풍만, 말주칭심쾌의.
地庫光潤, 晚景愈好, 而得安閒; 地庫在兩頤, 若光潤豐滿, 末主稱心快意.

지고가 빛나고 윤택하면 늙어갈수록 좋아지고 편안하고 한가로움을 얻는다; 지고는 양쪽 턱이다. 빛이 윤택하고 풍만하면 말년에 마음대로 되고 뜻이 유쾌하다.

현벽색명, 가택무우, 이다길경; 현벽시노복궁, 약기색불암자, 길이무우.
懸壁色明, 家宅無憂, 而多吉慶; 懸壁是奴僕宮, 若氣色不暗者, 吉而無憂.

현벽의 색이 밝으면 집안에 근심이 없고 길함과 경사가 많다; 현벽은 노복궁이다. 기색이 어둡지 않으면 길하고 근심이 없다.

요지일변기색, 차청기성, 갱찰기신, 재관기육, 불가홀지야. 사자겸지만무일실.
要之一辨其色, 次聽其聲, 更察其神, 再觀其肉, 不可忽之也.
四者兼之萬無一失.

첫째는 기색을 판별하고, 다음으로 음성을 듣고, 그다음 신기를 관찰하고 다시 살을 살펴야 하는데 이를 소홀히 해서는 안 된다. 네 가지를 겸한다면 만에 하나라도 잘못됨이 없다.

지혜생어피모; 피부세연광형, 모발소수윤택자, 필지혜총명, 약반차자, 필조속야.
智慧生於皮毛; 皮膚細軟光瑩, 毛髮疎秀潤澤者, 必智慧聰明, 若反此者, 必粗俗也.

지혜는 피부와 모발로부터 나온다; 피부는 섬세하고 부드러우며 빛이 밝아야 하고 모발은 지나치게 숱이 많지 않고 빼어나고 윤택한 자는 반드시 지혜롭고 총명하다. 이와 반대인 자는 거칠고 속되다.

고락관호수족; 수지절조대고경, 족배수장건조자, 기인필신고. 수약세연윤택, 족약골육원비자, 기인필일락.
苦樂觀乎手足; 手指節粗大枯硬, 足背瘦長乾燥者, 其人必辛苦. 手若細軟潤澤, 足若骨肉圓肥者, 其人必逸樂.

고생과 즐거움은 수족을 본다; 손가락 마디가 거칠고 크고 마르고 뻣뻣하거나 발등이 야위고 길며 건조한 자는 반드시 고생스럽다. 손이 섬세하고 부드럽고 윤택하며, 발의 뼈와 살이 둥글게 살찐 사람은 반드시 즐겁고 편안하다.

지절세이각배비, 수지준아. 지절세니여춘총, 각배풍비이유육자, 필준수한아지인야.
指節細而脚背肥, 須知俊雅. 指節細膩如春蔥, 脚背豊肥而有

肉者, 必俊秀閒雅之人也.

손가락 마디가 가늘고 종아리가 두툼하면 준수하고 우아하다. 손가락 마디가 봄에 돋아나는 파와 같이 매끄럽고 가늘며, 종아리의 살이 두툼하면 반드시 준수하고 한가하고 고상한 사람이다.

부자, 자연체후, 귀자, 정시형수; 체모풍후자, 창고무휴이필부. 형상청기자, 골격이상이 필귀.
富者, 自然體厚, 貴者, 定是形殊; 體貌豊厚者, 倉庫無虧而必富. 形相淸奇者, 骨格異常而必貴.

부자는 자연히 몸이 두텁고, 귀한 사람은 모습이 남다르다; 형체가 풍부하고 두터운 사람이 천창과 지고가 이지러지지 않았다면 반드시 부유하고, 형상이 맑고 기이하거나 골격이 남다르면 반드시 귀하다.

견아성읍, 불천즉고; 견불욕용이약한, 성불욕산이여곡, 유차이자, 빈천고형지상야.
肩峨聲泣, 不賤則孤; 肩不欲聳而若寒, 聲不欲散而如哭, 有此二者, 貧賤孤刑之相也.

어깨가 높고 목소리가 우는 듯하면 천하지 않으면 고독하다; 어깨가 추운 듯 높이 솟아선 안 되고 목소리가 우는 듯 갈라져서는 안 된다. 이 두 가지에 해당하면 빈천하고 고독하고 형을 당하는 상이다.

빈궁도로불한, 조기근골; 범골격의룡용청명, 여기육상자, 내부귀안일지상, 약조대폭로, 기육불칭자, 필빈궁분파지인야.
貧窮到老不閑, 粗其筋骨; 凡骨格宜隆聳淸明, 與氣肉相滋, 乃富貴安逸之相, 若粗大暴露, 氣肉不稱者, 必貧窮奔派之人也.

늙어서까지 빈궁함이 그치지 않는 것은 근골이 거칠기 때문이다; 골격은 맑게 높이 솟아야 하고 기와 육이 서로 균형을 이루면 부귀하고 편안한 상이다. 그러나 거칠고 심하게 드러나고 기와 살의 균형이 맞지 않으면 반드시 빈궁하고 분주하기만 한 사람이다.

조골급피, 수년단촉; 골격조대이로, 피육긴급이박, 개불수지상.
粗骨急皮, 壽年短促; 骨格粗大而露, 皮肉緊急而薄, 皆不壽之相.

뼈가 거칠고 피부가 급하면 수명이 짧다; 골격이 거칠고 크고 드러났으며 피부와 살이 급하고 얇으면 모두 장수하지 못하는 상이다.

형용준아, 종작고현; 형모약계림지일지, 곤산지편옥, 청기준아자, 필고상지사.
形容俊雅, 終作高賢; 形貌若桂林之一枝, 崑山之片玉, 清奇俊雅者, 必高尚之士.

모습이 준수하고 우아하면 마침내 고상하고 현명한 사람이 된다; 모습이 계수나무 가지 같고 곤산에서 나오는 옥과 같이 맑고 기이하고 준수하며 우아하면 반드시 고상한 선비이다.

골격청기, 필수귀달; 정신교수왈청, 고괴이상왈기, 유차청기지귀격, 종수귀달.
骨格清奇, 必須貴達; 精神翹秀曰清, 古怪異常曰奇, 有此清奇之貴格, 終須貴達.

골격이 맑고 기이하면 반드시 귀하게 현달한다; 정신이 빼어난 것을 清이라고 하고, 고괴하여 일반적이지 않은 것을 奇라고 하는데 이처럼 清奇한 귀격을 지녔으면 마침내 반드시 귀하게 현달한다.

학형구식, 동빈지우선득선; 학형청기구식이상, 여동빈유차상, 지여산우종이진인, 일몽황량이득선도.

鶴形龜息, 洞賓之遇仙得仙; 鶴形淸奇龜息異常, 呂洞賓有此相, 至廬山遇鍾離眞人, 一夢黃粱而得仙道.

학의 형상과 거북의 호흡이었으므로 여동빈이 신선을 만나 신선도를 얻었다; 학의 모습은 淸奇하고 거북의 호흡은 일반인과 다르다. 여동빈에게 이런 상이 있었으므로 여산에서 종리진인을 만나 부귀공명이 꿈처럼 덧없음을 느끼고 신선의 도를 얻은 것이다.

*呂洞賓(여동빈, 796-?): 성은 여(呂) 이름이 여암(呂嵒) 자는 동빈(洞賓). 825년 진사가 되어 관직에 나갔으나 관직에 실증을 느껴 사임하고 도가에 들어 산림에 은거하였다. 장안(長安)의 술집에서 정양진인(正陽眞人) 종리권(鍾離權)을 만나 열 가지 시험(十試)을 통과하고 금단(金丹)의 도와 도법을 물려받고 도가의 신선이 되었다. 도가 팔선(八仙) 가운데 한 사람이다.

용뇌봉정, 현령지배상; 용뇌자, 두골참암고기이현로야. 봉정자, 양목세장, 흑백분명, 이광채야. 방현령유차상, 당태종시, 용지위상.

龍腦鳳睛, 玄齡之拜相; 龍腦者, 頭骨巉巖高起而顯露也. 鳳睛者, 兩目細長, 黑白分明, 而光彩也. 房玄齡有此相, 唐太宗時, 用之爲相.

용의 머리와 봉황의 눈동자를 지녔으므로 현령은 재상을 배수했다; 용의 머리는 머리뼈가 가파른 바위처럼 높이 일어나고 드러난 것이다. 봉황의 눈동자는 두 눈이 가늘고 길며 흑백이 분명하고 광채가 있는 것이다. 방현령에게 이런 상이 있었기에 당태종 때 재상이 되었다.

*房玄齡(방현령, 579-648): 이름이 교(喬), 字가 현령(玄齡). 11세에 진사에 합격하고 당 태

종 때 18학사 중의 한 사람이었으며 재상에 올랐다. 태종이 공신들을 기리기 위해 세운 능연각(凌煙閣) 24공신 가운데 한 사람이다.

법령입구, 등통아사야인가; 법령자, 구변문야. 등통유차문, 문제령허부상지, 지기구왈, 타일당아사. 제왈, 부귀재짐, 수사통촉도동산, 득자주전, 후지경제파전, 통경아사.

法令入口, 鄧通餓死野人家; 法令者, 口邊紋也. 鄧通有此紋, 文帝令許負相之, 指其口曰, 他日當餓死. 帝曰, 富貴在朕, 遂賜通蜀道銅山, 得自鑄錢. 後至景帝罷錢, 通竟餓死.

법령이 입으로 들어갔으므로 등통이 민가에서 굶어죽었다; 법령은 입 주변에 있는 주름이다. 등통에게 이러한 주름이 있었는데, 문제가 허부에게 등통의 상을 보도록 하였다. 그의 입을 가리키며 "언젠가 굶어 죽게 될 것입니다"라고 하였다. 문제는 "부귀는 짐에게 달렸다."라고 하고 등통에게 촉지방의 동산을 하사하고 화폐를 만들도록 하였다. 경제 때에 이르러 화폐를 만들지 않도록 하였으므로 등통은 결국 굶어 죽었다.

*鄧通(등통, ?-?): 전한 촉군(蜀郡) 남안(南安: 지금의 四川 樂山) 사람. 《후한서·열전권63 영행전(佞幸傳)》에 의하면 그는 전한 문제(文帝, BC203-BC157) 시기의 인물로 황제의 상처를 입으로 빨았으므로 총애를 받아 상대부(上大夫)에 이르렀다. 황제의 명을 받은 관상가 허부(許負)가 등통을 살핀 후 그 입을 가리키며 "등통은 곤궁에 처해서 굶어죽게 됩니다."라고 했다. 황제는 등통에게 동산(銅山)을 하사하고 주전(鑄錢)을 하도록 했으므로 그는 거부가 되었다. 문제가 죽고 아들이 즉위했으니 그가 경제(景帝)이다. 경제는 등통의 모든 것을 박탈했으므로 등통은 걸인 같은 신세가 되었으며 마침내 허부의 말대로 거리에서 굶어 죽었다.

등사쇄순, 양무기망대성상: 등사즉법령문야, 양무제역유차, 제도건강, 위후경핍대성, 음선피경재손, 제우분성질, 구고색밀부득, 유왈하수조.

騰蛇鎖脣, 梁武飢亡臺城上; 騰蛇卽法令紋也, 梁武帝亦有此,

帝都建康, 爲侯景逼臺城, 飮膳被景裁損, 帝憂憤成疾, 口苦索密不得, 惟曰荷荷遂殂.

등사가 입술을 막았으므로 양무제가 대성에서 굶어죽었다; 등사는 법령 주름으로 양무제에게 이것이 있었다. 황제가 있는 수도 건강에서 반란이 일어 후경이 협박하여 대성에 갇히게 되었다. 후경은 황제에게 바치는 음식의 양을 점차 줄이자 무제는 근심과 분노로 인해 병들고 입이 쓰고 목이 막혀 먹지 못하게 되어 다만 원망만 하다가 죽었다.

*梁武帝(양무제, 464-549): 성은 소(蕭) 이름은 연(衍)이며 한나라 때에 재상을 지낸 소하(蕭何)의 25세손(世孫)으로 남란릉군(南蘭陵郡) 무진현(武進縣) 동성리(東城里: 지금의 江苏省 丹阳市 访仙镇) 사람이다. 남북조(南北朝)시기 양(梁)나라를 개국했다. 본래 남제(南齊)의 관리였으나, 502년에 제화제(齊和帝)로부터 선양을 받아 남양(南梁)을 건립했다. 재위 48년 동안 큰 치적을 남겼지만 만년에 후경(侯景)이 난을 일으켜 도성이 함락되고 구금되어 549년 5월 2일 대성에서 굶어 죽었다.

호두연함, 반초봉만리지후; 호두연함, 언두약호지두이원대, 함약연지함이수, 허부상반초왈, 연함호두, 비이식육, 만리후상야. 후과투필출옥문관, 입대공위진서융, 후봉위정원후.

虎頭燕頷, 班超封萬里之侯; 虎頭燕頷, 言頭若虎之頭而圓大, 頷若燕之頷而垂, 許負相班超曰, 燕頷虎頭, 飛而食肉, 萬里侯相也. 後果投筆出玉門關, 立大功威振西戎, 後封爲定遠侯.

호랑이 머리와 제비턱이었으므로 반초는 만 리의 땅을 다스리는 제후에 봉해졌다; 호랑이 머리와 제비턱이라 함은 호랑이 머리같이 둥글고 크며, 턱은 제비턱 같이 늘어진 것을 말하는 것이다. 허부가 반초의 상을 보고 "제비턱에 호랑이 머리를 지녔으니 날아서 고기를 먹고 만 리를 다스리는 제후의 상이다."라고 하였다. 훗날 반초는 붓을 던지고 옥문관을 나가 서쪽 오랑캐 융을 무찌르는 큰 공을 세웠으며 후에 정원후에 봉해졌다.

호보용행, 유유지구중지제; 호보행이활, 용행부동신야. 경운, 호보용양위지후왕. 유유유차상, 원희이년, 수진선국호송, 시무제.

虎步龍行, 劉裕至九重之帝; 虎步行而闊, 龍行不動身也. 經云, 虎步龍驤位至侯王. 劉裕有此相, 元熙二年, 授晉禪國號宋, 諡武帝.

호랑이 걸음과 용의 행보를 했던 유유는 구중궁궐의 황제가 되었다; 호랑이 걸음은 보폭이 넓고, 용행은 몸을 움직이지 않고 걷는 것이다. 경에 이르길 '호랑이 걸음에 용처럼 머리를 들으면 제후나 왕이 된다.'고 하였다. 유유는 이와 같은 상을 지녔으므로 원희 2년, 진나라로부터 선양받아 국호를 송으로 하였으며 무제라는 시호를 받았다.

*劉裕(유유, 363-422): 송(宋)나라 무제(武帝). 어렸을 때의 이름은 기노(寄奴)이고, 자는 덕여(德輿)이다. 한(漢)나라 초원왕(楚元王) 유교(劉交)의 후예로서 남북조시대 유송(劉宋)의 개국황제이다. 일찍이 두 차례 북벌 하여 낙양(洛陽), 장안(長安) 등지를 수복했으며 420년 동진(東晉) 공제(恭帝) 사마덕문(司馬德文)을 폐위시키고 자립하여 황제가 된 후 사마의(司馬懿, 179-251)의 후손을 모두 멸족시켰다. 국호는 대송(大宋)이며 도읍은 건강(建康)으로 삼았다. 재위 중에 전 왕조의 호족세력들의 전횡을 교훈 삼아 한문(寒門) 출신 인재들을 등용하고 세금과 노역을 경감시켰으며 가혹한 법령을 폐지하여 사회 안정을 도모했다.

산림골기, 종작신선; 산림재교외발제지간, 유골이고기자, 이기귀재일월천정지외, 고단작신선이이.

山林骨起, 終作神仙; 山林在郊外髮際之間, 有骨而高起者, 以其貴在日月天庭之外, 故但作神仙而已.

산림골이 일어나면 마침내는 신선이 된다; 산림은 교외와 발제의 사이이다. 뼈가 있고 높이 솟은 자는 귀함이 일월각과 천정의 밖에 있는 것이니 신선이 될 뿐이다.

금성골분, 즉등장상; 인당유골융기, 여분오지관입발제, 왈금성골. 유차골자, 주대귀. 경왈, 금성분오지, 극품재암랑.

金城骨分, 卽登將相; 印堂有骨隆起, 如分五指貫入髮際, 曰金城骨. 有此骨者, 主大貴. 經曰, 金城分五指, 極品在巖廊.

금성골이 나뉘면 장상의 지위에 오른다; 인당에 높이 일어선 뼈가 다섯 손가락처럼 나뉘어 발제까지 이어진 것을 금성골이라고 한다. 이러한 뼈가 있으면 대귀하다. 경에 이르길 '금성골이 다섯 손가락처럼 분명하면 조정에서 극품이 된다.'라고 하였다.

*巖廊(암랑): 《한서·권56·동중서열전》에 의하면, 요임금과 순임금은 항상 궁전의 행랑을 걸었으므로 후인들이 '높은 처마'라고 하여 '巖廊'이라고 했으며, 조정을 가리키는 말로 쓰이게 되었다.

중이병협과, 흥패진지기; 중이진문공명병병야, 문공유병협지기골, 과흥진실지기이성백업.

重耳骿脅果, 興霸晉之基; 重耳晉文公名骿拼也, 文公有骿脅之奇骨, 果興晉室之基而成伯業.

중이는 갈비뼈가 양쪽에 겹으로 있었으므로 진(晉)나라가 패권을 잡는 기반을 마련하였다; 중이는 진나라 문공의 이름이다. 문공은 갈비뼈가 양쪽에 두 개씩 있는 기이한 골격이었는데 결과적으로 진 왕실이 흥성하는 기반을 크게 하였다.

*重耳(중이, BC697-BC628): 성이 희(姬) 이름은 중이(重耳). 춘추시기 진(晋)나라 제 22대 군주로 헌공(献公)의 아들이며 모친은 호희(狐姬). 문치(文治) 뿐만 아니라 강병(强兵)에도 힘써 춘추오패 가운데 한 사람이며 제(齊)나라 환공과 함께 '제환진문(齐桓晋文)'으로 불린다.

우당지귀천이, 식한수난참; 골격귀천빈부상, 소이식. 약부기색생극지한수, 실난참상야.
又當知貴賤易, 識限數難參; 骨格貴賤貧富相, 所易識. 若夫氣色生剋之限數, 實難參詳也.

귀천을 아는 것은 쉽지만 수명을 알기는 어렵다; 골격을 보고 귀천 빈부는 쉽게 알 수 있다. 그러나 기색이 생하고 극하는 것으로 수명을 알아보는 것은 실로 어렵다.

결사생지기, 선간형신, 정길흉지조, 막도기색; 인지일신이신기위주, 형모차지. 범상인지법, 신여기색위요, 하즉. 신유쇠왕, 기색유생극, 상이관지, 즉길흉가정, 사주가결의.
訣死生之期, 先看形神, 定吉凶之兆, 莫逃氣色; 人之一身以神氣爲主, 形貌次之. 凡相人之法, 神與氣色爲要, 何則. 神有衰旺, 氣色有生剋, 詳而觀之, 則吉凶可定, 死主可決矣.

죽고 사는 때를 결단하는 데는 먼저 모습과 신기를 보고 길흉의 징조를 정하는데 기색에서 벗어나지 못한다; 사람의 일신은 신기를 위주로 하며 모습은 그다음이다. 무릇 사람을 살피는 법에서 신과 기색을 중요하게 여기는 것이 무엇 때문인가? 신에는 쇠와 왕이 있고 기색에는 생과 극이 있으므로 상세히 살피면 길흉을 판단할 수 있고 죽는 것까지 판단할 수 있는 것이다.

인시초비, 개위양순불차호아도; 순불개치, 호설시비지인야, 기불자초시비재?
引是招非, 蓋謂兩脣不遮乎牙道; 脣不蓋齒, 好說是非之人也, 豈不自招是非哉?

시비를 부르는 것은 무릇 두 입술이 치아의 도를 가리지 못함을 이르는 것이다; 입술이 치아를 덮지 못하면 시비를 말하기 좋아하는 사람이니 어찌 스스로 시비를 자초하지 않겠는가?

낭행호문기심, 이심사난명; 행이두저급반고, 왈랑행, 무사교아약노, 이무소용자, 왈호문, 기인흉한심기난측.

狼行虎吻機深, 而心事難明; 行而頭低及反顧, 曰狼行. 無事咬牙若怒, 而無笑容者, 曰虎吻. 其人兇狠心機難測.

이리 걸음에 호랑이 입술을 지니면 허위(虛僞)가 깊어 심사를 헤아리기 어렵다; 걸을 때 머리를 숙이고 반대로 뒤돌아보는 것을 낭행이라고 하고, 별일이 없는데 이를 악물어 화난 듯하며 얼굴에 웃음이 없는 자를 호문이라고 한다. 이러한 사람은 흉하고 마음이 삐뚤어져 마음의 허위를 측정하기 어렵다.

후식서찬, 비린이간모도저; 식이세질, 기모여구자, 왈서찬, 식이부작, 기모여부족자, 왈후식. 유여차자, 필비속간린간교지인야.

猴食鼠餐, 鄙吝而奸謀到底; 食而細疾, 其貌如懼者, 曰鼠餐, 食而不嚼, 其貌如不足者, 曰猴食. 有如此者, 必鄙俗慳吝奸狡之人也.

원숭이나 쥐처럼 먹으면 비루하고 인색하며 마침내 간계한 일을 꾸민다; 먹을 때 조금씩 급하게 먹으면서 모습이 두려운 듯 한 것을 서찬이라고 하고, 씹지 않고 먹어 음식이 모자란 듯 먹는 것을 후식이라고 한다. 이와 같은 사람은 반드시 비루하고 속되며 인색하고 간교한 사람이다.

두선과보, 초주호, 이만경빈궁; 행약두저, 향전이과어각보자, 기인필초년유여, 말년부족.

頭先過步, 初主好, 而晚景貧窮; 行若頭低, 向前而過於脚步者, 其人必初年有餘, 末年不足.

머리가 걸음보다 앞서면 초년에는 좋다 해도 만년에는 빈궁하다; 앞으로 걸을 때 머리를 숙이고 앞쪽으로 다리보다 먼저 나가는 사람은 반드시 초년에는 여유가 있지만 말년에는 부족하다.

남자두첨, 종무성기; 두내육양지수, 의원대. 약첨소자, 기부귀지기야.

男子頭尖, 終無成器; 頭乃六陽之首, 宜圓大. 若尖小者, 豈富貴之器也.

남자의 머리가 뾰족하면 끝내 그릇이 되지 못한다; 머리는 육양의 으뜸으로 둥글고 커야 한다. 만일 뾰족하고 작다면 어찌 부귀할 그릇이라 할 수 있는가?

관귀인지상, 비지일도; 찰조사지형, 요칭사대, 사대즉사체야.

觀貴人之相, 非止一途; 察朝士之形, 要稱四大, 四大卽四體也.

귀인의 상은 한 가지로만 판단하는 것이 아니다; 조정으로 나가는 선비의 모습은 네 곳이 큰가를 살펴야 하는데 四大는 사지를 말하는 것이다.

요원배후, 내보옥대조의; 요복원비, 배견풍후, 개식록지상야.

腰圓背厚, 乃保玉帶朝衣; 腰腹圓肥, 背肩豊厚, 皆食祿之相也.

허리가 둥글고 등이 두터우면 옥대를 두른 조정의 옷을 입는다; 허리

와 배가 둥글고 살쪘으며 등과 어깨가 풍후한 것은 모두 녹을 먹을 상이다.

골용신청, 정주위권충절; 골절참암이고용, 안신청광이유위, 약거관, 필위권충절지신야.
骨聳神淸, 定主威權忠節; 骨節巉巖而高聳, 眼神淸光而有威, 若居官, 必威權忠節之臣也.

뼈가 솟고 신기가 맑으면 틀림없이 위엄과 권세가 있고 충절을 지닌 선비이다; 뼈마디가 우뚝하게 높이 솟고 눈의 신기가 맑은 빛을 띠고 위엄이 있으면 관직에 나가면 반드시 위엄과 권세가 있고 충절을 지닌 신하이다.

형여저상, 사필분시; 신비항단, 음식무염, 목몽롱이흑백불분명자, 저상야, 다사비명.
形如猪相, 死必分屍; 身肥項短, 飮食無厭, 目朦朧而黑白不分明者, 猪相也, 多死非命.

형상이 돼지와 같으면 죽어서 반드시 시체가 찢기게 된다; 몸이 살찌고 목이 짧으며 음식을 싫어하지 않고 눈이 몽롱하고 흑백이 분명치 않은 모습이 돼지의 상이다. 비명에 죽는 일이 많다.

각배무육, 필주고빈; 대통부운, 족자, 신지지야. 소이운제신자야, 약고이무육, 필고빈발섭지인야.
脚背無肉, 必主孤貧; 大統賦云, 足者, 身之枝也. 所以運諸身者也, 若枯而無肉, 必孤貧跋涉之人也.

장딴지에 살이 없으면 반드시 고독하고 가난하다; 《대통부》에 이르길 '다리는 몸의 가지로 신체를 옮겨주는 것이다. 마르고 살이 없다면 반드시 고독하고 가난하고 비틀거리며 살아갈 사람이다.' 라고 하였다.

흉상생호, 성비관대; 흉당상생호자, 기성편급. 경운, 흉상생호, 비달기.
胸上生毫, 性非寬大; 胸堂上生毫者, 其性偏急. 經云, 胸上生毫, 非達器.

가슴에 털이 있으면 성격이 관대하지 못하다; 가슴에 털이 있으면 성격이 편협하고 급하다. 경에 이르길 '가슴에 털이 있으면 그릇이 되지 못한다.'고 하였다.

수각조대, 난위부귀지도; 수조각대, 빈천지상, 무육이로근, 안능부귀.
手脚粗大, 難爲富貴之徒; 手粗脚大, 貧賤之相, 無肉而露筋, 安能富貴.

손발이 거칠고 크면 부귀해지기 어려운 무리이다; 손이 거칠고 발이 크면 빈천한 상이며, 살이 없고 근육이 불거졌다면 어찌 부귀할 수 있겠는가?

치비제풍, 정향장전지객; 치제이밀, 비대이풍자, 안향전택지인야.
齒鼻齊豊, 定享庄田之客; 齒齊而密, 鼻大而豊者, 安享田宅之人也.

치아와 코가 가지런하고 풍성하면 반드시 전장을 향유할 사람이다; 치아가 가지런하고 빽빽하며 코가 크고 풍륭하면 편안하게 전택을 소유할 사람이다.

수연여면, 한차유전, 장약혈홍, 부이다록; 경운, 수여면연, 부가선, 색약손혈록부절.
手軟如綿, 閒且有錢, 掌若血紅, 富而多祿; 經云, 手如綿軟,

富可羨, 色若噀血祿不絶.

손이 솜처럼 부드러우면 한가하면서도 돈이 많고, 손바닥이 피처럼 붉으면 부유하고 녹이 많다; 경에 이르길 '손이 솜처럼 부드러우면 부유함을 부러워할 만하고, 색이 피를 뿌린 듯 붉으면 복록이 끊이지 않는다.'고 하였다.

족생흑자, 영웅독압만인; 좌족남길, 우족여길, 차여안록산소천, 사장수규, 위지탁족소정지이불언, 수규문지, 왈, 절도족저유흑자, 고소정. 규왈, 오지귀개차지야, 녹산재배왈, 불초쌍족구유, 수규우대지, 후록산영삼처절도사.

足生黑子, 英雄獨壓萬人; 左足男吉, 右足女吉, 且如安祿山少賤, 事張守珪, 爲之濯足少停之而不言, 守珪問之, 曰, 節度足底有黑子, 故少停. 珪曰, 吾之貴皆此痣也, 祿山再拜曰, 不肖雙足俱有, 守珪優待之, 後祿山領三處節度使.

발에 검은 점이 있으면 영웅으로 만인을 부린다; 남자는 좌측 발에 있으면 길하고 여자는 우측 발에 있으면 길하다. 안록산이 어려서 천한 신분으로 장수규를 섬겼다. 장수규의 발을 씻기다가 잠깐 멈추곤 말이 없었다. 장수규가 이유를 물었다. 그에 안록산이 말하길 "절도사님 발바닥 검은 점이 있습니다. 그래서 잠깐 멈췄습니다." 그러자 장수규가 "나의 귀함은 모두 이 점 때문이다." 록산이 다시 절하며, "소생은 양쪽 발 모두에 점이 있습니다."라고 하였다. 그래서 장수규는 그 후 그를 우대했다. 후에 녹산은 세 지역의 절도사를 지냈다.

*安祿山(안록산, 703-757): 당(唐)나라 시기의 무장. 그의 집안은 이민족이었으므로 그는 6개 국어를 구사했다. 젊은 시기에 유주절도사(幽州節度使) 장수규(張守珪)를 섬겨 무관으로 두각을 나타냈다. 후일 현종황제의 신임을 얻어 당나라 국경방비군 3분의 1 병력을 장악했다. 황태자와 양귀비 오빠인 양국충이 황제와의 이간을 꾀하자 양국충을 제거한다는 명목으로 반란을

일으켰다. 친구이며 동료였던 사사명(史思明)이 13만 대군을 이끌고 당나라에 투항했다가 다시 반란군에 가담하는 등 혼란이 극심했는데, 이를 두고 두 사람의 성을 따서 '안사(安史)의 난'이라고도 부른다. 안록산은 취침 중 차남 안경서(安慶緖)와 공모한 환관 이저아(李猪兒)에게 살해당했고 이 시기부터 당나라는 국력이 급격히 쇠약해지기 시작했다.

전상호이배부휴, 허명무수; 전면형상수호, 이후배형상휴함불칭자, 언수부족.
前相好而背負虧, 虛名無壽; 前面形相雖好, 而後背形相虧陷不稱者, 言壽不足.

앞에서 보는 상은 좋은 데 등이 이지러졌다면 이름이 헛되고 수명이 짧다; 앞의 형상이 비록 좋다 해도 뒤의 등 형상이 함몰되어 균형을 이루지 못하면 수명이 길지 않음을 말하는 것이다.

음즐육만, 복중심령; 음즐즉누당, 약풍만불횡출자, 필총수지상야.
陰騭肉滿, 福重心靈; 陰騭卽淚堂, 若豊滿不橫出者, 必聰壽之相也.

음즐의 살이 넉넉하면 복이 많고 심성이 그윽하다; 음즐은 누당이다. 풍만하고 옆으로 튀어나오지 않았으면 반드시 총명하고 장수하는 상이다.

정면골개, 속진관후; 정면즉양관야, 약골개활이불편함자, 광유전곡지상야.
正面骨開, 粟陳貫朽; 正面卽兩顴也, 若骨開闊而不偏陷者, 廣有錢穀之相也.

정면의 뼈가 열리면 곡식을 늘어놓고 돈 꾸러미가 썩는다; 정면은 관골이다. 뼈가 넓게 열리고 기울거나 함몰되지 않으면 돈과 곡식을 많이 가질 상이다.

빈모구직, 혹선부이후빈; 약빈발탁난여직구자, 기인성나, 종연재부, 후필주빈궁.
鬢毛毬織, 或先富而後貧; 若鬢髮濁亂如織毬者, 其人性懶, 縱然財富, 後必主貧窮.

빈모가 털실로 짜 놓은듯하면 처음에는 부유해도 나중에 가난하다; 빈발이 탁하고 어지러워 털실로 짜놓은 듯하면 그 사람은 성품이 게을러 비록 재물이 있어도 나중에는 반드시 가난하고 궁벽해진다.

근약인반, 정소한이다액; 액면수족청근란생자, 왈인반, 주신고불한지상, 영무액호.
筋若蚓蟠, 定少閒而多厄; 額面手足靑筋亂生者, 曰蚓蟠, 主辛苦不閒之相, 寧無厄乎.

근육이 지렁이가 엉킨 듯하면 편안함이 적고 재액이 많다; 이마와 얼굴, 수족에 푸른 힘줄이 어지럽게 있는 것을 '인반'이라고 하는데 신고가 있어 편안하지 못한 상이니 어찌 재액이 없겠는가?

미능골기, 종유수이고형; 미액참암, 수운고괴, 약미능독기자, 수유수이역주고형.
眉稜骨起, 縱有壽而孤刑; 眉額巉巖, 雖云古怪, 若眉稜獨起者, 雖有壽而亦主孤刑.

미능골이 솟으면 비록 수명이 길어도 외롭고 형벌이 따른다; 눈썹과 이마가 가파른 경우를 비록 고괴하다고 하지만 미능골만 솟았다면 수명이 길어도 외롭고 형벌을 당한다.

보약사행, 독이무수; 행이두수족, 구동작삼절상자, 왈사행, 경이심독, 안능수호.
步若蛇行, 毒而無壽; 行而頭手足, 俱動作三折狀者, 曰蛇行, 輕而心毒, 安能壽乎.

걸음걸이가 뱀 같으면 독하고 장수하지 못한다; 걸을 때 머리와 팔다리가 따로 움직이는 것을 '사행'이라 한다. 경박하고 심성이 독하니 어찌 장수할 수 있겠는가?

인형사귀, 의식불풍; 인형고괴, 고위귀상, 약형모여귀자, 수유의식, 필불풍야.
人形似鬼, 衣食不豊; 人形古怪, 固爲貴相, 若形貌如鬼者, 雖有衣食, 必不豊也.

모습이 귀신같으면 의식이 넉넉하지 않다; 고괴한 모습은 귀한 상이다. 그러나 만일 귀신같다면 의식이 있어도 풍족하지 않다.

생상약선, 평생한일; 형모청기수이, 이약선자비귀, 필주안한.
生相若仙, 平生閒逸; 形貌淸奇秀異, 而若仙者非貴, 必主安閒.

신선과 같은 상이면 평생 한가하고 편안하다: 모습이 맑고 기이하고 빼어나 신선과 같으면 귀하지는 않아도 반드시 편안하고 한가하게 지낸다.

곡도란모, 호작음초; 분문란모, 유방광기성이생, 주인필다음욕야.
穀道亂毛, 號作淫秒; 糞門亂毛, 由膀胱氣盛而生, 主人必多淫慾也.

곡도에 털이 어지러운 것을 음초라고 한다; 항문에 털이 어지러우면 방광의 기운이 성하여 난 것인데 반드시 음욕이 많은 사람이다.

이근고골, 명왈수당; 이후골기, 명왈수당. 경운, 욕인지수고, 이후옥루성.
耳根高骨, 名曰壽堂; 耳後骨起, 名曰壽堂. 經云, 欲人知壽考, 耳後玉樓成.

귀뿌리에 높이 솟은 뼈를 수당이라 한다; 귀 뒤에 일어난 뼈를 '수당'이라 한다. 경에 이르길 '사람의 수명을 알고자 하면 귀 뒤의 옥루가 이루어졌는지를 본다.

골격신청, 수역가취, 육지탁부비하족과; 골격수수, 이기색유신자, 유가취지길, 피육수비, 이불견윤자, 유불취지흉.
骨格神清, 瘦亦可取, 肉地濁浮肥何足誇; 骨格雖瘦, 而氣色有神者, 有可取之吉, 皮肉雖肥, 而不堅潤者, 有不取之凶.

골격과 신기가 맑다면 야위었어도 쓸 만한데 살이 탁하고 들뜨고 찐 것을 어찌 자랑하겠는가; 골격이 야위었다 해도 기색에 신기가 있으면 취할 수 있어 길하다. 비록 피부와 살이 쪘어도 견실하고 윤택하지 않으면 취할 수 없이 흉하다.

퇴장각수, 상년분주부정; 퇴경세장, 각배고수자, 신고지상야.
腿長脚瘦, 常年奔走不停; 腿脛細長, 脚背枯瘦者, 辛苦之相也.

넓적다리가 길고 정강이에 살이 없으면 항상 분주함이 그치지 않는다; 넓적다리와 정강이가 가늘고 길며 장딴지가 마르고 야윈 사람은 신고가 있는 상이다.

부위령리, 자연무화무재, 문지교가, 도저유차유원; 부위분명이불박잡자길상, 문지란생어각위자흉.
部位伶俐, 自然無禍無災, 紋痣交加, 到底有嗟有怨; 部位分明而不駁雜者吉祥, 紋痣亂生於各位者凶.

얼굴의 각 부위가 영리하면 자연히 재앙이 없다. 그러나 주름과 사마귀가 얽혔으면 마침내 탄식하고 원망하게 된다; 각 부위가 분명하고 지저분하게 섞이지 않으면 길상하지만, 주름이나 사마귀가 어지럽게 각 부위에 있으면 흉하다.

아견서식, 유린이차탐; 견아즉견용서식, 유차이상자, 주탐비이흉.
峨肩鼠食, 惟吝而且貪; 肩峨卽肩聳鼠食, 有此二相者, 主貪鄙而凶.

어깨가 높고 쥐처럼 먹는 사람은 다만 인색하고 탐욕스럽다; 어깨가 높다는 것은 어깨가 솟은 것이고 서식(음식을 조각조각 먹으며 주위를 살피듯 눈동자를 굴림)하는 이 두 가지 상을 가진 사람은 탐욕스럽고 비루하며 흉하다.

남아요세, 난주가재, 여자견한, 고형재가; 남자요세, 복필박, 여인견한사축자, 명필독.
男兒腰細, 難主家財. 女子肩寒, 孤刑再嫁; 男子腰細, 福必薄, 女人肩寒似縮者, 命必毒.

남자의 허리가 가늘면 재물을 모으기 어렵고, 여자가 한견(寒肩)이면 외롭고 남편을 극하여 재가하게 된다; 남자의 허리가 가늘면 반드시 복이 적고, 여인의 어깨가 추워 움츠린 듯하면 삶이 고통스럽다.

골격세니부귀, 자주청한, 빈발조농노고, 종위하천; 골격상칭, 이세니자청한, 빈발저난, 이조농자신고.
骨格細膩富貴, 自主淸閒, 鬢髮粗濃勞苦, 終爲下賤; 骨格相稱, 而細膩者淸閒, 鬢髮低亂, 而粗濃者辛苦.

골격이 섬세하고 매끄러우면 부귀하여 저절로 맑고 편안하며 빈발이 거칠고 짙으면 고생스러워 결국은 하천하다; 골격이 서로 균형을 이

루고 섬세하고 매끄러우면 맑고 편안하게 살고, 빈발이 낮고 어지럽고 거칠고 짙은 자는 신고가 있다.

면낭지권남자, 정흥재산; 약남자수여면연, 불구자부.
綿囊之拳男子, 定興財産; 若男子手如綿軟, 不求自富.

솜주머니 같은 손을 지닌 남자는 반드시 재산이 흥하게 된다; 남자의 손이 솜처럼 부드러우면 구하지 않아도 자연히 부유해진다.

안하추문, 역주육친약빙탄; 난문침어안하자, 신심고이골육소.
眼下皺紋, 亦主六親若氷炭; 亂紋侵於眼下者, 身心孤而骨肉疎.

눈 아래 주름이 자글자글하면 육친이 얼음과 숯과 같다; 어지러운 주름이 눈 아래를 침범하면 몸과 마음이 고단하고 골육이 소원하다.

치여류자, 의식풍영, 비약조문, 가재경진; 치밀광결여류자자, 부족, 비규앙로자, 빈핍.
齒如榴子, 衣食豊盈, 鼻若竈門, 家財傾盡; 齒密光潔如榴子者, 富足, 鼻竅仰露者, 貧乏.

치아가 석류 같으면 의식이 풍족하고 코가 아궁이 같으면 집안의 재산이 기운다; 치아가 빽빽하고 빛나며 석류처럼 깨끗하면 부가 족하고, 콧구멍이 들려 드러나면 가난하다.

형여나한, 견자필지, 모약판관득아우만; 형용고괴약나한판관자, 견자만지.
形如羅漢, 見子必遲, 貌若判官得兒尤晚; 形容古怪若羅漢判官者, 見子晚遲.

형상이 나한 같으면 자식을 보는 것이 반드시 늦고, 용모가 판관 같으면 자식이 더욱 늦다; 형용이 고괴하여 나한이나 판관 같으면 자식이 늦다.

인소성홍, 정수초달; 형모수소, 이성음홍량, 본원성대, 종주발달.
人小聲洪, 定須超達; 形貌雖小, 而聲音洪亮, 本源盛大, 終主發達.

사람이 작은데 음성이 넓고 크면 반드시 현달하게 된다; 체형이 작아도 음성이 넓고 맑으면 본원이 성대하므로 마침내 크게 발달한다.

소비기단, 난과사구지기; 연소이체비, 기천이촉급자, 주요.
少肥氣短, 難過四九之期; 年少而體肥, 氣喘而促急者, 主夭.

어려서 뚱뚱하고 기가 짧으면 36세를 지나기 어렵다; 나이가 어린데 몸이 비만하고 기가 짧아 호흡을 헐떡거리면 주로 요절한다.

순축신치, 언보삼순지액; 순반축이로치, 목무신이여애, 역불수지상야.
脣縮神癡, 焉保三旬之厄; 脣反縮而露齒, 目無神而如騃, 亦不壽之相也.

입술이 오그라들고 신기가 어리석으면 어찌 삼십에 당하는 액으로부터 보전할 수 있겠는가; 입술이 뒤집히고 오그라들어 치아가 드러나고 눈에는 신기가 없어 바보 같으면 또한 장수하지 못할 상이다.

형해국촉, 작사외잡, 기우헌앙, 일생쾌순; 체모구축자, 작위필불관, 국량고대자, 무왕이불리.
形骸局促, 作事猥雜, 氣宇軒昂, 一生快順; 體貌拘縮者, 作爲必不寬, 局量高大者, 無往而不利.

형체가 움츠러든 사람은 일하는 것이 고집스럽고 난잡하며, 기가 높아 우뚝하면 일생 쾌활하고 순조롭다; 형체가 움츠러든 사람은 하는 일이 관대하지 못하고 국량이 높고 크면 하는 일이 불리하지 않다.

배척성갱호, 왈허화, 무수; 배척욕륭후, 여박함이성갱자, 종연리주명분, 정시화다실소, 우주불수.

背脊成坑號, 曰虛花, 無壽; 背脊欲隆厚, 如薄陷而成坑者, 縱然利走名奔, 定是花多實少, 又主不壽.

등 가운데가 도랑과 같이 파인 것을 '허화'라고 하는데 장수하지 못한다; 등은 두툼해야지 얇고 움푹 파여 골이 진 듯하면 결국 이익과 명예가 없어 꽃만 많이 열리고 열매를 맺지 못하는 것과 같고 또한 장수하지 못한다.

어언다범, 위인심사난명; 어언귀호유윤서, 약언무통서, 어다범람자, 필망이무규, 고허부유운, 어언범범, 작사다란, 기심사기이명재.

語言多泛, 爲人心事難明; 語言貴乎有倫序, 若言無統緒, 語多泛濫者, 必妄而無規, 故許負有云, 語言泛泛, 作事多亂, 其心事豈易明哉.

말이 지나치게 들뜨면 마음과 하는 일이 밝기 어려운 사람이다; 말을 함에 귀한 것은 차례와 순서가 있는 것이다. 말에 두서가 없고 들뜨고 허황된 말을 많이 하면 필시 망녕되고 규모가 없다. 그래서 허부가 이르기를 '말이 들뜨면 일을 하는 것이 어지러우니 그 마음과 행동이 어찌 밝기 쉽겠는가?'라고 하였다.

용모온화, 작사금회쇄락; 형용여미옥지온윤, 기우사춘풍지유화자, 내금회쇄락, 유덕지인야.

容貌溫和, 作事襟懷灑落; 形容如美玉之溫潤, 氣于似春風之柔和者, 乃襟懷灑落, 有德之人也.

용모가 온화하면 일을 함에 마음을 터놓을 수 있는 깨끗한 사람이다; 형용이 아름다운 옥처럼 온화하고 윤택하며 기가 봄바람처럼 부드럽고 온화한 사람은 흉금을 터놓을 수 있는 깨끗하고 덕이 있는 사람이다.

골조발중, 하증잉득일전; 골발조이로, 두모후이봉, 차빈한지상야.
骨粗髮重, 何曾剩得一錢; 骨髮粗而露, 頭毛厚而蓬, 此貧寒之相也.

골격이 거칠고 머리숱이 많으면 어찌 한 푼이라도 남는 것이 있겠는가; 뼈와 모발이 거칠고 드러나 머리카락이 두꺼워 마치 쑥대밭 같으면 이는 가난한 상이다.

체세신경, 나견정유편와; 신체귀호후중, 약행여풍파유일엽주자, 불요즉빈.
體細身輕, 那見停留片瓦; 身體貴乎厚重, 若行如風擺柳一葉舟者, 不夭則貧.

체격이 가늘고 몸이 가벼우면 기와 한 장 남는 것이 있겠는가; 신체가 귀한 것은 두텁고 무거운 것이다. 행동이 바람에 흔들리는 버드나무 가지나 조각배 같으면 수명이 짧지 않으면 가난하다.

면용처참, 선부후빈, 조군처언모온화, 조궁만발.
面容悽慘, 先富後貧, 遭窘處言貌溫和, 早窮晚發.

표정이 처량하면 먼저는 부유해도 후에는 가난하며, 궁색한 처지를 당해도 말과 모습이 온화하면 젊어서는 가난해도 만년에는 발복한다.

골경수경, 필시용상; 골격삭이경, 수지조이경자, 용속지인야.

骨輕手硬, 必是庸常; 骨骼削而輕, 手指粗而硬者, 庸俗之人也.

뼈가 가볍고 손이 억세면 필시 신통치 못한 사람이다; 골격이 깎이고 가벼운데 손가락이 거칠고 억세면 신통치 못한 사람이다.

성건무운, 하득영화; 성귀호청량, 약조건사파라무운자, 주빈천.

聲乾無韻, 何得榮華; 聲貴乎淸亮, 若粗乾似破鑼無韻者, 主貧賤.

음성이 건조하고 울림이 없다면 어찌 영화를 얻겠는가; 음성이 귀한 것은 맑고 밝은 것이다. 거칠고 건조해서 깨진 징과 같이 울림이 없는 자는 빈천하다.

부삽소광, 종무안일; 피부조삽, 우무광윤, 주신고.

膚澁少光, 終無安逸; 皮膚粗澁, 又無光潤, 主辛苦.

피부가 껄끄럽고 윤기가 적으면 결국 편안치 못하다; 피부가 거칠고 껄끄러우며 빛과 윤기가 없으면 고생스럽다.

형신불온, 빈요양전; 약형유여이신부족, 혹신유여이형부족, 개왈불온, 여차지인, 부빈즉요.

形神不蘊, 貧夭兩全; 若形有餘而神不足, 或神有餘而形不足, 皆曰不蘊, 如此之人, 不貧則夭.

형상과 신이 온화하지 못하면 가난과 단명 모두 해당된다; 모습은 여유가 있는데 신기가 부족하거나 혹 신기는 여유가 있는데 모습이 그에 미치지 못하는 것을 모두 불온이라고 한다. 이와 같은 사람은 가난하지 않으면 요절한다.

근골막장, 나우쌍득; 근중현골, 골상로근, 골근구로이불성자, 불나약즉우노의.
筋骨莫藏, 懦愚雙得; 筋中顯骨, 骨上露筋, 骨筋俱露而不成者, 不懦弱則愚魯矣.

근육과 뼈가 감추어지지 않았으면 나약하고 어리석다; 힘줄 위로 뼈가 드러났거나 뼈 위로 힘줄이 드러났거나 뼈와 근육이 모두 드러나 제대로 되지 않았다면 나약하지 않으면 어리석고 노둔하다.

치설두요, 기성간탐, 무비; 교아작성왈치설, 이파수왈두요, 교치이두요, 독한지상야, 기인필다간탐.
齒齧頭搖, 其性奸貪, 無比; 咬牙作聲曰齒齧, 而擺首曰頭搖, 咬齒而頭搖, 毒狠之相也, 其人必多奸貪.

이를 갈고 머리를 흔들면 천성이 간사하고 탐욕스러워 비할 데가 없다; 어금니를 깨물어 소리가 나는 것을 '치설'이라 하고, 머리를 터는 것을 '두요'라고 한다. 이를 악물고 머리를 흔들면 독하고 비뚤어진 사람이다. 그런 사람은 반드시 간사하고 탐욕스럽다.

오행형(五行形)

금형득금국봉토, 가비도주; 약금형인우득금국지정자, 고운, 금득금강의심의, 겸득토국형기, 즉상생, 이주재부비도주공범려야.
金形得金局逢土, 可比陶朱; 若金形人又得金局之正者, 固云, 金得金剛毅深矣, 兼得土局形氣, 則相生, 而主財富比陶朱公

范蠡也.

금형이 금국을 얻고 토를 만나면 가히 도주에 비할 수 있다; 금형인이 금국의 바름을 얻으면 금이 금의 강의가 깊은 것인데, 겸하여 토국의 형기를 얻으면 상생으로 재부가 도주공 범려에 비할 수 있다.

*범려(范蠡, BC536-BC448): 초(楚)나라 사람으로 자는 소백(少伯). 춘추말기의 정치가·전략가·재력가이며 도가학자. 일찍이 월(越)왕 구천(句踐)이 오(吳)왕 부차(夫差)에게 패했을 때 구천을 따라 오나라에 갔다가 구천과 함께 월나라로 귀국했다. 월왕 구천이 20여 년 뒤 오나라를 멸망시킨 후 범려는 제(齊)나라로 가서 해변(海邊)을 일구어 농사를 지어 거부가 되었다. 제나라에서는 그를 재상(宰相)으로 삼았으나 재물을 모두 나누어 주고 재상자리를 버리고 도(陶: 현 山東省 定陶縣)로 가서 도주공(陶朱公)이라 칭하고 상업에 종사하여 거만(巨萬)의 재산을 모았다고 한다.

목형인의수장여목지직, 색청기수득기정야, 약요편이배박, 비목지선.
木形人宜脩長如木之直, 色靑氣秀得其正也, 若腰偏而背薄, 非木之善.

목형인은 늘씬하고 길어 나무처럼 곧아야 하며 색은 청색이고 기가 수려해야 한다. 허리가 구부정하고 등이 얇으면 목형으로 좋은 것이 아니다.

화형인혼후, 상첨여화지염, 색적기활, 득기중야, 혹현로부조, 표작지과. 고풍감운, 국로즉왈화, 면심즉왈토, 범유국로개운화야.
火形人渾厚, 上尖如火之炎, 色赤氣活, 得其中也, 或衒露浮燥, 縹灼之過. 故風鑑云, 局露卽曰火, 面深卽曰土, 凡有局露皆云火也.

화형인은 혼탁하고 두터우며, 타는 불꽃과 같이 위가 뾰족하다. 색은 붉고 생기가 있어야 한다. 혹 드러나고 들뜬 듯하고 지나치게 밝으면 불타는 것이 지나친 것이다. 그러므로 풍감에 이르길 국세가 드러나면 화형이고 얼굴이 우묵하면 토형이다. 형국이 드러난 것이 있으면 모두 화형이다.

수형인원후, 배부요원, 색현기정, 내중이골경시기상야. 혹근완육유, 차위지불보간, 즉범일이무소수, 형동이상패야.

水形人圓厚, 背負腰圓, 色玄氣靜, 內重而骨輕是其常也. 或筋緩肉流, 此謂枝不輔幹, 則泛溢而無所守, 形同而相悖也.

수형인은 둥글고 두툼하다. 등이 두툼하고 허리가 둥글고 피부가 검고 기가 고요하다. 안으로 중후한 듯하지만 뼈가 가벼운 것이 일반적이다. 혹 근육이 느슨하고 살이 늘어졌으면 이것은 가지가 본줄기를 보좌하지 못하는 것이므로 들뜨고 넘쳐흘러 지키는 바가 없다. 모습이 이와 같다면 어그러진 상이다.

금형인방이정, 골견이육실음양불기, 색백이기강득기중의. 혹국촉이의측, 골소이육다, 즉유약이불견강, 부득호금지정야.

金形人方而正, 骨堅而肉實陰陽不欺, 色白而氣剛得其中矣. 或局促而欹側, 骨少而肉多, 則柔弱而不堅剛, 不得乎金之正也.

금형인은 모습이 방정하고 뼈가 단단하고 살이 실해야 음양이 기울어짐이 없는 것이다. 피부가 희며 기가 강해야 금형의 올바른 상이다. 혹 국세가 짧고 옆으로 기울었거나 뼈가 적은데 살이 많으면 유약하고 견강하지 않은 것으로 제대로 된 금형의 상이 아니다.

토형인면심요배후, 형모헌앙, 육경골중, 색황기형, 득기칭의. 혹골중육박, 신혼무력, 내

엄체지사의.

土形人面深腰背厚, 形貌軒昂, 肉輕骨重, 色黃氣瑩, 得其稱矣. 或骨重肉薄, 神昏無力, 乃淹滯之士矣.

토형인은 얼굴이 우묵하고 허리와 등이 두터우며 형상이 우뚝하다. 살이 가볍고 뼈가 중하며 피부색은 누렇고 기는 밝아야 토형으로서의 균형을 얻은 것이다. 혹 뼈가 중하고 살이 엷으며 신이 어둡고 무력하면 운이 오랫동안 막히는 사람이다.

개오행지금목수화, 무불대토이생자, 고토기왕어사계, 소위약겸형, 즉택기다자, 즉위토의.

蓋五行之金木水火, 無不待土以生者, 故土寄旺於四季, 所謂若兼形, 則擇其多者, 即爲土矣.

무릇 오행의 金木水火는 土에 기대지 않고 생하는 것이 없으므로 토는 사계절 왕성해야 한다. 형을 겸했다 하더라도 다른 오행에 비해 많다면 토형이 된다.

토국득토형견화, 유여왕개; 약토형인우득토국지정자, 토득토부재고의, 약우겸득화국, 형기즉상생, 역주재부.

土局得土形見火, 有如王愷; 若土形人又得土局之正者, 土得土富財庫矣, 若又兼得火局, 形氣則相生, 亦主財富.

토국이 토형을 얻었는데 화형의 기세가 보이면 왕개와 같다; 토형인이 바른 토국을 얻었다면 본래 토가 토를 얻은 것으로 재물 창고를 얻었다고 한다. 만약 화국을 겸해서 얻었다면 형과 기가 상생하는 것이므로 역시 부유하다.

*왕개(王愷): 자는 군부(君夫). 서진(西晉)시기 무제(武帝)의 외숙으로 석숭(石崇)과 부를 다퉜다.

금인화왕, 재산여진, 목생금상, 전소여설; 금형인득화국, 화극금야. 목형인득금국, 금극목야. 이자형극지상. 광감운, 상극상형왈귀쇠, 재전소산, 불역의호.

金人火旺, 財散如塵, 木生金傷, 錢消如雪; 金形人得火局, 火剋金也. 木形人得金局, 金剋木也. 二者刑剋之相. 廣鑑云, 相剋相刑曰鬼衰, 財錢消散, 不亦宜乎.

금인으로 화기가 왕하다면 재물이 먼지 같이 흩어지고, 목이 금으로 인해 상하게 되면 재물이 눈 녹듯이 사라진다; 금형인이 火국을 얻은 것은 화가 금을 극하는 형상이다. 목형인이 금국을 얻은 것은 금이 목을 극하는 형상이다. 두 가지 모두 형극의 상이다. 《광감》에 이르길 '서로 극하고 형하는 것을 귀쇠라 하여 재물이 흩어지게 된다' 하였으니 옳지 않은가?

화봉광채, 대홍활이유진가재; 화형인득화국지중, 고운화득화위무대의. 우득홍활지형색, 내화형순일, 부쟁불탈, 귀지차야.

火逢光彩, 帶紅活而愈進家財; 火形人得火局之中, 固云火得火威武大矣. 又得紅活之形色, 乃火形純一, 不爭不奪 貴之次也.

화형이 광채가 나면서 홍색이 피어나면 갈수록 재산이 늘어난다; 화형인이 화국을 얻은 것은 화국의 정형을 얻은 것이니 화형이 화의 대단한 위세를 얻은 것이라 하겠다. 또 붉게 피어나는 형색을 얻은 것은 화형의 순수함으로 다투고 빼앗기는 것이 없으니 貴에 버금간다.

수봉흑비득원후, 이배증복수; 수형인득수국지칭, 고운수득수, 문학귀의. 우득원후지체

모, 내수형순일, 부쟁불탈대귀지상, 기무복수호.

水逢黑肥得圓厚, 而倍增福壽; 水形人得水局之稱, 固云水得水, 文學貴矣. 又得圓厚之體貌, 乃水形純一, 不爭不奪大貴之相, 豈無福壽乎.

수형인이 피부가 검고 살쪄 둥글고 두터우면 福과 壽가 배로 증가한다; 수형인이 수국을 얻은 것으로 수가 수를 얻었으니 문학이 뛰어나다 하겠다. 또 둥글고 후한 체형은 수형의 순수함으로 다투거나 빼앗기지 않는 대귀한 상이니 어찌 복과 수가 없겠는가?.

화인대목, 필정영초; 약상소하활, 성음초렬, 초년초부자, 화형인야. 약신형청수수직, 이로골자대목국야. 목능생화, 영화지상야.

火人帶木, 必定榮超; 若上小下闊, 聲音焦烈, 初年稍富者 火形人也. 若身形清秀瘦直, 而露骨者帶木局也. 木能生火, 榮華之相也.

화형인이 목기를 띠었다면 반드시 영화롭다; 위는 좁고 아래가 넓고 음성이 불에 그을린 듯하고 초년에 약간 부유한 사람은 화형인이다. 신체가 청수하고 마르고 곧고 뼈가 드러났으면 목기를 띤 것이다. 목이 화를 생하니 영화로운 상이다.

수국득금, 종수쾌창; 형모비원배부자, 고수형인야. 약골겸방정, 색백이기강자, 득금국야. 금능생수, 주일생발달이무고체.

水局得金, 終須快暢; 形貌肥圓背負者, 固水形人也. 若骨兼方正, 色白而氣剛者, 得金局也. 金能生水, 主一生發達而無固滯.

수국이 금국을 얻었으면 마침내 통달하게 된다; 살이 찌고 둥글며 등에 진 것 같으면 참된 수형인이다. 뼈가 방정하고 피부가 희고 기가 강하면 금국을 얻은 것이다. 금이 수를 생할 수 있으니 일생 발달하고 막힘이 없다.

토봉을목, 대윤택역가소통; 토형득목, 고상극이비길의. 약토다목소, 기색윤택, 역유소통지상야.

土逢乙木, 帶潤澤亦可疏通; 土形得木, 固相剋而非吉矣. 若土多木少, 氣色潤澤, 亦有疏通之相也.

토가 을목을 만나 윤택하면 역시 소통하게 된다; 토형이 목기를 얻은 것은 극하는 것으로 길하지 않다. 그런데 토기가 많고 목기가 적고 기색이 윤택하면 또한 소통하는 상이다.

목봉미금, 필착삭방성기용; 목형득금, 고상극이비길의. 약목다금소, 형모헌앙, 필착삭이후성재기야.

木逢微金, 必斲削方成器用; 木形得金, 固相剋而非吉矣. 若木多金少, 形貌軒昂, 必斲削 而後成材器也.

목형인이 약간의 금기를 얻어 깎고 다듬어진다면 쓸모 있는 그릇이 된다; 목형이 금을 얻은 것은 극하는 것이니 본래 길한 것은 아니다. 그러나 만일 목이 많고 금이 적다면 모습이 당당한데 깎고 다듬어진 후에 그릇이 만들어지는 것과 같다.

수봉후화, 이파자재, 화득미금졸난진익; 토기극기수, 우토다이수소, 파재무의. 화기극금, 우화중이금미, 진익실난.

水逢厚火, 以破資財, 火得微金卒難進益; 土旣剋其水, 又土多而水少, 破財無疑. 火旣剋金, 又火重而金微, 進益實難.

수형인이 화기를 많이 띠었다면 재물을 파하고 화형인이 약간의 금을 얻으면 졸지에 이익을 얻기 어렵다; 토는 수를 극하는데 토가 많고 수가 적으면 재물을 파하는 것은 의심할 바가 없다. 화가 금을 극하는데 화가 중하고 금이 적으면 이익을 얻기 어렵다.

당간기색지왕래, 겸관문지지길흉, 갱심운한지장단; 차삼자여전오행생극, 상참이관지, 즉길흉무유야.

當看氣色之往來, 兼觀紋痣之吉凶, 更審運限之長短; 此三者 與前五行生剋 相參而觀之 則吉凶無遺也.

기색의 흐름과 주름과 점의 길흉을 보고 유년 운의 길고 짧음을 판단한다; 이 세 가지와 앞의 오행의 생극을 참고하면 길흉을 판단하는데 그냥 지나치는 것이 없다.

여상(女相: 여자의 상)

여인안악, 가즉형부; 여인지안, 의세장이청수, 약원대철로, 즉악상현연, 필주형부.

女人眼惡, 嫁卽刑夫; 女人之眼, 宜細長而淸秀, 若圓大凸露, 則惡相顯然, 必主刑夫.

여인의 눈이 악하면 결혼해서 남편을 극한다; 여인의 눈은 가늘고 길며 청수해야 한다. 둥글고 크고 눈동자가 드러났다면 악상이 분명하니 남편을 극한다.

성찰면횡, 규방독숙; 약성사파라, 면육횡생자, 주과거.

聲刹面橫, 閨房獨宿; 若聲似破鑼, 面肉橫生者, 主寡居.

음성이 나찰과 같고 얼굴에 횡으로 살이 있으면 규방에서 홀로 잔다; 음성이 깨진 징과 같고 얼굴의 살이 옆으로 있으면 과부가 되어 홀로 지내게 된다.

액첨이반, 수삼가이미휴; 액첨삭이반륜, 불리골육, 극부지부.
額尖耳反, 雖三嫁而未休; 額尖削耳反輪, 不利骨肉, 尅夫之婦.

이마가 뾰족하고 귀가 뒤집혔다면 비록 세 번 결혼해도 끝나지 않는다; 이마가 뾰족하고 깎였으며 귀가 뒤집히면 형제에게 이롭지 못하고 남편을 극하는 부인이다.

관로성웅, 종칠부지미료; 극서양관로, 형부액불평, 요지삼도가, 여작장부성.
顴露聲雄, 縱七夫之未了; 尅壻兩顴露, 刑夫額不平, 要知三度嫁, 女作丈夫聲.

관골이 드러나고 음성이 남자 같으면 일곱 번 결혼해도 그치지 않는다; 남편을 극하는 것은 양 관골이 드러났기 때문이고, 남편을 형상하는 것은 이마가 평평하지 않기 때문이며, 세 번 시집가는 것을 알고자 하면 여자가 장부의 음성인가를 보라.

액편부정, 내음이외모약무: 두액위제양지수, 불의편삭. 약편이부정, 급거지경부, 이불은중자, 다주음탕.
額偏不正, 內淫而外貌若無; 頭額爲諸陽之首, 不宜偏削. 若偏而不正, 及擧止輕浮, 而不隱重者, 多主淫蕩.

이마가 기울고 바르지 않으면 속으로는 음란하지만 외모는 그렇지 않다; 머리와 이마는 모든 양의 으뜸으로 치우치고 깎여서는 안 된다.

치우치고 바르지 않으며 행동거지가 가볍고 들뜬 듯 은중하지 않으면 음탕하다.

보주불평, 외호이중심최악; 행보불평정, 여풍파류, 내사행작약지상, 주심험악.
步走不平, 外好而中心最惡; 行步不平正, 如風擺柳, 乃蛇行雀躍之相, 主心險惡.

걸음걸이가 바르지 않으면 겉으로는 좋은듯해도 심성은 가장 악하다; 걸음걸이가 평평하고 바르지 않고 바람에 버드나무가 흔들리듯 한 것이 사행·작약의 상으로 마음이 음험하고 악하다.

두대액대, 종주형부, 성조골조, 경위상부; 약여인두액구대, 성암탁조, 골다육소, 개고형지상.
頭大額大, 終主刑夫, 聲粗骨粗, 竟爲孀婦; 若女人頭額俱大, 聲暗濁粗, 骨多肉少, 皆孤刑之相.

머리가 크고 이마가 크면 결국은 남편을 형상하고, 음성과 뼈마디가 거칠면 필경 과부가 된다; 여인의 머리와 이마가 모두 크고 음성이 어둡고 탁하고 거칠며 뼈가 많고 살이 적으면 모두 외롭고 남편을 극하는 상이다.

안광구활탐음, 구식지인, 파수요두, 궤람형부지부; 안로광이구활대자, 탐음도일, 두수경요부중자, 남음형부.
眼光口闊貪淫, 求食之人, 擺手搖頭, 詭濫刑夫之婦; 眼露光而口闊大者, 貪淫度日, 頭手輕搖不重者, 濫淫刑夫.

눈이 빛나고 입이 크면 음란함을 탐하고 먹는 것을 좋아하는 사람이다. 손과 머리를 흔들면 속임수가 많고 남편을 형극하는 여자이다; 눈빛이 드러나고 입이 넓고 크면 음란함을 탐하면서 날을 보내고 머리와 팔을 가볍게 흔들어 중후하지 않으면 몹시 음란하고 남편을 형극한다.

발농빈중, 겸사시이다음; 빈발농중, 이시첨부정자, 혈기왕, 이심필사, 주음탕.
髮濃鬢重, 兼斜視以多淫; 鬢髮濃重, 而視瞻不正者, 血氣旺, 而心必邪, 主淫蕩.

머리카락이 짙고 빈발이 많으며 곁눈질을 하면 매우 음란하다; 머리와 수염이 짙고 훔쳐보고 바르지 않으면 혈기가 왕성하여 반드시 삿된 마음이 있고 음탕하다.

성향신청, 필익부, 이득록; 성음향량, 안신청명자, 익부식록지부야.
聲響神清, 必益夫, 而得祿; 聲音響亮, 眼神清明者, 益夫食祿之婦也.

음성이 울림이 있고 신기가 맑으면 반드시 남편을 도와 녹을 얻게 한다; 음성의 울림이 맑고 눈의 신기가 맑고 밝으면 남편을 돕고 식록이 있는 부인이다.

피부향니, 내부실지녀랑, 면색단엄, 필호문지덕부; 피육청향이세니자, 면색윤결이단엄자, 부귀가지부녀야.
皮膚香膩, 乃富室之女娘, 面色端嚴, 必豪門之德婦; 皮肉清香而細膩者, 面色潤潔而端嚴者, 富貴家之婦女也.

피부가 향기롭고 매끄러우면 부유한 집안의 여인이며, 얼굴색이 단정하고 엄숙하면 반드시 귀한 집안의 덕을 갖춘 부인이다; 피부와 살이 맑고 향기로우며 부드럽고 매끄러우며 얼굴색이 윤택하고 깨끗하고

단정하며 엄숙하면 부귀한 집안의 부녀이다.

이관고철, 형부미유료기, 양이반박, 극자종무성일; 관골고삭자, 형부부정, 이반이박자, 극자무휴.

二顴高凸, 刑夫未有了期, 兩耳反薄, 剋子終無成日; 顴骨高削者, 刑夫不定, 耳反而薄者, 剋子無休.

양쪽 관골이 높이 솟았으면 남편 형상하는 것을 마칠 기약이 없고, 양쪽 귀가 뒤집히고 얇으면 자식 극하는 것을 끝내 마칠 날이 없다; 관골이 높고 깎이면 남편을 형상함에 정해진 바가 없고, 귀가 뒤집히고 얇으면 자식을 극하지 않을 수 없다.

수조각대, 필시이파, 비첨두저, 종위시첩; 수각조대자, 무이매파지상, 비액첨저자, 희첩지형.

手粗脚大, 必是姨婆, 鼻尖頭低, 終爲侍妾; 手脚粗大者, 巫姨媒婆之相, 鼻額尖低者, 姬妾之形.

손이 거칠고 발이 크면 필시 무당이나 매파이고, 코가 뾰족하고 이마가 낮으면 결국은 첩이 될 사람이다; 손발이 거칠고 크면 무당이나 매파의 상이고, 코와 이마가 뾰족하고 낮으면 첩의 상이다.

와잠명윤이자색, 필산귀아; 안하유육여와잠이자색, 필생귀자.

臥蠶明潤而紫色, 必産貴兒; 眼下有肉如臥蠶而紫色, 必生貴子.

와잠이 밝고 윤택하고 자색이면 반드시 귀한 아들을 낳는다; 눈 아래 살이 마치 누에가 잠자듯하고 자색을 띠면 반드시 귀자를 낳는다.

부인구활, 선식전장이후빈; 여인지구활대, 이무수습자, 탐식라작, 이후빈핍야.
婦人口闊, 先食莊田而後貧; 女人之口闊大, 而無收拾者, 貪食懶作, 而後貧乏也.

부인의 입이 넓으면 먼저는 크게 부유해도 뒤에는 가난하게 된다; 여인의 입이 넓고 크며 잘 닫히지 않으면 먹는 것을 탐하고 게을러 후에는 가난하고 궁핍하다.

미녀배원, 필가수사이득귀; 배약원후, 이청수자, 필배양부.
美女背圓, 必嫁秀士而得貴; 背若圓厚, 而淸秀者, 必配良夫.

미녀의 등이 둥글면 반드시 수려한 배우자와 결혼하여 귀하게 된다; 등이 둥글고 두텁고 청수하면 반드시 훌륭한 남편과 짝을 이룬다.

신비육중, 득음상이반영화; 신체비택, 이불허부, 모칭여형자, 주영귀.
身肥肉重, 得陰相而反榮華; 身體肥澤, 而不虛浮, 貌稱女形者, 主榮貴.

몸에 살이 쪄 육중하여 음상을 얻은 것으로 오히려 영화롭다; 신체가 비대하고 윤택하며, 허망하고 들뜨지 않으며, 모습이 여인의 상에 알맞으면 영화롭고 귀하다.

면원요비유남형, 역부귀; 여인요복비수사남자형자, 역주부귀, 차영화부귀지상, 역조화자연지리야.
面圓腰肥類男形, 亦富貴; 女人腰腹肥垂似男子形者, 亦主富貴, 此榮華富貴之相, 亦造化自然之理也.

얼굴이 둥글고 허리가 살쪄 남자 같으면 역시 부귀하다; 여인의 허리와 배가 살찌고 드리워져 남자 같은 형이면 또한 부귀하다. 이 영화롭

고 부귀한 상은 역시 자연의 이치에 조화되는 것이다.

건강지수여자, 필선지가; 여자피육고의세윤, 유수지수실불로근자, 선지가.
乾薑之手女子, 必善持家; 女子皮肉固宜細潤, 惟手指瘦實不露筋者, 善持家.

마른 생강 같은 손을 지닌 여자는 반드시 가정을 잘 돌본다; 여자의 피부와 살은 섬세하고 윤택해야 하며 손가락 또한 가늘고 건실하여 근육이 드러나지 않으면 가정을 잘 돌본다.

두소복대, 일생불과다식, 골소육다, 삼십언능가과; 여인두소복대자, 불과식다, 약우육유여, 이골부족자, 주요.
頭小腹大, 一生不過多食, 骨小肉多, 三十焉能可過; 女人頭小腹大者, 不過食多, 若又肉有餘, 而骨不足者, 主夭.

머리가 작고 배가 크면 평생 많이 먹는 것에 불과하고 뼈가 작고 살이 많으면 삼십을 어찌 지날 수 있겠는가; 여인의 머리가 작고 배가 크면 많이 먹기만 하고 살이 많고 뼈가 부족하면 요절한다.

미조안악, 빈수형부, 성웅기탁, 종무후복; 미조란이안악로자, 극부. 성웅대이기탁조자, 빈박.
眉粗眼惡, 頻數刑夫, 聲雄氣濁, 終無厚福; 眉粗亂而眼惡露者, 剋夫. 聲雄大而氣濁粗者, 貧薄.

눈썹이 거칠고 눈이 악하면 여러 차례 남편을 극하고, 음성이 남자 같고 기가 탁하면 결국은 두터운 복이 없다; 눈썹이 거칠고 어지러우며 눈이 악하고 드러났으면 극부하고 음성이 웅장하고 크며 기가 탁하고 거칠면 가난하고 복이 적다.

안광여취, 상중지약, 무궁; 안로광이신여취자, 다음욕, 야합지인야.
眼光如醉, 桑中之約, 無窮; 眼露光而神如醉者, 多淫慾, 野合之人也.

눈빛이 술에 취한듯하면 뽕나무밭의 약속이 끝이 없다; 눈빛이 드러나고 술에 취한듯하면 음욕이 많고 야합하는 사람이다.

미엽점생, 월하지기난정; 소다교미자, 하천지부야. 경운, 미엽점생, 비양부, 기무월하지기호.
媚靨漸生, 月下之期難定; 笑多嬌媚者, 下賤之婦也. 經云, 媚靨漸生, 非良婦, 豈無月下之期乎.

아리따운 보조개가 서서히 생기면 달빛 아래의 약속을 정하기 어렵다; 웃음이 많고 교태가 많으면 하천한 부인이다. 경에 이르길 '보조개가 있으면 좋은 부인이 아니니 어찌 월하지기가 없겠는가?'라고 하였다.

면여만월, 가도흥륭, 순약홍연, 의식풍족; 면색광윤이무결함, 순약말단이불첨로자, 부귀지부야.
面如滿月, 家道興隆, 脣若紅蓮, 衣食豊足; 面色光潤而無缺陷, 脣若抹丹而不尖露者, 富貴之婦也.

얼굴이 둥근달 같으면 집안이 흥성하고, 입술이 연꽃같이 붉으면 의식이 풍족하다; 얼굴색이 빛나고 윤택하며 결함이 없으며 입술이 단사를 바른 듯하고 입끝이 뽀족하게 느러나시 않았으면 부귀한 부인이다.

산근흑자, 약무숙질, 필형부; 흑자생어산근자, 신무구질부, 필유극.

山根黑子, 若無宿疾, 必刑夫; 黑子生於山根者, 身無久疾夫, 必有剋.

산근에 검은 점이 있으면 숙질이 없으면 반드시 남편을 극한다; 검은 점이 산근에 있으면 몸에 오랜 질병이 없으면 필시 극함이 있다.

흉부십악, 개인안적정황; 범십악지흉죄자, 다인안유적루, 정황이불흑야.
凶婦十惡, 皆因眼赤睛黃; 犯十惡之凶罪者, 多因眼有赤縷, 睛黃而不黑也.

흉한 부인 십악은 모두 눈이 붉고 눈동자가 누렇기 때문이다; 열가지 악하고 흉한 죄를 범하는 사람은 눈에 붉은 핏줄이 있고 눈동자가 누렇고 검지 않다.

여인이반, 역주형부; 금목이성실전, 불리부궁, 겸유구추, 영불상거.
女人耳反, 亦主刑夫; 金木二星失纏, 不利夫宮, 兼有九醜, 寧不孀居.

여인의 귀가 뒤집히면 또한 남편을 형상한다; 금목 두 성이 잘못되었으면 남편에게 이롭지 않다. 아울러 여러가지 추함을 모두 갖추었다면 어찌 과부로 살지 않겠는가?

논승도(論僧道) : 종교인의 상

고산유수, 소지음, 일탑백운, 재심처; 우위차편, 비여유수지조, 지음자선의, 구운어화산석실, 백운심처, 금우지음희이, 고묵이수지야.

高山流水, 少知音, 一榻白雲, 在深處; 又謂此篇, 譬如流水之操, 知音者鮮矣, 久隱於華山石室, 白雲深處, 今遇知音希夷, 故默而授之也.

높은 산 흐르는 물은 음을 아는 이가 드물고, 한 조각 흰 구름은 그윽한 곳에 머문다; 또한 이편은 흐르는 물에 비유하여 지음이 드물다는 것을 말하는 것이다. 오랫동안 화산의 석실 흰 구름 깊은 곳에 은거하였으나 이제 지음 희이를 만나 말없이 전수한다.

불위전세음공, 역작내생도과; 학상자, 의통차리, 기술유익어인, 기보역급호기, 기대내생재.

不爲前世陰功, 亦作來生道果; 學相者, 宜通此理, 其術有益於人, 其報亦及乎己, 豈待來生哉.

전생의 음공이 없이 다음 생에 결과가 있겠는가; 상을 배우고자 하면 당연히 이 이치에 통해야 하며 그 술수로 사람에게 이익되게 하면 그 보답이 자신에게 미치는 것이다. 어찌 내생까지 기다리겠는가?

인생부귀, 개인전세수행, 사처빈궁, 진시전생작악, 미관형모, 선용심상; 인지부귀빈천, 고재어상모기색, 연작선강상, 작악강앙, 이심전우불가부지야.

人生富貴, 皆因前世脩行, 士處貧窮, 盡是前生作惡, 未觀形貌, 先用心相; 人之富貴貧賤, 固在於相貌氣色, 然作善降祥, 作惡降殃, 而心田又不可不知也.

사람의 부귀는 모두 전생의 수행한 결과이다. 빈궁에 처한 선비는 전생에 악을 지은 것이니 모습을 보기 전에 먼저 마음을 살펴야 한다; 사람의 부귀와 빈천은 본래 모습과 기색에 있는데 선행을 하면 상서로움을 내리고 악을 지으면 재앙을 내리는 것이다. 그러므로 마음의

밭을 알지 않을 수 없는 것이다.

고당배도자찬화상운, 이신부장, 이모불양, 호위장, 호위상, 일점영대, 단청막상. 시지심야자, 내상지대자야.

故唐裵度自贊畵像云, 爾身不長, 爾貌不揚, 胡爲將, 胡爲相, 一點靈台, 丹靑莫狀. 是知心也者, 乃相之大者也.

그러므로 당나라 배도가 자화상에 자찬하길 "네가 키가 크지도 빼어나지도 않은데 어찌 장군이 되고, 어떻게 재상이 되었는가? 한 점의 영대는 단청으로도 나타낼 수가 없구나."라고 하였는데 이것이 바로 마음을 아는 것으로 바로 상에서 가장 큰 것이다.

*裵度(배도, 765-839): 字는 中立. 당나라 헌종(憲宗)·목종(穆宗)·경종(敬宗)·문종(文宗) 등 4황제를 섬긴 중신. 어려서 술사(術士)가 그를 보고 상이 좋지 않다고 하였다. 후일 향산사(香山寺)에서 옥대(玉帶)를 주웠는데, 어떤 아가씨가 부친의 속죄를 위해 가지고 있던 것임을 알고 돌려주었다. 그 후 다시 술사를 만났는데 "얼굴의 상이 크게 변하여 부귀장수할 상이라고 하였다. 후일 과연 그처럼 되었으므로 이로부터 '배도환대(裵度還帶)'라는 고사가 유래했으며 북경 이화원 장랑(長廊)의 벽화 가운데 이를 묘사한 그림이 있다.

약문전정, 선필관호기국, 욕구선조, 차즉변기형용, 선이오악위근기, 후이기색정화복; 언상인지법, 요선찰차사자, 즉길흉귀천, 가이지기개의.

若問前程, 先必觀乎氣局, 欲求先兆, 次則辯其形容, 先以五嶽爲根基, 後以氣色定禍福; 言相人之法, 要先察此四者, 則吉凶貴賤, 可以知其槪矣.

앞으로의 운을 묻는다면 우선 반드시 기국을 살피고, 조짐를 먼저 알고자 하면 다음으로 형용으로 판단하는데 먼저 오악을 기본으로 삼고 그 후 기색으로 화복을 정한다; 사람을 살피는 법을 말하자면 먼저 이

4가지를 보아 길흉과 귀천을 모두 알 수 있다.

약논한운, 여속일동, 세변근기, 각구기묘; 상중한운, 승도여속인, 즉동, 약부위골법기색, 이승도속인기본논지, 즉각기묘야.

若論限運, 與俗一同, 細辯根基, 各求其妙; 相中限運, 僧道與俗人, 則同, 若部位骨法氣色, 以僧道俗人基本論之, 則各其妙也.

유년의 운을 보는 것은 일반인과 같이 근기를 자세히 판단하여 각각의 그 묘함을 찾아야 한다; 유년의 운을 보는 것은 승도와 일반인이 같다. 부위와 골격 기색 등도 승도와 일반인이 기본적으로 각각의 묘함을 갖고 논한다.

광액수미, 문장도사; 액활이미수자, 문장지상야.

廣額秀眉, 文章道士; 額闊而眉秀者, 文章之相也.

넓은 이마와 수려한 눈썹은 문장에 뛰어난 도사이다; 이마가 넓고 눈썹이 수려하면 문장에 뛰어난 상이다.

액광이풍, 수거관이식록; 천지조공, 고상인관록지형, 재승도역유시야.

額廣頤豊, 須居官而食祿; 天地朝拱, 固常人官祿之形, 在僧道亦猶是也.

이마가 넓고 턱이 풍만하면 관리가 되어 록을 먹는다; 이마와 턱이 조공하면 일반인이라도 관록을 얻는 상인데 승도 또한 이와 같다.

위승자두원, 필귀, 작도자, 모청가영; 차지세변근기, 각구기묘, 개논승도.

爲僧者頭圓, 必貴, 作道者, 貌淸可榮; 此至細辨根基, 各求

其妙, 皆論僧道.

중은 머리가 둥글면 반드시 귀하고 도사는 모습이 맑아야 영달할 수 있다; 이것은 근기를 자세히 판별하고 각각 그 묘함을 구하여 모두 승려나 도사에 관해 논하는 것이다.

정돌두원, 필주명경; 두원이정골고돌, 액활이상하방정, 위승자, 필주도강야.
頂突頭圓, 必住名境; 頭圓而頂骨高突, 額闊而上下方正, 爲僧者, 必主都綱也.

정수리가 튀어나오고 머리가 둥글면 반드시 이름이 국경까지 난다; 머리가 둥글고 정수리뼈가 높이 솟고 이마가 넓고 상하가 방정한데 승려가 되면 반드시 도강이 된다.

*都綱(도강): 정부에서 임명하여 전국의 사원과 승려들의 교법을 유지토록 하며 불교의 모든 일을 주관하는 관직. 위진(魏晉)시기 시작되어 청나라까지 유지되었다.

이백과면, 선세지봉, 관용인평, 대사지작; 위승자, 이백어면, 필봉선세지관, 위도자, 관여인평, 필득천사지직.
耳白過面, 善世之封, 顴聳印平, 大師之爵; 爲僧者, 耳白於面, 必封善世之官, 爲道者, 顴與印平, 必得天師之職.

귀가 얼굴보다 희면 좋은 세상에 봉직을 얻고, 관골이 높고 인당이 평평하면 대사의 작위를 얻는다; 중으로서 귀가 얼굴보다 희다면 반드시 중생을 잘 구하는 관직에 봉해지고, 도사는 관골과 인당이 평평하면 천사의 직위를 얻는다.

*天師(천사): 본래 도가의 시조를 일컫는 호칭으로 황제 훤원(軒轅)이 기백(岐伯)을 존칭하는데

서 비롯되었다고 한다. 《장자·서무귀》편에 '어린아이가 말하길 "천하를 다스리는 것이 또한 말을 기르는 것과 어찌 다르겠습니까? 다만 말에게 해로운 것을 없애주는 것일 뿐입니다." 황제가 머리를 조아려 두 번 절하고 천사라고 칭하고 물러갔다(小童曰, 夫爲天下者, 亦奚以異乎牧馬者哉. 亦去其害馬者而已矣. 黃帝再拜稽首, 稱天師而退.).'라고 한 것이 그것이다. 후세에는 도가에서 고도대덕(高道大德)을 지닌 사람을 천사라고 부르게 되었는데 동한(东汉)의 갈현(葛玄)·동진(东晋)의 허손(许逊)·북위(北魏)의 구겸지(寇谦之)· 남조(南朝)의 육정수(陆静修)· 당나라의 두광정(杜光庭)· 송나라의 살수견(萨守坚) 등이 천사였다.

신청골수, 수가사호; 안신청여암전, 골격수약구학, 위도자, 필칭사호.
神清骨秀, 須加師號; 眼神清如巖電, 骨格秀若龜鶴, 爲道者, 必稱師號.

신기가 맑고 골기가 빼어나면 국사의 호를 더한다; 눈의 신기가 마치 높은 바위나 번개가 번쩍이듯 맑고 골격이 거북이나 학과 같이 수려한데 도사가 되면 스승의 호칭을 얻는다.

미목평직, 입승상, 골청방귀; 미평이수, 목직이랑, 기위승상, 갱약골법청고, 방시존귀지상.
眉目平直, 入僧相, 骨清方貴; 眉平而秀, 目直而朗, 旣爲僧相, 更若骨法清古, 方是尊貴之相.

눈썹과 눈이 평평하고 곧으면 중이 되는 상인데, 골기가 맑아야 귀하다; 눈썹이 평평하고 수려하며 눈이 곧고 맑다면 중의 상이지만, 골기가 맑고 고괴해야 존귀한 상이다.

미소목수, 정근귀이득재; 미목소수, 고상인근귀, 득재지상, 승도역연.
眉疎目秀, 定近貴而得財; 眉目疎秀, 固常人近貴, 得財之相, 僧道亦然.

눈썹이 성글고 눈이 수려하면 귀하고 재물을 얻는다; 눈과 눈썹이 성글고 수려하면 평상인이라도 귀하고 재물을 얻는 상인데 승도 또한 그러하다.

시첨부정, 필정호음, 거지다경, 수지빈천; 약투절시이부정자, 기심호음, 승도갱심.
視瞻不正, 必定好淫, 擧止多輕, 須知貧賤; 若偸竊視而不正者, 其心好淫, 僧道更甚.

바르게 보지 않고 곁눈질하면 반드시 음란하고 행동거지가 경박하며 반드시 빈천하다; 훔쳐보고 바르지 않으면 그 마음이 음란함을 좋아하는데 승려나 도사라면 더욱 심하다.

안약도화광염, 단도주색환오; 안신광탕, 약도화색자, 간심내몽지상, 주색광음지도야, 승도가지의.
眼若桃花光焰, 但圖酒色歡娛; 眼神光蕩, 若桃花色者, 奸心內蒙之相, 酒色狂淫之徒也, 僧道可知矣.

눈에 도화가 불타는 듯하면 단지 주색을 도모하고 오락을 좋아한다; 눈빛이 흐르는 듯하면서 도화색을 띤 자는 간사한 마음과 안으로 몽매한 상으로 주색을 지나치게 탐하는 무리이다. 승려 도사라 해도 가히 알만하다.

모이신수, 차배원초운로; 형모수이자, 수행도인부도처.
貌異神殊, 此輩遠超雲路; 形貌秀異者, 脩行到人不到處.

모습과 신기가 특이하면 이런 사람은 멀리 구름길을 간다; 모습이 수려하고 기이하면 사람이 없는 곳에서 수행하게 된다.

빈발농중합도모, 성향시영; 빈발농중기이, 기위도모, 갱약성음향량, 조견영귀.
鬢髮濃重合道貌, 聲響始榮; 鬢髮濃重奇異, 旣爲道貌, 更若聲音響亮, 早見榮貴.

수염과 머리가 지나치게 짙으면 도사의 모습에 합하는데 음성에 울림이 있으면 영화롭게 된다; 수염과 머리카락이 숱이 많고 짙어 기이하면 도사의 모습이다. 게다가 음성의 울림이 맑으면 일찍 영달하여 귀해진다.

중이벽안, 부귀고승; 중이주부, 벽안주성혜.
重頤碧眼, 富貴高僧; 重頤主富, 碧眼主性慧.

턱이 겹으로 되어 있고 눈빛이 푸르면 부귀한 고승이다; 이중턱은 주로 부유하고 눈빛이 푸르면 천성이 슬기롭다.

복배풍만, 의발유여, 비준직제, 부귀자족; 복배풍만, 비두준직제, 개부상야, 승도역연.
腹背豐滿, 衣鉢有餘, 鼻準直齊, 富貴自足; 腹背豐滿, 鼻頭準直齊, 皆富相也, 僧道亦然.

배와 등이 풍만하면 의발이 여유가 있고 준두가 곧고 가지런하면 스스로 족할 만한 부귀가 있다; 배와 등이 풍만하고 코의 준두가 곧고 가지런한 것은 모두 부한 상이다. 승려나 도사도 또한 그와 같다.

형모국촉, 용속지도, 성골징청, 부귀지배; 범승도형모편천자, 속노, 성골청수자, 부귀.
形貌局促, 庸俗之徒, 聲骨澄淸, 富貴之輩; 凡僧道形貌扁淺者, 俗魯, 聲骨淸秀者, 富貴.

형모와 국세가 단촉하면 용렬한 속세의 무리이고, 음성과 골격이 맑으면 부귀한 무리이다; 승도로서 모습이 치우치고 얕으면 속되고 노

둔하고, 음성과 골격이 맑고 수려하면 부귀하다.

골조형속, 기인노곤산림; 약골격조로, 형모진속자, 종노산림지상야.
骨粗形俗, 其人老困山林; 若骨格粗露, 形貌塵俗者, 終老山林之相也.

골격이 거칠고 모습이 속되면 늙어서 산속에서 곤궁하다; 골격이 거칠고 드러나고 모습이 속탁(俗濁)하면 결국은 산속에서 늙어가는 상이다.

면여회토진몽, 정주가업파패; 면모여회토, 기색우약진몽자, 빈액지상, 재승도, 역주파패질액.
面如灰土塵朦, 定主家業破敗; 面貌如灰土, 氣色又若塵朦者, 貧厄之相, 在僧道, 亦主破敗疾厄.

얼굴색이 재나 흙먼지처럼 흐릿하면 반드시 가업을 파하게 된다; 얼굴색이 재나 흙 같고 기색 또한 먼지 같이 흐릿하면 가난하고 액을 당할 상인데 승도라도 역시 실패하고 질병·재액이 있게 된다.

수요궁통, 막도상법, 부귀빈천, 실유차편, 지자득지, 자유신선지견; 명지지사능정차편겸득사전, 일취월장자유신선지견.
壽夭窮通, 莫逃相法, 富貴貧賤, 悉有此篇, 智者得之, 自有神仙之見; 明智之士能精此篇 兼得師傳, 日就月將自有神仙之見.

장수하고 요절하며 운이 막히거나 통하는 것은 상법으로부터 벗어날 수 없고 부귀빈천은 모두 이 편에 있으니 지혜로운 자가 이것을 얻으면 절로 신선의 견지를 얻으리라; 밝은 지혜의 선비가 이 편에 능통하고 스승의 전수를 얻는다면 일취월장하여 신선의 견지를 스스로 얻게 된다.

후지학자, 물전용속지도; 풍감지술, 천변만화, 궁통물리, 기용부속자, 소능학재.
後之學者, 勿傳庸俗之徒; 風鑑之術, 千變萬化, 窮通物理, 豈庸夫俗子, 所能學哉.

뒤에 배우는 자는 용렬하고 속된 부류에게는 전하지 말라; 풍감지술(사람의 용모와 풍채로 판별하는 기술)에는 천변만화가 있고 궁통과 물리가 있으니 어찌 용렬하고 저 속된 자가 이것을 배울 수 있겠는가?

금쇄부(金鎖賦)

형애회홍우파비, 회주영화비사기, 이십지상비정사, 사십형회정발시.
形愛恢弘又怕肥, 恢主榮華肥死期, 二十之上肥定死, 四十形恢定發時.

모습은 넓은 것이 좋지만 비만한 것이 두렵다. 넓으면 영화롭지만 비만하면 죽을 때를 정한 것이니 스무 살 이후에 비만하면 죽게 되고 사십에 넓어지면 발복 할 때를 정한 것이다.

수자수혜한자한, 수한지인불일반, 수유정신종필달, 한수형채정고단.
瘦自瘦兮寒自寒, 瘦寒之人不一般, 瘦有精神終必達, 寒雖形彩定孤單.

야위려면 진실로 야위고 차려면 진실로 차야한다. 야윈 사람과 차가운 사람은 같지 않으니 야윈 사람이 정신이 맑다면 마침내 반드시 현달하고 차가운 사람은 비록 모습이 아름다워도 반드시 고단하다.

사봉만면유정신, 구간원래색전혼, 사차지인종수단, 종연유수역고빈.
乍逢滿面有精神, 久看原來色轉昏, 似此之人終壽短, 縱然有壽亦孤貧.

잠깐 만나보면 만면에 정신이 있는 듯한데, 오래 보면 원래 색이 어둡다면 이와 같은 사람은 마침내 수가 짧은데 설사 길다해도 외롭고 가난하다.

오성육요재인면, 제미지외파편사, 이편구측말년파, 비곡영돌사십년.
五星六曜在人面, 除眉之外怕偏斜, 耳偏口側末年破, 鼻曲迎突四十年.

오성육요는 사람 얼굴에 있는데 눈썹을 제외하고 한쪽으로 치우치거나 굽은 것이 두렵구나. 귀가 치우치고 입이 기울면 말년에 실패하며, 코가 굽고 콧구멍이 들리면 사십에 실패하게 된다.

독진시서생득한, 문장천재불위관, 평생수유충천지, 쟁내앵추익미건.
讀盡詩書生得寒, 文章千載不爲官, 平生雖孺衝天志, 爭奈鶯雛翼未乾.

시경과 서경을 모두 읽었어도 생긴 모습이 추우면, 학문이 천 수레에 달해도 관리가 되지 못한다. 평생 하늘을 찌를 듯한 뜻을 지닌 선비라도 물에 젖은 날개가 마르지 않은 꾀꼬리 같음을 어찌할 것인가.

면대미한지수재, 순흔치로갱다재, 종조각적망망주, 부귀평생부대래.

面大眉寒止秀才, 脣掀齒露更多災, 終朝脚跡忙忙走, 富貴平生不帶來.

얼굴이 크고 눈썹이 오그라들었으면 수재에 지나지 않고, 입술이 들려 치아가 드러나면 더욱 재난이 많으며, 끝까지 아침부터 바삐 돌아다녀도 부귀는 평생 찾아오지 않는다.

상정단혜하정장, 다성다패치공망, 종연영득성가계, 유여렬일조빙상.
上停短兮下停長, 多成多敗値空亡, 縱然營得成家計, 猶如烈日照冰霜.

상정이 짧고 하정이 길면 성공과 실패를 거듭하여 헛될 뿐이다. 설령 가업을 이룬다 해도 뜨거운 태양이 얼음이나 서리를 비추는 것 같다.

하정단혜상정장, 필위재상시군왕, 약시서인생득차, 금주재보만창상.
下停短兮上停長, 必爲宰相侍君王, 若是庶人生得此, 金珠財寶滿倉箱.

하정이 짧고 상정이 길면 반드시 재상이 되어 군왕을 보필한다. 평범한 사람이 이처럼 생겼으면 금은보화가 창고와 궤짝에 가득하다.

산근단혜조허화, 조업표령필파가, 형제무연이조택, 노래전견사여마.
山根斷兮早虛花, 祖業飄零必破家, 兄弟無緣離祖宅, 老來轉見事如麻.

산근이 끊어짐이여 이른 것이 헛꽃이구나 조업은 태풍이 날아가고 가정은 깨지니. 형제와도 인연이 없어 집을 떠나니 늙어서도 일이 삼처럼 엉키게 되는구나.

자수요흑우요희, 의희견육시위기, 최혐농탁초황색, 부모동두자재서.

髭鬚要黑又要稀, 依稀見肉始爲奇, 最嫌濃濁焦黃色, 父母東頭子在西.

수염은 검고 적어야 하는데 드물어 살이 보이는 것이 좋다. 가장 나쁜 것은 짙고 탁하며 그을린 듯 누런색인데 부모는 동쪽에 머리를 두고 자식은 서쪽에 있게 된다.

색파눈혜우파교, 기교신눈불상요, 노년색눈초신고, 소년색눈불견뢰.

色怕嫩兮又怕嬌, 氣嬌神嫩不相饒, 老年色嫩招辛苦, 少年色嫩不堅牢.

색이 두려운 것은 어린 듯 엷고 아리따운 것이니 기가 아리땁고 신기가 엷으면 서로 넉넉한 것이 아니다. 노년의 색이 엷으면 신고를 부르고 소년의 기색이 엷으면 가정이 굳건하지 않다.

육해미심친의절, 재여추월원환결, 극처해자노불한, 작사롱교반성졸.

六害眉心親義絶, 纔如秋月圓還缺, 剋妻害子老不閑, 作事弄巧反成拙.

여섯 가지 해로운 눈썹을 지니면 마음이 친족과 의절하고, 겨우 가을 달처럼 둥글어도 결함이 있다면 처자를 극하고, 늙어도 한가할 틈이 없으며 일을 함에 교묘함을 꾀해도 오히려 졸렬하게 된다.

*六害眉(육해미): 眉稀(미희: 눈썹이 드묾)·眉薄(미박: 눈썹이 엷음)·壓眼(압안: 눈과 가까워 눈을 누름)·眉交(미교: 좌우 눈썹이 서로 맞다음)·眉散(미산: 눈썹이 산란함)·八字眉(팔자미: 눈썹 끝이 아래로 처짐).

미교면흑신초췌, 애관타인사쾌회, 냉안견인소일면, 부지독재암중래.

眉交面黑神憔悴, 愛管他人事掛懷, 冷眼見人笑一面, 不知毒在暗中來.

양 눈썹이 붙고 얼굴이 검으며 신기가 초췌하면 헛되이 남의 일에 나서서 근심하고, 차가운 눈빛으로 사람을 보며 웃으니 암암리에 독한 정도를 가늠할 수가 없구나.

미요곡혜불요직, 곡직우인부득지, 곡자다학우총준, 직자형처우극아.
眉要曲兮不要直, 曲直愚人不得知, 曲者多學又聰俊, 直者刑妻又剋兒.

눈썹은 굽어야지 직선이어선 안 되는데 굽고 곧은 것을 어리석은 사람은 알지 못한다. 굽은 사람은 학식이 높고 총명하며, 곧게 펴진 사람은 처와 자식을 극한다.

의론쟁차식자희, 부어금쇄호은시, 미고성교능통변, 시종공주재차시.
議論爭差識者稀, 附於金鎖號銀匙, 眉高性巧能通變, 侍從公主在此時.

상에 관한 이론은 많지만 진정으로 아는 사람은 드물어 금쇄부에 이어 은시가를 지어 붙인다. 눈썹이 높으면 천성이 재치가 있고 통변에 능하여 이때에 왕공을 모시게 된다.

은시가(銀匙歌)

한상지인견과경, 향복지인이압미, 갱유친정대불출, 지인형사우중계.
寒相之人肩過頸, 享福之人耳壓眉, 更有親情擡不出, 只因形似雨中雞.

빈한한 상의 인물은 어깨가 목을 지나고, 복을 누리는 사람은 귀가 눈썹을 누른다. 친지가 끌어줘도 일어서지 못하는 사람은 모습이 비에 젖은 닭과 같기 때문이다.

대각원래요절재, 계두가절재층대, 이롱안환인양인, 부절천년야유재.
大脚原來夭折災, 髻頭可折在層臺, 耳聾眼患因羊刃, 不折天年也有災.

다리가 길면 요절하는 재앙이 있으니 상투머리가 층대에서 꺾어진다. 귀가 들리지 않고 눈이 보이지 않는 것은 양인 때문이다. 요절하지 않고 천수를 누려도 재앙이 있다.

*羊刃(양인): 성정이 흉폭하고 조급함.

고굉무포최시흉, 양두여장일반동, 수유조전병부음, 종수파패수빈궁.
股肱無包最是凶, 兩頭如杖一般同, 雖有祖田幷父廕, 終須破敗受貧窮.

넓적다리와 위팔에 살이 없으면 흉하다. 넓적다리와 위팔이 막대기 같아도 마찬가지로 조상으로 물려받은 재산이 있고 아버지의 그늘이 있어도 마침내는 실패하고 빈궁하다.

두흔반박최위형, 나망지중유일명, 약불극처병해자, 갱우가도주령정.
頭痕瘢剝最爲刑, 羅網之中有一名, 若不剋妻幷害子, 更憂家道主伶仃.

머리에 흉터가 있으면 형벌을 받는 수가 있다. 이는 천라지망 가운데 하나로 처를 극하지 않으면 자식에게 해로운데 더욱 가도가 걱정스럽고 고독하고 고생스러운 것이다.

발제저이유무부, 한모생각유무낭, 좌관골출부선사, 불박불형편자상.

髮際低而幼無父, 寒毛生角幼無娘, 左顴骨出父先死, 不迫不刑便自傷.

발제가 낮으면 어려서부터 부친이 안 계시고, 한모가 일월각에 있으면 모친이 계시지 않는다. 좌측 관골이 솟으면 부친을 먼저 여의게 되는데 그렇지 않으면 자신이 다치게 된다.

상두수유사모양, 하정불균각괴지, 학각지인성소배, 만제고자시파이.

上頭雖有些模樣, 下停不均却壞之, 鶴脚之人成小輩, 蠻蹄姑子是婆姨.

위 머리가 이와 같아도 하정이 균형을 이루지 못하면 오히려 조화가 깨지는 것이다. 학의 다리와 같으면 소인배이고, 오랑캐의 걸음 같은 여자는 매파나 무당이다.

하해조천왕영년, 변성부좌야무전, 수년황한불흠미, 지인상하고상련.

下頦朝天旺永年, 邊城不佐也無錢, 數年荒旱不欠米, 只因上下庫相連.

아래턱이 이마를 바라보면 길이 운이 왕성하지만 변성이 보좌하지 못하면 돈이 없다. 수년 동안 흉년이 들어도 곡식이 부족하지 않은 것은 상하의 창고가 이어졌기 때문이다.

하두첨료작흉앙, 전각전원갱매당, 임시장양능계책, 자연전도견낭당.

下頭尖了作凶殃, 典却田園更賣塘, 任是張良能計策, 自然顚倒見狼當.

턱 끝이 뾰족하면 흉하고 재앙이 있어 재산을 저당 잡히고 연못까지 팔게 된다. 재능이 있어 장량과 같이 계책이 능해도 저절로 전도되어 낭패를 당하게 된다.

가풍제초미청수, 국촉지인고대문, 대등진애고일촌, 지연미사화소금.
家風齊楚眉淸秀, 侷促之人庫帶紋, 擡凳塵埃高一寸, 只緣眉似火燒禽.

가풍이 단정하고 엄하면 눈썹이 맑고 수려하며, 그릇이 적은 사람은 지고에 주름이 있다. 속세로부터 조금 벗어나 있는 사람은 다만 눈썹이 불에 그슬린 새의 날개 같기 때문이다.

미중산근함파재, 갱우삼십이년재, 토성단정종수발, 토성불호거무회.
眉重山根陷破財, 更憂三十二年災, 土星端正終須發, 土星不好去無回.

눈썹이 중첩되고 산근이 함몰되었으면 재산을 파하게 되는데, 더욱이나 32살이 되면 재앙이 있게 된다. 토성이 단정하면 마침내는 발복하지만 토성이 좋지 않으면 가고 돌아오지 않는다.

대량지인미고안, 안미상배불우비, 미조안소불상당, 인년흘료묘년량.
大量之人眉高眼, 眼眉相配不憂悲, 眉粗眼小不相當, 寅年吃了卯年糧.

그릇이 큰 사람은 눈과 눈썹 사이가 멀고, 눈과 눈썹이 균형을 이뤘다면 근심과 슬픔이 없다. 눈썹이 거칠고 눈이 작아 균형이 맞지 않으면 식량이 모자라 寅년에 卯년의 양식을 먹는다.

약시미간용이지, 차인개수각편의, 안하약무흥성조, 중년불록역풍유.

若是眉間容二指, 此人開手覺便宜, 眼下若無凶星照, 中年不祿亦豊腴.

두 눈썹의 간격이 손가락 두 개가 들어갈 정도이면 손재주가 있어 적응을 잘한다. 눈 아래 흉성(나쁜 점)이 없다면 중년에 벼슬을 하지 못해도 풍요하다.

미두액각여룡호, 용호상쟁정지우, 접련창고반위재, 비량골로불안거.
眉頭額角如龍虎, 龍虎相爭定至愚, 接連倉庫反爲災, 鼻梁骨露不安居.

눈썹 머리와 액각은 용호와 같으니 용호상쟁이면 반드시 어리석다. 천창과 이어졌다면 오히려 재앙이 있다. 비량에 뼈가 드러나면 거처가 불안하다.

수연불파경관부, 지무의록야무전, 오삼육삼칠십삼, 수성나계요상참.
雖然不怕經官府, 只無衣祿也無錢, 五三六三七十三, 水星羅計要相參.

비록 관부에 있으면서 두렵지 않아도 의록도 없고 돈도 없다면 53살 63살 73살은 수성과 나계를 참조해야 한다.

미모간단지관변, 상위관비매각전, 극파처아삼량개, 방교화환불상전.
眉毛間斷至顴邊, 常爲官非賣却田, 剋破妻兒三兩個, 方教禍患不相纏.

눈썹이 중간에 끊어졌거나 관골 주변까지 이어졌으면 늘 관청의 시비에 얽혀 전답을 판다. 처자를 두세 번 극하게 되니 화와 우환이 얽히지 않도록 가르쳐라.

호색지인안대화, 막교안긴시인사, 유독무독단간안, 사안지인자타야.
好色之人眼帶花, 莫教眼緊視人斜, 有毒無毒但看眼, 蛇眼之人子打爺.

호색한 사람의 눈은 도화를 띠고 있다. 눈이 긴장되고 곁눈질하는 사람은 가르치지 말라. 독하냐의 여부는 단지 눈을 보고 알 수 있고 뱀눈을 지닌 사람은 아비를 때린다.

무가가고양정안, 각문타인차주장, 갱유화창고일촌, 중년우미유부랑.
無家可靠羊睛眼, 却問他人借住場, 更有禾倉高一寸, 中年尤未有夫娘.

집과 기댈 곳조차 없는 것은 양의 눈을 지녔기 때문으로 남에게 머물 곳을 묻게 된다. 게다가 귀가 높으면(이곽이 돌출된 것을 말함) 중년이 되어도 배우자를 만나지 못한다.

안하요시우주고, 양공음몰역동도, 묘유불가계란양, 지의양자여동거.
眼下凹時又主孤, 陽空陰沒亦同途, 卯酉不加鷄卵樣, 只宜養子與同居.

눈 아래가 움푹 들어가면 주로 고독하다. 좌측 눈 아래가 비거나 우측 눈 아래가 없거나 마찬가지이다. 양쪽 관골(卯:좌측관골. 酉:우측관골)이 계란 같아선 좋지 않다. 이러하면 양자를 들여 동거하는 것이 좋다.

누흔심처배일점, 안하관전기일성, 좌안무남우무녀, 종연초유야상형.
淚痕深處排一點, 眼下顴前起一星, 左眼無男右無女, 縱然稍有也相刑.

누당에 흉터가 있거나 깊거나 점이 있거나 혹은 관골이 눈 쪽으로 솟은 사람으로 좌측이 그러하면 아들이 없고 우측이 그러하면 딸이 없다. 비록 자식이 있다 해도 형상한다.

안주폭출오인연, 자주가시정매전, 갱유백정포일반, 야지불사재상전.
眼珠暴出惡因緣, 自主家時定賣田, 更有白睛包一半, 也知不死在床前.

눈동자가 지나치게 드러난 사람은 인연이 나쁘다. 자신이 집안을 이끌 때가 되면 전원을 모두 팔게 된다. 게다가 흰자위가 눈의 반을 차지하면 침상에서 죽지 못할 것을 알 수 있다.

안아대수심중교, 부독시서야가인, 수작백반인가애, 종연매가야성진.
眼兒帶秀心中巧, 不讀詩書也可人, 手作百般人可愛, 縱然賣假也成眞.

눈이 수려하면 마음속에 교묘함이 있어 시경 서경을 읽지 않아도 쓸 만한 사람이다. 무슨 일을 해도 남들의 사랑을 받고 설령 거짓된 물건을 팔아도 진품으로 믿는다.

인당삼표시자기, 지파하장래범지, 가여수성래구호, 불교인수차한기.
印堂三表是鎡基, 只怕下長來犯之, 假如水星來救護, 不敎人受此寒飢.

인당 삼표(인당·귀·코)는 기본이 되며 다만 하정이 긴 것이 두렵다. 수성이 구호하면 이런 사람은 춥고 배고픔의 고통을 받지 않는다.

준두여탁홍갱생, 혹재서시혹재동, 약득양두무극처, 가요흥처불위흥.

準頭如橐紅更生, 或在西時或在東, 若得兩頭無剋處, 假饒凶處不爲凶.

준두가 대장간의 풀무와 같은데 홍색이 나타났다면 혹은 서쪽으로 때로는 동쪽으로 다닌다. 양쪽 머리에 극하는 곳이 없다면 가령 흉한 곳에 가더라도 흉하지 않다.

갱유이말개량정, 준두수대량두조, 창고공도부유인, 휴설양전다만경.
更有頤末開兩井, 準頭須帶兩頭條, 倉庫空倒不由人, 休說良田多萬頃.

게다가 아래턱이 좋고 두 콧구멍이 잘 열렸다해도 준두 양쪽에 반드시 콧방울이 있어야 한다. 창고가 비고 뒤집힌 사람에게는 좋은 땅 만경을 말하지 말라.

사인묘안함문성, 표치첨두정몰명, 임시문장과북두, 흡여목극불안침.
士人眇眼陷文星, 豹齒尖頭定沒名, 任是文章過北斗, 恰如木屐不安針.

선비가 애꾸눈이면 문성이 함몰된 것이고 치아가 표범과 같고 정수리가 뾰족하면 명예가 없다. 비록 문장이 북두를 지나도 흡사 나막신을 신고 못을 밟는 것과 같다.

상중최기낭군면, 남자낭군명부장, 여자낭군호음욕, 승도고독각무방.
相中最忌朗君面, 男子郎君命不長, 女子郎君好淫慾, 僧道孤獨却無妨.

상에서 가장 꺼리는 것은 낭군면이다. 남자 낭군은 수명이 길지 않고 여자 낭군은 음욕이 많다. 승려나 도사가 되면 고독하지만 해롭지는 않다.

팔세십팔이십팔, 하지산근상지발, 유무활계양두소, 삼십인당막대살.

八歲十八二十八, 下至山根上至髮, 有無活計兩頭消, 三十印堂莫帶殺.

8세, 18, 28세는 아래 산근에서 위의 발제에 해당된다. 재산이 있느냐 없느냐는 양쪽 이마에 달려있고 서른 살에는 인당에 살기를 띠어서는 안 된다.

삼이사이오십이, 산근상하준두지, 화창녹마요상당, 불식지인막난지.

三二四二五十二, 山根上下準頭止, 禾倉祿馬要相當, 不識之人莫亂指.

32세 42세 52세는 위의 산근에서 아래로 준두까지이다. 화창녹마(난대와 정위)는 서로 마땅해야 하는데 알아듣지 못할 사람에게는 지적해 주지 말라.

오삼륙삼칠십삼, 인중배내지각간, 축일추산간화복, 화성백세인당첨.

五三六三七十三, 人中排來地閣間, 逐一推算看禍福, 火星百歲印堂添.

53세 63세 73세는 인중부터 아래로 쭉 지각까지에 해당하며, 이 부위에 해당하는 때로 추산하여 화와 복을 본다. 화성은 평생을 좌우하며 인당과 함께 본다.

상하양절분귀천, 창고평분정유무, 차시신선진묘결, 막장호난교용부.

上下兩截分貴賤, 倉庫平分定有無, 此是神仙眞妙訣, 莫將胡

亂敎庸夫.

상하로 나누어 귀천을 구분하고, 천창과 지고를 평분하여 재산의 유무를 정한다. 이것은 신선의 오묘한 진결이니 앞으로 용렬한 범부에게는 함부로 가르치지 말라.

중년창고간화창, 화창유함무둔저, 수요전원입고창, 화창평만유화여.
中年倉庫看禾倉, 禾倉有陷無屯儲, 須要田園入庫倉, 禾倉平滿有禾餘.

중년의 재물은 난대 정위(禾倉)를 보는데 난대 정위가 함몰되었으면 모아 놓는 것이 없고, 전원이 있고 창고가 차려면 난대 정위가 고르게 풍만해야 곡식에 여유가 있다.

취인성명면상흑, 환인골수안중홍, 견인환희심중파, 견인미추태양공.
取人性命面上黑, 換人骨髓眼中紅, 見人歡喜心中破, 見人眉皺太陽空.

사람에게 부여받은 수명을 알자면 얼굴의 흑색을 본다. 사람의 골수를 쪼는 것은 눈이 붉기 때문이다. 사람을 보고 지나치게 기뻐하는 것은 마음이 부실한 사람이고 눈썹을 찡그리고 보는 사람은 눈이 비었기 때문이다.

유재부주무타사, 지인창고유장쟁, 노정노조부득전, 나득부생지만년.
有財不住無他事, 只因倉庫有長鎗, 露井露竈不得全, 那得浮生至晚年.

재물이 있어도 머물지 못하고 다른 일이 없는 사람은 콧구멍에 털이 길게 있기 때문이고 콧구멍이 드러나 온전하지 않다면 들뜬 인생이 만년까지 이른다.

비량노골시반음, 곡전사아시복음, 반음상견시절멸, 복음상견누림림.
鼻梁露骨是反吟, 曲轉些兒是伏吟, 反吟相見是絶滅, 伏吟相見淚淋淋.

비량에 뼈가 드러난 것은 반음이라 하고, 구부러진 코를 복음이라 한다. 반음비는 후손이 끊기고, 복음비는 눈물 흘리는 일이 많다.

박사염조출속미, 종유처시야몰아, 당견산근고갱단, 오년삼차노변제.
薄紗染皂出粟米, 縱有妻時也沒兒, 倘見山根高更斷, 五年三次路邊啼.

이마 코 준두 관골 등에 붉은 기운이 뜨면서 푸른 점이 쌀알처럼 퍼졌으면 설령 처가 있어도 자식이 없다. 혹 비량이 높은데 산근이 끊겼으면 5년 동안 3번 길에서 울게 된다.

축일분명정화복, 수성막피토성복, 수편세어명금쇄, 추명화복령추타.
逐一分明定禍福, 水星莫被土星覆, 數篇細語名金鎖, 推明禍福令趨躱.

한 가지만으로도 화복을 분명히 정할 수 있다. 수성은 걷혀 올라가지 말아야 하고 토성은 들리지 말아야 한다. 여러 편 자세한 말을 금쇄부에서 자세히 설명했으니 화복을 미루어 밝게 알아 흉을 피하고 길을 취하기 바란다.

호승양안명식각, 진식인간선여악, 부대학당불시현, 막장차법난상전.
胡僧兩眼名識覺, 盡識人間善與惡, 不帶學堂不是賢, 莫將此

法亂相傳.

호승(마의대사)이 두 눈을 식각이라 하였는데 이로써 사람들의 선과 악을 모두 알 수 있다. 학당을 띠지 않았으면 현명한 사람이 아니니 이 법도를 서로 어지럽게 전하지 말라.

시간인생무귀착, 이대무륜구무각, 부재동가매혼돈, 변재서가매탁발.
試看人生無歸着, 耳大無輪口無角, 不在東街賣餛飩, 便在西街賣飥餑.

시험해보라. 살면서 돌아갈 곳이 없는 사람을 보면 귀는 큰데 이곽이 없고 입은 크고 입 끝이 없더라. 이런 사람은 동쪽 길가에서 경단이나 만두를 팔거나 그렇지 않으면 서쪽 길거리에서 수제비나 떡을 팔고 있으리라.

상형기색부(相形氣色賦)

범관척면선별삼정; 골격정일세지영고, 기색주유년지휴구.
凡觀尺面先別三停; 骨格定一世之榮枯, 氣色主流年之休咎.

얼굴을 보려면 우선 삼정을 구별해야 한다; 골격은 평생의 영고를 정하고 기색은 유년의 휴구를 주관한다.

골격유시선생, 형용역혹홀변; 상정법천주귀, 자천중지어인당. 중정법인주수, 자산근지어비준. 하정법지주록, 자인중지어지각.
骨格有時旋生, 形容亦或忽變; 上停法天主貴, 自天中至於印堂. 中停法人主壽, 自山根至於鼻準. 下停法地主祿, 自人中至於地閣.

골격은 때가 되면 자라나고, 모습 또한 홀연히 변한다; 상정은 하늘을 본받았으므로 귀함을 주관하는데 천중에서 인당까지이다. 중정은 사람을 본받았으므로 수명을 주관하며 산근에서 준두까지이다. 하정은 땅을 본받았으므로 녹을 주관하며 인중에서 지각까지이다.

상정천중천정사공중정인당, 범오부방, 연목지상하, 미지좌우, 병주귀, 주부모, 주군상, 주조년.

上停天中天庭司空中正印堂, 凡五部旁, 連目之上下, 眉之左右, 幷主貴, 主父母, 主君上, 主早年.

상정은 천중·천정·사공·중정·인당 다섯 부위 곁으로 눈의 위아래와 눈썹의 좌우로 이어지며 귀함과 부모와 윗사람을 보고 초년의 운을 주관한다.

중정산근연상수상준두, 범사부방, 연목하관면이전, 병주수, 주재, 주처자형제, 주중년.

中停山根年上壽上準頭, 凡四部旁, 連目下顴面耳前, 幷主壽, 主財, 主妻子兄弟 主中年.

중정은 산근·연상·수상·준두 네 부위 곁으로 눈 아래 관골과 얼굴, 귀 앞으로 이어진다. 수명과 재물, 처자 형제를 보고 중년의 운을 주관한다.

하정인중수성승장지각, 범사부, 연구중상하좌우시이, 병주록, 주전택, 주노복축, 주말년.

下停人中水星承漿地閣, 凡四部, 連口中上下左右腮頤, 幷主祿, 主田宅, 主奴僕畜, 主末年.

하정은 인중·수성·승장·지각 네 부위와 입을 중심으로 상하좌우와 시골과 턱이 해당된다. 녹과 전택, 노복과 가축을 보고 말년의 운을 주관한다.

인유노소지각이; 노인불의색눈, 소년불의색고.
人有老少之各異; 老人不宜色嫩, 少年不宜色枯.

사람은 노소가 각각 다르다; 노인은 색이 곱고 예쁘면 좋지 않고, 소년은 색이 마르면 좋지 않다.

명중유체, 수정봉풍, 체중유명, 운개견일; 부위유황기, 이인준오악, 유암기필득의중부족.
明中有滯, 水定逢風, 滯中有明, 雲開見日; 部位有黃氣, 而印準五岳, 有暗氣必得意中不足.

밝은 가운데 체함이 있으면 물이 바람을 만난 것과 같고, 체한 가운데 밝음이 있다면 구름이 걷히고 해를 보는 것과 같다; 부위에는 황색기가 있는데 인당·준두·오악에 어두운 기운이 있으면 반드시 뜻한 바가 족하지 못하다.

청주병체백주우효, 적주구설, 흑주파출사망, 길중유흉야. 부위유회기, 이인준유황기명윤, 필반유희사, 흉중유길야.
青主病滯白主憂孝, 赤主口舌, 黑主罷黜死亡, 吉中有凶也. 部位有晦氣, 而印準有黃氣明潤, 必反有喜事, 凶中有吉也.

청색은 질병이나 막히는 일이 있고, 백색은 상복을 근심해야 하며, 적색은 관재구설, 흑색은 파면되어 쫓겨나거나 죽게 되니 길한 가운데 흉함이 있는 것이다. 부위에 어두운 기가 있으나 인당·준두에 황기가 있고 밝고 윤택하면 반드시 반대로 기쁜 일이 있게 되니 흉한 가운데 길함이 있는 것이다.

유일분정신, 즉유일분지복록, 유일일기색, 즉유일일지길흉, 비관로지신통, 기능오차, 수천강지귀안, 내가전언.

有一分精神, 則有一分之福祿, 有一日氣色, 則有一日之吉凶, 非管輅之神通, 豈能悟此, 須天綱之鬼眼, 乃可傳焉.

잠시 정신이 있으면 잠시 복록이 있고 하루 기색이 있으면 하루의 길흉이 있다. 관로의 신통함이 아니라면 어찌 이것을 깨달을 수 있겠는가. 반드시 천강의 귀신같은 안목이라야 가히 전할 만하구나.

*管輅(관로, 209-256): 삼국시기 위(魏)나라의 술사(術士)로 字가 공명(公明). 8-9세에 별자리를 관찰하기를 좋아했으며 성인이 되어 주역에 정통했다. 복서(卜筮)와 상술(相術)에 능했으며 성격이 관대하여 원한을 덕으로 갚았다. 소부승(少府丞)을 역임했으며 북송 시기에 이르러 평원자(平原子)에 추존되었다.

*天綱(천강): 원천강(袁天纲, ?-635). 수나라 말과 당나라 초기의 현학가(玄学家)이며 천문학자·수학자로서 풍감술(風鑑)에 뛰어나 바람 소리와 풍향에 근거하여 길흉을 판단했는데 영험했다. 상술과 육임에 정통했으며 수나라 시기에는 자관령(资官令)을 역임하고 당나라 초기에는 촉군(蜀郡) 화정현(火井县)의 현령을 역임했다. 당태종이 그 명성을 듣고 조정으로 불러들여 지랑(智囊)을 삼았으나 634년 사임을 청하므로 당태종이 다시 화정현 현령으로 복직케 했으나 돌아와 그 해 별세했다.

논상정길기(論上停吉氣)

천중현원광, 칠순내가관진급; 천중유황, 백원광여전, 발종고광, 겸삼태유황희기, 칠순필봉배, 득자기필면군.

天中見圓光, 七旬內加官進級; 天中有黃, 白圓光如錢, 發從

高廣, 兼三台有黃喜氣, 七旬必封拜, 得紫氣必面君.

천중에 둥글게 빛이 나타나면 70일 이내 관직을 더하고 진급하게 된다; 천중에 황색이 있는데 흰빛이 동전처럼 둥글게 빛나며 고광으로부터 발하고, 삼태에 황색의 기쁜 기색이 나타나면 70일 이내에 벼슬을 배수하게 되고, 자색 기운이 나타나면 반드시 임금을 알현하게 된다.

천중부녀자반반, 고봉익복; 부인천중좌우, 유자점여화, 필수고봉, 자색상현자, 수장.

天中婦女紫斑斑, 誥封益福; 婦人天中左右, 有紫點如花, 必受誥封, 紫色常見者, 壽長.

부녀자의 천중에 자색이 반점처럼 나타나면 작위를 받고 복을 더한다; 부인의 천중 좌우에 자색 점이 꽃처럼 나타나면 반드시 벼슬을 받는다. 자색이 항상 나타난 사람은 수명이 길다.

천창지고풍비, 부제의뢰; 천창재목미, 지고재지각방, 병주전재.

天倉地庫豊肥, 富齊猗賴; 天倉在目尾, 地庫在地閣旁, 幷主田財.

천창 지고가 풍부하고 살쪘으면 부가 오랫동안 이어진다; 천창은 눈꼬리 부분이고 지고는 지각의 옆 부분으로 땅과 재물을 주관한다.

이위관록지궁, 횡련곤손, 의고광이유각; 액위남방이위, 좌위손우위곤, 상기천중하지인당, 방련일월용호각, 척양무고화개복당, 양미상통위관록관역, 주귀.

離爲官祿之宮, 橫連坤巽, 宜高廣而有角; 額爲南方離位, 左爲巽右爲坤, 上起天中下止印堂, 旁連日月龍虎角, 尺陽武庫華蓋福堂, 兩眉上通爲官祿官驛, 主貴.

離宮은 관록궁으로 옆으로 坤과 巽궁까지 이어지는데 높고 넓으며 각이 있어야 좋다; 이마는 남방의 離궁이고 좌측은 巽궁이고 우측은 坤궁이며 위로는 천중에서 인당까지이며, 옆으로 일월각 용호각으로 이어진다. 척양·무고·화개·복당과 양 눈썹 위는 관록 역마로서 귀함을 주관한다.

경운현어관록, 삼태팔좌지존; 황기중유자기, 점점여화여두자, 위경운현어액상, 갱득구주, 황명필주대배공후장상.

慶雲現於官祿, 三台八座之尊; 黃氣中有紫氣, 點點如花如豆者, 爲慶雲見於額上, 更得九州, 黃明必主大拜公侯將相.

경사스런 구름이 관록에 나타나면 삼태팔좌의 존귀함에 이른다; 황기 가운데 자색 기운이 꽃잎이나 콩 같이 점점이 나타나면 경운이 이마에 나타난 것으로 구주를 얻고, 밝은 황색이 나타나면 공후장상의 높은 벼슬을 배수하게 된다.

농후자, 응재삼순, 지즉육순, 혹일년, 약자기여전여월자, 오칠일필응. 약무자기지유홍황자, 단전자이이.

濃厚者, 應在三旬, 遲則六旬, 或一年, 若紫氣如錢如月者, 五七日必應. 若無紫氣只有紅黃者, 但轉資而已.

짙고 두터우면 30일 내에 효과가 나타나고 늦어도 60일 내에 나타나며 혹 1년 후에 나타나기도 한다. 자색 기운이 동전이나 달 같으면 5-7일 내에 반드시 효과가 있다. 자색의 기운은 없고 다만 홍황색만 있으면 다만 재물을 얻게 될 뿐이다.

개자내귀기, 주흠명조칙, 급면군, 유사품이상유지, 이하난득. 천중부주왕후극품, 천정부주이품, 사공부주삼품, 중정부주사품, 인당부주오품.

蓋紫乃貴氣, 主欽命詔勅, 及面君, 惟四品以上有之, 以下難得. 天中部主王侯極品, 天庭部主二品, 司空部主三品, 中正部主四品, 印堂部主五品.

자색은 귀한 기색으로 황제가 내리는 조칙을 받게 되어 임금을 대하게 된다. 오직 4품 이상에게만 나타나고 그 이하로는 나타나기 어렵다. 천중에 나타나면 왕후의 극품이고, 천정 부위는 2품이고 사공부위는 3품, 중정 부위는 4품, 인당 부위는 5품이다.

역마내천이지지, 통호태양, 요풍만이무형; 양태양내변지역마, 산림교외부분, 고위천이궁, 주원출, 병의윤정홍황, 주관록재희출입길.

驛馬乃遷移之地, 通號太陽, 要豊滿而無刑; 兩太陽乃邊地驛馬, 山林郊外部分, 故爲遷移宮, 主遠出, 幷宜潤淨紅黃, 主官祿財喜出入吉.

역마는 천이궁으로 태양이라고 부르는데 풍만해야 형을 당하지 않는다; 양태양은 변지·역마·산림·교외 부분으로 천이궁인데 멀리 출행하는 것을 주관한다. 윤택하고 맑고 홍황해야 좋고 관록과 재물로 인한 기쁨이 있고 출입에 길하다.

불희혼진적흑; 적주구설쟁송, 백주상복절상, 청주우경강출, 흑주뇌옥사망.

不喜昏塵赤黑; 赤主口舌爭訟, 白主喪服折傷, 靑主憂驚降黜, 黑主牢獄死亡.

어둡고 탁하고 적색과 흑색은 좋지 않다; 적색은 구설 쟁송이 있고 백색은 상복을 입거나 부러지고 다치게 되고, 청색은 근심과 놀람, 좌천이나 파면, 흑색은 감옥에 가거나 사망하는 일이 있다.

황기발종고광, 일계내필전관자, 상운옹조명궁, 순일중당응천총; 범황기일이점여전여월, 혹촌허, 혹여사로, 자천정고광하접인당미상, 방통양태양, 급준두현벽상응자, 관필천전, 사필등과, 상인득재진산.

黃氣發從高廣, 一季內必轉官資, 祥雲擁照命宮, 旬日中當膺天寵; 凡黃氣一二點如錢如月, 或寸許, 或如絲路, 自天庭高廣下接印堂眉上, 旁通兩太陽, 及準頭懸壁相應者, 官必遷轉, 士必登科, 常人得財進産.

황색의 기운이 고광으로부터 발하면 그 계절 안에 벼슬을 하거나 재물을 얻고, 상서로운 구름이 명궁을 비추면 10일 이내 천총을 받는다; 황색의 기운이 동전이나 달 같이 한두 점 있거나 1촌 정도나 실 같이 천정 고광으로부터 인당과 눈썹까지 이어지고 옆으로 두 눈 주위까지 그리고 준두 현벽까지 상응하면 관리라면 반드시 영전하게 되고 선비라면 등과하고 일반인은 재물을 얻고 산업이 진전된다.

후자응일월, 초박자륙순, 약기여계화여각린, 기중유자홍은은, 여사여두자, 차위상운, 겸인당유차기자, 관필초승. 대즉봉후배상, 소즉흠취과도, 치사관기용. 사자고중, 백의득관,

厚者應一月, 稍薄者六旬, 若氣如桂花如角鱗, 其中有紫紅隱隱, 如絲如豆者, 此爲祥雲, 兼印堂有此氣者, 官必超陞. 大則封侯拜相, 小則欽取科道, 致仕官起用. 士子高中, 白衣得官,

넓고 두툼하면 1개월, 엷으면 60일 이내에 응험하게 된다. 계수나무 꽃잎이나 혹은 뿔이나 고기비늘 같으며 자홍색이 은은하게 실이나 콩 같은 것을 상서로운 구름이라 하는데 게다가 인당에 이 기운이 나타나면 높이 승진한다. 크게는 제후나 재상의 벼슬을 받게 되고 작으면 과거를 통해 벼슬의 길로 나간다. 선비는 과거에 좋은 성적으로 합격하고 백의는 관직을 얻는다.

승도명복, 전사득승, 상인획진보대재, 농후자응일칠, 초박이삼칠야. 인당유자, 수소우불위해, 약인무차기, 단순자천전이이.

僧道命服, 戰士得勝, 常人獲珍寶大財, 濃厚者應一七, 稍薄二三七也. 印堂有紫, 雖小憂不爲害, 若印無此氣, 但循資遷轉而已.

승려나 도사는 관복을 입고, 싸움에 나간 장수는 승리하고 일반인은 큰 재물을 얻는다. 짙고 두툼하면 하루나 칠일 내에 바로 나타나고 엷으면 2-7일 내에 응한다. 인당에 자색의 기운이 있으면 근심이 좀 있어도 해가 되지 않는다. 인당에 이런 기운이 없다면 재물을 융통하거나 관직만 옮길 뿐이다.

자기임어인당, 오마제후지귀; 황기중유자기여앙월, 상응천부미상변역, 하응준두자, 육순유칙명지희. 혹현천거, 급생귀자, 진전산득대재, 죄인우사. 약지현홍황광윤자, 단전자, 상인득재희, 신혼생자이이.

紫氣臨於印堂, 五馬諸侯之貴; 黃氣中有紫氣如仰月, 上應天部眉上邊驛, 下應準頭者, 六旬有勅命之喜. 或見薦擧, 及生貴子, 進田産得大財, 罪人遇赦. 若止見紅黃光潤者, 但轉資, 常人得財喜, 新婚生子而已.

자색의 기운이 인당에 나타나면 다섯 마리의 말이 끄는 마차를 타는 제후가 되는 귀함이 있다; 황색 기운 중에 초승달 같은 자색 기운이 위로는 천부 눈썹 위의 변지와 역마, 아래로는 준두까지 나타나면 60일 이내에 황제의 칙명을 받는 기쁨이 있다. 혹은 천거를 받거나 귀한 자식을 낳거나 땅이나 많은 재물을 얻게 되고, 죄인은 사면이 된다. 밝고 빛나는 홍황색이 나타나는 것으로 그치면 재물을 얻게 된다. 일반인은 재물을 얻고 신혼이라면 자식을 얻게 된다.

만면자화, 녹수일지; 자기점점여두여월, 사로여옥문, 상연천중하관준두, 병정면변역제부자, 주봉배재록, 사인등과, 의동남서방, 불의북방.

滿面紫花, 祿隨日至; 紫氣點點如豆如月, 絲路如玉紋, 上連天中下貫準頭, 幷正面邊驛諸部者, 主封拜財祿, 士人登科, 宜東南西方, 不宜北方.

만면에 자색 꽃이 피면 봉록이 그날로 이르게 된다; 자색의 기운이 콩이나 달처럼 점점이 혹은 옥문양이 실처럼 위로는 천중까지 아래로는 준두까지 이어지고 얼굴 정면과 변지 역마 부위에 나타나면 벼슬을 얻고 재물을 얻는다. 선비는 등과하게 되는데 동남서방이 좋고 북쪽은 길하지 않다.

자기결운, 천중천자장군록, 천정원전향귀영, 산근홀현응가직, 중정여봉정면군, 현벽복덕, 개유요. 간문어미정처신, 법령여전천미직, 홀래지각산빈증.

紫氣訣云, 天中川字將軍祿, 天庭圓錢享貴榮, 山根忽見應加職, 中正如逢定面君, 懸壁福德, 皆有要. 奸門魚尾定妻娠, 法令如錢遷美職, 忽來地閣産頻增.

〈자기결〉에 이르기를 '천중에 川자로 뜨면 장군의 록이고, 천정에 동전같이 둥글게 나타나면 귀한 영화를 누리고, 산근에 홀연히 나타나면 진급을 하고, 중정에 나타나면 임금을 알현하게 되는데 현벽 복덕이 모두 같이 응해줘야 한다. 간문 어미에 나타나면 처가 임신하고, 법령에 동전같이 나타나면 좋은 자리로 영전하게 되고, 홀연히 지각에 나타나면 산업이 날로 증가한다.' 라고 하였다.

액각유정색, 삼년중남폐승계; 일월용호각, 상유황색불산, 삼년내출장입상, 갱득자기급제부상응, 필면군.

額角留正色, 三年中納陛陛階; 日月龍虎角, 常有黃色不散,

三年內出將入相, 更得紫氣及諸部相應, 必面君.

액각에 정색이 머물면 3년 내 궁궐에 들어가 계단을 오르게 된다; 일월 용호각이 늘 황색 기운이 흩어지지 않으면 3년 내 출장입상하고 게다가 자색 기운을 얻고 각 부위와 상응하면 반드시 임금을 알현하게 된다.

황기사로현어상정, 관직침침이진; 액상유홍황사로자, 삼십일내가관, 범인백사대길.

黃氣絲路顯於上停, 官職駸駸而進; 額上有紅黃絲路者, 三十日內加官, 凡人百事大吉.

황기가 상정에 실과 같이 나타나면 관직이 빨리 진급하게 된다; 이마에 홍황색이 실 같이 길게 나타나면 30일 내 관직을 더하고 일반인도 모든 일이 길하다.

홍황현어제부, 재원혼혼이래, 주서서기광농, 길상가상; 양미두위주서, 일부황광, 여준두상응, 백사길창, 적색불의.

紅黃見於諸部, 財源混混而來, 奏書瑞氣光濃, 吉祥可想; 兩眉頭爲奏書, 一部黃光, 與準頭相應, 百事吉昌, 赤色不宜.

홍황색이 여러 부위에 나타나면 재물이 계속 들어오며, 주서에 상서로운 기색이 밝고 짙으면 길상한 일을 기대할 수 있다; 양 눈썹의 머리 부분이 주서이다. 이 부위에 밝은 황색이 뜨고 준두와 상응하면 모든 일이 길창한데 적색은 좋지 않다.

나계황광발요, 재희빈진; 미위나계, 미상황영, 좌주첨인진재, 우주취처진산, 재일월내. 적비송, 백방부모, 청우병, 흑뇌옥사망, 형극형제.

羅計黃光發耀, 財喜頻臻; 眉爲羅計, 眉上黃瑩, 左主添人進財, 右主娶妻進産, 在一月內. 赤非訟, 白妨父母, 青憂病,黑牢獄死亡, 刑剋兄弟.

나계에 황색이 밝게 나타나면 재물로 인한 기쁨이 자주 이른다; 눈썹을 나계라 하는데, 눈썹에 밝은 황색이 좌측에 나타나면 사람이 늘고 재물이 들어오고 우측에 나타나면 처를 얻고 재물이 들어오는 것이 한 달 이내이다. 적색이 나타나면 송사를 하지 말 것이며, 백색이 나타나면 부모가 해롭고, 청색은 질병으로 인한 근심이 있고, 흑색은 감옥에 가거나 사망하게 되고 형제를 극한다.

만면황색, 희자천래; 만면황영, 필천관등과진재. 약황점여계화속두상운중, 유옥문자, 필초승고제, 상인획진보대재, 백의승도, 개득관비상지희야.

滿面黃色, 喜自天來; 滿面黃瑩, 必遷官登科進財. 若黃點如桂花粟豆祥雲中, 有玉紋者, 必超陞高第, 常人獲珍寶大財, 白衣僧道, 皆得官非常之喜也.

만면에 황색이 뜨면 기쁜 일이 하늘로부터 온다; 만면에 황색이 빛나면 반드시 진급하거나 등과하거나 재물이 들어온다. 만일 황색 점이 계수나무 꽃이나 곡식이나 콩, 상서로운 구름 같이 나타난 가운데 옥의 문양이라면 반드시 높이 진급하거나 급제하고 일반인이라도 큰 재물이 들어오고 흰옷을 입은 승려나 도사 모두 관직을 얻게 되니 아주 기쁜 것이다.

삼태수기응삼장, 불희광여유말; 삼태즉삼정, 사자입삼장, 상주두장, 중주이장, 하주삼장, 단유황기성화, 여제부황영자, 필중선. 약선현황백광, 여유말자, 필하제. 유분홍광택백염, 발어과명과갑, 인준양관자, 필첩박척야.

三台秀氣應三場, 不喜光如油抹; 三台卽三停, 士子入三場, 上主頭場, 中主二場, 下主三場, 但有黃氣成花, 如諸部黃瑩者, 必中選. 若先見黃白光, 如油抹者, 必下第. 有粉紅光澤

白燄, 發於科名科甲, 印準兩顴者, 必帖駁斥也.

삼태의 수려한 기운은 삼장에 응하는데 빛이 기름을 바른 듯하면 기쁘지 않다; 삼태는 삼정이다. 선비는 삼장(과거장)에 들어가는데 상정은 초시(初試), 중정은 복시(覆試), 하정은 전시(殿試)를 주관하는데, 황색 기운이 꽃 핀 듯하고 여러 부위에 밝은 황색이 나타나면 반드시 중간 성적으로 선발된다. 밝은 황백색이 먼저 나타나고 기름을 바른 듯 하면 반드시 낮은 성적으로 급제한다. 분처럼 홍색의 광택이 하얗게 불타는 듯하면 과거에 급제하고, 인당·준두·양쪽 관골에 나타나면 반드시 과거에 낙방하게 된다.

일부황명점일등, 유방화점연지; 사자고시삼태황영, 인대홍사홍점, 천중유원광, 필상등수선. 약미하황여결견횡말, 급준두황명, 인유홍사기자, 중등야.

一部黃明占一等, 惟妨火點胭脂; 士子考試三台黃瑩, 印帶紅絲紅點, 天中有圓光, 必上等首選. 若眉下黃如結繭橫抹, 及準頭黃明, 印有紅絲氣者, 中等也.

한 부분에 황색이 밝으면 일등을 점하지만 불과 같이 연지를 바른 듯 하면 해롭다; 선비가 고시에 응하는데 삼태에 밝은 황색이 나타나고 인당에 홍색이 실이나 점처럼 나타나고 천중이 둥글게 빛나면 상등 수석으로 뽑힌다. 눈썹 아래 황색 기운이 누에고치가 맺힌듯 나타나고 준두가 밝은 황색이며 인당에 붉은 실 같은 기색이 나타나면 중간 성적으로 합격한다.

단미상황색, 인유홍기, 이목하준두유화기자, 우차지. 면무황기, 이미두액상, 유홍접관준분홍, 유암점, 장벽개암, 겸구진등사현무발동청기자, 필하등퇴출야. 관원현차파척, 서인현차관송파재.

但眉上黃色, 印有紅氣, 而目下準頭有火氣者, 又次之. 面無黃氣, 而眉頭額上, 有紅點顴準粉紅, 有黯點, 墻壁皆暗, 兼勾陳騰蛇玄武發動靑氣者, 必下等退黜也. 官員見此罷斥, 庶人見此官訟破財.

그러나 눈썹에는 황색이, 인당에는 홍색의 기운이 나타나고 눈 아래와 준두에 붉은 화기가 뜨면 또 그다음이다. 얼굴에 황색 기운은 없고 눈썹 머리와 이마에 붉은 점이 있고 관골과 준두가 붉은 분을 바른 듯하고 어두운 점처럼 있고 현벽이 전부 어두운데 구진 등사 현무에 청색 기운이 나타나면 반드시 하등으로 퇴출된다. 관직에 있는 사람에게 이런 기운이 나타나면 쫓겨나고 평범한 사람은 송사하는 일이 생기고 재물을 잃게 된다.

계화황제부, 문점고괴; 제부황색점편, 인유홍자사점, 응속, 용호각, 자기역묘.

桂花黃諸部, 文占高魁; 諸部黃色點片, 印有紅紫絲點, 應速, 龍虎角, 紫氣亦妙.

황색 기운이 계수나무 꽃처럼 여러 부위에 있으면 문사로서 높은 자리에 오르게 된다; 여러 부위에 황색이 점이나 조각 같고 인당에 홍색과 자색이 실이나 점점이 있으면 속하게 응하게 되고 용호각에 자색 기운이 있어도 또한 좋다.

남색영삼태, 등거상렬; 사자고시, 단미인관준천중지각, 개유황기, 수불만면, 이인유희홍자, 역거상선.

蠟色映三台, 等居上列; 十子考試, 但眉印顴準天中地閣, 皆有黃氣, 雖不滿面, 而印有喜紅者, 亦居上選.

밀랍색(밝은 황백색)이 삼태에 비치면 윗자리에 거하게 된다; 고시에 응하는 선비가 눈썹 인당 관골 준두 천중 지각 모두 황기를 띠면 비록 얼굴 전체에 황색이 뜨지 않아도 인당에 좋은 홍색이 있다면 또한 좋

은 성적으로 합격한다.

과갑자황, 책명천부, 과명옥윤, 독보문장; 미상위과갑, 미하위과명, 입장이처, 황자련인당횡발, 필주대리.

科甲紫黃, 策名天府, 科名玉潤, 獨步文場; 眉上爲科甲, 眉下爲科名, 入場二處, 黃紫連印堂橫發, 必主大利.

과갑이 자색과 황색이면 천부(관리의 이름을 기록한 책)에 이름이 오르고, 과명이 옥과 같이 윤택하면 과거장의 독보가 된다; 눈썹 위는 과갑이고 눈썹 아래는 과명이다. 시험장에 들어간 사람이 이 두 곳에 황색과 자색이 인당까지 옆으로 나타나면 반드시 크게 이롭다.

황기소, 이체기중, 공명래우불래; 면상수유황기, 이인준변역지기암, 위명중유체야. 범인행사진퇴, 기한절신자, 위형체. 사취사수사곡사수자, 위신체. 어언무력, 거지사병자, 위기체, 사명불명, 사암불암자, 위색체. 형체십년, 신체팔년, 기체오년, 색체삼년, 체기개, 즉운기통의. 여불개, 즉일생언건, 겸형상간.

黃氣少, 而滯氣重, 功名來又不來; 面上雖有黃氣, 而印準邊驛之氣暗, 爲明中有滯也. 凡人行事進退, 飢寒切身者, 爲形滯. 似醉似睡似哭似愁者, 爲神滯. 語言無力, 擧止似病者, 爲氣滯, 似明不明, 似暗不暗者, 爲色滯. 形滯十年, 神滯八年, 氣滯五年, 色滯三年, 滯氣開, 則運氣通矣. 如不開, 卽一生偃蹇, 兼形相看.

황색은 적고 체기가 중하면 공명이 오다가도 오지 않는다; 얼굴에 비록 황색 기운이 있어도 인당 준두 변지 역마의 기색이 어두우면 이는 밝은 가운데 체함이 있는 것이다. 일의 진퇴·배고픔과 추위·죽음과 관련된 것은 형이 체한 것이다. 취한 것 같거나 조는 것 같거나 우는 듯하거나 근심 어린 듯하면 신이 체한 것이다. 말하는 데 힘이 없고 행동이 병자 같다면 기가 체한 것이다. 밝은 것 같은데 밝지 않고, 어두운 것 같은데 어둡지도 않은 것은 색이 체한 것이다. 형이 체하면 10년, 신이 체하면 8년, 기가 체하면 5년, 색이 체하면 3년 동안 운이 막힌다. 체한 기운이 열려야 운이 통하는 것이다. 따라서 열리지 않으면 평생 고생하게 되는데 형상을 함께 봐야 한다.

논중정길기(論中停吉氣)

중정부위, 소할심다, 인당위명궁, 최의평활. 연근계질액, 역요풍륭. 토성내재록지궁, 직대위미. 나계례제형지위, 장수사량.

中停部位, 所轄甚多, 印堂爲命宮, 最宜平闊. 年根係疾厄, 亦要豊隆. 土星乃財祿之宮, 直大爲美. 羅計列弟兄之位, 長秀斯良.

중정 부위는 관장하는 바가 매우 많으니, 인당은 명궁으로 평평하고 넓어야 가장 좋다. 연상부터 산근까지 질액궁에 해당되니 또한 풍륭해야 한다. 토성은 재록궁으로 곧고 커야 잘생긴 것이다. 나후와 계도는 형제를 보는 위치로 길고 수려해야 좋다.

인수명문고영, 복비도주; 명문즉이문전, 인수재기하, 주복수.

印綬命門高瑩, 福比陶朱; 命門卽耳門前, 印綬在其下, 主福壽.

인수와 명문이 높고 밝으면 복이 도주와 비길 만하다; 명문은 귓구멍의 앞이고 인수는 그 아래로 복과 수명을 주관한다.

이고조해, 복수가지. 관광침운, 위권필중.

耳高朝海, 福壽可知. 顴廣侵雲, 威權必重.

귀가 높고 귓불이 입을 향하면 복과 장수를 누리게 됨을 알 수 있고, 관골이 넓어 눈썹을 침범하면 위세와 권력이 반드시 중하다.

주서황기사침역마, 필고천; 양미두위주서, 황기횡지변역자, 구십일필천관, 득원재.

奏書黃氣斜侵驛馬, 必高遷; 兩眉頭爲奏書, 黃氣橫至邊驛者, 九十日必遷官, 得遠財.

주서의 황색 기운이 비끼어 역마를 침범하면 반드시 높은 자리로 영전하게 된다; 양 눈썹 머리가 주서이다. 황색 기운이 옆으로 변지 역마에 이르면 90일 이내에 관직을 옮기고 원대한 재물운을 얻게 된다.

양미황광래일각, 백일내필전관함; 사자필등과, 겸액인준미간.

兩眉黃光來日角, 百日內必轉官銜; 士子必登科, 兼額印準眉看.

양 눈썹에 황색이 나타나 일각까지 이어지면 백일 내에 관직을 받는다; 선비는 반드시 등과하는데 이마·인당·준두·눈썹을 함께 봐야 한다.

월패광륭, 평생소질, 연궁윤택, 일세평안; 인당황점여주, 정상첩견, 자기상광사두, 귀녹제래.

月孛光隆, 平生少疾, 年宮潤澤, 一歲平安; 印堂黃點如珠, 禎祥疊見, 紫氣祥光似豆, 貴祿齊來.

월패가 풍륭하면 평생 질병이 적고 연상이 윤택하면 한 해가 평안하다; 인당에 구슬처럼 누런 점이 있으면 상서로운 일이 줄지어 나타나고 자기에 상서로운 빛이 콩과 같으면 귀와 녹이 함께 찾아온다.

자기즉산근, 사시황명발재칭의, 병인불사, 관송득사, 백사대리. 약황기여주여전자, 관천직, 사리고, 서인득대재, 응칠십일. 약황중은은, 견자사자점자, 관초승, 사고제, 생귀자, 득대재, 광의남방혹유소우불능위해.

紫氣卽山根, 四時黃明發財稱意, 病人不死, 官訟得赦, 百事大利. 若黃氣如珠如錢者, 官遷職, 士利考, 庶人得大財, 應七十日. 若黃中隱隱, 見紫絲紫點者, 官超陞, 士高第, 生貴子, 得大財, 光宜南方或有小憂不能爲害.

자기는 산근이다. 사계절 항상 밝은 황색이면 재물이 발하고 하는 일이 뜻대로 이루어지고 병을 앓는 사람은 죽지 않고 죄인은 사면을 받는 등 모든 일이 크게 이롭다. 황색이 구슬이나 동전 같으면 관직을 영전하고 시험에 응하는 사람은 좋은 성적을 얻고, 평범한 사람은 큰 재물을 얻는데 70일 이내에 효과가 난다. 황색 가운데 은은하게 실이나 점같은 자색이 나타나면 관리라면 높이 승진하고, 선비는 아주 좋은 성적으로 급제하고, 귀한 자식을 얻고 큰 재물을 얻게 된다. 그 빛이 발하면 남방으로 움직이는 것이 좋고 작은 근심은 있어도 해롭지는 않다.

관중홀현앙월자, 장복응반, 비주횡타유엽황, 전재횡발; 황색향산근연수, 횡과안지상하지발제, 혹자준두과양관지명문, 상여유엽횡타, 병주대재.

關中忽見仰月紫, 章服應頒, 鼻柱橫拖柳葉黃, 錢財橫發; 黃色向山根年壽, 橫過眼之上下全髮際, 或自準頭過兩顴至命門, 狀如柳葉橫拖, 幷主大財.

관중(미간)에 홀연히 초승달 같은 자색이 나타나면 관복을 하사받게 된다. 비량에 버드나무 잎 같은 황색 빛이 나타나면 돈과 재물이 발하

는 것을 만난다; 황색이 산근 연상 수상부터 옆으로 눈 아래위를 지나 발제에 이르거나, 혹은 준두에서 옆으로 양 관골을 거쳐 명문까지 이르고 버들잎처럼 옆으로 나타나면 크게 재운이 발한다.

악중금광, 상관사공, 수부소; 준두황기여증, 상지사공자, 필부소명.
岳中金光, 上貫司空, 須赴召; 準頭黃氣如蒸, 上至司空者, 必赴召命.

산악 가운데 금빛이 위로 사공까지 이어지면 반드시 소명을 받게 된다; 준두의 황색 기운이 김처럼 올라가 사공까지 이르면 반드시 벼슬을 받게 된다.

취선전조, 세찰이태황점; 범인당황명관주서, 입변역급준두명영자, 의취선득미직. 약상중이태, 미상미하변역인준양관, 유황색여쇄미, 중유자점자, 필제요위. 약인상홍황, 산근청점, 준관적색자, 필지방불미. 약명문현벽암흑자, 관필불미, 차방도로험.
就選銓曹, 細察二台黃點; 凡印堂黃明貫奏書, 入邊驛及準頭明瑩者, 宜就選得美職. 若上中二台, 眉上眉下邊驛印準兩顴, 有黃色如碎米, 中有紫點者, 必除要位. 若印上紅黃, 山根靑點, 準顴赤色者, 必地方不美. 若命門懸壁暗黑者, 官必不美, 且防塗路險.

관리를 선발하는 관직에 나가게 되는 것은 자세히 보면 이태에 황색의 점이 나타났기 때문이다; 인당에 밝은 황색 기운이 주서에서 역마와 준두까지 이어졌으면 좋은 자리로 나가게 된다. 상정 중정 이태에 즉 눈썹 위와 아래 변지 역마 인당 준두 양 관골에 부서진 쌀 같은 황색이 뜬 가운데 자색이 점점이 있으면 반드시 요직에 가게 된다. 인당이 홍황색이고 산근에 푸른 점이 있고 준두와 관골에 적색이 뜨면 그 해당 부위가 좋지 않은 것이다. 명문과 현벽이 어두우면 관직이 반드시 좋지 않고 도로에서의 위험을 방비해야 한다.

욕제정수, 단간협비인광; 범준두법령정위, 유황기협비, 상철인당자, 관필정수, 불연개가수, 급한산잡직이.

欲除正授, 但看夾鼻印光; 凡準頭法令廷尉, 有黃氣夾鼻, 上徹印堂者, 官必正授, 不然皆假授, 及閒散雜職耳.

정식으로 관리가 되려면 코와 인당의 광채를 봐야 한다; 준두 법령 정위의 황색 기운이 코를 끼고 위로 인당까지 이어지면 반드시 정직으로 관직에 나가게 되는데 그렇지 않으면 가직(假職: 임시관직)으로 나가게 되고 기운이 서서히 흩어지면 잡직(잡무에만 종사하는 말단관직)으로 나가게 된다.

삼양희색황농, 진재진직, 박사상광자발, 생자생손; 미하위태양중양소양, 외양위지박사, 상요명정. 약상황색, 필유재희신혼. 홀황농대홍자기, 필생자진직. 절기암흑, 병인준양관구암자, 필실직파재, 가택불안.

三陽喜色黃濃, 進財進職, 博士祥光紫發, 生子生孫; 眉下爲太陽中陽少陽, 外陽謂之博士, 常要明淨. 若常黃色, 必有財喜新婚. 忽黃濃帶紅紫氣, 必生子進職. 切忌暗黑, 幷印準兩顴俱暗者, 必失職破財, 家宅不安.

삼양의 좋은 색은 짙은 황색으로 재물이 들어오고 관직에 나가게 된다. 박사에 상서로운 자색이 나타나면 자식을 얻는다; 눈썹 아래 태양 중양 소양의 바깥 부분을 박사라고 하며 늘 깨끗하고 밝아야 한다. 항상 황색이 나타나면 재물이 들어오고 결혼하게 된다. 갑자기 짙은 황색이 홍자색을 띠면 반드시 자식을 얻고 직장을 얻게 된다. 암흑색을 절대적으로 좋지 않은데 이러한데다 인당 준두 관골이 어두우면 실직하고 재물이 나가고 집안이 편치 않다.

황기산요련일각, 대진재명, 자금근상관천중, 고승작록; 산근연수상유광윤, 주무재질. 황색안락, 병인즉유. 약혼암, 다불수, 적혈광. 백상복, 청우사, 흑재액. 약황색상관양미하자, 백일내재희천관, 상투액각중, 유자기자, 필초승백의득관.

黃氣山腰連日角, 大振才名, 紫金根上貫天中, 高陞爵祿; 山根年壽常有光潤, 主無災疾. 黃色安樂, 病人卽愈. 若昏暗, 多不遂, 赤血光. 白喪服, 靑憂思, 黑災厄. 若黃色上貫兩眉下者, 百日內財喜遷官, 上透額角中, 有紫氣者, 必超陞白衣得官.

황색이 산허리에서 일각까지 이어지면 재명(才名)을 크게 떨치고 자색과 금빛이 산근에서 위로 천중까지 이어지면 높이 승진하여 작록을 받게 된다; 산근과 연상 수상이 늘 밝고 윤택하면 재액과 질병이 없다. 황색이 나타나면 안락하고 병자는 곧 치유된다. 만일 어둡고 침침하면 이뤄지지 않는 일이 많고 붉으면 피를 보는 일이 있다. 백색이면 상복을 입고 청색은 근심이 있고 검은 색은 재액이 있다. 황색이 위로 양쪽 눈썹 아래까지 이어졌다면 100일 내에 재물이 들어오고 영전하게 된다. 위로 액각까지 자색 기운이 있으면 반드시 높이 승진하게 되고, 백의를 입은 선비도 관직을 얻는다.

화창생황, 수재급제; 화창재관하, 우주희신지급이동, 약대자점, 우속.

禾倉生黃, 秀才及第; 禾倉在顴下, 又主喜信至及移動, 若帶紫點, 尤速.

화창에 황색이 나타나면 뛰어난 성적으로 급제한다; 화창은 관골 아래인데 기쁜 소식과 이동을 주관한다. 자색의 점이 나타나면 더욱 속하다.

금신황자, 백복이상, 금궤광명, 제길정지, 재어미하; 안각지하, 천창신광천문현무지부통위지금신.

金神黃紫, 百福履祥, 金匱光明, 諸吉鼎至, 在魚尾下；眼角之下, 天倉神光天門玄武之部 通謂之金神.

금신에 황자색이 나타나면 백 가지 복이 길상하고 금궤가 밝으면 여러 가지 길한 일은 어미 아래까지 이른다；눈꼬리 끝 아래·천창·신광·천문·현무를 통칭 금신이라고 한다.

준상금광투인당, 득록, 득처, 득귀자; 준두지근인당, 유황색상투천정자, 삼칠사칠일, 유재희진산, 취처생자등사. 갱득삼양제부, 상응대귀대재, 지일부유지, 역득재희.

準上金光透印堂, 得祿, 得妻, 得貴子；準頭至根印堂, 有黃色上透天庭者, 三七四七日, 有財喜進産, 娶妻生子等事. 更得三陽諸部, 相應大貴大財, 只一部有之, 亦得財喜.

준두에 금빛이 나타나 인당까지 이어지면 녹을 얻고 처와 귀한 자식을 얻는다；준두에서 산근 인당에 이르고 황색이 위로 천정까지 이어지면 21-28일 내에 재물로 인한 기쁨이나 재산이 늘어나고 처를 얻거나 귀한 자식을 얻는 등의 일이 있다. 또한 삼양의 부위에 그런 황색이 나타나면 크게 귀하고 큰 재물을 얻게 된다. 한 부분에만 나타나도 재물을 얻는 기쁨이 있다.

비첨자기여언월, 진재진마진전장, 오십일응, 난대현자, 귀객임문.

鼻尖紫氣如偃月, 進財進馬進田莊, 五十日應, 蘭臺見紫, 貴客臨門.

코끝에 반달 모양의 자색이 나타나면 재물과 말과 전장이 들어오는데 50일 내에 응하고, 난대에 자색이 나타나면 귀한 손님이 찾아온다.

명당일점광생, 운개현일, 갑궤양방황윤, 재왕칭심；범사방유체미개, 단득준두일점개발,

즉점점형통야. 비내명당, 위일면지주, 기상하좌우, 가후오장육부지병, 고위최요.

明堂一點光生, 雲開見日, 甲匱兩旁黃潤, 財旺稱心; 凡四方有滯未開, 但得準頭一點開發, 卽漸漸亨通也. 鼻乃明堂, 爲一面之主, 其上下左右, 可候五臟六腑之病, 故爲最要.

명당에 한 점의 빛이 발하면 구름이 걷히고 해가 나타난다. 갑궤 양옆이 윤택한 황색이 뜨면 재물이 왕성하고 마음먹을 대로 이루어진다; 얼굴 전체에 체한 듯하고 아직 열리지 않았어도 준두에 조금 열리는 듯 밝은 기색이 나타나면 점점 형통하게 된다. 코는 명당으로 얼굴의 주인이며, 그 상하좌우를 보고 오장육부의 병을 알 수 있다. 그러므로 가장 중요하다.

영추경운, 명당자비야, 관자미간야, 정자안야, 번자협측야, 폐자이문야. 기간욕방, 거지십보, 개견자필수야, 명당골, 의고기평직. 오장차어중앙, 육부협기양측. 정자수야, 관상자인후야, 관중자(즉인당)폐야, 주관심야, 직하간야, 간좌담야, 재하비야, 준상위야, 중앙대장야, 협대장신야.

靈樞經云, 明堂者鼻也, 關者眉間也, 庭者顔也, 藩者頰側也, 蔽者耳門也. 其間欲方, 去之十步, 皆見者必壽也, 明堂骨, 宜高起平直. 五臟次於中央, 六腑挾其兩側. 庭者首也, 關上者咽喉也, 關中者(卽印堂)肺也, 主官心也, 直下肝也, 肝左膽也, 再下脾也, 準上胃也, 中央大腸也, 挾大腸腎也.

《황제내경·영추편》에 이르기를 '명당은 코이며, 關은 미간이다. 庭은 얼굴이고, 藩은 뺨 옆이며, 蔽는 귓구멍이다. 그 사이(옆얼굴)는 넓어야 하는데 10발짝 떨어져서 모두 잘 보이면 반드시 장수할 사람이다. 명당의 뼈(비량)는 높게 일어나 평평하고 곧아야 한다. 오장은 중앙의 다음이며 육부는 그 양측을 끼고 있다. 庭은 머리이며, 關의 위는 인후이고, 關의 중간, 즉 인당은 폐이고 심장을 주관한다. 바로 아래는 간이고 간의 왼쪽은 담이고 그 아래는 비장이다. 준두의 윗부분은 위이고, 중앙은 대장, 대장의 옆은 신장이다.

면주이상소장야, 면주이하방광자장야. 오색각출기부, 부골함자, 필불면어병. 단외사승습자, 병수심불사. 황적위풍, 청흑위통, 백위허한, 찰기부침, 이지천심. 안천이관성패, 산단이지원근, 상하이지병처, 종외부주내부자, 병종외입, 종내부주외부자, 병종내출.

面主以上小腸也, 面主以下膀胱子臟也. 五色各出其部, 部骨陷者, 必不免於病. 但外邪乘襲者, 病雖甚不死. 黃赤爲風, 靑黑爲痛, 白爲虛寒, 察其浮沈, 以知淺深. 眼天以觀成敗, 散搏以知遠近, 上下以知病處, 從外部走內部者, 病從外入, 從內部走外部者, 病從內出.

얼굴의 주인인 코의 위는 소장이고 얼굴의 주인 아래 부분은 방광 자장(자궁)이다. 오색이 각각 그 부위에 따라 나타나고 해당 부분의 뼈가 함몰되면 반드시 병을 면할 수 없다. 그러나 밖으로부터 침범된 질병이라면 비록 병세가 깊어도 죽지 않는다. 황적색은 풍병이고 청흑색은 통병이고, 백색은 허한증인데 그 기색이 들떴는지 깊은지 살펴 질병의 깊고 얕음을 안다. 눈과 이마로써 성패를 보고, 기색이 흩어지느냐 뭉치느냐를 보고 시기의 원근을 안다. 상하로써 병의 부위를 아는데, 기색이 밖으로부터 안으로 들어오면 병은 밖에서 들어온 것이고, 기색이 안으로부터 밖으로 나오면 병은 내부에서 생긴 것이다.

기색침천상행자, 병익심. 기색하행여운산자, 병방이. 기색상예상, 향하예하, 향좌우역언, 남녀이위. 갑궤재비량양방, 황윤순일유즉희.

其色沈天上行者, 病益甚. 其色下行如雲散者, 病方已. 其色上銳上, 向下銳下, 向左右亦然, 男女異位. 甲匱在鼻梁兩旁, 黃潤旬日有則喜.

그 색이 깊으면서 위로 올라가면 병세는 더 심해지고 색이 아래로 내려가 구름이 흩어지듯 하면 병은 호전되고 있는 것이다. 기색이 날카롭게 위로 향하거나 아래로 향하거나 좌우든 그러하며 남녀에 따라 위치가 다르다. 갑궤는 비량의 양옆인데 윤택한 황색이면 10일 내 기쁨이 있다.'라고 하였다.

어미적문홍은은, 포도유공; 무관포도관, 의견지, 차처유간적유군제부고야. 수인준삼양변역, 개명영응재이칠, 만불실일. 약청흑색, 현무동인준암, 필인공실직.

魚尾賊門紅隱隱, 捕盜有功; 武官捕盜官, 宜見之, 此處有奸賊遊軍諸部故也. 須印準三陽邊驛, 皆明瑩應在二七, 萬不失一. 若青黑色, 玄武動印準暗, 必因公失職.

어미·적문에 홍색이 은은하면 도둑을 잡아 공을 이룬다; 무관이나 포도관은 그곳을 봐야 하는데 이곳은 도적이나 군대가 진행하는 부위이기 때문이다. 반드시 인당 삼양 변지 역마가 모두 윤택하고 밝으면 14일 이내에 효과가 나타나는데 만에 하나 틀림이 없다. 그러나 만일 청흑색 현무가 동하고 인당 준두가 어두우면 반드시 공직을 실직하게 된다.

어미반전홍윤, 정배가인. 와잠일점금명, 결생귀자.

魚尾半錢紅潤, 定配佳人. 臥蠶一點金明, 決生貴子.

어미에 동전 반 정도 크기로 윤택한 홍색이 나타나면 아름다운 배우자를 만나게 된다. 와잠에 일점의 밝은 금색이 나타나면 틀림없이 귀한 자식을 낳게 된다.

용혈황위생귀사, 봉지홍요산교아; 좌목위용혈, 우목위봉지. 유황홍윤자색, 위요안포상하, 인준역홍황자, 주생귀자, 안하청황즉생녀, 통주진재천관. 인무희색, 생자다불육, 이

궁청색우병, 안하흑색극자녀.

龍穴黃圍生貴嗣, 鳳池紅繞産嬌娥; 左目爲龍穴, 右目爲鳳池. 有黃紅潤紫色, 圍繞眼胞上下, 印準亦紅黃者, 主生貴子, 眼下靑黃則生女, 通主進財遷官. 印無喜色, 生子多不育, 二宮靑色憂病, 眼下黑色剋子女.

용혈이 황색으로 둘러싸이면 귀한 자식을 얻고 봉지에 홍색이 두르면 아름다운 딸을 얻는다; 좌측 눈이 용혈이고 우측 눈은 봉지이다. 홍황색이 나타나고 윤택한 자색이 눈 위아래를 둘러싸고 인당 준두가 역시 홍황하면 귀한 자식을 얻게 된다. 눈 아래가 청황색이면 딸을 얻고, 재물이 들어오고 관직을 영전하게 된다. 인당에 기쁜 색이 없으면 자식을 낳아도 기르지 못하는 경우가 많고, 두 궁에 청색이 나타나면 질병으로 인한 근심이 있고 눈 아래에 흑색이 뜨면 자식을 극한다.

음즐문생, 가기반선음덕후, 자손흔기, 인당배열, 주생성; 목하홍황, 위음즐문, 상철복당, 변역삼양최묘. 좌생귀자, 우생귀녀, 목하자기, 아녀주귀. 인당유육, 흔은은직하자, 일조일자.

陰騭紋生, 佳氣盤旋陰德厚, 子孫痕起, 印堂排列, 主生成; 目下紅黃, 爲陰騭紋, 上徹福堂, 邊驛三陽最妙. 左生貴子, 右生貴女, 目下紫氣, 兒女主貴. 印堂有肉, 痕隱隱直下者, 一條一子.

음즐문이 있고 아름다운 기색이 둘러쌌으면 조상의 음덕이 후한 사람으로 자손이 그 흔적만큼 나타나고 인당에 나타난 것만큼 성공한다; 눈 아래 홍황한 색이 나타나는 것을 음즐문이라 하는데, 위로는 복당 그리고 변지 역마 삼양이 가장 좋다. 좌측에 음즐문이 나타나면 귀한 아들을 낳고 우측에 나타나면 귀한 딸을 낳는다. 눈 아래 자색 기운이 뜨면 아들딸이 모두 귀하다. 인당에 살이 있고 은은하게 곧게 내려오

면 한 줄에 자식 하나를 얻는다.

논하정길기(論下停吉氣)

하정부위, 전주모년. 지각위전택지사, 의조비준. 문이내복마지지, 희응천창. 구여각궁이수사극, 의록무궁. 구약파죽, 이순말단, 복수자유.

下停部位, 專主暮年. 地閣爲田宅之司, 宜朝鼻準. 吻頤乃僕馬之地, 喜應天倉. 口如角弓而鬚似戟, 衣祿無窮. 溝若破竹, 而脣抹丹, 福壽自有.

하정 부위는 말년을 주관한다. 지각은 전택을 주관하는 곳인데, 코의 준두를 마주 보고 있어야 한다. 입술과 턱은 아랫사람과 말을 보는 곳으로 천창과 응해야 좋다. 입이 활과 같고 수염이 창끝 같으면 의록이 끝이 없다. 인중이 대나무를 쪼갠 듯하고 입술이 주사를 바른 듯 붉으면 자연히 복이 있고 수명이 길다.

쌍생자기협난대, 일월중, 정영칙명; 식창재법령내난대외, 홀유자기여충행자, 일월내 유칙명지, 겸인준액상간.

雙生紫氣夾蘭臺, 一月中, 定迎勅命; 食倉在法令內蘭臺外, 忽有紫氣如蟲行者, 一月內 有勅命至, 兼印準額上看.

자색 기운이 난대 양쪽으로 나타나면 한 달 내에 칙명을 받게 된다; 식창은 법령의 안 난대의 밖이다. 홀연히 자기가 벌레가 기어가는 듯한 사람은 한 달 내에 칙명을 받게 되는데 인당·준두·이마를 함께 봐야 한다.

장하자전현, 음덕성명, 준두명경광, 신선유분; 장하재난대하인중방, 유자색여전, 이십일성명, 유음공우재무구, 겸준두간. 준두색여경광, 동하부절삼오년필우선.

帳下紫錢現, 陰德成名, 準頭明鏡光, 神仙有分; 帳下在蘭臺下人中旁, 有紫色如錢, 二十日成名, 有陰功遇災無咎, 兼準頭看. 準頭色如鏡光, 冬夏不絕三五年必遇仙.

장하에 자색이 동전처럼 나타나면 음덕으로 인해 이름을 날리고, 준두가 거울처럼 밝게 빛나면 신선과 인연이 있다; 장하는 난대 아래 인중의 옆인데 자색이 동전처럼 나타나면 20일 이내에 명성을 이루고, 음덕이 있어 재난을 만나도 화를 당하지 않는데 이때 준두를 겸해서 봐야 한다. 준두의 색이 거울같이 빛나고 겨울에서 여름까지 계속되면 3-5년 내 반드시 신선을 만난다.

내주황여반월, 필획진수; 내주재법령하, 주귀인진미식.

內廚黃如半月, 必獲珍饈; 內廚在法令下, 主貴人進美食.

내주에 황색 빛이 반달처럼 빛나면 반드시 귀한 음식을 얻는다; 내주는 법령 아래로서 귀한 사람으로부터 훌륭한 음식을 대접받게 된다.

법령자약파전, 부첨희종; 삼월내응, 우주득칙명, 약황색진인구, 좌진남우진녀.

法令紫若破錢, 富添姬從; 三月內應, 又主得勅命, 若黃色進人口, 左進男右進女.

법령에 자색이 깨진 동전 모양 같으면 부와 여자가 따라온다; 3개월 내 효과가 나타나고 또한 칙명을 받게 된다. 만일 황색이 뜨면 식구가 들어오는데 왼쪽이면 아들이, 우측이면 딸이 들어온다.

지각홍황, 주진전원노마, 학당명정, 필봉천섭귀인. 현벽색명, 가택녕이길리, 지각홍영, 만경태이안한.

地閣紅黃, 主進田園奴馬, 學堂明淨, 必逢薦剡貴人. 懸壁色明, 家宅寧而吉利, 地閣紅瑩, 晚景泰而安閑.

지각에 홍황한 색이 나타나면 전원과 노비와 말이 들어오고, 학당이 밝고 깨끗하면 반드시 귀인의 천거를 받는다. 현벽의 색이 밝으면 가정이 편안하고 길하며 이로운 일이 많고, 지각에 윤택하고 밝은 홍색이 나타나면 노년의 운이 발달하고 편안하고 여유롭다.

논상정흉기(論上停凶氣)

오악청명, 즉태허황랑, 연매몽암, 즉육합미만. 신청자, 제월추파, 기체자, 농운박무. 취불취이수불수, 정비발달지형. 암불암이명불명, 기시비양지색. 신의장, 이불의로, 노즉촉년, 신의장이불의단, 단즉무수.

五岳清明, 則太虛晃朗, 烟霾蒙暗, 則六合彌漫. 神清者, 霽月秋波, 氣滯者, 濃雲薄霧. 醉不醉而睡不睡, 定非發達之形. 暗不暗而明不明, 豈是飛揚之色. 神宜藏, 而不宜露, 露則促年, 神宜長而不宜短, 短則無壽.

오악이 청명하면 우주의 근기가 밝고 명랑하고, 연기나 흑비처럼 어둡고 탁하면 우주가 어지럽다. 신이 맑다함은 쾌청한 가을에 달빛이 넘실대는 것 같고, 기가 체했다함은 짙은 구름이나 옅은 안개가 낀 듯한 것이다. 취한듯하지만 취하지 않고 조는듯해도 조는 것도 아닌 모습은 발달하는 상이 아니다. 어두운 듯 어둡지 않은 듯, 밝은 듯 밝지 않으면 어찌 명성을 얻을 수 있는 색이겠는가! 신은 감춰져 있어야 하고 들어나면 좋지 않다. 들어나면 수명을 재촉하는 것이다. 신은 길어야지 짧아선 안 된다. 짧으면 장수하지 못한다.

상시자오, 이하시자우, 사시자간, 이노시자악. 안광여수, 남녀다음, 목거약화, 간웅기살. 정유적사적루, 결불선종, 안혹여골여사, 개함독성. 혼모백노, 악사간인, 적안금정 흉망폭객. 목미하수, 부처생별, 안현삼각, 골육형장, 우주심독. 유농발지건아, 무소두지귀객.

上視者傲, 而下視者愚, 斜視者奸, 而怒視者惡. 眼光如水, 男女多淫, 目炬若火, 奸雄嗜殺. 睛有赤沙赤縷, 決不善終, 眼或如鶻如蛇, 皆含毒性. 昏眸白露, 惡死奸人, 赤眼金睛 凶亡暴客. 目尾下垂, 夫妻生別, 眼弦三角, 骨肉刑戕, 又主心毒. 有濃髮之健兒, 無小頭之貴客.

위로 보면 거만한 사람이고 아래로 보면 어리석은 사람이다. 곁눈질로 보면 간사한 사람이고 노한 듯 보면 악한 사람이다. 눈빛이 물 흐르듯 하면 남녀 음란함이 많고, 눈이 불타듯 하면 간웅으로 살인을 좋아한다. 눈에 붉은 모래 같거나 붉은 실핏줄같이 있으면 선종하지 못하고, 눈이 송골매나 뱀과 같으면 모두 천성적으로 독하다. 눈동자가 흐리고 흰자위가 드러나면 악사하는 간사한 사람이다. 붉은 눈에 눈동자가 노랗다면 흉사하는 난폭한 사람이다. 눈꼬리가 아래로 늘어지면 부부간에 생이별하고, 눈 테두리가 삼각이면 형제가 형상을 당하고 심성도 독하다. 머리털이 짙은 건강한 아이는 있어도, 작은 머리의 귀한 사람은 없다.

행요두이좌저수, 기불빈궁, 와개안이식로아, 자연천오. 형여토우, 수산난연, 모약연진, 행장필체. 면대비용, 정연한고, 혈불화색, 다시빈산, 일명역혈두, 주불선종. 범면청람, 심간사귀, 희용홍염, 수단여화. 백여고골, 불구인간, 흑사습탄, 행귀천하.

行搖頭而坐低首, 豈不貧窮, 臥開眼而食露牙, 自然賤惡. 形如土偶, 壽算難延, 貌若烟塵, 行藏必滯. 面帶悲容, 定然寒苦, 血不華色, 多是貧酸, 一名歷血頭, 主不善終. 凡面青藍, 心奸似鬼, 喜容紅艷, 壽短如花. 白如枯骨, 不久人間, 黑似

濕炭, 行歸泉下.

걸을 때 머리를 흔들거나 앉아있을 때 머리를 아래로 늘어뜨리면 어찌 빈궁하지 않을 수 있으며, 눈을 뜨고 자거나 먹을 때 치아가 드러나면 자연히 천하고 추하다. 모습이 흙으로 빚은 인형 같으면 수명을 연장하기 어렵고, 먼지나 연기가 낀 듯하면 하는 일마다 막힌다. 얼굴에 슬픈 빛을 띠면 춥고 고생스럽게 되고, 혈색이 화기가 없으면 가난하게 되는데 일명 역혈두라고 하여 선종하지 못한다. 얼굴빛이 푸르거나 남색이면 마음이 귀신같이 간사하고, 기쁜 듯 홍색이 넘치는 듯하면 수명이 꽃처럼 짧다. 기색이 마른 뼈처럼 희면 세상에 오래 머물지 못하고 검기가 젖은 재 같으면 황천 아래로 돌아간다.

청여점염, 회기시침; 청색주우경질액, 혹여주점, 혹성흔로. 천중청이광윤, 필피조명, 약고조, 즉사어조리. 추발내응. 액상청, 육십일, 우경, 미하청, 순일내허경. 인당청점, 재액손재, 산근연수청, 질병. 준두청, 내목극토, 백불칭의. 인중청, 파재, 지각청, 수액.

靑如點染, 晦氣時侵; 靑色主憂驚疾厄, 或如珠點, 或成痕路. 天中靑而光潤, 必被詔命, 若枯燥, 則死於詔裏. 秋發乃應. 額上靑, 六十日, 憂驚, 眉下靑, 旬日內虛驚. 印堂靑點, 災厄損財, 山根年壽靑, 疾病. 準頭靑, 乃木剋土, 百不稱意. 人中靑, 破財, 地閣靑, 水厄.

푸른빛이 점점이 물들인 것 같으면 어두운 기가 침투하는 것이다; 청색은 근심·놀람·질병·재액을 뜻하는데 구슬 같은 점이나 상처 같이 나타난다. 천중에 윤택한 빛의 청색이 나타나면 왕의 부름을 받지만, 만약 까칠하게 마른 듯하면 왕명에 의해 죽게 된다. 가을에 나타나면 바로 응하게 된다. 이마에 푸른색이 나타나면 60일 이내에 근심이나 놀랄 일이 있고 눈썹 아래가 푸르면 10일 이내 놀랄 일이 있다. 인당에 푸른 점이 나타나면 재액을 당하거나 재물을 잃게 되고, 산근과 연상 수상이 푸르면 질병이 있다. 준두에 청색이 뜨면 木이 土를 극하는 것으로 모든 일이 여의치 않다. 인중에 푸른빛이 뜨면 재물을 잃게 되고, 지각이 푸르면 수액이 있다.

흑혹명몽, 흉재일현; 흑주사망뇌옥파재. 액상흑무, 백일내, 비상지병사망파척. 검상흑기여무, 칠일사. 인당흑암, 이문흑기입구자사. 산근년수흑, 대병. 준두흑, 정관질병, 가쇄뇌옥, 지사, 이삼칠응. 인중흑, 급병. 인중구문흑요, 칠일사. 승장흑, 취익사. 지각흑, 수액, 뇌옥손노축, 백사불리, 동월초가.

黑或冥蒙, 凶災日見; 黑主死亡牢獄破財. 額上黑霧, 百日內, 非常之病死亡罷斥. 臉上黑氣如霧, 七日死. 印堂黑暗, 耳門黑氣入口者死. 山根年壽黑, 大病. 準頭黑, 停官疾病, 枷鎖牢獄, 至死, 二三七應. 人中黑, 急病. 人中口吻黑繞, 七日死. 承漿黑, 醉溺死. 地閣黑, 水厄, 牢獄損奴畜, 百事不利, 冬月稍可.

흑색이나 어두컴컴하면 흉재가 나날이 나타난다; 흑색은 사망이나 감옥, 파재를 뜻한다. 이마에 검은 안개가 낀 듯하면 100일 이내에 중병으로 사망하거나 파면당한다. 얼굴에 안개 낀 듯 검은 기운이 돌면 7일 만에 죽는다. 인당이 검게 어둡고 귓구멍의 흑기가 입으로 들어가면 죽는다. 산근과 연수상이 흑색이면 큰 질병을 앓는다. 준두에 흑기가 나타나면 실직하거나 병에 걸리고 수갑을 차고 감옥에 가게 되거나 죽게 되는데, 2일 3일 7일에 효력이 나타난다. 인중에 흑색이 뜨면 급한 병이 생기고, 인중과 입술 주위를 흑색이 둘러싸면 7일 내 사망한다. 승징이 흑색이면 술에 취해 죽거나 익사하게 된다. 지각이 흑색이면 수액이나 감옥에 가게 되고 노비와 가축을 손해 보게 되어 만사가 불리하다. 겨울이면 피해가 적다.

분색변용, 상필응, 단단편편, 각궁방; 면백여도분, 무광윤자, 필주상복. 약백편백점여매

화이화단단이현자, 수궁분단지. 액상우부모육순응, 인당백기여사, 주부모, 연비구이자, 칠십일, 무부모, 즉본신.

粉色變容, 喪必應, 團團片片, 各宮妨; 面白如塗粉, 無光潤者, 必主喪服. 若白片白點如梅花梨花團團而見者, 隨宮分斷之. 額上憂父母六旬應, 印堂白氣如絲, 主父母, 連鼻口耳者, 七十日, 無父母, 則本身.

분을 바른 듯 얼굴색이 변하면 반드시 상복을 입게 된다. 둥글둥글 혹은 조각조각 나타나면 각각의 궁에 해당되는 대상이 해롭다; 얼굴이 분을 바른 듯 윤기가 없이 희면 반드시 상복을 입게 된다. 조각조각 혹은 점점이 매화꽃이나 배꽃처럼 둥글둥글 나타나면 그 나타나는 부위에 따라 판단해야 한다. 이마에 나타나면 부모로 인한 근심으로 60일 내 응하고, 인당에 실처럼 백기가 나타나도 부모가 염려되는데 코 귀 입까지 이어졌다면 70일 내 응하게 된다. 부모가 계시지 않을 경우 본인이 해당된다.

산근주경복, 일백이십일현, 목하주자녀, 목미주처첩삼칠응. 관상주형제백숙, 이하변지주자매고이우주상절. 연상주중상급조부모응속. 수상주일연곡읍. 준두주부모, 심즉자신잉파재. 인중방독급산액, 지각손노축.

山根主輕服, 一百二十日見, 目下主子女, 目尾主妻妾三七應. 顴上主兄弟伯叔, 耳下邊地主姉妹姑姨又主傷折. 年上主重喪及祖父母應速. 壽上主一年哭泣. 準頭主父母, 甚則自身仍破財. 人中防毒及産厄, 地閣損奴畜.

산근에 나타나면 친척 등 가벼운 상복을 입게 되는데 120일 내 나타난다. 눈 아래는 자녀, 눈꼬리는 처첩으로 21일 내 나타난다. 관골은 주로 형제 혹은 아버지 형제에 해당된다. 귀밑 변두리(옆턱 부분) 자매 시어머니 고모 이모 등이 죽게 된다. 연상은 중요한 관계에 있는 사람이나 조부모의 상을 당하게 되는데 속하게 응한다. 수상은 일 년 이내에 곡을 하게 된다. 준두에 나타나면 부모의 상을 입는데, 심하면 자신이 파재하게 된다. 인중에 나타나면 약물로 인한 사고나 산액을 조심해야 하고, 지각에 나타나면 노비와 가축을 잃게 된다.

화광조면송빈조, 점점사사제부외; 범인만면화색, 주관송, 약유적점적사발로, 결주관사화앙, 악병혈광지액. 천중천정적점, 화앙병액, 사공중정, 횡사파재, 인당미두, 투송계계. 산근연수, 혈광화앙, 손재축. 준두형액쟁송, 적대사로여저자, 혈광파재. 인중실물, 위구상하구설, 승장주화, 지각전송소구병, 목상뇌옥, 목하산기, 저산액.

火光照面訟頻遭, 點點絲絲諸部畏; 凡人滿面火色, 主官訟, 若有赤點赤絲發露, 決主官事火殃, 惡病血光之厄. 天中天庭赤點, 火殃兵厄, 司空中正, 橫事破財, 印堂眉頭, 鬪訟械繫. 山根年壽, 血光火殃, 損財畜. 準頭刑厄爭訟, 赤帶絲路如蛆者, 血光破財. 人中失物, 闌口上下口舌, 承漿酒禍, 地閣田訟小口病, 目上牢獄, 目下疝氣, 疽産厄.

불빛이 얼굴을 비추면 송사가 잦고, 어떤 부위든 점이나 실처럼 나타나면 두렵다; 얼굴 가득 불타는 듯한 화색(火色)이 뜨면 관사와 송사가 생긴다. 점이나 실핏줄처럼 붉은빛이 드러나면 관사와 화재가 있고, 나쁜 병이나 피를 흘리는 재액을 당한다. 천중 천정에 붉은 점이 나타나면 불로 인한 재앙이나 전쟁으로 인한 화를 당하고, 사공 중정에 나타나면 일이 막히고 재물을 잃게 된다. 인당과 눈썹머리에 나타나면 송사에 연루되어 죄수가 된다. 산근·연상·수상에 나타나면 피를 보거나 불로 인한 재앙이나 재물을 손해 보게 된다. 준두에 나타나면 형벌을 당하는 재액이나 송사를 하게 되고 붉은빛이 벌레가 기어가듯 나타나면 피를 흘리거나 재물을 파한다. 인중에 나타나면 물건을 잃어버리고, 입의 위아래에 나타나면 구설수에 휘말리고, 승장에 나타나면 술로 인한 화를 당하고, 지각에 나타나면 부동산으로 인한

송사나 입병을 앓게 된다. 눈 위는 감옥에 가는 재앙이 있거나 눈 아래는 허리나 아랫배가 아픈 증상, 등창·산액을 당하게 된다.

염리점연, 외주관형, 가주화; 만면화색, 이모공중유침점지청, 급적사로자, 명화리연, 주인명액, 지험.
焰裏點烟, 外主官刑, 家主火; 滿面火色, 而毛孔中有針點之青, 及赤絲路者, 名火裏烟, 主人命厄, 至驗.

타는 불꽃 가운데 연기 같은 점이 보이면 밖에서는 관의 형벌을 받고, 집에서는 불로 인한 재액을 당한다; 얼굴에 화색이 가득하고 털구멍에 바늘로 청색으로 찍어놓은 듯 나타나고 붉은 실핏줄 같이 드러난 것을 화리연이라고 하며 인명을 상하는 액을 당하는 데 지극히 영험하다.

박사염흡, 비생옹독, 수생로; 액준관해, 유화기대청점, 명박사염급, 이인당미하현벽 개홍자, 비인필발옹저, 악창, 수인로병.
薄紗染皀, 肥生癰毒, 瘦生勞; 額準顴頦, 有火氣帶青點, 名薄紗染皀, 而印堂眉下懸壁 皆紅者, 肥人必發癰疽, 惡瘡, 瘦人癆病.

박사염흡이 나타나면 살찐 사람은 심한 악창이 나고 마른 사람은 고생스럽다; 이마 준두 관골 턱에 화기를 띠고 푸른 점을 두른 것을 '박사염흡'이라고 한다. 인당·눈썹 아래·현벽이 모두 붉으면 살이 찐 사람은 등창이나 악창이 생기고 마른 사람이라면 피로로 인한 병을 앓게 된다.

적횡미상, 구십일, 필주흉망, 화점액두, 일월중수방인명.
赤橫眉上, 九十日, 必主凶亡, 火點額頭, 一月中須防人命.

적색이 눈썹에 옆으로 나타나면 90일 후에 흉하게 죽게 되고, 불긋불긋한 점이 이마에 나타나면 한 달 내에 인명을 상하게 된다.

만액강하응유송, 이칠일응, 관천청기, 기무우; 청기관천정, 구십일내, 유불측지우, 혹운청기자발제접인, 불론질병심천, 육십일사, 지비량일월사. 지인중일칠사, 만면즉일사.
滿額絳霞應有訟, 二七日應, 貫天青氣, 豈無憂; 青氣貫天庭, 九十日內, 有不測之憂, 或云青氣自髮際接印, 不論疾病深淺, 六十日死, 至鼻梁一月死. 至人中一七死, 滿面卽日死.

이마 가득 진홍색 노을처럼 뜨면 송사를 겪게 되는데 14일 내 응한다. 청기가 하늘을 덮었으니 어찌 근심이 없겠는가; 청기가 천정을 덮었으면 90일 내 예측하지 못한 근심이 있다. 혹은 청기가 발제에서 인당까지 이어졌으면 병이 깊든 가볍든 60일 내 죽는다. 비량까지 이어지면 1개월 이내에 죽고 인중까지 이어지면 7일 이내 사망한다. 얼굴 가득하다면 당일 죽는다.

천정청접주, 가려온재, 면유흑몽롱, 수방졸병.
天庭青點注, 可慮瘟災, 面有黑蒙籠, 須防卒病.

천정에 푸른 점이 나타나면 염병에 걸릴까 염려되고, 얼굴에 흑색이 몽롱하게 뜨면 갑자기 죽는 병을 조심해야 한다.

연상오운응천악, 폐안난도; 천악재천중방이처, 개유흑기, 심즉수사.
年上烏雲應天岳, 狴犴難逃; 天岳在天中旁二處, 皆有黑氣, 甚則瘦死.

연상에 검은 구름이 천악까지 이어지면 감옥에 가는 것을 피하기 어렵다; 천악은 천중의 양옆으로 전체에 흑색 기운이 심하면 말라 죽는다.

비량흑무상천정, 염라필견, 준두유광, 가절일반.
鼻梁黑霧上天庭, 閻羅必見, 準頭有光, 可折一半.

비량에 검은 안개가 낀 듯하여 천정까지 이어지면 반드시 염라대왕을 만나게 되지만, 준두가 빛나면 반은 면할 수 있다.

태세임문, 액상혼혼상건체, 변정회기, 이변암암정둔전; 양태양변, 역하이전현벽일대 기불광명자, 작사불수, 약유흑기, 즉파재실탈뇌옥야.
太歲臨門, 額上昏昏常蹇滯, 邊庭晦氣, 耳邊黯黯定迍邅; 兩太陽邊, 驛下耳前懸壁一帶 氣不光明者, 作事不遂, 若有黑氣, 則破財失脫牢獄也.

연령의 운기에 해당하는 때에 이마가 어두컴컴하면 늘 막히게 된다. 이마 양쪽과 귀 주변이 어두우면 매사 막히는 일이 많다; 눈 주위·역마 아래·귀 앞 현벽 부근의 기색이 밝지 않으면 일을 일으켜도 뜻대로 되지 않는다. 만일 흑기가 있다면 재산을 파하고 감옥에 가게 된다.

액유흑반점여마, 사증난의; 적기입변, 불반외망.
額有黑斑點如痲 死症難醫; 赤氣入邊, 不返外亡.

이마에 흑색 반점이 홍역 발진처럼 나타나면 죽게 될 증상으로 치료가 어렵다; 적기가 이마 양쪽에 나타나면 혼이 떠돌다 결국 돌아오지 못하고 밖에서 죽는다.

사살흑청견상, 임위치명; 미상일촌명사살, 황윤즉행병득승, 유흑기흉.
四殺黑青見祥, 臨危致命; 眉上一寸名四殺, 黃潤則行兵得勝, 有黑氣凶.

사살에 흑청은 재앙을 의미하는 것으로 위태로움과 죽음이 오게 된다; 눈썹 위 1촌 부위를 사살이라고 한다. 윤택한 황색이면 전쟁에 나가 승리하지만 검은 기운이 있으면 흉하다.

역마백홍관액, 반로회정; 역마의황윤, 약청흑기관지, 인마유재, 적주구설, 백기횡관천정, 즉반로문상야.

驛馬白虹貫額, 半路回程; 驛馬宜黃潤, 若靑黑氣貫之, 因馬有災, 赤主口舌, 白氣橫貫天庭, 則半路聞喪也.

역마에 흰 무지개가 이마를 관통하면 여정 중간에 돌아온다; 역마는 윤택한 황색이어야 하는데, 청흑기가 덮으면 말(馬)로 인해 재앙을 당하고 적색이면 구설수가 있고 백기가 천정까지 덮었다면 중간에 부고를 듣는다.

정전매분단단, 수우부모, 정면이화점점, 필상제형. 미상백광여련, 좌손부혜우손낭. 인중분기사사, 비상친혜즉상기. 만면작반백염, 효복신상, 천창설색련변, 절상망명. 천창백기련태양, 역마변성, 주유상절.

庭前梅粉團團, 須憂父母, 正面梨花點點, 必喪弟兄. 眉上白光如練, 左損父兮右損娘. 印中粉氣似絲, 非喪親兮卽喪己. 滿面雀斑白焰, 孝服身上, 天倉雪色連邊, 折傷亡命. 天倉白氣連太陽, 驛馬邊城, 主有傷折.

천정 앞에 매화꽃처럼 겹겹이 분을 바른 듯하면 부모로 인한 근심이 있고, 정면에 배꽃처럼 점점이 나타나면 형제의 상을 당한다. 눈썹 위에 흰빛이 좌측에 명주처럼 나타나면 아버지를 여의고 우측에 나타나면 어머니를 잃게 된다. 인당에 분을 바른 듯한 빛이 실 같이 나타나면 부모를 여의지 않으면 자신이 죽는다. 만면에 검붉은 반점과 하얀 불꽃이 가득하면 부모의 상을 입고, 천창에 하얀 눈빛이 변지로 이어

지면 다치고 죽게 된다. 백기가 천창에서 태양 역마 이마 변두리까지 이어지면 다치거나 죽게 된다.

상문광사석, 유곡읍지애; 누당백흔여석광, 명상문.

喪門光似錫, 有哭泣之哀; 淚堂白痕如錫光, 名喪門.

상문에 주석처럼 빛나면 곡을 하는 슬픔이 있다; 누당에 하얀 흔적이 마치 주석 같은 것을 '상문'이라고 한다.

백호기환순중, 사망지증; 이전백기조구, 명백호.

白虎氣環脣中, 死亡之症; 耳前白氣朝口, 名白虎.

백호의 기운이 입술을 둘러싸면 죽을 징조이다; 귀 앞에서 백기가 입으로 이어진 것을 백호라고 한다.

논중하이정흉기(論中下二停凶氣)

인함감전유난문, 즉형상불면(삼이삼한지). 미교파탕점흑자, 즉기려이망. 미역제형불목, 능고정성다강. 산근단혹편, 고빈질액. 비량사혹곡, 간교탐람. 이상난문가파패, 비요생절, 실분리(삼처난). 비여응취, 심장독, 규사침통, 성필간.

印陷坎轉有亂文, 則刑傷不免(三二三限至). 眉交破蕩點黑子, 則羈旅而亡. 眉逆弟兄不睦, 稜高情性多剛. 山根斷或偏, 孤貧疾厄, 鼻梁斜或曲, 奸狡貪婪. 耳上亂文家破敗, 鼻腰生節, 室分離(三妻難). 鼻如鷹嘴, 心藏毒, 竅似針筒, 性必慳.

인당이 함몰되고 흑기가 나타나며 주름이 어지러우면 형상을 면치 못한다(32-33살까지). 두 눈썹이 인당에서 서로 맞닿았거나 끊어지거나 큰 검은 점이 있으면 객지를 떠돌다 죽는다. 눈썹에 역모가 있으면 형제간 화목하지 못하고, 미능골이 높으면 성정이 매우 강하다. 산근이 끊어지거나 기울었으면 고독하고 가난하고 질액이 있고, 비량이 기울거나 구부러지면 간교하고 탐심이 많다. 귀에 주름이 어지러우면 가정과 재물을 파하고 비량에 마디가 있으면 처와 헤어진다(처를 3번 바꾸는 곤란이 있다). 코가 매부리 같으면 독한 심성을 감추고 있고, 콧구멍이 바늘통 같으면 천성이 반드시 째째하고 인색한 사람이다.

토성결함, 고극가지, 비공로앙, 축취난허. 접구번간걸제, 오훼전후무정. 결후로치, 객사타향, 인설지순, 중장음독. 발제사초, 시우부, 성파여라, 명대살주형극.

土星缺陷, 孤剋可知, 鼻孔露昻, 蓄聚難許. 鮎口墦間乞祭, 烏喙轉後無情. 結喉露齒, 客死他鄕, 引舌舐脣, 中藏淫毒. 髮際似草, 是愚夫, 聲破如鑼, 名大殺主刑剋.

토성에 결함이 있으면 고독하여 처자를 극할 것을 알 수 있고, 콧구멍이 드러났으면 쌓고 모으기 어렵다. 메기입은 무덤 사이에서 제사 지낸 음식을 구걸하고, 까마귀 부리 같은 입은 육친에 대해 정이 없다. 결후가 있고 치아가 드러났으면 타향에서 죽고, 혀로 입술을 습관적으로 핥으면 속에 음란함과 독함을 숨기고 있는 사람이다. 발제가 잡풀처럼 어지러우면 어리석은 사람이고, 목소리가 깨진 징소리 같은 것을 '대살'이라고 하여 형극하게 된다.

적부파인, 화액관비, 주작임당, 흉재수금; 인당유적색여전, 명적부주작, 백일내유관송화액, 실혈실직지응, 직색어사어마자, 삼년관송, 직색련년수, 쟤계지액.

赤符破印, 火厄官非, 朱雀臨堂, 凶災囚禁; 印堂有赤色如錢, 名赤符朱雀, 百日內有官訟火厄, 失血失職之應, 赤色如絲如麻者, 三年官訟, 赤色連年壽, 械繫之厄.

적색이 인당을 파하면 화액이나 관재구설이 있고 주작이 인당에 임하면 흉재를 당하고 수감된다; 인당에 적색이 동전 같은 것을 적부주작이라고 하는데, 백일 내에 관재나 화액이 있거나 또는 유혈 사고나 직장을 잃게 되고, 적색이 실이나 얽힌 듯 나타나면 삼년 동안 관청의 송사가 있으며 적색이 연·수상까지 이어지면 형틀에 매이고 수갑을 차는 액을 당한다.

연수적광, 다생농혈, 미두홍기, 정유횡비. 산근적련양검, 방혈광화촉지재.
年壽赤光, 多生膿血, 眉頭紅氣, 定有橫非. 山根赤連兩臉, 防血光火燭之災.

연수상에 적색 빛이 뜨면 심한 염증이 생기고 눈썹머리에 홍색 기운이 나타나면 시비를 다투게 된다. 산근에서 적색이 양 뺨까지 이어지면 부상을 당하거나 화재를 방지하라.

명문홍관산근, 유수금법상지용. 명문적색발도미하, 관어산근, 주법사, 응육순, 우이응일년.
命門紅貫山根, 有囚禁法傷之用; 命門赤色發到眉下, 貫於山根, 主法死, 應六旬, 右耳應一年.

명문에서 붉은색이 산근까지 이어지면 감옥에 가고 법에 의해 죽게 된다; 명문에서 적색이 발하여 눈썹 아래에 이르고 산근까지 이어지면 법에 걸려 죽게 되는데 60일 내 나타나고 우측 귀까지 나타나면 1년 이내 응하게 된다.

준적위폐병, 역주분파, 비허내주도, 상초작각.
準赤爲肺病, 亦主奔波, 鼻歔乃酒徒, 常招雀角.

준두에 적색이 뜨면 폐병이 있고 주로 소득 없이 바쁘다. 코를 훌쩍이면 술 중독이고 항상 시비가 따른다.

적저취어준두, 화형위액; 적문여저여초근, 주관사화재.

赤蛆聚於準頭, 火刑爲厄; 赤文如蛆如草根, 主官事火災.

붉은 구더기 같은 무늬가 준두에 모이면 화형의 액을 당한다; 적색 무늬가 구더기나 풀뿌리 같으면 주로 관재나 화재를 당한다.

홍루수연법령, 노복허경, 난대측반유홍사, 유정백탁; 난대측홍사, 주병, 하연법령, 노복허경, 상취준두, 화앙관사.

紅縷垂連法令, 奴僕虛驚, 蘭臺側畔有紅絲, 遺精白濁; 蘭臺側紅絲, 主病, 下連法令, 奴僕虛驚, 上聚準頭, 火殃官事.

붉은 줄이 법령까지 이어지면 노복으로 인해 놀라는 일이 있고 난대 옆으로 붉은 실이 나타나면 몽정을 하거나 오줌 빛이 뿌옇고 걸쭉한 병이 있다; 콧방울 옆에 붉은 실 같이 나타나면 주로 병에 걸리는데, 밑으로 법령까지 이어지면 노복으로 인해 놀라고, 그러한 무늬가 준두로 모여들면 불로 인한 재앙이나 관재가 있다.

연수횡연양관, 유홍점여화, 명비렴살; 연수안당횡강기, 산기장동. 비렴현어관비, 남치창, 이여산액.

年壽橫連兩顴, 有紅點如火, 名飛廉殺; 年壽眼堂橫絳氣, 疝氣腸疼. 飛廉見於顴鼻, 男痔瘡, 而女産厄.

연상 수상에서 옆으로 양쪽 관골까지 불같이 붉은 점이 있는 것을 비렴살이라 한다; 연상 수상 안당에 옆으로 진홍색 기운이 있으면 시리고 아프고 장에 질병이 따른다. 비렴이 관골과 코에 나타나면, 남자는 치질이 있고 여자는 산액을 겪는다.

주작동어준관, 관강조, 이가투쟁; 준관홍여연지, 위주작발동, 겸구진발동, 현무생지, 단인당삼양, 유황기자, 관필강조, 무황기자, 필파척, 혹송취. 선급고시현차, 개불칭의, 거가즉형제불목.

朱雀動於準顴, 官降調, 而家鬪爭; 準顴紅如胭脂, 爲朱雀發動, 兼句陳發動, 玄武生之, 但印堂三陽, 有黃氣者, 官必降調, 無黃氣者, 必罷斥, 或訟就. 選及考試見此, 皆不稱意, 居家則兄弟不睦.

주작이 준두에 발동하면 직장에서 직위가 강등되고 집안에 다툼이 있다; 준두가 연지를 바른 듯 붉은 것이 주작발동 또는 구진발동이며, 흑색이 발동하고 현무(어두운 빛)까지 나타나고 인당 삼양에만 황색 기운이 있는 사람은 반드시 관직이 강등되고, 황색 기운이 없으면 파직당하거나 혹은 소송을 하게 된다. 고시를 보는 사람이 이러한 빛이 나타나면 모두 그 뜻을 이루지 못하고 집에 있다해도 형제간에 불목한다.

도화염협, 노주행시: 노병협홍, 명도화주, 필사, 소아감로동.

桃花染頰, 癆痊行屍; 癆病頰紅, 名桃花痊, 必死, 小兒疳癆同.

도화빛이 양 뺨에 돌면 결핵이나 전염병으로 죽는다; 폐병으로 뺨이 붉은 것을 도화주라고 하는데 반드시 죽게 된다. 어린아이가 피부 결핵이나 폐병에 걸린 것도 그와 같다.

홍분도관, 요유궤통. 태양홍흑, 면여도, 응조독이; 양목후홍연색, 면상홍자, 필독리.

紅粉塗顴, 腰兪臀痛. 太陽紅黑, 面如桃, 應遭毒痢; 兩目後紅烟色, 面上紅者, 必毒痢.

붉은 분을 관골에 바른 듯하면 허리에 요통이 있고, 태양이 검붉고 얼굴이 복숭아 같으면 심한 이질에 걸리게 된다; 두 눈 주위에 붉은 연지색이 나타나고 얼굴이 붉으면 반드시 심한 이질을 앓는다.

관상적청, 순대백, 공치중풍; 면상홍기중, 유청점, 이순백, 동황자, 방중풍사.
顴上赤靑, 脣帶白, 恐致中風; 面上紅氣中, 有靑點, 而脣白, 瞳黃者, 防中風死.

관골에 적청색이 뜨고 입술이 희면 중풍이 두렵다; 얼굴이 붉은 가운데 푸른 점이 나타나고 입술이 희고 눈동자가 누렇게 되면 중풍으로 죽게 될 것을 예방해야 한다.

적충유목하, 부인산, 우방형; 부인목하, 유적충문, 방산액형옥.
赤蟲遊目下, 婦人産, 又防刑; 婦人目下, 有赤蟲文, 防産厄刑獄.

붉은 벌레 같은 것이 눈 아래에 나타나면, 부인이라면 산액을 당하고 또 형벌 받게 될 것을 예방해야 한다; 부인이 눈 아래에 붉은 벌레 같은 무늬가 나타나면 산액이나 형벌을 방지해야 한다.

홍염영안광, 여자음이차투; 여자만면홍염, 위도화살, 겸안상하오자, 필음이투.
紅艶映眼眶, 女子淫而且妬; 女子滿面紅艶, 爲桃花殺, 兼眼上下烏者, 必淫而妬.

붉은 기색이 눈자위에 비치면 여자는 음란하고 시샘이 많다; 여자가 얼굴 가득 홍색이 뜨는 것을 도화살이라 하는데, 눈 위아래 검은빛까지 나타나면 반드시 음란하고 시샘이 많다.

잉부준관발화, 산액난도, 임신구혁대청, 쌍생가험; 잉부안광상하청황, 인중역청황, 필쌍생, 혹인중흑자쌍생.

孕婦準顴發火, 産厄難逃, 姙娠溝洫帶青, 雙生可驗; 孕婦眼眶上下青黃, 人中亦青黃, 必雙生, 或人中黑子雙生.

임부가 준두에 불이 난 듯 붉으면 산액을 피하기 어렵고, 임신한 부인이 인중에 청기가 뜨면 쌍둥이일 가능성이 있다; 임부의 눈 주위가 청황색이고 인중 역시 청황색이 나타나면 반드시 쌍둥이가 태어나는데 혹은 인중에 검은 사마귀가 있어도 쌍둥이를 출산한다.

면색훈황, 경수부조지병, 안광회습, 붕중대하지재. 면당청기여장, 희사유자, 비주청근직관, 모살친부; 여인비주유일청근직상관액, 필해살부, 면청주음.
面色熏黃, 經水不調之病, 眼眶灰濕, 崩中帶下之災. 面堂青氣如粧, 喜私遊子, 鼻柱青筋直貫, 謀殺親夫; 女人鼻柱有一青筋直上貫額, 必害殺夫, 面青主淫.

얼굴색이 연기 낀 듯 어두운 황색이면 생리가 순조롭지 못하고, 눈 주위가 젖은 재와 같으면 냉대하가 있게 된다. 얼굴과 인당에 분을 바른 듯 청색 기운이 뜨면 떠돌이와 사통하기를 좋아하고 비량에 푸른 근육이 수직으로 내려오면 남편을 모살한다; 여인의 코에 한 줄기 청색 근육이 비량에서 이마까지 곧게 뻗어있으면 반드시 남편을 살해하고, 얼굴이 푸르면 음란하다.

어미미황, 인간득리, 미청즉처첩유재. 간문현적, 위색초비, 현흑즉방유실우, 응육십일.
魚尾微黃, 因奸得利, 微青則妻妾有災. 奸門顯赤, 爲色招非, 顯黑則房帷失偶, 應六十日.

어미에 옅은 황색이 뜨면 간교함으로 이익을 취하고, 옅은 청색이 나타나면 처첩에게 재앙이 있다. 간문에 적색이 나타나는 것이 색초비이며, 흑색이 뜨면 배우자를 잃고 집에 휘장을 치게 되는데, 60일 내 응한다.

태양청색, 부부상쟁, 검하적주, 음양반목; 목상태양유청색, 급목하소남유홍점자, 상여처투, 혹년수유적색여두자, 역연.

太陽靑色, 夫婦常爭, 臉下赤珠, 陰陽反目; 目上太陽有靑色, 及目下少男有紅點者, 常與妻鬪, 或年壽有赤色如豆者, 亦然.

태양에 청색이 뜨면 부부간에 늘 다투고, 뺨 아래 붉은 구슬 같이 나타나면 부부간에 반목하게 된다; 눈 위 태양에 청색이 뜨고 눈 아래 소남에 붉은 점이 나타나면 늘 처와 다투고 혹 연상 수상에 적색이 콩처럼 나타나도 역시 그렇다.

인상점청, 관휴재손, 주서(양미두)현벽, 문체사엄. 간문청백연외양, 비첩도주, 중양청흔접년상, 수부액위.

印上點靑, 官休財損, 奏書(兩眉頭)現碧, 文滯事淹. 奸門靑白連外陽, 婢妾逃走, 中陽靑痕接年上, 水府厄危.

인당에 푸른 점이 나타나면 관직을 잃고 재물을 손실하고, 주서(두 눈썹 머리)에 푸른빛이 나타나면 일이 막힌다. 간문에서 청백색이 외양까지 이어지면 비첩이 도주하고, 중양에서 청색 흔적이 연상까지 이어지면 수액을 당한다.

구진독동, 소소우의; 양태자협산근청색, 명구진살, 주우의무대해.

句陳獨動, 小小憂疑; 兩太皆夾山根靑色, 名句陳殺, 主憂疑無大害.

구진(검푸른 색)만 나타나면 작은 근심이 있다; 두 눈 주위가 산근을 끼고 청색이 뜨는 것을 구진살이라 하는데, 작은 근심은 있으나 큰 해로움은 없다.

현무생아, 상상처병. 현무동, 이손우마, 불리출행; 현무유삼, 기청흔견어어미, 생아상빈

문, 주처병, 흑급백즉극처아, 어미미사상역마자, 거마유경, 견어미미, 직상우각자, 손우마이이.

玄武生丫, 常常妻病. 玄武動, 而損牛馬, 不利出行; 玄武有三, 其青痕見於魚尾, 生丫上嬪門, 主妻病, 黑及白則剋妻兒, 於眉尾斜上驛馬者, 車馬有驚, 見於眉尾, 直上牛角者, 損牛馬而已.

현무가 가장자리(어미)에 나타나면 처가 늘 아프다. 현무가 동하면 우마를 손해 보고 출행하면 이롭지 않다; 현무는 3가지가 있다. 푸른색이 어미 주변부터 옆머리까지 이어지면 처가 아프고, 흑색과 백색이 나타나면 처와 자식을 극하고, 눈썹 끝에서부터 비스듬히 역마까지 이어지면 수레나 말로 인해 놀라는 일이 있는데 눈썹 끝에서 곧게 위로 우각까지 곧바로 이어지면 우마만 잃게 된다.

등사발이다우경, 흑상어색; 목하청색위등사살, 주의혹우경사, 범욕후, 역유차색.

螣蛇發而多憂驚, 或傷於色; 目下青色爲螣蛇殺, 主疑惑憂驚事, 犯慾後, 亦有此色.

등사가 나타나면 근심과 놀라는 일이 있거나 색으로 인해 다치게 된다; 눈 아래 청색이 나타나는 것을 등사살이라 하는데 주로 의심스럽거나 근심이나 놀라는 일이 있다. 욕정 후에도 이러한 색이 나타난다.

이신동어양자, 비두적, 즉관벌계, 이서파재; 구진동어대자, 현무동어소자, 이준두적자, 관유계칙벌봉지사, 범서파재.

二神動於兩眥, 鼻頭赤, 則官罰戒, 而庶破財; 句陳動於大眥, 玄武動於小眥, 而準頭赤者, 官有戒飭罰俸之事, 凡庶破財.

두 신이 두 눈자위에 동하고 준두에 적색이 뜨면 관직에 있는 사람은 형벌을 받고 일반인은 재물을 잃는다; 구진(검푸름)이 눈자위 전체에 동하고 현무(흑색)가 눈 아래에 뜨고 준두가 적색이면 관료는 징계나 처벌, 감봉을 받게 되고 서인은 파재한다.

사살발어일당, 액간암즉범가쇄, 이계뇌옥; 대자소자안하, 개유청색, 이주작적점, 발어준두미상, 겸액간연수유청기, 필유가쇄뇌옥. 약주작부동, 액간불청, 단휴관파재등사이이.

四殺發於一堂, 額間黯則犯枷鎖, 而係牢獄; 大眥小眥眼下, 皆有靑色, 而朱雀赤點, 發於準頭眉上, 兼額間年壽有靑氣, 必有枷鎖牢獄. 若朱雀不動, 額間不靑, 但休官破財等事而已.

사살이 한 부위에 나타나고 이마가 어두우면 형틀에 매달리고 옥에 갇힌다; 대자 소자는 두 눈 아래를 말하는데 그 부위에 모두 청색이 나타나고 주작의 붉은 점이 준두와 눈썹에 나타나고 또 이마와 연상 수상에 청색이 뜨면 반드시 수갑을 차고 감옥에 갇힌다. 만일 주작이 동하지 않고 이마에 청색이 없으면 관직과 재물만 잃을 뿐이다.

안하상청, 삼오세파재불료. 토중유목, 십년간허모하감; 준내토성, 최파목극. 약견청색 명위천라, 구불퇴, 주십년허모백불칭심. 약갱청흑암심자, 필손신극자.

眼下常靑, 三五歲破財不了. 土中有木, 十年間虛耗何堪; 準乃土星, 最怕木剋. 若見靑色 名爲天羅, 久不退, 主十年虛耗百不稱心. 若更靑黑暗甚者, 必損身剋子.

눈 아래가 늘 푸른빛이면 35세에 파재하게 된다. 토성에 목기가 있으면 10년간 소모함을 어찌 견디겠는가; 준두는 토성이니 목이 극하는 것을 가장 꺼린다. 청색이 뜨게 되는 것을 '천라'라고 하는데 오랫동안 사라지지 않으면 주로 10년 동안 허송세월하고 모든 일이 뜻대로 되지 않는다. 게다가 어두운 청흑색이 심하면 반드시 몸을 다치고 자

식을 극한다.

토성박이산근중체기, 다재, 월패혼이청암빈, 침면단수; 산근위월패, 혼침청흑, 상불산자, 주다병, 난과사구전후야, 구병왈침면.

土星薄而山根重滯氣, 多災, 月孛昏而靑黯頻, 沈綿短壽; 山根爲月孛, 昏沈靑黑, 常不散者, 主多病, 難過四九前後也, 久病曰沈綿.

토성이 얇고 산근에 체기가 짙으면 재앙이 많다. 월패가 어둡고 청암색이 짙으면 지병으로 수명이 짧다; 산근이 월패이다. 어둡고 짙은 청흑색이 늘 사라지지 않으면 질병이 많아 36세 전후를 넘기기 어렵다. 오래된 병을 침면이라고 한다.

색청횡어정면, 호작행시, 기흑암어이전, 명위탈명; 길기지래, 다자준두. 흑기지래, 다자이전. 이전위명문속신, 색의백형, 내금생수. 흑내신지색, 기현즉주병, 약횡과비구자, 필사.

色靑橫於正面, 號作行尸, 氣黑暗於耳前, 名爲奪命; 吉氣之來, 多自準頭. 黑氣之來, 多自耳前. 耳前爲命門屬腎, 色宜白瑩, 乃金生水. 黑乃腎之色, 氣現則主病, 若橫過鼻口者, 必死.

청색이 얼굴에 가로로 나타나는 것을 행시라고 한다. 어두운 흑기가 귀 앞에 뜨는 것을 탈명이라고 한다; 길한 기색은 준두에서부터 나타난다. 흑색의 기운은 귀 앞에서부터 나타난다. 귀 앞을 명문이라고 하며 신장의 기운이 나타나는 것으로 색은 희고 밝아야 좋으니 이는 바로 金이 水를 생하는 것이다. 흑색은 신장의 색인데 그 기운이 나타나면 질병이 있는 것이다. 가로로 지나 코와 입으로 이어지면 반드시 죽는다.

명문흑문실솔각, 호작귀서; 좌이전유차문, 대소호귀서, 겸인중흑자, 필사.

命門黑文蟋蟀脚, 號作鬼書; 左耳前有此文, 大小號鬼書, 兼人中黑者, 必死.

명문에 검은 문양이 귀뚜라미 다리 같은 것을 귀서라고 한다; 왼쪽 귀 앞에 이런 문양은 크든 작든 귀서라 하고 인중까지 검으면 반드시 죽는다.

준두흑점지주, 명위파재, 주파가망신.

準頭黑點蜘蛛, 名爲破財, 主破家亡身.

준두에 검은 점이 거미 같이 나타나는 것을 파재라고 하는데, 가정을 파하고 죽게 된다.

흑백이변입어미, 막도강하. 범차문현, 주수액, 유병자사.

黑白耳邊入魚尾, 莫渡江河. 凡此文見, 主水厄, 有病者死.

흑백이 귀 주변에서 어미로 들어가면 물을 건너지 마라. 이런 문양이 나타나면 주로 수액이 따르고 병자는 죽는다.

참종수준하귀래, 수방녹명; 귀래재법령변, 유흑기, 자년수하지차, 필유주식색욕지액, 자난대하자, 실관실재.

黲從壽準下歸來, 須防祿命; 歸來在法令邊, 有黑氣, 自年壽下至此, 必有酒食色慾之厄, 自蘭臺下者, 失官失財.

검푸른 색이 수상 준두에서 귀래까지 내려오면 벼슬을 잃거나 죽음을 방비해야 한다; 귀래는 법령의 주변인데 흑기가 연상 수상에서 이 부위까지 이르면 반드시 술과 음식, 색욕으로 인한 액을 당한다. 난대에서 귀래까지 내려오면 관직과 재물을 잃게 된다.

흑연폐인, 경병중사, 왈성명소관, 암무장근, 재관구실; 산근여연암자, 휴관파재, 우방도겁, 삼십일응.

黑烟蔽印, 輕病重死, 曰性命所關, 暗霧障根, 財官俱失; 山根如烟暗者, 休官破財, 又防盜劫, 三十日應.

검은 연기가 인당을 덮어 가벼우면 질병이 있고 심하면 죽으므로 목숨이 달린다고 하는 것이다. 어두운 안개가 산근을 가리면 재물과 관직을 모두 잃는다; 산근이 어두운 안개가 낀 듯하면 관직을 잃고 재물을 파한다. 또한 도적을 예방하라. 30일 내 응한다.

수궁귀인, 사불대시; 연수유흑여지대자, 명귀인, 약비출냉기, 즉사.

壽宮鬼印, 死不待時; 年壽有黑如指大者, 名鬼印, 若鼻出冷氣, 卽死.

수궁에 귀신의 도장을 받으면 죽음을 기다릴 시간도 없다; 연상 수상에 손가락 크기로 검게 나타나는 것을 귀인이라 하는데 코에서 냉기가 나오면 바로 죽는다.

연상흑유생, 응무일; 연상흑기초기여저유말자, 초불상생, 과반년불산, 필사.

年上黑油生, 應無日; 年上黑氣初起如猪油抹者, 初不傷生, 過半年不散, 必死.

연상이 검은 기름을 바른 듯하면 응할 날이 없다; 연상에 흑기가 처음 돼지기름을 발라놓은 듯 나타나기 시작하면 처음에는 죽지 않지만 반년이 지나도 흩어지지 않으면 반드시 죽는다.

가택불녕, 개시청룡흑암; 미하위청룡, 삼양위가, 삼음위택, 흑색혼혼염염혹여면자, 가택불녕노복재액, 겸인주관상불명, 파관파재횡사.

家宅不寧, 蓋是青龍黑暗; 眉下爲青龍, 三陽爲家, 三陰爲宅,黑色昏昏淡淡或如綿者, 家宅不寧奴僕災厄, 兼印準顴上不明, 罷官破財橫事.

가택이 편치 않은 것은 청룡이 흑색으로 어둡기 때문이다; 눈썹 아래를 청룡이라고 하고 삼양 삼음을 가택이라고 하는데 흑색이 어두워 질펀하거나 솜처럼 엉킨 듯하면 가택이 편안치 않고 노복에게 재액이 있다. 인당 준두 관골까지 밝지 않으면 관직을 파하고 재물을 잃는 일을 당한다.

자궁유액, 단간안하참오; 안하흑참여매, 좌남우녀.
子宮有厄, 但看眼下黲烏; 眼下黑黲如煤, 左男右女.

자식궁에 액이 있는가는 눈 아래가 푸르고 어두운지 본다; 눈 밑 검푸른 것이 그을린 듯한 것으로 좌측은 아들이고 우측은 딸이다.

안광흑매여탄, 담음생재; 안포속비, 약흑회매탄자, 정담냉음지병, 겸천중년준, 유흑자사.
眼眶黑煤如炭, 痰飲生災; 眼胞屬脾, 若黑灰煤炭者, 停痰冷飲之病, 兼天中年準, 有黑者死.

눈자위가 그을린 듯 숯처럼 검으면 담음병이 있고 재앙이 생긴다; 눈꺼풀은 비장에 속한다. 재처럼 검고 숯처럼 그을린 듯하면 담음병이 있고 천중 연상 준두까지 검으면 죽는다.

*담음(痰飮): 위확장으로 인해 마신 물이 몸으로 흡수되지 않고 장이나 위에 괴어 출렁출렁 소리가 나며 가슴이 답답한 병.

금궤흑기사궁, 재화실탈; 재목미하, 응구십일.
金匱黑氣似弓, 財貨失脫; 在目尾下, 應九十日.

금궤에 흑기가 활과 같으면 재물을 손해 보게 된다; 눈꼬리 아래가 그와 같으면 90일 내 응하게 된다.

역사흑청, 조배견; 관상위력사, 약흑청, 겸인유암기, 필경배, 여주산액.

力士黑青, 遭配遣; 顴上爲力士, 若黑青, 兼印有暗氣, 必黥配, 女主産厄.

역사가 흑청색이면 유배가게 된다; 관골이 역사인데 흑청색이고 인당까지 어두우면 반드시 묵형을 당하고 유배가며 여자는 산액이 따른다.

황번칠흑, 유재앙; 비주양방위황번표미, 상요결정, 유흑기, 주화앙.

黃旛漆黑, 有災殃; 鼻柱兩旁爲黃旛豹尾, 常要潔淨, 有黑氣, 主火殃.

황번이 칠흑 같으면 재앙이 있다; 비량 양 옆을 황번·표미라 하고, 늘 깨끗해야 하는데 흑기가 뜨면 불로 인한 재앙이 있다.

안각청근전구, 등사상명재타향; 목미유청홍근, 하전이구자, 위등사입구, 필외사혹아사.

眼角青筋纏口, 螣蛇傷命在他鄉; 目尾有青紅筋, 下纏頤口者, 爲螣蛇入口, 必外死或餓死.

눈꼬리의 푸른 힘줄이 입을 두루는 것이 등사로서 타향에서 목숨을 잃는다; 눈꼬리에 나타난 청홍색 힘줄이 밑으로 턱과 입까지 이어진 것을 등사가 입으로 들어갔다고 하는데 반드시 밖에서 죽거나 굶어 죽는다.

하정적흑교가, 대모손재방겁도; 하정일부건조, 유적흑기문위대모, 겸인준유암기, 필주도손재, 급노축.

下停赤黑交加, 大耗損財防劫盜；下停一部乾燥, 有赤黑氣文爲大耗, 兼印準有暗氣, 必主盜損財, 及奴畜.

하정에 적색과 흑색이 얽히는 대모는 손재와 도적을 방비해야 한다; 하정 일부가 건조하게 마르고 적흑기의 무늬가 나타나는 것을 대모라고 한다. 겸해서 인당 준두에 어두운 기가 있으면 반드시 도적으로 인해 재물을 잃고 부하가 도둑질을 한다.

지각흑기연시, 명위오귀, 응오십일. 이하오운입해, 시위유혼; 흑기자명문입구, 방수액, 응일칠일.

地閣黑氣連腮, 名爲五鬼, 應五十日. 耳下烏雲入海, 是謂流魂；黑氣自命門入口, 防水厄, 應一七日.

지각의 흑기가 시골까지 이어지는 것을 오귀라 하며 50일 내 응한다. 귀밑 검은 구름이 바다로 들어가는 것을 유혼이라고 한다; 흑기가 명문에서 입으로 들어가면 수액을 방비해야 한다. 7일 내 나타난다.

무폐벽장, 인노불왕; 장벽유흑암기입구, 노비불왕.

霧蔽壁牆, 人奴不旺；牆壁有黑暗氣入口, 奴婢不旺.

안개가 벽장(지각 좌우)을 가리면 사람이나 노비가 왕성하지 못하다; 장벽에 어두운 흑기가 있고 입으로 들어가면 노비가 왕성하지 못하다.

창고흑저, 난존전택; 천창지고위재백, 겸지각준두간.

倉庫黑低, 難存田宅；天倉地庫爲財帛, 兼地閣準頭看.

창고가 흑색으로 낮으면 전택을 보존하기 어렵다; 천창 지고는 재백궁이며, 지각과 준두까지 겸해서 봐야 한다.

조주홍염, 필손혈재; 조주재법령변, 유홍연, 필손혈재.

竈廚紅焰, 必損血財; 竈廚在法令邊, 有紅烟, 必損血財.

조주가 불타는 듯 붉으면 반드시 몸이 상하고 재물을 잃는다; 조주는 법령 주변인데, 붉게 연기 같으면 건강과 재물을 잃게 된다.

비문흑조, 모사난성. 적구홍차, 초비불면; 구지상하, 유적기혹적점, 주초시비.

鼻門黑燥, 謀事難成. 赤口紅遮, 招非不免; 口之上下, 有赤氣或赤點, 主招是非.

콧구멍이 흑색으로 건조하면 모사하는 바를 이루기 어렵다. 붉은빛이 입을 싸고 막으면 시비를 면할 수 없다; 입 위아래에 적기나 적색 점이 나타나면 주로 시비를 부른다.

구각백건, 병임목하. 이륜초흑, 사재안전; 이속신, 신절즉이초흑, 겸명문년수, 구흑자사.

口角白乾, 病臨目下. 耳輪焦黑, 死在眼前; 耳屬腎, 腎絶則耳焦黑, 兼命門年壽, 俱黑者死.

구각이 희게 마르면 질병이 눈앞에 이른 것이다. 귓바퀴가 검고 까칠하면 죽음이 눈앞에 있다; 귀는 신장에 속한다. 신장의 기운이 다하면 귀가 검고 그을린 듯하다. 명문과 연상 수상까지 모두 검으면 죽는다.

구병주순, 불가의. 소아농색, 수지험; 소아병, 면색시청시백시적시흑, 왈농색.

久病朱脣, 不可醫. 小兒弄色, 須知險; 小兒病, 面色時靑時白時赤時黑, 曰弄色.

오랜 병을 앓는데 입술이 붉으면 치료가 어렵다. 어린아이가 농색이면 위험이 있음을 알아야 한다; 아이가 병을 앓고 있는데, 얼굴색이 때로는 푸르고 때로는 희고 때로는 붉고, 또 때로는 검은 것을 농색이라고 한다.

법령입구, 양무기망; 필병경일, 혹인사아사, 여양무제주아부지류, 수귀불면.
法令入口, 梁武飢亡; 必病哽噎, 或因事餓死, 如梁武帝周亞夫之類, 雖貴不免.

법령이 입으로 들어갔으므로 양무제가 굶어 죽었다; 반드시 목이 메는 병이나 사건으로 인해 굶어 죽는다. 양무제·주아부처럼 귀한 사람도 면하지 못했다.

난색쇄순, 등유절사; 난문입구, 남녀개주무자.
亂索鎖脣, 鄧攸絶嗣; 亂文入口, 男女皆主無子.

입 주위에 어지러운 주름이 있던 등유는 후사가 끊겼다; 어지러운 주름이 입으로 들어가면 남녀 모두 아들이 없다.

*鄧攸(등유, ?−326): 字는 백도(伯道), 양진(兩晋)시기 관료로 회계태수(会稽太守)·태상(太常) 등의 관직을 거쳤으나 난리를 피하던 중 아들을 잃었다.

어미단문극처, 가징기수: 어미유단문일조극일처, 약장문, 단주노록야. 목미하난문다, 주생자역오.
魚尾短文剋妻, 可徵其數; 魚尾有短文一條剋一妻, 若長文, 但主勞碌也. 目尾下亂文多, 主生子逆忤.

어미에 짧은 주름이 있으면 극처하는데, 그 주름의 수와 같다; 어미에 짧은 주름 한 줄마다 처를 한 번 극한다. 긴 주름이면 고생이 있고, 눈꼬리 아래 어지러운 주름이 많으면 자식이 있어도 부모의 뜻을 거

스른다.

간문장문입빈, 필사어타향.
奸門長紋入鬢, 必死於他鄕.

간문의 긴 주름이 옆머리까지 이어지면 반드시 타향에서 죽는다.

췌골이지귀천, 사부자어모자, 청성이지길흉, 우하대어형용. 원기지사, 불니어문, 통변지재, 자부어고. 요효유장지찬부, 추속마의, 감여허부지저서, 상반당거.
揣骨而知貴賤, 似不資於眸子, 聽聲而知吉凶, 又何待於形容. 圓機之士, 不泥於文, 通變之才, 自符於古. 聊效柳莊之撰賦, 追續麻衣, 敢如許負之著書, 上班唐擧.

뼈를 더듬어 귀천을 알 수 있으니 눈동자만으로 아는 것도 아닌 것 같고, 음성만 듣고도 길흉을 알 수 있으니 어찌 모습에 기대겠는가? 훌륭한 선비는 문장에만 얽매이지 않고 능통한 재사는 스스로 고대로부터 내려온 지식에 부합한다. 유장이 지은 부에 의지하고 마의의 상법을 좇아 이으며 허부의 저서를 따르고 거슬러 올라가 당거 상법의 반열에 올라야 한다.

*柳莊(유장): 명나라 초기의 인상학자로 《유장상법》을 저술하고, 그의 아들 원충철이 이에 자신의 지식을 더하여 펴낸 책이 전한다.
*麻衣(마의): 마의대사.
*許負(허부): 한나라 때의 인상학자.
*唐擧(당거): 춘추시기 양(梁)나라의 인상학자로 기색에 뛰어났다고 함.